Global Marketing
Contemporary Theory
and Practice

グローバル戦略市場経営

グローバル展開とマーケティング・マネジメントの統合

イアン・アーロン
ユージン・D・ジャッフ
笠原英一◎訳

東京　白桃書房　神田

GLOBAL MARKETING:

Contemporary Theory, Practice, and Cases

By

Ilan Alon

Eugene Jaffe

with Donata Vianelli

Copyright © 2013 by The McGraw-Hill Companies, Inc. All rights reserved.
Japanese translation rights arranged with McGraw-Hill Global Education Holdings,
LLC through Japan UNI Agency, Inc., Tokyo

序　文

概　要

　マーケティング業務をグローバル展開するのは容易なことではない。マネジャーには，市場とマーケティングを取り巻く環境についてグローバルかつ戦略的に考えていくことが求められる。グローバル市場では，政治，経済，文化，社会，技術等の要素が異なっているが，そもそもこれが難題である。また，地域や国によって環境が異なっているため，特定地域で通用するマーケティング戦略や戦術が，新たな環境では通用しないことがある。

　グローバル環境で事業機会を見出していくには，国境を越えたマーケティング・リサーチと分析が必要となる。多国籍企業がセグメンテーション，ターゲティング，ポジショニングを実施する際には，複数の市場間に共通している特性と，個別市場の特殊性の両方を勘案する必要がある。マーケティング・ミックスとしての4Ps（プロダクト＝製品，プライス＝価格，プレイス＝流通，プロモーション＝販促）は，こうした文脈で実践される。本書はこの4Psを検討対象とし，それを学ぶ学生の方に対して，グローバル・マーケティングに関する意思決定にかかわるプラス面とマイナス面を分析するツールを提供する。マーケターによる個々の意思決定は全体的な見地から検討されるべきであり，そのためには，複数の市場と部署におけるマーケティングの調整，設計，コントロールが極めて重要である。

　近年，ソーシャルメディアなどの新しい技術が普及し，社会的責任や企業のリーダーシップに関する倫理がかつてないほど関心を呼んでいる。本書では，グローバル・マーケティングにおける社会的責任，倫理，ソーシャルメディアなどにも特別に章を割いている。

本書のアプローチ

　本書 *Global Marketing*（『グローバル戦略市場経営』）を著した我々の目的

は，真にグローバル志向のマーケティングの教科書を刊行することにあった。米国，欧州，イスラエルという異なった地域を拠点とし，オーストリア，オーストラリア，中国，クロアチア，デンマーク，フランス，ドイツ，インド，イスラエル，イタリア，スロベニア，米国をはじめとした国々で，国際的なアドバイスやコンサルティングの経験を持つ3人の著者による共同作業で本書は完成した。国際ビジネスとマーケティングの指導経験としては，著者3人を合わせると80年以上のものとなる。本文や設問に多くの国の事例を紹介しているが，先進国だけでなく新興国市場のマーケティングも対象としており，大規模な多国籍企業と中小企業のいずれの戦略も網羅するよう試みた。本書の執筆に際しては，理論と実践のバランスに細心の注力を払ったつもりである。読者の皆様が本書を通して，グローバル・マーケティングに関する語彙を増やし，様々なモデルを理解し，学んだ内容をケースで応用し，グローバルなマーケティング・マネジャーが抱える問題について取り組んでいただくことができれば幸いである。

本書の構成

　本書は4つのパートから構成されている。パートIはグローバル・マーケティングの環境を概観し，読者に本書の全体的な枠組みを提示する。第1章と第2章ではCAGE（文化的，行政的，地理的，経済的距離）やPEST（政治，経済，社会，技術，環境，法律等のマクロ環境）といった，市場評価と現状分析のツールに特に重点を置いた。第3章では文化的／社会的環境をより深く掘り下げ，異文化マネジメントのモデルとマーケティング戦略へのインプリケーションを概観する。第4章では，リスク評価に有益な政治リスクのモデルを示している。パートIの最終章である第5章では，グローバル，地域，国という単位で共通点と相違点を検討する。国際貿易に有益な地域経済ブロックについても言及する。パートIでは，全体として，コントロールしにくい，外的マーケティング環境の分析をカバーする。

　パートIIのテーマは，マーケティング戦略である。次の4つの章から構成されている。グローバル・マーケティング・リサーチ，国際市場選択，グローバル市場への参入戦略，STP（セグメンテーション，ターゲティング，

ポジショニング)である。国際的な環境で実施されるマーケティング調査は，文化や法律の違いが大きく，国内調査より複雑である。一律に結果の収集と解釈を行うのは困難である。マーケティング・マネジャーは，国内でうまくいっているやり方が外国でも通用するのではないかと考えがちであるが，それは誤りであることも少なくない。世界で事業機会を探していく上では，マーケティング・リサーチは必要不可欠であり，さらに需要を突き動かす多種多様な諸条件を入念に，かつ体系的に分析していくことが求められる。次にパートⅡでは国際的な市場選択のモデルについて触れる。国際市場への参入が決定されると，次は，どの市場に進出していくのかということがテーマになる。リスクとコントロールのトレードオフが生まれる。特定の市場に投資したいと考えるマーケターは，それを正当化する財務リターンも実現しなければならない。近年，アームズレングス原則を意識して，比較的洗練された企業運営がなされるようになっていることに加え，政治リスクがあり，文化的隔たりもあり，さらには，経済リスクもある新興国市場でのマーケティング活動が活発化していることもあり，出資を伴わない形での市場参入が増えている。

　STP（セグメンテーション，ターゲティング，ポジショニング）の戦略は，国内，国際のどちらのレベルでも使える。北米の中所得層をターゲットとする製品はブラジルの高所得層にも売れるかもしれない。国際メディアの影響，多国籍の広告スポンサーの活動，インターネットやソーシャルメディアなどを通じて，どこでもいつでも，つながる生活が現実のものになっており，都市の若者の生活様式は同質化している。ウェブ・ベースの技術の活用によって，こうした複数の市場にまたがる同質性の高い消費者セグメントをターゲティングし，リーチすることが可能になりつつある。

　パートⅢでは伝統的な4Ps（プロダクト，プライス，プレイス，プロモーション）をカバーする。4Psにかかわる決定は，大半がマーケターにとってコントロールが可能な要素である。きちんと調整することによって，ターゲット・グループに対する訴求力が生まれる。本書では，製品・ブランディング戦略，価格戦略，流通チャネル・ロジスティクス戦略，コミュニケーション・広告戦略という要素を詳細にレビューする。これらの戦略要素の統

合が，国際マーケティング計画の基盤となり，グローバル市場における競争力の源泉となるのである。

パートⅣは，本書の最も革新的な部分である。ソーシャルメディアをはじめとする国際マーケティングにおける新技術，グローバル・マーケティング・システムの設計と管理，マーケティング・マネジャーの倫理的・社会的責任に関するアクションが主な内容である。ソーシャルメディアは既存の常識を覆すメディアであり，近未来のマーケティングと広告のあり方に極めて大きな影響を及ぼすことになるであろう。ソーシャルメディアは広告メディアであり，バラバラの消費者をつなぐ方法であり，消費者と市場双方の市場調査ツールであるとともに，消費者が友人，知人，同僚と一緒に，ブランドに関する様々な考え方を共有することで，ブランド観が形成されている機会でもある。また，2008年以降のグローバル市場で長引く不況は，社会におけるマーケティングの役割や環境に対する企業の責任について深く考える契機にもなった。マーケターは単に「利益」に対してだけではなく，自らが影響を及ぼす社会のこうした側面にも責任を持つことが求められるようになっている。

本書の特色

本書は，グローバル・マーケティングの基盤となる要素をカバーしている。本書を通して，コントロールが難しい外部要因，グローバル・マネジャーが対処していくのに必要なツールと戦略などをはじめとするグローバル・マーケティング環境を包括的に概観することができる。

本書は，自分たちが知り得ている範囲ではあるが，ビジネス倫理とソーシャル・マーケティングに関して独立した章を設けた唯一のマーケティングの教科書である。多国籍企業のマネジャーや異文化でビジネスを展開しなければならない人が直面する倫理的ジレンマは増大しつつあり，この分野に関心を払うべき必要性は高まっている。こうした要請から，我々は国際的な市場における倫理と企業の社会的責任をテーマに1章を割くことにした。また，国際市場でソーシャルメディアが成長し，活用されていることから，これにも1章を割いた。本書を一読すれば分かる通り，ソーシャルメディアを

活用した戦略の活用は先進国だけのものではなく，新興国市場でも有効である。

なお，各章末には，ディスカッションテーマと実践的課題を載せている。それぞれの章で説明した内容の応用編であり，その章に記述されたモデルや理論をどう現実に適用するかを授業で検討する際に役立てていただきたい。

グローバル・マーケティングの世界は絶えず変化している。変化に乗り遅れないようにするためには，この Global Marketing の読者である学生の方および先生方には本書の理論と応用編からさらに踏み込んで，それをどうしたら現実の世界に適用できるのかということを考えていただくことを期待したい。

謝　辞

次の諸氏から本書の完成に役立つ貴重なフィードバックをいただいた。

スーザン・バクスター（Susan Baxter），ファーミングデール州立カレッジ-ニューヨーク州立大学

キャサリン・キャンベル（Catherine Campbell），メリーランド大学

スコット・R・デビッドソン（Scotte R. Davidson），アルバニー大学

アイリーン・フィッシャー（Eileen Fischer），ニューヨーク大学

ジョン・ハジマークー（John Hadjimarcou），テキサス大学エルパソ校

アンナ・ヘルム（Anna Helm），ジョージ・ワシントン大学

リン・カーレ（Lynn Kahle），オレゴン大学

ジョー・キム（Joe Kim），ライダー大学

マリア・クニアゼーヴァ（Maria Kniazeva），サンディエゴ大学

デニス・ラングホッファー（Dennis Langhofer），フレズノ・パシフィック大学

ルイス・ラレア（Lous Larrea），デポール大学

サンウォン・リー（Sangwon Lee），セントラルフロリダ大学

バーナム・ナクハイ（Behnam Nakhai），ミラーズヴィル大学ペンシルベニア校

パラブ・ポール（Pallab Paul），デンバー大学

ラジャニ・ガネーシュ・ピライ（Rajani Ganesh Pillai），ノースダゴダ州立大学

ブレンダ・ポンスフォード（Brenda Ponsford），クラリオン大学

ジョージ・プリオボロス（George Priovolos），アイオナ・カレッジ

ブレント・スミス（Brent Smith），セントジョゼフ大学

ジル・ソロモン（Jill Solomon），サウスフロリダ大学

ヴェン・スリラム（Ven Sriram），ボルチモア大学

ヴァーナ・スワリュン（Verna Swanljung），ノース・シアトル・コミュニティカレッジ

アレクシア・ヴァニデス（Alexia Vanides），イントラックス国際ビジネス学校サンフランシスコ校

ジョン・ウッド（John Wood），ウェストバージニア大学

　また，教科書の刊行に至るプロセスを導いてくれた編集スタッフ，とくにロビン・リード（Robin Reed）氏に感謝を捧げたい。

　また，第10章，第11章，第12章の一部の執筆に携わったイタリアのトリエステ大学のドナータ・ヴィアネッリ（Donata Vianelli）教授，および，第6章，第9章，第13章，第15章の一部のリサーチ，執筆および／または編集に携わった経験豊かな国際マーケティング・コンサルタントであるナディア・バラード（Nadia Ballard）氏にも感謝を捧げたい。

訳者まえがき

　本書『グローバル戦略市場経営』は，グローバル市場における成長方向の明確化とその実践のための地域や国ごとの市場マネジメントに関するテキストである。テキストといっても，ノウハウを単純に記述したものではなく，各種の研究成果をしっかり踏まえて構成されており，理論書としての価値もきわめて高いと考える。

　現在多くの日本企業が，グローバル市場におけるトップライン（売上）の拡大を経営目標にして海外事業の強化を図っている。いうまでもないことであるが，この目標を達成していくためには，グローバルな視点から現状及び将来を考察していくことが求められる。グローバルに見ていくと，マクロ環境としての政治，経済，文化，社会，技術等の要素は市場ごとに異なっており，また，ミクロ環境としての競合動向や市場のニーズも国内市場と様相を異にするケースが少なくないことに気付く。ある特定地域で通用する戦略が，海外の別の市場ではうまく機能しないことも，訳者自身，何度も経験させられている。

　著者たちも述べているように，グローバル環境で事業機会を見出していくには，国境を越えたマーケティング・リサーチと分析が必要となる。グローバルに経営を展開している企業がSTP（セグメンテーション，ターゲティング，ポジショニング）を実施する際には，複数の市場間に共通している特性と個別市場の特殊性の両方を勘案する必要がある。マーケティング・ミックスとしての4Ps（プロダクト＝製品，プライス＝価格，プレイス＝流通，プロモーション＝販促）の立案に関しても同様である。複数の市場を横断的に検討する必要があるのは，企画立案段階だけにとどまらない。マーケティングと開発部門，生産部門，サービス部門，営業部門などの部署間の調整や統制の段階においても，グローバルな視点が求められるのである。

　訳者は大学院に籍を置くかたわら，リサーチ・ファームの研究員兼経営コンサルタントとして，企業の競争力強化をテーマに，研究開発，販売，マー

ケティング，広告，ファイナンス，マネジメント等の経営機能を統合するかたちで実務に携わってきた。現在もアジア太平洋地域において事業展開している経営者や事業担当者と一緒に，戦略の立案と実践にかかわっている。グローバル市場で事業を検討していると，通常の戦略論やマーケティング・マネジメントのテキストや参考書に物足りなさを感じることが多々ある。それが本書の翻訳プロジェクトに着手した直接の理由である。翻訳プロジェクトを進めていく過程で，国際的に事業を展開している実務家やこの分野の研究者と様々なテーマで討論させていただき，改めて本書の有効性を確信した次第である。同時に，グローバル・ビジネスの奥深さ，面白さ，そして難しさに改めて気付かされた。本書が，業務としてグローバル展開を推進されている実務家の皆さま，そしてこの分野での研究を深めていこうとされている研究者の方々に何らかの参考になれば幸いである。

　本書の特徴として，数点指摘させていただきたい。まず，原著者はバックグラウンドを異にする3名の研究者である。3人の専門領域が比較的分散しており，その結果，先進国と新興国のバランス，アジア太平洋をはじめとして，EU，アメリカ，ロシア，アフリカ等の地域的な広がりも含めてテキストとしての対象領域がきわめてバランスよくカバーされている。次に理論と実践のバランスがきわめて良い点も指摘しておきたい。理論を踏まえて，それを実際のビジネスでどのように展開したらよいのかということを，各章末の実践的課題を通して考えることができる。この理論と実践の両面からのアプローチが，グローバル・マーケティングを実践する際に，大きな力になる。さらに，ビジネスを実際に動かす際には，現状分析（input）とそれに基づく戦略立案（output）という2つのフェーズをプロセスとして時系列的に，場合によっては，同時に進めなければならないが，この2つのプロセスが有機的に関連するように説明されている。特に地域や国ごとのマクロ環境の違いを分析する手法の記述がわかりやすい。

　最後になるが，複雑でチャレンジングでありながらも，大きな可能性をもった，そして途方もなく魅力的なグローバル・ビジネスの世界に導いてくれた数多くのクライアントの皆様に感謝を申し上げたい。研究活動やコンサルティング活動においては柏木重秋先生，嶋口充輝先生，Northwestern大

学のDr. Robert A. Cooper, Arizona State UniversityのDr. Michael Huttをはじめ，たくさんの先生方から多くのご指導とご助言をいただいている。この場を借りて心よりの謝意を表したい。また，白桃書房編集部の平千枝子氏，そしてスタッフの皆様にも厚く御礼を申し上げたい。翻訳作業は，研究活動やコンサルティング業務の合間を縫って，コツコツと個人で進めてきたため，いつものことではあるが，思いのほか時間がかかってしまった。途中大きなプロジェクトでの海外出張も多々あり，幾度となく翻訳作業を中断せざるを得なかった。そんな時にも，平氏から叱咤激励をいただき，細々とでも継続してきたことが，本書の完成につながったと思う。あらためてここに御礼申し上げたい。また，立教大学の研究室の元メンバー（青浩司，今井英之，馬橋智子，大谷清二，大谷梨絵，片桐英毅，久保さな子，齋藤宏，塚田真仁，土肥秀太郎，中島成晃，新岡（高倉）ちさ，野田彩子，原島なほみ，渡井和昭，敬称略）の皆さまには忙しいにもかかわらず，ボランティアで率先して分担してチェックをしていただいた。御礼申し上げたい。

　なお，訳出はすべて基本的に個人で行ったため，用語の統一等の問題はそれほどなかったものの，膨大な量であることと，個人としての力量もあり，原著の提示している内容や意図を訳書として十分伝えきれない部分もあるかもしれない。また，原書には，応用編も含まれていたが，割愛させていただいた。日本企業を取り巻く現状に鑑み，できるだけ早く本書を紹介することが肝要と考え，応用編については別の機会に皆さまにご紹介させていたくことにした。本書がマーケティング関係者ばかりではなく，産業界で広く活用されるとすれば，訳者の喜びはこれに勝るものはない。

2017年4月　新緑の油壺ヨットハーバーにて
笠原　英一

訳者解説

　本書はまず，事業を展開すべきグローバル領域を決め，その次に各地域でのローカル・レベルでの市場経営を，グローバル戦略を具体化する形で展開するというという流れで構成されている。本書の全体像を整理したものが以下のチャートである。それぞれの章の位置づけを意識しながら読み進めることで，グローバル市場での事業展開を支える各要素が，システムとして有機的に結びついているという本質をより深く理解いただけるものと考える。

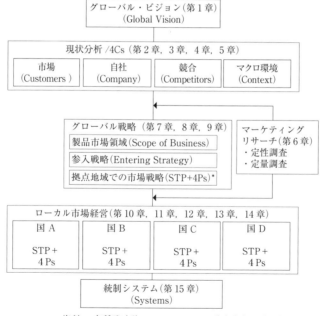

グローバル戦略市場経営のモデル

資料：各種戦略論，マーケティング論をもとに笠原作成。
注： ＊STP＝segmentation, targeting, positioning
　　 4Ps＝product（製品），price（価格），place（販路），promotion（販促）

グローバル戦略市場経営を推進するうえで，最初に検討しなければならないことの1つが，グローバルな事業領域を選択する際に，どういうアプローチをとったらよいのかということである。少なくとも3つの論点がある。まず第1に，何段階のプロセスで最終的な地域や国を選択するのがよいかということである。例えば，1段階で決めるのが良いのか，2段階で決めるのか，または，それ以上の段階を経て慎重に決めるのが良いかという選択である。第2には，いくつくらいの要素を考慮したらよいのかということである。たった1つの要素で決めるのか（シングルファクター），複数の要素で決めるのか（マルチファクター）という点である。そして第3に，具体的にどのような要素を考慮したらよいのかという点である。例えば，政治的要素，経済的要素，事業要素，市場要素など，グローバル領域を選択する際に明らかにしたい項目を挙げればきりがない。

　調査の対象がグローバル領域であることから，当然，国内の場合に比べて，時間的にも，経済的にも，労力的にも多大な負荷がかかるため，調査項目は単純に多ければ多いほどよいということにはならない。調査から得られるであろう成果とのバランスを考え，検討は2段階くらいで展開することをお勧めしたい。まず，第1段階では，対象となる製品やサービスの受容や普及に強い影響を与える要素を代表的な変数として限定的に選んで，スクリーニングを行う。例えば家庭用の食洗機市場の場合は，女性の就労比率，家族規模，外食習慣などである。女性の就労比率が高ければ高いほど，家族規模が多くなるほど，そして，外食習慣が少ないほど，食洗機の購入にドライブがかかり，普及率が高くなることは容易に想定できる。

　第1段階のスクリーンによって選択された地域を対象に，第2段階の選択プロセスを実施する。その際は，もう一段深く可能性を評価したい。例えば，どのくらいの投資に対するリターン（売上や利益）が期待できるのか，また，そのリターンがどの程度変動する可能性があるのか，言い換えればリターンとリスクがどの程度かということを判断するために必要な要素をいくつか組み合わせて選択する。リターンに関する調査項目としては，まず，市場の魅力度を構成する要素，例えば，市場規模，市場の成長性，競争状況等を把握しておきたい。同時に，自社の優位性を支える要素としての，開発

グローバル戦略推進のための2段階スクリーニング

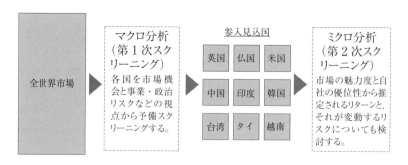

第2次スクリーニング基準例

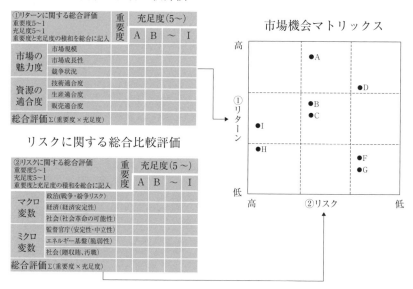

力，生産力，販売力について検討することをお勧めしたい。市場の魅力度が高く，自社が優位な展開ができれば，傾向として事業としての高いリターンが期待できる。グローバル戦略市場経営で忘れてはならないことの1つが，知らないことが多いということから生じる不確実性，つまり想定したリターンが変動する可能性＝リスクについても考慮する必要があるということである。政治的，社会的な不安定要素を組み込んでリターンがぶれる可能性についても検討しておきたい。

本書の第2章から第5章までを構成するPESTEL（マクロ環境）を要約する手法の1つが下記の表である。事業をどの地域や国に展開するかということを検討する際のスクリーニングのプロセスとして，あるいは特定の地域や国を評価・分析するための指標を探索するための手法の1つとして活用されたい。

PESTEL 要約表

大項目	要素（例）	重要度 （①）	A国 評価 （②）	A国 ①×②	B国 評価 （③）	B国 ①×③	C国 評価 （④）	C国 ①×④	D国 評価 （⑤）	D国 ①×⑤
Political 政治	・政治体制安定度 ・国際関係安定度 ・地方行政の影響力									
Economic 経済	・人口規模 ・人口成長率 ・一人当たり可処分所得									
Social 社会	・GINI係数 ・大学進学率 ・移民比率									
Technological 技術	・研究開発費 ・特許申請数 ・理系博士輩出数									
Environmental 環境	・CO2排出量 ・自然エネルギー比率 ・エコカー普及									
Legal/Law 法律	・法体制の整備 ・関税上の優遇 ・知的所有権紛争									
	合計									

重要度：5-きわめて重要，　1-まったく重要でない
評価：5-要素をかなり持っている，　1-要素をまったくもっていない

目　次

序文
訳者まえがき
訳者解説

パートI　グローバル・マーケティングを取り巻く環境

第1章　グローバル市場とグローバル・マーケティングを理解する　3

市場はグローバル化している　4
グローバリゼーション：世界は小さくなっている　6
グローバリゼーションとグローバル・マーケティング　6
　▶グローバリゼーション：機会か脅威か？　9
　▶グローバル・マーケティングのアプローチ　11
グローバル・マーケティングとグローバル市場　12
CAGE による距離測定フレームワーク　13
国内マーケティングとグローバル・マーケティングの比較　14
　▶地理的あるいは空間的な距離　16
　▶精神的および文化的距離　19
　▶EPRG フレームワーク　20
　▶グローバル・マーケティング戦略の開発　23
　▶標準化 vs. 現地適応化──適応化学派　23
　▶Levitt とマーケティングのグローバリゼーション　26
　▶標準化 vs. マス・カスタマイゼーション　27
　▶企業におけるバリュー・チェーンの管理　29

- ▶グローバル・バリュー・チェーンの設計／調整　31
- ▶企業の競争戦略の統合　33
- ▶グローバル競争　33

グローバル・マーケティング・マネジメントのフレームワーク　34
- ▶グローバル・マーケティングの成果　36
- ▶グローバル・ビジョン："The world is my oyster"　38

まとめ　39
ディスカッションテーマ　40
実践的課題　40
キーワード　40

第2章　グローバル・マーケティング環境を評価する：世界経済とテクノロジー　43

世界経済　46
- ▶経済成長と世界貿易　46
- ▶米国の主要顧客はどの国か　46
- ▶ハイテク製品が世界貿易をけん引　49
- ▶ハイテク市場の特徴　53
- ▶テクノロジーとグローバルな金融サービス　55

グローバル国家とグローバル企業　56
- ▶世界の人口統計　60

グリーン・エコノミー　61
- ▶グリーン・エコノミー市場の規模　63

まとめ　67
ディスカッションテーマ　68
実践的課題　68
キーワード　68

第3章　文化的／社会的環境を評価する　71

テレビ番組「Big Brother」が巻き起こした大論争　72

グローバリゼーション時代における文化的多様性　74

「文化」とは何か　75

▶自分の「氷山」を知る　77

国民性という概念　79

サブカルチャーの役割　81

Hofstede の国の文化を評価する5つの次元　83

Hofstede のモデルをグローバル・マーケティングに適用する　87

Schwartz の価値観研究　88

GLOBE モデル　91

文化とコミュニケーション　95

非言語コミュニケーション　97

グローバルな顧客　99

▶中国　100

▶インド　101

まとめ　104

ディスカッションテーマ　105

実践的課題　105

キーワード　105

第4章　政治的／法的環境を評価する　107

法体系／世界の政治体制　108

▶イスラム法　109

グローバル・マーケティングにおける法的問題　110

知的所有権の問題：商標，特許，著作権　111

▶商標保護　113

▶貿易規制　117

仲裁と調停　119

マーケティング・ミックス関連規制　122

▶製品基準　122

▶国際標準化機構（ISO）　123

広告規制　124
　　　▶サイバー法　124
　　政治的リスク　126
　　　▶テロ　130
　　　▶政治的リスクを管理する　133
　　まとめ　134
　　ディスカッションテーマ　134
　　実践的課題　135
　　キーワード　135

第5章　世界市場，地域市場，国内市場を統合する　137

　　地域中心主義か世界主義か　140
　　　▶地域内貿易　141
　　地域経済ブロック　145
　　　▶自由貿易地域　146
　　　▶関税同盟　149
　　　▶共同市場　149
　　　▶EU内の貿易はどのくらい「自由」か　150
　　　▶自由貿易 vs. フェアトレード　153
　　新興市場　154
　　　▶BRICs諸国　156
　　新興国の将来の可能性　160
　　まとめ　160
　　ディスカッションテーマ　162
　　実践的課題　162
　　キーワード　163

パートⅡ　グローバル・マーケティングの役割と戦略

第6章　マーケティング・リサーチの実施　167

グローバル・マーケティング・リサーチの重要性　169

グローバル・マーケティング・リサーチの範囲　171

▶グローバル・マーケティング・リサーチの実施　172

▶オンライン調査　176

▶グローバル・マーケティング・リサーチにおけるソーシャル・メディアの役割　178

▶グローバル・マーケティング・リサーチの実施における違い　179

グローバル・マーケティング・リサーチのプロセス　180

▶調査の目的と目標の定義　181

▶調査方法の決定　182

▶調査の設計　182

▶グローバル・マーケティング・インテリジェンス／情報システム　188

まとめ　192

ディスカッションテーマ　193

実践的課題　193

キーワード　194

第7章　国際市場の選択　195

Ansoffの事業拡大モデル　197

既存市場／既存製品　198

既存市場／新製品　198

新市場／既存製品　198

新市場／新製品　200

国際化とAnsoffのマトリクス　200

国際化の動機づけ　201

先行的動機　202
　　反応的動機　205
　　国際化理論と市場参入　206
　　国際的製品ライフサイクル　207
　　　▶論評　208
　　UPPSALA モデル　209
　　　▶論評　211
　　ネットワークのアプローチ　212
　　取引コストの分析　215
　　　▶論評　216
　　Dunning の取捨選択 OLI モデル　218
　　　▶論評　219
　　市場の選択　220
　　　▶市場拡大の精査　220
　　集中化 vs. 分散化　223
　　まとめ　227
　　ディスカッションテーマ　228
　　実践的課題　228
　　キーワード　228

第8章　グローバル市場への参入　231

　　参入形態決定プロセスに影響を及ぼす要因　233
　　　▶市場参入の力学　236
　　　▶ターン・キー契約　246
　　　▶運営委託契約　246
　　　▶国際合弁事業　247
　　　　▶ Wadia と Danone による合弁事業（1995 年）　249
　　　　▶ Goodyear と住友による合弁事業　251
　　　　▶ Goodyear と住友による合弁事業の優位性　251
　　JV の失敗に対する保険　253

- ▶国際事業提携　255
- ▶戦略的提携　255
- ▶完全所有子会社　257
- ▶参入形態のメリット／デメリット　257

まとめ　257
ディスカッションテーマ　259
実践的課題　260
キーワード　260

第9章　グローバル市場のセグメンテーション，ターゲティングおよびポジショニング　261

グローバル市場におけるSTP戦略の必要性　263
グローバル市場のセグメンテーション戦略　266
- ▶国別セグメンテーション（マクロ・セグメンテーション）　267
- ▶顧客別セグメンテーション（ミクロ・セグメンテーション）　268
- ▶産業財市場のセグメンテーション　272
- ▶セグメンテーションの方法に関する最新の考察　274

選択に制約のない世界におけるセグメンテーション　276
ターゲティング　278
- ▶ターゲティングの基準　278

グローバル・ターゲット市場戦略の選択　279
- ▶非多様化アプローチ　280
- ▶多様化アプローチ　281
- ▶集中化アプローチ　283
- ▶適応化アプローチ　284

ポジショニング　286
まとめ　288
ディスカッションテーマ　288
実践的課題　289
キーワード　289

パートⅢ　グローバル・マーケティングの4つの「P」

第10章　グローバルな製品およびブランドを開発する　293

新たな成長機会を探す：国ごとの製品ライフ・サイクル　297
「標準化」vs.「適応化」のジレンマ　303
製品使用　312
製品パーセプション（知覚）と期待される効用　315
製品属性　317
　▶規制と基準　318
　▶スタイルおよびデザイン，色，品質　321
パッケージ　324
　▶ブランド構築　327
生産国　337
　▶サービス属性　341
国際市場における製品戦略　344
経営者の姿勢　348
まとめ　350
ディスカッションテーマ　350
実践的課題　351
キーワード　352

第11章　グローバルな価格を設定する　353

価格決定に影響を及ぼす要因　357
　▶競争要因　357
　▶消費者要因　358
　▶価格とインターネット　360
　▶製品要因と流通チャネル　361
　▶国の要因　365
目標，戦略，価格政策　371

- ▶コスト・ベースのアプローチ vs. 市場ベースのアプローチ　373
- ▶新たな製品価格戦略：上澄吸収価格戦略 vs. 市場浸透価格戦略　375
- ▶標準化 vs. 適応化　377
- ▶一元化 vs. 分散化　381
- ▶価格設定の分類　383

移転価格　384
支払条件と支払方法　385
見返り貿易　387
まとめ　390
ディスカッションテーマ　390
実践的課題　391
キーワード　391

第12章　グローバルな流通チャネルおよびロジスティクス　393

国際的な流通の決定に影響する要因　396
- ▶内的要因　397
- ▶外的要因　399

国際流通チャネルを管理する　402
- ▶直接販売 vs. 間接販売　403
- ▶伝統的流通チャネル vs. 垂直的マーケティング・システム　406
- ▶マルチ・チャネル戦略　407
- ▶中間業者の種類　409
- ▶代理店と卸売業者　409
- ▶小売業者　411
- ▶チャネル構成員の選択　416

チャネルの管理とコントロール　419
ロジスティクス　422
まとめ　424
ディスカッションテーマ　425
実践的課題　426

キーワード　427

第13章　グローバルなコミュニケーションおよび広告を展開する
　　　　　　　　　　　　　　　　　　　　　　　　　　　　429

　　グローバル・プロモーション戦略　431
　　　▶コミュニケーションのグローバル化 vs. ローカル化　435
　　グローバル広告戦略　446
　　　▶グローバル・キャンペーンとそのメディア・ミックス　448
　　グローバル広告に対する規制　450
　　グローバルな広告代理店　452
　　まとめ　456
　　ディスカッションテーマ　457
　　実践的課題　457
　　キーワード　458

パートⅣ　グローバル・マーケティングの新たな動向

第14章　グローバル・マーケティングにソーシャル・メディアを使用する　461

　　ソーシャル・マーケティング概論　463
　　　▶ソーシャル・マーケティング・ネットワーク　464
　　　▶ネットワークの行動学的意味　466
　　企業のネットワーク化：企業によるソーシャル・ネットワークの使用　470
　　　▶世界的なソーシャル・マーケティング広告の増大　473
　　ソーシャル・マーケティング・キャンペーンのケース・スタディ　475
　　　▶ Starbucks のファンページ　475
　　　▶「いいね」ボタンを現実世界に：Coca-Cola（Israel）　475

　　　　▶ Kraft Foods の Aladdin チョコレート・ボックス　　476
　　　　▶ソーシャル・マーケティングの法的側面：プライバシーの問題　　477
　　まとめ　479
　　ディスカッションテーマ　　479
　　実践的課題　　480
　　キーワード　　480

第15章　グローバル・マーケティング・システムを設計・管理する
　　　　　　　　　　　　　　　　　　　　　　　　　　　　481

　　製品ベースの組織形態　　485
　　地域単位の組織形態　　486
　　機能単位の組織形態　　487
　　マトリクス組織形態　　488
　　新たな組織の方向性　　489
　　顧客中心の組織　　490
　　グローバル・マーケティング・チーム　　492
　　ボーン・グローバル企業　　492
　　管理機構　　494
　　公式的管理機構　　495
　　　　▶計画　　495
　　　　▶予算編成　　495
　　　　▶報告　　496
　　非公式的管理機構　　500
　　　　▶企業風土　　500
　　　　▶経営幹部の選択と訓練　　501
　　　　▶リーダーシップ　　501
　　まとめ　506
　　ディスカッションテーマ　　506
　　実践的課題　　507
　　キーワード　　507

第16章　グローバル市場における倫理観と企業の社会的責任を定義する　509

不正なビジネスを行うことの代償　511
倫理と法律　513
優良企業市民としての多国籍企業　516
BRICs 諸国の CSR　518
ロシアの CSR　518
中国の CSR　519
インドの CSR　521
企業は倫理に反していられるか　522
腐敗および贈収賄との闘い　525
OECD 贈賄防止条約　527
国連腐敗防止条約　528
各国政府による腐敗，贈収賄防止法の施行　529
1977 年米国海外腐敗行為防止法　529
英国贈収賄法案　530
企業の腐敗防止・倫理施策　531
グローバル企業の市民権　532
まとめ　535
ディスカッションテーマ　535
実践的課題　536
キーワード　536

人名索引
組織・企業索引
事項索引

パート I

グローバル・マーケティングを取り巻く環境

1　グローバル市場とグローバル・マーケティングを理解する
2　グローバル・マーケティング環境を評価する
3　文化的／社会的環境を評価する
4　政治的／法的環境を評価する
5　世界市場，地域市場，国内市場を統合する

第1章

グローバル市場とグローバル・マーケティングを理解する

> 企業は地域や国の表面的な違いにとらわれることなく，あたかも世界が1つの大きな市場であるかのように経営することを学ばなければならない。
>
> Theodore Levitt

学習目的

本章を読むことで，次のことが期待される。

- グローバリゼーションがマーケティング戦略にどのようにインパクトを与えているかを理解すること。
- グローバル・マーケティングが何を意味するかを定義すること。
- 国と国の間に存在する違いを理解するCAGEモデルを使うことができること。
- EPRGのフレームに基づいて企業をどのように組織化したらよいかを決定できること。
- グローバル・マーケティング戦略を策定するための3つのアプローチを認識すること。
- グローバル・マーケティング戦略を策定する際に，なぜグローバル・ビジョンが大切かを知ること。

市場はグローバル化している

　海外を旅行すると，一般的に米国のブランドだと思われている（実際にそうなのだが）Kentucky Fried Chicken，Coca-Cola，McDonald'sというおなじみのブランドに出くわす。しかしそれらは，同じように見えてもひょっとしたら米国で売られている味とは少し異なるかもしれない。それは，現地の味に合わせるべく調理法を変えて現地に適応させたということである。また，Rolls-Royceに乗っている人は，それを英国製と考えるのではないだろうか（とても英国的ではあるが，実はドイツ資本が所有している）。あるいは英国のランドマークともいえるLand Roverやスウェーデン製のVolvoを運転しているかもしれないが，それらはFord Motorに売却されている。米国製の製品が世界中の市場で競争できること，あるいは，欧州やアジアのメーカーが米国市場で競争できること（中国製やインド製の車が米国で販売

されるなど，だれが考えたであろう）という事実は，市場とマーケティングのグローバリゼーションの結果なのである。

　次のことを考えてみてほしい。コペンハーゲン在住の18歳のHannaがカナダのウェブサイトにログインして，MadonnaのCDを注文し，それをデンマークの銀行発行の現地のクレジットカードを使い現地通貨（クローネ）で支払う。フランスから彼女のところに訪れている従兄のJacquesが家電のウェブサイトにログインして，欧州ではまだ販売前の日本製の新しい録音用電子機器の広告を見つける。Jacquesは検索エンジンを通して，それがマカオで販売されていることを発見する。そしてその機器をマカオの販売店に発注し，自分の住むパリの住所に発送してもらう手配をしてユーロで支払い，そのレシートをeメールのアドレスに送ってもらう。こうした取引は，世界中で，あらゆる言語で，あらゆる通貨で，簡単に，正確に，安全で，安心して，買い手と売り手の間で実際のビジネスを行うことができるグローバル・マーケティングを象徴している。

　グローバル市場を表すもう1つの現象がFacebookやTwitterのような**ソーシャル・ネットワーキング**の成長である。例えば，2008年初めのFacebookの海外利用者は，3400万人であったのに対して，2009年初めには，その数は9500万人へと急拡大している。Facebook市場の多くが，毎月2ケタの成長をしている。読者の皆さんもだれかと繋がっているだろうか？こうしたサイトは，メンバーの興味，趣味，場合によっては消費性向に関する情報を所有している。Facebookの分析担当者は，ある意味で，人々が（その友人も含めて）何に興味を持っているのかということに精通している可能性が高い。そうしてこうした情報は，ウェブサイトを通してコミュニケーションを図ろうとするグローバルな広告業者にとっては，大変有益なのである。

　このような事例は，グローバリゼーションの結果として生じたものである。**グローバリゼーション**とは，多くの国の間で，個人，企業，政府のレベルで行われる相互作用と統合のプロセスと考えられるが，それは国際貿易（international trad）と投資活動によって引き起こされ，いわゆるグローバル経済を実現させる源となっているのである。

グローバリゼーション：世界は小さくなっている

　企業は世界のどこで仕事をするにしても，その規模にかかわらず，グローバル経済の影響を意識しなくてはいけない。インターネット，eコマース，デジタル・コミュニケーション，そして情報の透明化によって，労働力の流動化，知識レベルの高い顧客，急速に進化する技術，そしてビジネス・モデルがもたらされた。その結果として，多くの企業はマーケット・シェアを獲得し，現在の顧客を維持し，新たな見込み客を獲得していくために，グローバル・マーケティング戦略を取り入れる必要に迫られている。顧客にアピールする製品・サービスを開発すべく努力すればするほど，また，一層過密化するグローバル市場において提供するものを差別化すればするほど，企業にとってマーケティング戦略が重要になってくるのである。

　マーケティング戦略が，グローバル市場において競争優位性を維持するためのキーであるのは間違いない。そのため，本書の目的は，どうすれば成功するマーケティング戦略が策定され，維持されるのかを示すことにある。

　本書は分析，戦略，マーケティング・ミックスの3つのグローバル・マーケティング活動によって構成されている。この3つのステップは図1-1に記述されている通りである。グローバル市場に参入する前には，経済，政治，文化的環境分析を行う必要がある。分析の次に，グローバル・マーケティング戦略の策定プロセスでは，参入すべき市場の選択とその市場への参入戦略を決定する。最後に，マーケティング・ミックスである。製品，販促，販路，価格をそれぞれの市場ごとに決定する。図1-1はこれら3つの活動を説明する章の流れも示している。

グローバリゼーションとグローバル・マーケティング

　グローバリゼーションは，企業のマーケティング戦略策定の前提となる競争環境を，従来のものから変化させてきている。eコマースの広がり，イン

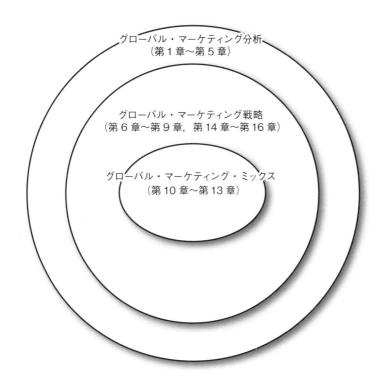

図 1-1　本書『グローバル市場戦略経営』の構成

ターネットやスマートフォンのような技術的ツールの普及，輸送システムの進化，世界の多くの場所で政治的・経済的な境界線が消滅しつつあることなどによって，企業は国内市場にとどまるのではなく，多様なグローバル市場にも力を注ぐことが可能になった。グローバル市場が相互に結びつき，ダイナミックになるにつれて，外部環境を観察する効果的な方法と企業独自の資源の最大活用が，競争優位を獲得するうえで必要不可欠になるのである。

　グローバル企業は1つのパラドックスと常に向かい合わなければならない。グローバルな展開とは，国の違いを超えた普遍的な目的と技術を必要とする。つまり，その企業のビジョンと先進的な技術によって，展開先の国の生産資源を地元のローカル企業よりも有効に活用できるからということで，

当該地域への参入を目論むわけである。一方で，グローバル企業はローカル市場の特殊性をマネージすることに関しては，不利な立場で戦わざるを得ないことも事実である。普遍的な知識をそれぞれの国の特有の状況に適応させることによって成功がもたらされる。新しい国に参入するグローバル企業にとっての課題とは，どの戦術や進め方を新たに取り入れ，どれを既存のものをベースに現地で進化させるべきか，それらを実際に稼働中の事業活動において，どう組み合わせていくのかを決めることなのである[1]。

グローバリゼーションによって刺激された技術進化によって，世界レベルでアウトソーシングが進展している。グローバリゼーションが国際的な企業文化と戦略にどのように影響しているかを示す好例が，多様化した（2つ以上の国に拠点が存在する）コングロマリットである。コングロマリットの合併のよい例が，それぞれの市場において相互補完することを目的に行われたDaimler-Benz（現 Daimler）によるChryslerの株式取得である[2]。

DaimlerとChryslerの合併によって，売上高，時価総額および利益において世界第3位，そして乗用車と商用車の販売台数で世界第5位の巨大自動車企業が出現したわけであるが，しかし実のところ合併は，彼らのライバルである日本企業トヨタを強くしただけであった。2003年時点で2社の株価を合計した額は，1998年の合併前の両社のそれぞれの企業価値（時価総額）の合計の半分であった[3]。

ではなぜ，合併によって目的を達成することができなかったのだろうか？主な理由は2社間の組織文化の違いである。米国とドイツの経営スタイルは大きく異なっており，すぐさま文化的な衝突が発生してしまった。それは，感受性を磨くワークショップをやったところで，到底解決できるものではなかったのである。さらにもう1つの問題は，（特に経営層レベルで）米国人

---

1. Calomiris, C. (30 August 2004). *What does it mean to have a global vision?* Columbia Business School.
2. DaimlerChrysler was ejected from menbership in the American Automobile Manufacturers association because Chrysler was no longer considered to be an "American" producer.
3. The New European order ［Special report］. (2 September 2004). *The Economist*. www.economist.com/node/3127264 から検索。

社員に対し，ドイツ人社員より年収が高く設定されていたということである。賃金の不均衡はドイツ人に米国人に対する妬みのような感情を抱かせてしまい，両社間での協力を阻害する要因として作用してしまったのである。

マーケティングに関する考えの差も一因になっている。ChryslerとDaimler-Benzはブランドイメージという点でも大きく異なっている。Chryslerのイメージは極端に米国的である。そのブランド価値は，「自己主張とリスク・テイキング」のカウボーイの雰囲気である。それに対して，Mercedes-Benzは，妥協を許さない高い品質とあいまった，規律正しいドイツのエンジニアリング魂がにじみ出ているようなブランドである[4]。2007年には，DaimlerはChryslerブランドの80％の株式をプライベートの投資ファンドであるCerberus Capital Managementに売却した。Chryslerは，2009年には財務破綻し，倒産した。倒産後は，ChryslerはイタリアのFiatとの提携を選択し，FiatはChryslerの株式の20％を取得することになった。中小型乗用車を生産するパートナーとの提携によってChryslerは生き残ることができたのである。

このような大西洋をまたいだ合併の難しさは，国や文化の境界を超えるだけではなく，法律的，財務的，経営的な側面でも新しい考え方を必要とするということを意味している[5]。グローバルな時代において経営戦略をデザインする際には，技術的な能力のみならず，海外環境の中でマネジメントとマーケティングを実践できる地理的な視野と専門的な能力が求められる。

▶グローバリゼーション：機会か脅威か？

グローバリゼーション——統合され，かつ相互に依存的な1つのまとまりある世界に向けた流れ——は国際貿易によって促進され，情報技術によって具現化し，現実のものとなった。グローバリゼーションは様々に異なった視点から解釈される。経済学者にとって，グローバリゼーションとはグローバ

---

4. Finkelstein, S. (2002). *The DaimlerChrysler merger*. Tuck School of Business.
5. Lazer, W., & Shaw, E. (2000). Global marketing management: At the dawn of the new milennium. *Journal of International Marketing, 8* (1), 65-77; Meyer, K. (2006). Global focusing: From conglomerates to global specialists. *Journal of Management Studies, 43*(5), 1109-1144.

ル市場の出現を意味する。一方で，社会学者にとっては，ライフスタイルや社会的価値観の収斂プロセスと理解される。また政治学者にとってのグローバリゼーションとは，国家の主権を限定することを意味する。グローバリゼーションの視点は 100 年以上も前からあったが，そのような認識を最初に明らかにしたのが，Marshall McLuhan である。彼は，時間と空間によって物理的に分離されている人々が電子媒体によって相互につながることのできる場所という意味を込めて「グローバル・ビレッジ（村）」という造語を作りだした。この繋がりはプラスの効用を持っている一方で，グローバル・レベルでは新たな責任を生じさせることも意味する[6]。

　国の境界がなくなり，時間と空間の距離が短縮されることにより，世界は「グローバル・ビレッジ」に突入することになる。これは 20 世紀に入り，飛行機，船舶による輸送コスト，コミュニケーション・コストが著しく減少したことに起因する。1 トン当たりの平均的な船便によるコストと入港税は，1920 年の 95 ドルの水準から 1930 年には 60 ドルに下がっている。さらにその後 1990 年には 29 ドルまで下がっている。貨物運賃の低下は主にコンテナ化によるところが大きい。コンテナは 1980 年では貨物全体の 20 % を占めていたが，2000 年には 65 % を占めるに至っている。

　コミュニケーション・コストの低下は情報技術の進化によってもたらされた。1930 年にニューヨークからロンドンに電話をかけると 245 ドルかかったものが，1990 年には 3 ドルになっている。電話で銀行送金手続きを行う場合にも，手数料が 0.55 ドルかかるのに対して，ATM を利用することで 0.45 ドルになり，さらにインターネット経由で行うと 0.10 ドルまで減少させることができる。

　グローバリゼーションによってもたらされる機会とは何か？　貿易の自由化とは，ある国の商品に対する需要が自国の市場だけに限定されないということであり，投資，技術，ノウハウが先進国と新興国の両方を自由に移動することを意味する。その一方でグローバリゼーションは，1999 年の終わりにシアトルで開催された世界貿易機関の第三閣僚会議を妨害した 4 万人もの

---

6. McLuhan, M. (1964), *Understanding media.* New York: Mentor.

抗議者の存在によって明らかになったように，マイナス面も持つ。グローバリゼーションのメリットが民族や国に平等にもたらされるものではないという事実に基づく懸念である。

そうはいっても世界の人々の大半がグローバリゼーションに関しては好意的な態度をとっている。ワシントンDCにあるPew Research Centerで実施されたPew Global Attitude Projectの調査対象となった44か国中35か国の先進国および新興国の3万8000人の大半が「貿易の増加は自国にとって非常に，もしくはまあまあ良いことである」と信じていることが明らかになっている[7]。米国や欧州がグローバリゼーションに関して肯定的なのは驚くに当たらないにしても，アフリカやアジア諸国の回答者も先進国の人々に比べると高くはないものの，同じように肯定的な態度を示しているのは驚くべきことである。

▶グローバル・マーケティングのアプローチ

技術的な飛躍，先進国と新興国の両方からもたらされる機会を最大限に活用する方法は，経営にとって極めて重要な課題になっている。マーケティング戦略の策定と実施に際して，グローバルなアプローチをとることが必要になってきているからだ。グローバル・アプローチとはマーケティング戦略を国ごとに策定するということではなく，世界に向けた努力が求められるということである。生産，マーケティングその他の活動に関して，国を超えて調整し，統合していくことが求められる。多くの企業の場合は，グローバル・マーケティングの採用によって，規模の優位性，資源の有効活用，コスト削減をテコにした中央集権的なオペレーションが必要になる。

グローバル・マーケティングとは，ターゲット市場の選択，マーケティング・ミックスの決定，組織設計および統制機構を含む世界規模でのマーケティング活動の調整，合理化，統合であるということが特筆される[8]。マー

---

7. The Pew Global Attitudes Project. (2003). *Views of a changing world*. The Pew Research Center, Washington, D. C.
8. Douglas, S., & Craig, C. S. (Fall 1989). Evolution of global marketing strategy: Scale, scope and synergy. *Columbia Journal of World Business*, 47-59.

ケティング活動の世界規模での統合には，グローバルな製品とブランドの開発，グローバル・ベースでのコミュニケーションと流通チャネルが含まれる。

▌グローバル・マーケティングとグローバル市場

　グローバル・マーケティングの支持者の中には，市場の同質化とともにマーケティングにおける意思決定において，国の間の違いはそれほど重要でなくなるだろうと主張する人たちもいる。その一方で，まったく異なった見解もある[9]。グローバルな市場は限られているため，ローカル市場のニーズに対してマーケティング戦略を適応させることが必要だとする主張である[10]。EU（European Union），NAFTA（North American Free Trade Agreement），MERCOSUR（Southern Common Market）[11]のような地域ごとに統合された市場の形成によって，我々はボーダレスな世界に近づいているといえるが，各市場で消費動向や消費嗜好が異なっていることも事実である。つまり，マーケティング活動をグローバル・ベースで統合し，統制することを意味する「グローバル・マーケティング」と，地域市場が世界市場に収斂されつつあり，標準的なマーケティング戦略を許容するという考え方をとる「グローバル市場」の間には根本的な違いが存在する。グローバル戦略を履行できるかどうかは，地域と地域，国と国との間にどの程度の距離（違い）があるかに拠る。距離を測定するためのフレームワークについて次に述べよう。

---

9. Sheth, J., & Parvatiyar, A. (2001). The antecedents and consequences of integrated global marketing. *International Marketing Review, 18* (1), 16-34.
10. Quelch, J. A., & Hoff, E. J. (May-June 1986). Customizing global marketing. *Harvard Business Review, 64,* 59-68; Douglas, S. P., & Wind, Y. (Winter 1987). The myth of globalization. *Columbia Journal of World Business,* 19-29.
11. NAFTA members include the United States, Canada, and Mexico; MERCOSUR members are Brazil, Argentina, Uruguay, Paraguay, and Venezuela. See Chapter 5 for a detailed discussion of these and other trade agreements.

CAGE による距離測定フレームワーク

CAGE フレームワークによると国と国の距離は，文化的（Cultural），行政的（Administrative），地理的（Geographic），経済的（Economic）という4つの要素で測定される[12]。文化的距離には，言語，民族，宗教，価値観，規範が含まれる。行政的距離とは法律，政治的リスク，行政機能の違い

表 1-1　CAGE による距離測定

測定	データソース	参照可能な国の数
1. 文化的 　権力格差 　不確実性回避 　個人主義 　男らしさ	Hofstede (2001)[†] World Values Survey (WVS; Inglehart, 2004)[13]	 68 66 69 69
2. 行政的 　植民地支配の関係 　共通言語 　法制度	CIA Factbook La Porta 他 1998[14]	198
3. 地理的 　大圏距離	CIA Factbook	196
4. 経済的 　年収 　インフレ 　輸出 　輸入	World Development Indicators (World Bank)	 179 157 165 165

出典：Berry, H., Guillén, M. F., & Zhou, N. (2010). An institutional approach to cross-national distance. *Journal of International Business Studies, 41*(9), 1460-1480 より作成。

[†] 訳注：Hofstede, G. (2001). *Culture's consequences: Comparing values, behaviors, institutions and organizations across nations* (2nd ed.). Thousand Oaks, CA: Sage.

---

12. Ghemawat, P. (September 2001). Distance still matters: The hard reality of global expansion. *Harvard Business Review*, 137-147.
13. Inglehart, R. (2004). *Human beliefs and values*. Madrid: Siglo XXI.
14. La Porta, R., Lopez-de-Silanes, F., Shleifer, A., & Vishny, R. W. (1998). Law and finance. *Journal of Political Economy, 106* (6), 1113-1155.

を測定するものである。地理的距離には，国土の広さ，インフラ，天候，近隣諸国からどのくらい離れているかが含まれる。経済的距離は，国民所得，事業を営むためのコスト，物価，人材と天然資源の利用可能性に関する違いを意味する。こうした要素は，国同士の違いにとどまらず，産業間の違いとも関係している。

　マーケティングを国際的に展開する際の意思決定において，もっとも重要な要素はなんだろうか？　それは，状況によって異なるということになろう。例えば，2国間が物理的に近いとしても，政治的な対立によって行政的距離は大きくなるかもしれない。食品のケースのような場合には，文化的な差異が2つの国の間に距離をつくる主因になり得る。製品の仕様を下げて，価格も相応にしない限り，低年収という経済的距離が克服できないほどに距離が開いてしまう場合もある。違いを表すための適切な要素が何かについては，この後で議論されることになる。CAGEによる距離の測定については表1-1を参照してほしい。

■ 国内マーケティングとグローバル・マーケティングの比較

　国内マーケティングとグローバル・マーケティングの違いはなんであろうか。両者の間には大きく3つの違いがあるが，グローバル・マーケティングの特徴としては，以下が挙げられる。

1. 市場および環境に関する不確実性が大きい

　多くのグローバル戦略は不成功のうちに終わっている。その理由は，戦略策定に終始してしまい，実践に至らないか，もしくは，戦略が効果を発揮するまえに環境が変化してしまうかのどちらかである。Wharton Schoolがスポンサーとなって開催されたシンポジウムでは，企業の将来の経済環境を決定する2つの要因が講演者によって指摘された。1つ目は，その企業において経済に影響を及ぼす外部要因が認知され，かつ理解されているのか。それとも認知されておらず，驚きをもって受け取られるかということである。2つ目は，その企業には，急激な変化にさらされる状況にあっても楽天的でい

られる文化，歴史，そして能力があるかということである[15]。これに加え，成功している企業の場合，能動的にリスクをとることと，リスクに対して受け身のままでいることの違いを理解しているのである[16]。

2．グローバル市場は国内／内部の市場に比べ多様化しており，ダイナミックである。

グローバル市場に関するマイナスの側面としては，経済，政治，社会，文化の違いにより，グローバル・マーケティング・マネジャーの仕事が国内の仕事にくらべて格段に難しいという点である。市場間には共通点もあるが，違いの方が大きいのではないだろうか。多国籍企業のプラスの側面は，グローバル市場の多様性によって豊富な経験ができる点だろう。同様の学習・経験がない企業に比べ，競争優位性を獲得できるかもしれない。多国籍企業は子会社を通してそのような知識を授け，活用することによって競合他社に対して一段優位に立つことが可能になる。ベストプラクティスが組織全体に移転し，共有されるのである。

新興市場は，投資およびマーケティングに関して新しい機会をもたらしてくれる。例えば，20〜21世紀の中国の産業化の度合いには比類がない。中国は徐々に，安価で単純な製品の生産から高品質のそれへとシフトさせながら，グローバルな産業財の割合を増加させてきた。ほかの新興市場も著しい成長を見せている。インドは21世紀の終わりまでに世界のITとコミュニケーション産業における主要な供給国になっているだろう。中国，インド，そしてポーランドなどは，グローバル企業にとって2つのチャレンジを生み出している。1つは新興市場におけるシェア拡大をどのように図ればよいかという点であり，もう1つはグローバル市場でどのように新興国企業と戦うかという点である。

人口統計的な変化も著しい。出生率の低下と高齢層の増加が欧州と日本におけるトレンドである。例えば，英国，日本，米国における過去10年間の

---

15. Knowledge@Wharton. (5 December 2001). http://knowledge.wharton.upenn.edu/article.cfm?>articleid=470 から検索。
16. Laudicina, P. (March/April 2005). Managing global risk to seize competitive advantage. *Ivey Business Journal*, 1-7.

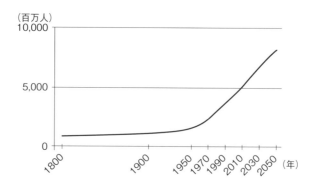

図 1-2　世界人口の伸び
出典：データは，*Internet Geography*. www.geography.learnontheinternet.co.uk. から検索。

出生率は横ばいであり，そのため，これらの地域での人口の伸び率はゼロになっている。こうした傾向を肯定的に評価する人もいる。家族計画を専門としている英国の元教授，John Guillenbrand 博士は人口の伸び率低下は，地球資源への負荷を軽減し，温室効果ガス排出を抑制することにもつながると述べている。全体的な人口は増加しているものの，成長率はわずかにではあるが低下傾向にあり（図 1-2），2050 年時点では 90 億人に達成する見込みである。出生率低下は，高齢化，年金負担額の増加，就労様式の変化，保険医療のコスト増を意味する。こうした変化は経済・消費関連分野に大きなチャレンジを課すとともに，高齢化に狙いを定めた特定の製品・サービスの需要にも影響する。

　グローバル市場に関するもう 1 つのダイナミックな側面は，東欧や中国，インドなどの新興国での供給増大によって，米国，日本，西欧のような伝統的な産業国家で生じるグローバルな生産能力過剰の問題である。
3．グローバル市場は地理的および心理的な距離によって区分できる。

▶ 地理的あるいは空間的な距離

　マーケティングに関する国内と海外の空間的距離は，売り手と買い手の間における直接的なコミュニケーション機会が，ICT メディアに代替される

ようになるにつれて，なくなりつつある。消費者は，世界中のどこからでもインターネット・ビデオ会議を通して世界中の別の場所にいる売り手と瞬時に意思疎通することができる。以前なら合意に時間がかかった取引も，インターネットを介してすぐに締結することができる。多地域に分散している人々に参加が求められる会議も，ビデオ会議さえ実施できれば，マネジャーが頻繁に出張する必要はなくなる。世界中の何十億というインターネット・ユーザーは，e コマースに大きな機会を提供している。

e コマースが世界中に提供する製品やサービスに関する情報獲得方法にも革命が起きている。インターネットのおかげでメーカーは製品に関して標準化からセミ・カスタマイゼーションへシフトすることが可能になった。例えば Dell Computer の受注生産である。インターネットはグローバルな時間と空間のバリアを克服してくれる[17]。地理，タイムゾーン，立地によって生じる障害を取り除き，その結果摩擦のないビジネス環境を生み出している[18]。

インターネット利用率の高さはアジア，北米，欧州で顕著であり（図1-3），先進国ではアイスランド，グリーンランド，ノルウェー，スウェーデンで高く，2010 年時点で人口比 90 ％以上の人が利用している。こうした国は人口密度が低く，広大な大陸や海によって国土が閉ざされており，インターネットなどのコミュニケーション手段が相互のコミュニケーションにおいて極めて重要なのである。インターネット利用率の高い他の地域としてはドイツ（人口比で 79 ％），日本（78 ％），米国（77 ％）が挙げられる。利用者の絶対数でいうと中国は米国よりも多い。なお，2010 年時点の世界全体での利用率は 28.7 ％である[19]。

物理的移動の代替手段として通信を利用するにはいくつかの制約要因がある。通信利用に関する少し前の調査では，対面型コミュニケーションではな

---

17. Lazar, I. (16 October 2006). Counterpoint: Demand for video conferencing seems weak. *BCR Magazine*. www.collaborationloop.com/blogs/video-conferencing-market-demand-2.htm から検索．
18. Colony, G., Deutsch, H., & Rhinelander, T. (May 1995). Network strategy service: CIO meets Internet. *The Forrester Report*, 12.
19. Miniwatts Marketing Group (2010).

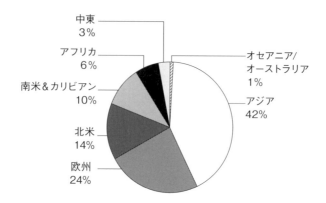

図1-3 インターネットユーザーの地域構成比

出典：Internet World Stats（www.internetworldstats.com/stats.htm）．1,966,514,816 Internet users on June 30, 2010. Miniwatts Marketing Group より作成。

い方が想起率は高かったものの，説得の段階では対面型コミュニケーションに軍配が上がった[20]。この調査がロンドンで行われたことも結果に影響していたかもしれない。従来方式の生真面目な倫理観が，「仕事はもっと快適な環境で遂行できるものだ」という考え方の受容を阻んでいるかもしれないからだ。さらに最近の調査では[21]，ビデオ会議市場はそれほど急激に成長しているわけではないのでは，という点も指摘されている。Lazar（2006）によると，ビデオ会議はeメールのチェックや，ウェブ・サーフィンに比べて，個々の参加者の注意を喚起する効率は上げるものの，注視されることに抵抗を示す人が少なくないというのがその理由である。

今世紀になって生じたもっとも劇的な変化の1つが，伝統的な媒体からインターネットへと広告コストがシフトしたことである。テレビ，ラジオ，印刷媒体における広告が徐々に減少する一方で，インターネットに掲載される広告の成長率は上昇している。例えば，2009年の英国におけるインターネッ

---

20. Albertson, L. (1977). Telecommunications as a travel substitute-some psychological, organizational, and social aspects. *Journal of Communication, 27*(2), 32-45.
21. Lazar, I. (16 October 2006). Counterpoint: Demand for video conferencing seems weak. *BCR Magazine*. www.collaborationloop.com/blogs/video-conferencing-market-demand-2.htm から検索。

表1-2　米国におけるインターネット広告の支出額（2001-2011年）
（10億ドル）

年	金額
2001	7.1
2002	6
2003	7.3
2004	9.6
2005	12.5
2006	16.9
2007	21.4
2008	27.5
2009	32.5
2010	37.5
2011	42

出典：データは，eMarketer (October 2007). www.eMarketer.com から検索。

ト広告は全広告の19.2％を占め，2007年（15.5％）から3.7％の伸びを示している。2002年の英国におけるインターネットのマインド・シェアは1.4％しかなかった（消費者がインターネットで購買検討している対象製品が限定的であった）。相互コミュニケーションにおけるインターネット広告の米国での伸び率は，英国での成長率よりも低かったものの顕著だった。

2008年までにインターネット広告の割合が二ケタに達した国は9か国ある。米国でのインターネット広告は2001年時点で71億ドル，2010年には375億ドルに達している（表1-2）。米国以外は英国やスウェーデン，オーストラリア，イスラエル，日本，ノルウェー，韓国，台湾が含まれる。

▶ 精神的および文化的距離

企業の国際化とは多くの場合，未知の領域で冒険に挑むことを意味する。外国で事業を営む際には，経営陣は，言語，ライフスタイル，行動基準（例えば倫理）および嗜好も含めてその国の文化に適応するのか，あるいは自国のルールや想定に則って経営するのか決定しなければならない。現地の経営スタイルを尊重するのも，自国の経営スタイルを重視するのも，ともにあり得ることであり，次項のEPRGのフレームワークで説明可能だ。EPRGのフレームワークを検討する前に，精神的および文化的な距離を定義してお

く。

　文化的な距離は，文化の同質性もしくは異質性がどの程度か，という尺度により定義される。第3章ではこれに関するフレームワークをいくつか提示しながら議論する。現時点で理解してほしい大事なポイントは，文化的な距離とは，国のレベルにより測定されるということである。それは，所与のものであり，経営によってコントロールできるものではない。これに対して**精神的な距離**とは個人の心の中に存在するものである[22]。いわば，自国の文化と相手国の文化の間にある認知上の距離であり，経営陣が自国と相手国の間の差異を信じている場合に生じるものである。文化的な距離のケースのように国レベルではなく，個人のレベルで測定される。

　文化的および精神的な距離は，経営陣のグローバル・マーケティング戦略の策定方法に影響する。文化的差異は，消費者行動やいろいろな製品に対する消費者の嗜好に影響する。食品や家具のように生活文化と結びついた製品の場合は，消費者のローカルニーズへの適応が求められるかもしれない。同じように，2か国またはそれ以上の国の間の精神的距離が遠いほど，消費者の嗜好にも大きな違いが生じるという経営者の思い込みを助長する可能性もある。精神的距離は知覚レベルのものであり，実際の差異の有無を反映するものではない。にもかかわらず，経営の意思決定に影響する。精神的距離は，多国籍企業が国際化する過程で，組織化，特に海外への参入形態の選択や運営の統制方法に影響する。これはPerlmutter（1969）のEPRG類型論で説明できるかもしれない[23]。

▶ EPRG フレームワーク

　EPRG フレームワークとは，経営陣の企業に対する世界観に基づいており，海外市場での企業活動を組織化する際のスタイルを決定づける。このフレームワークは，海外市場での経営に関する4つのアプローチを提示する。

---

22. Sousa, C., & Bradley, F. (2008). Cultural distance and psychic distance: Two peas in a pod? *Journal of International Marketing, 14* (1), 49-70.
23. Perlmutter, H. (January/February 1969). The tortuous evolution of the multinational corporation, *Columbia Journal of World Business, 4*, 9-18.

同時にそれは，純粋な自国市場企業から，世界で戦える企業になるまでの，国際化への各ステージを反映している。

1. 自国中心主義

このステージではあくまでも自国に焦点が当てられている。このような見解を持っている企業は自国市場での戦略が海外での戦略よりも優れていると信じている。したがって海外での運営にも同じ戦略が適応されるべきと信じている。海外市場を探索する際にシステマティックなスクリーニングは行わない。米国の製薬メーカーである Eli Lilly の最初の海外市場参入などはこのアプローチのよい例である。主要市場に事務所を開設し，現地のスタッフを雇い，利益を評価基準として厳格な統制を行った。外国の子会社の運営は現地の売上をサポートするだけの川下活動に限定されており，マーケティングのプログラムは本社が開発していた[24]。

2. 多極中心主義

自国中心主義の企業と異なり，このアプローチを行う企業は関係会社に独自のマーケティング戦略立案を許容するような分散管理を採用する。各国にはそれぞれ違いがあり，マーケティング戦略は各国の特殊なニーズに適応されるべきだという信念のもと，あくまでも現地にフォーカスしている。このアプローチには標準化マーケティングの余地はほとんどない。海外市場は個別に評価・選択される。そして各市場運営においては，他の市場と意図的な調整や統合などはまったく行われず，あくまでも個別独立的に行われるのである。マーケティング活動は，国ごとに組織され，実施される。そのうえで各市場の要求事項に合わせて，マーケティング・ミックスが修正される。このアプローチのよい例が Ford の Escort に関するマーケティングである。英国モデル導入にあたっては，単に米国版のハンドル配置を右から左へ変更するだけでなく，より排気量が大きく，スタイリングも異なっていた米国版を仕様変更する必要があったのである。

---

24. Malnight, T. (1995). Globalization of an ethnocentric firm: An evolutionary perspective. *Strategic Management Journal*, 16, 119-141.

3. 地域中心主義

 特殊な地域を中心に1つの市場を形成するという考え方である。EUやMERCOSURなどの地域的取引市場にマーケティング活動の焦点を絞るのである。地域全体の全構成国に対するマーケティング戦略を立案し，実施を試みる。多極中心主義のアプローチと異なり，可能な限り，地域内でのマーケティング活動を調整すること，また，標準化を推進することに重点が置かれている。地域中心主義で組織化されている企業の典型的な例がトヨタである。トヨタの売上の45％が日本から，残りの39％が北米からもたらされたものである。北米でのトヨタの成功は，当該地域に狙いを定めた顧客中心主義の新製品開発によるところが大きい。

4. 地球中心主義

 このアプローチを採用する企業は世界を潜在市場とみる。世界規模でのオペレーションを統合することによってグローバル・マーケティングの実践を試みるのである。規模の経済を達成するために，グローバル製品とグローバル・ブランドを大量生産する。適応化を必要最小限に抑えて，標準化された製品，ブランド，イメージ，ポジショニング（そして可能な限り標準化された広告）がすべての市場で展開される。地球中心主義および地域中心主義は，競争優位性を構築・維持するために，多様なグローバルニーズにおいて知識（例えばベストプラクティス）を最大化することができる。例えば洗剤ブランドのTideは米国でP&Gによって販売されているが，最初はドイツの子会社で開発され，Vizerというブランド名で販売され，後にほかの西欧

表1-3　EPRGおよびグローバル製品戦略

市場に対する立場	製品戦略
自国中心主義	製品は自国市場の顧客のニーズに基づいて開発
多極中心主義	地域のニーズに基づいて地域の製品を開発
地域中心主義	地域内では標準化で開発。しかし地域横断的な展開はしない
地球中心主義	グローバル製品を開発。地域でバリエーションを持たせる

出典：Thomson, A. Jr. & Strickland, A. (2003). *Strategic Management* (13th ed.). New York: The McGraw-Hill Companies, Inc.

の国々でも販売されるようになった。欧州，そして後に南米市場へのVizer/Tideの導入はP&Gドイツの経営陣がP&Gグループの他国の子会社と経験と知識を共有したことで実現したものである。表1-3は，これらの4つの条件のもとで行われた多国籍企業の製品開発戦略を要約したものである。

▶グローバル・マーケティング戦略の開発

　企業がグローバルに，成功裏に戦うためには，競合他社に対する競争優位性を十分確立する必要がある。そのためにはグローバル・マーケティング戦略を立案しなければならない。グローバル・マーケティングには3つのアプローチがある。標準化，バリュー・チェーンの設計／調整，そして統合である。

▶標準化 vs. 現地適応化──適応化学派

　多国籍企業のマーケティング・マネジャーが参加するセミナーを開催する場合，「市場に対するマーケティング・アプローチとしての標準化戦略は現地適応化（差別化）戦略よりも優れているか」が重要なアジェンダの1つになるにちがいない。真にグローバル化されたマーケティング戦略とは，ターゲットとなるすべての市場に対してマーケティング・ミックスの要素を標準化しようとするはずである。しかし現実には，完全に標準化されたマーケティング・ミックスを目にすることはまずないと考えてよいだろう。製品は標準化できても広告は現地化せざるを得ないことがよくある。その一方で，広告は標準化できたとしても製品の現地化を迫られることもある。例えばDell Computerは，直接販売の営業スタイルは標準化で展開しても，広告は現地に適応化している。Nestleは製品の一定割合は現地化しながら，広告では極力標準化を試みている。

　図1-4は現地化の必要度が事業の機能に依拠することを示している。マーケティング機能の大半は市場間で何らかの適応化を求められるのに対して，財務のような機能についてはほとんど修正の必要がない。またブランド・アイデンティティについては，統一されたグローバル・イメージを維持するためにも，ほとんどの企業が標準化を志向する典型的な機能である。

　ではどのような場合に標準化戦略は適しているのだろうか？　製造業者あ

図 1-4　事業の機能によって異なる現地適応化へのニーズ
出典：ITSMA (June 2005) *Viewpoint*, 3 より作成。

るいはサービス提供者が，グローバル・ベースで標準化されたマーケティング戦略を志向するには条件がある。規模の経済によって生産やマーケティングにおけるコスト（特に研究や開発のコスト）を抑えたい場合や，グローバル・カスタマーから寄せられる同一製品供給の要求といったプレッシャーを軽減させたい場合などである。莫大な開発コストやスタートアップのためのコストを要する産業の場合も，より効率的に市場展開することで投資回収しやすくなる標準的な製品の開発は，有利に働く。同じように経験曲線による優位性が大切な産業においても，**標準化**によるコスト低減が可能になる。グローバル・カスタマーは，供給者に対し，数か国に分散している製造工場から同一製品を提供するようプレッシャーをかける。例えば，グローバルな自動車メーカーに塗料を提供するサプライヤーの場合は，すべての車が同じ外観の仕上がりを得られるよう，異なる工場から出荷されたものであっても，一貫した標準品の提供が求められる。表1-4は，標準化されたマーケティング戦略を実践している企業を選んだものである。グローバル・ベースで製品を設計し，物流を現地化する（例えばGilletteの剃刀のような）ケースもあり得る。また，複数の標準化戦略を同時展開する企業もある（例えばKodak）。

　一方，マーケティング戦略を標準化しようとする企業の能力を，抑制する

表1-4 標準化のマーケティング戦略を実践する企業

戦略	企業
製品デザイン	Ford（Escort），Nokia Mobile Phones, Gillette（剃刀），Kodak（カメラ）
ブランド・ネーム	Heineken, Coca-Cola, Reebok, Nivea, IKEA
製品ポジショニング	Colgate（練り歯みがき）
パッケージング	Gillette（剃刀）
広告・宣伝	McDonald's, Kodak（カメラ）
販売促進	Thane International（運動機器）
流通	Mary Kay（化粧品），IKEA

方向に作用する要因もある。国と国の間で味覚や嗜好，要求事項，基準が異なる状況は，特に標準化を抑制する方向で作用する。Nestléは中国市場にコーヒーを導入した際，中国の消費者独特の味覚に合わせて特別な配合のブレンドを行った。また，ウエハースを使ったバー状の菓子，NestléのKit Katは全世界で10億ドル以上を売り上げているが，この製品は多くの市場に適応化されている。例えばロシアでは，欧米西側諸国にくらべて小さめのサイズでチョコレートも粗めのものを使っているのに対して，日本ではイチゴ味のバリエーション展開するなどしている。大前研一氏[25]は，製品戦略に関して「ボーダレス経営は平均化して経営することと同義ではない」と記している。すべての嗜好が平板で単一的なマス市場に集約されることを意味するのではない。グローバルな経営をすべきだという主張は，製品の物理的移動の解消を狙ったものでもない。「全世界を対象にした製品」は，一見とても魅力的なアイデアだが，幻想にすぎないと彼はコメントしている。大前氏は改訂版[26]において，米国，欧州，日本という3極の先進国の若い世代は急速に，カリフォルニアの人々のように無国籍な志向を持ちつつあると指摘する。先進国の若年層というセグメントの特性は，新たな市場のターゲットになり得ると推測している。それが以下のケースである。Levi'sのジーン

---

25. Ohmae, K. (1990). *The borderless world*. New York: HarperCollins Publishers, Inc.
26. Ohmae, K. (1999). *The borderless world* (Rev. ed.). New York: HarperCollins Publishers, Inc.

ズ，iPod のガジェット，Timberland のシューズなどである。これらは国を超えて標準化された製品の例である。

　製品が標準化されたとしても，マーケティング・ミックスのほかの要素は標準化されないかもしれない。その点を示すケースがある。チリで放送された Nescafe のコマーシャルでは，湖畔のハウスが映し出される。息子と一緒に釣りに行こうとした父親が朝，息子を起こそうとする。息子はその誘いを断りベッドで寝ていることにしたが，気を取り直してすぐ起き，コーヒーの準備をし始める。誘いを断られて落胆し，湖畔にすわっていた父親に息子は一杯のコーヒーを持っていく。父親と息子はコーヒーを介して，再び心を通わせるのである。このメッセージは，コーヒーが2人の絆を取り持つという，情緒性を持つ。しかし，まったく同じ内容でもパリで上映されたなら，単なる状況説明でしかなくなるかもしれない。同じコーヒーの味，同じ広告でも認識されるメッセージはまったく異なるかもしれない。

　たとえ同一内容でも知覚のされ方が異なる事例として，北米市場向けに開発されたテレビ・コマーシャルが中南米で上映されたケースを挙げたい。二階建ての住宅用に受話器を追加購入してもらい，それによって売上を伸ばすことがこのコマーシャルに込められたメッセージであった。夫にかかってきた電話に台所仕事をしていた妻が出たが，夫は二階にいて，あいにくその場に電話がなかった。妻は夫にすぐに階下に降りてきて電話に出るよう叫んだのである。男性上位の文化の国で，妻が夫に指図をしたために，この広告はマイナスの評価を受けてしまった。時間や緊急性に対する感覚が北米と異なる社会では，彼女はむしろ短気な妻と受けとられてしまったのである。

▶ Levitt とマーケティングのグローバリゼーション

　Harvard Business School で長年教鞭を執っていた Theodore Levitt（1925-2006）は，グローバル・マーケティング戦略の可能性をいち早く予測したマーケターの一人である。彼は消費者ニーズがグローバルに収斂される（すべてにおいて平準化する）傾向にあると考えていた[27]。Levitt は国内

---

27. Levitt, T. (May/June 1983). The globalization of markets. *Harvard Business Review*, *61*, 92-102.

や地域内で慣れ親しまれた嗜好は過去のものになるだろうと考えたのである。もしマーケターが，高品質な製品をほどほどに低い水準の価格で提供できれば，他の国の消費者にも魅力的に映るはずだと考えたのである。しかし，製造業者としてそれを行うためには，3つの要件が必要となる。(1)規模の経済が働くだけの市場規模があること，(2)消費者がほかに考慮しなければならない要素にくらべて価格と品質に対して敏感であること，(3)消費者がボーダーレスで同質の欲求と嗜好を持っていること，である。これまでLevittの仮説には懐疑的な声がきかれてきた。特に上記の2番目と3番目の仮説には疑問が呈された。すべてのマーケティング・プログラムに関してではないにしろ，少なくとも製品戦略や広告戦略などの分野では，部分的に適応化とカスタマイズが求められ，それぞれの国内市場間にも大きな違いがある。全消費者が例外なく差別化製品よりも，安価で標準的な製品を好むかどうか（FordのT型モデル——黒である限りどの色でもお選びください——）は断定できないことも多かった。Levittは，企業は「企業は変化に対して抵抗の大きい国内の文化的パターン」と「グローバル・ブランドに対する信仰」の間でバランスを取らなければならないことを理解し，後に持論をトーンダウンさせている。最終的には，McDonald'sがインドで現地向けの菜食主義者向け料理を世界標準メニューと一緒に提供することや，Coca-Colaがソフトドリンクの砂糖の分量を調整したりすること，さらにNestléが現地の嗜好に合うように製品開発するような戦術を認めざるを得なかったのである。

▶ 標準化 vs. マス・カスタマイゼーション

　Pine（1993）理論[28]であるマス・カスタマイゼーションのマーケティング・アプローチは，グローバリゼーション（標準化）に対する挑戦である。**マス・カスタマイゼーション**とは，"生産／組立のオペレーション段階で，企業と顧客との間の相互作用を通して，カスタマイズされた製品を大量生産品と同等の製造コストと価格で提供することにより，顧客価値を創造する戦

---

28. Pine, B. J. (1993). *Mass customization: The new frontier in business competition.* Boston, MA: Harvard Business School.

略"と定義される[29]。Pine は，たとえ低価格で販売されていたとしても，消費者は標準品を買いたがるわけではないと断言している。むしろ特別な要求に応え得るカスタマイズ品にはより多くの金額を喜んで払ってくれる。実際のところ，カスタマイゼーションのコンセプトとはそれぞれの顧客をひとつのセグメントとしてみることである。このようなアプローチの擁護者は，CAM（コンピューターの活用による生産）により規模の経済を達成できれば，アイデアとしてはあり得ると主張する。

消費財やサービスの分野でのカスタマイゼーションの成功例としては以下が挙げられる。

- PC の直販業界で優位性を構築する原動力となった，よく知られている Dell Computer の受注生産（Build to Order）モデル。
- 建築家の仕様に合わせて窓の自動化生産を行う Architectural Skylight Company（メイン州）は，CAD を活用した例である。
- マス・カスタマイゼーションを通してホリデー旅行のパッケージ・ツアーを提供している旅行会社。

マス・カスタマイゼーションとしてのもう1つの例は，コア製品の機能を加えたり，変更したり，または設計の段階から内容を完全にカスタマイズしたりするソフトウェア分野の製品である。このレベルのマス・カスタマイゼーションを実践している企業は，ある程度限定される。仮に，企業のマーケティング部門が個別の製品（極小レベルの市場細分化）を提供していたとしても，それがそのまま製品が個別に製造されていることを意味しているわけではない。むしろ大量生産であっても，似たような変形バージョンを作ることは可能である。

ただし理論的に可能であっても，マス・カスタマイゼーションのアプローチはマーケティング学会ではあまり多くの賛同を得られていないのが実態である。マイナス面として，マス・カスタマイズ製品の納期に必要な時間，小売先を探索する時間，そしてもちろん高い価格が挙げられる。複雑化するサ

---

29. Kaplan, A., & Haenlein, M. (2006). Toward a parsimonious definition of traditional and electronic mass customization. *Journal of Product Innovation Management, 23* (2), 168-182.

プライチェーンと要件設定コストによって，マス・カスタマイゼーションの提供には経済的なハードルが高い，と多くの業界で認識されている。早い段階でマス・カスタマイゼーションを試みたものの，すでに事業から撤退した会社もある（例えば自転車生産）。マス・カスタマイゼーションの支持者はCannondaleを新しいモデルの原型として挙げる。例えば，Wind & Rangaswamy（2002）[30]はCannondaleのような自転車企業のマス・カスタマイゼーションの能力に言及している。その後2003年には倒産しているが，モーター・スポーツの市場参入という誤った試みも含めて原因はほかにもあったとされている。マス・カスタマイゼーションによる"進化"では倒産を防ぐことができなかったのは事実であり，後にカリスマ経営者のロールモデルとして再定義されている。この企業は後に，カナダに本社を置くDorel Industries（www.dorel.com）として，レジャーとレクリエーション関連の製品（Schwinn & Cannondale）を提供する多国籍企業になっている。

こうした失敗にもかかわらず，「カスタマイズ志向の消費者」は，標準的な製品を喜んで受け入れるセグメントとは別のニッチセグメントとして存在している[31]。

▶ 企業におけるバリュー・チェーンの管理

競争優位性を構築し，維持する上で大事な手段の1つがバリュー・チェーンの設計と調整である。端的にいえば，バリュー・チェーンとは製品を作ったり，サービスを提供したりするために必要な一連の活動である[32]。会社の存続は，顧客によって定義される価値を提供できるかどうかにかかっており，企業のバリュー・チェーンは表1-5に示されている。

---

30. Wind, J., & Rangaswamy, A. (2000). Customerization: The next revolution in mass customization. *eBusiness Research Center Working Paper 06-1999*. Penn State School of Information Sciences and Technology.
31. Bardacki, A., & Whitelock, J. (2004). How "ready" are customers for mass customization? An exploratory investigation. *European Journal of Marketing, 38* (11/12), 1396-1416.
32. Schmitz, H. (2005). *Value chain analysis for policy-makers and practitioners*. Geneva: International Labour Office.

表1-5 バリュー・チェーンのフレームワーク

主要活動	支援活動
内部ロジスティクス オペレーション マーケティング・販売 サービス	企業のインフラストラクチャー 人的資源管理 技術開発 調達

出典：Porter, M. (1985). *Competitive advantage: Creating and sustaining superior performance.* New York: The Free Press より作成。

　Michael Porter[33]によって開発されたバリュー・チェーンのコンセプトは，諸活動が相互に結合されることによって，最終顧客のみならず，企業自身に対して価値を創出できる諸活動から組織構成されているという前提に基づく。生産，マーケティングは主要活動に分類される。また企業活動の効果と効率アップに貢献する便益を提供する支援活動，例えば研究・開発や人的資源管理などは支援活動に分類される。バリュー・チェーンの主要活動には次が含まれる。

- 内部ロジスティクス：原材料の受け入れ，保管，製造部門への輸送
- オペレーション：原材料の最終製品・サービスへの変換
- マーケティング・販売：顧客ニーズの探索と充足
- サービス：アフターセールス

　バリュー・チェーンの二次的活動は主要活動を支援する活動であり，以下が含まれる。

- 企業のインフラ：企業組織，統制機能，企業文化
- 人的資源管理：従業員の募集，採用，教育，能力開発，報酬
- 技術：価値創造活動を支援する技術開発
- 調達：原材料，消耗品，および設備の購買

　バリュー・チェーンの個々の連鎖が，ほかの連鎖に更なる付加価値を与える。その最終結果が"マージン"，つまり価値の総和（消費者が喜んで支払っ

---

33. Porter, M. (1985). *Competitive advantage: Creating and sustaining superior performance.* New York: The Free Press.

てくれる価格）とバリュー・チェーンで実施される全活動コスト（原価）の差分として表れる。マージンは活動コストを引き下げるか，もしくは全体価値を上げるかのどちらかによって改善することができる。すべての企業がバリュー・チェーンにおけるすべての活動を自社で実施しているわけではなく，より効果的に，効率的に（つまりより安く）実現され得る場合は外注という選択もあるということを強調しておく必要があろう。これがPorter[34]のいう "バリュー・システム（バリュー・チェーンの中のすべての機能を実施する内部結合された企業の集合体)" である。そのようなバリュー・システムの例として，台湾で開発され，中国で生産されたものが，今日の市場において最も有名なブランドとして販売されているノートブックPCのケースなどが挙げられる。マーケティング戦略はその企業の本社で策定され，設計，生産，マーケティングは少なくとも3か国にまたがって実施されている。その結果として，サプライヤーが品質を維持できなかったり納期を遵守できなくなったりするリスクが高まり，強力な統治機構の中でバリュー・チェーンの活動を統制する必要性も高まるのである。こうしたケースには，"統制を主導する企業" が存在する。それはDell ComputerとかHewlett-Packard (HP) のようなブランドを確立している企業である場合が多い。統制を主導する企業はサプライヤーによって生産されるべき製品を定義し，バリュー・チェーンに必要な基幹資源を提供しながらバリュー・チェーン全体の統制・調整を行う。ほとんどの場合，ノートブック・コンピュータの製造業者のケースのように，売り手側が起点となって作られている。しかし，大規模小売店やトレーディング・カンパニーが主導企業となる業界，例えば，英国に本社を置く，Marks & Spencerのような業界の場合，顧客起点のバリュー・チェーンもある。

▶グローバル・バリュー・チェーンの設計／調整

　グローバル・マーケティング・システムでは，バリュー・チェーンを構成する活動が空間的に広がりつつある。これが，国内でのチェーンと国際展開

---

34. Porter, M. (1990). *The competitive advantage of nations.* New York: The Free Press.

するチェーンの大きな違いである。Michael Porter の指摘の通り，チェーンを構成する活動の設計と調整の2つの観点において違いが生じている。**設計**とは活動がどこでどのように営まれるべきか，つまり1つの国に集中させるのか，多くの国に分散させるのかを規定する。**調整**とは異なる国に地理的に分散しているチェーンを通して，どのように活動を結合させるかというものである。設計と調整はバリュー・チェーンを管理する主要な手段である。

表1-6は，デンマークに本社を置く多国籍シューズ・メーカーのケースであるが，グローバルに設計・調整されている主要活動2つと支援活動1つを示している[35]。シューズの構成部分（上部と靴底）はインドネシア，デンマーク，ポルトガル，スロバキア，タイの5か所で生産されているが，シューズの上部の50％近くがインドネシアで作られており，こうしたパーツは他の製造拠点に輸送され，そこで靴底と一体化される。製品開発，マーケティング戦略，売上予測および子会社やライセンス，生産パートナーに対する生産割り当てなどは，デンマーク本社の経営陣によって決定される。調

表1-6　グローバル・バリュー・チェーンの設計

主要活動	支援活動
内部ロジスティクス インドネシア，デンマーク，ポルトガル，スロバキア，タイでの生産	企業のインフラストラクチャー
オペレーション	人的資源管理
マーケティング・販売 デンマークでマーケティング計画立案	技術開発 デンマーク及びインドネシアで**製品開発**
サービス	調達

出典：Porter, M. (1985). *Competitive advantage: Creating and sustaining superior performance.* New York: The Free Press より作成。

---

35. Er, M., & MacCarthy, B. (n.d.). *Configuration of international supply networks and their operational implications: Evidences from manufacturing companies in Indonesia.* University of Nottingham.

達，物流，サービスなども同じようにグローバル展開されており，グローバル・バリュー・チェーンの複雑さを形成している。実際に企業としての競争優位性が構築できるかどうかは，国境を越えた付加価値活動の集合体をいかに効果的に管理できるかにかかっている。

▶企業の競争戦略の統合

　競争優位性を構築し，グローバル・マーケティングで成功する鍵は，主要な世界市場への参入と，こうした市場における競争戦略の統合であると主張するマーケティング学者がいる。その根拠となるのが以下の2つの戦術である。ある市場における競争圧力に対して，その競合企業がホームグラウンドとしている市場やほかの主要市場に攻めて対抗すること，そして資本，経営人材等の経営資源を他の市場へシフトすることでオペレーションの相互協力をすること，である。競合他社のホーム市場への参入によって，その競合他社に対してホーム市場を守るために資源を配分しなければならないという気にさせ，ホーム市場に資源を配分させることによって，その競合は他の市場で戦うための戦力を削減せざるを得なくなるのである。

▶グローバル競争

　グローバル企業は競合他社に対してどの市場で戦い，どの市場に資源を集中するかを選択することができる。自国市場にしろ，競合他社のホーム市場にしろ，または，第三の市場にしろいずれかの市場で相互に競争することになる。例えば，1998年にフランスのタイヤメーカーであるMichelinはGoodyearの本拠地である米国市場への参入を計画していた。当時Michelinのグローバル・ベースでのタイヤ販売シェアは18％であり，Goodyearは17％であった。Goodyearは，欧州でのポジションを強化してMichelinと戦うために，当時5.5％のシェアであった日本のメーカー・住友に対して合弁事業を持ち掛けたのである。その合弁によってGoodyearは流通チャネルを含む住友ヨーロッパのオペレーションのコントロールが可能になり，結果，Goodyearは欧州におけるシェアの拡大に成功した。またしばらくの間，米国のホーム市場へのMichelinの参入を食い止めることができたので

ある。MichelinはGoodyearの欧州市場での攻勢を食い止めるために，資源を欧州に集中せざるを得なかったのである。

　グローバル競争のもう1つのケースが，相互協力である。相互協力はコストや売上のシェアにより成果を上げられる場合に活用する[36]。グローバル企業であれば，利益の出ている子会社から，あまり利益を出していない子会社に資源をシフトすることができる。製品開発向けの研究を支援するために，子会社間で費用をシェアすることは，有望な選択肢である。グローバルに経営している企業にとって，子会社や関連会社間での知識の共有はシナジーを生み出す土壌となる。1960年代に世界最大の建機メーカーだったCaterpillarは，1982～1984年，1991～1992年に，競合である日本企業・小松製作所が欧州と北米市場でシェアを伸ばした際に，ナレッジの共有を欠いたことで大きな損失を出している。なお，1999年までに，Caterpillarはグローバル・マーケティング，販売ネットワークの強化，そして厳格な財務管理によって利益を出せる体質になっている。

グローバル・マーケティング・マネジメントのフレームワーク

　グローバル・マーケティング戦略は，企業のグローバル・マーケティングの成果に影響すると主張する研究者は少なくない[37]。グローバル・マーケティング戦略は外部要因と内部要因の影響を受けるが，これは実際には企業の内的特性そのものと考えられる。産業組織論に関する研究によって，企業

---

36. Ghoshal, S. (1987). Global strategy: An organizing framework, *Strategic Management Journal, 8,* 425-440.
37. Porter, M. (Winter 1986). Changing patterns of international competition. *California Management Review, 28,* 9-40; Ohmae, K. (May/June 1989). Managing in a borderless world. *Harvard Business Review, 67,* 152-161; Yip, G. (1995). *Total global strategy: Managing for worldwide competitive advantage.* Englewood Cliffs, NJ: Prentice-Hall; Zou, S., & Cavusgil, T. (October 2002). The GMS: A broad conceptualization of global marketing strategy and its effect on firm performance. *Journal of Marketing, 66,* 40-56; Townsend, J., Yeniyurt, S., Deligonul, S., & Cavusgil, S. (March 2004). Exploring the marketing program antecedents of performance in the global company. Unpublished working paper.

の外部環境は、企業の戦略とその成果に影響を与えていることが明らかになっている[38]。こうした要因を「読んで」そして理解できる企業は業績を向上させることができる。グローバル展開している企業にとって、経済、競争、消費者の要求、技術等の変化に対する迅速かつ効果的な反応は必要不可欠である。米国軍のイラク侵攻に対するフランスの抗議に対して、米国では2003年に短期間ながら、フランスワインのボイコット運動が起きている。また、2005年には、デンマークの新聞に掲載されたモハメドに関する風刺漫画に端を発して、中東諸国ではデンマーク製品に対するボイコット運動が起きている。こうした出来事は、外部の環境変化に対して常に注意を払うことの重要性を物語っている。また、企業の成功にとっては、その戦略を遂行していくための自社の能力と資源の開発が必要不可欠である。企業を国際化する意義を認識し、グローバル・マーケティング戦略を成功裏に遂行できる

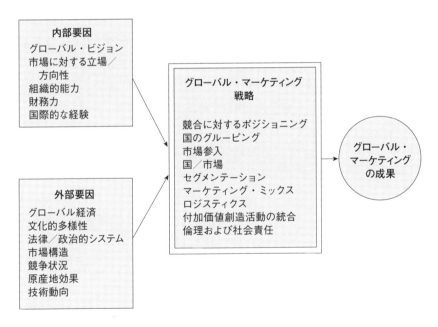

図1-5　グローバル・マーケティング戦略のフレームワーク

---

38. Porter, M. (1980). *Competitive strategy*. New York: The Free Press.

マネジャーが求められている。

本章の冒頭で述べたように，グローバル戦略とは，（特にマーケティングと生産に関して）グローバル市場で強い存在感を確立するために，企業レベルで策定される計画なのである。グローバル・マーケティング戦略の要素および内部要因，外部要因を図1-5で示す。内部要因とは，企業自体から生じる要素であり，グローバルなビジョン，能力，財務力，経営陣の国際経験など，基本的にコントロール可能な要素を意味する。それに対して外部要因とは，企業がコントロールすることはできないが，グローバル戦略の決定と遂行能力に影響を与える要素である。経済，文化，政治，法律，技術などが含まれる。これについては次章以降で論じていく。目的変数としてのグローバル・マーケティングの成果に着目しながら，そのフレームワークを論ずることから始めたい。

▶グローバル・マーケティングの成果

Ambler & Xiucun（2003）[39] は，マーケティングの有効性もしくは成果は，表1-7で示されている通り，事業の4つの次元で測定できるとしている。企業全体の成果を測定するには財務的な指標が適しているが，マーケティングの成果を測定するには，市場や顧客志向の指標がより適している。グローバル・マーケティング戦略を検討する際に，グローバル化の外的な促進要素を考慮するならば，その企業のグローバルな成果に大きなインパクトがあるはずである[40]。顧客に対する知識レベル，新製品の優位性と市場での成果の間には，正の相関関係があるという証明もなされている[41]。

表1-7で示されているように，革新性もマーケティングの成果に影響を与

---

39. Ambler, T., & Xiucun, W. (2003). Measures of marketing success: A comparison between China and the United Kingdom. *Asia Pacific Journal of Management, 20*, 267-281.
40. Zou, S., & Cavusgil, T. (October 2002). The GMS: A broad conceptualization of global marketing strategy and its effect on firm performance. *Journal of Marketing, 66*, 40-56.
41. Li, T., & Cavusgil, S. (2000). Decomposing the effects of market knowledge competence in new product export: A dimensionality analysis. *European Journal of Marketing, 34* (1/2), 57-79.

表 1-7　マーケティング成果の評価指標

次元	指標
市場	市場シェア 広告のマインド・シェア 販促のマインド・シェア
顧客	顧客浸透 顧客ロイヤルティ 獲得された新規セグメント ブランド認知 ブランド・エクイティ 顧客満足 購買意図
革新性	新製品上市件数 新製品売上比率
財務	回転率 貢献利益 利益

出典：Ambler, T., & Xiucun, W. (2003). Measures of marketing success: A comparison between China and the United Kingdom. *Asia Pacific Journal of Management, 20*, 267-281 より作成。

える要素だ。Booz Allen Hamilton コンサルティングは、売上に対して最も多くの研究開発費を支出した企業は、同業他社と比べて、最も高い粗利率を達成する傾向があることを明らかにしている。粗利が多ければ、研究・開発も含めてより多くの資源をマーケティング・プログラムに充てることができる[42]。世界中で、売上に対して最も研究開発費の支出の割合が高い企業は、健康産業および電子産業である。研究開発費／売上高の比率でみると、Roche Holdings（16％）、Microsoft（16％）、Novartis and Pfizer（15％）、GlaxoSmithKline（14％）、Nokia（14％）となる。これらは大規模なグローバル企業である。小規模の企業が大規模の企業と戦うためには、売上高に対

---

42. Jaruzelski, B., Dehoff, K., & Bordia, R. (2006). Smart spenders: The global innovation. *Special Report*. Booz Allen Hamilton.

してより高率の研究開発費を支出しなければならない。こういう場合に，よりコストの低い他地域に研究開発をアウトソースすることは，有効な方法のひとつである。Booz Allen Hamilton と INSEAD の研究で，新たに計画されている研究開発センターの 75 ％が，中国とインドに設置される見込みであることが明らかになっている[43]。

▶グローバル・ビジョン："The world is my oyster"

　グローバル・マーケティング戦略立案の際の特権の 1 つがグローバル・ビジョンの決定である。ビジョンとは，企業としてどの方向に進みたいのか，どのように進むのか，なぜそうすることで成功できるのかなどを示したものである。**グローバル・ビジョン**とは将来を見通す能力であり，世界で創り上げようとしているイメージを可視化する能力ともいえる。起業家はどこで，どのように目標を達成するかを明確にするためにも，グローバル・ビジョンを掲げる必要がある。

　毎年，意欲的な起業家は海外進出の希望を抱いて事業を立ち上げるが，うち成功するのはごくわずかである。ベンチャー・キャピタルが入り，リスクをとる覚悟があり，グローバル経済におけるビジネスチャンスを認識・探索する意志があり，資源を獲保している場合には，起業自体はそれほど難しいことではない。しかし，明確なビジョンや適切な戦略，新規性を欠くために，新規事業として成功させ，グローバルに展開できる起業家はそう多くはない。明確なビジョンなしに将来の計画は立てられず，そのために国際市場での成長や競争，変化の脅威に対する準備が十分にできないのである。

　経営実績の長い企業にとっても，長期計画を立てる際にグローバル・ビジョンは不可欠になる。以下，パナソニックのステークホルダーに対するレポートから引用する。

企業として注力したい領域：パナソニック
　家電業界の状況は安定せず，事業環境は引き続き不確実な要素を多く含ん

---

43. Duhoff, K., & Sehgal, V. (Autumn 2006). *Innovators without borders*. www.strategy-business.com/press/article/06305 から検索。

でいます。21世紀躍進プランで掲げた目標を達成すべく，パナソニックは新しい経営体制で，競争力ある製品の開発を行う基盤として，保有技術のさらなる強化，戦略事業への経営資源の集中，経営組織の恒常的強化，そして将来のグローバル・ビジネスの促進に取り組んでまいります。目標は営業利益5％以上（略）。2010年グローバル・エクセレンスを達成すべく，ユビキタス・ネットワーク社会の実現とグローバル環境との共生という2つのビジョンの実現に向け，引き続き努力をいたします。株主，投資家，顧客，その他のステークホルダーの皆様の利益を守るためにも，説明責任を果たすことを優先し，将来の企業価値の増大に向け，将来にわたって尽力いたします。

（出典：松下電器産業株式会社（2007）．『アニュアル・レポート』）

まとめ

- 本章では，グローバル・マーケティングおよびグローバル・マーケティング戦略の意義，そしてどのようにそれを実践するかという点について検討した。
- グローバル企業は，グローバルに計画し，ローカルに行動しなくてはならず，国の境界を越えてどの程度まで標準化することができるかを決定しなければならない。
- 多くの国の個人，企業，政府の間で相互作用と統合が行われるプロセスとしてのグローバリゼーションは，国際貿易と国際投資によって促進されてきた。
- 各国の市場がどの程度同質なのか，あるいは異質なのか？ CAGEモデルは国と国の間の距離を測定するための起点となり，両国間における絶対的な差異を容易に測定することができる。市場参入に影響するかもしれない要素には精神的・文化的な距離があるが，これらは考慮すべき追加的な指標である。
- 企業がグローバル市場でどの程度成果を上げたか？ 顧客，市場，革新

性，財務の次元から成果を測定する指標を提示した。
- 次章以降で議論されるトピックのアジェンダとして，グローバル・マーケティング戦略のフレームワークを提示した。

ディスカッションテーマ

1. 国内で経営していた企業が"グローバル進出する"ことを決定する理由を4つ挙げて説明せよ。
2. SME（中小企業）のマネジャーとしてグローバル市場に進出する際に，EPRGのどの主義を採用するか。
3. マーケティング戦略の形成に際して，グローバル・マーケティングのどの要因が最も重要と考えるか。内部要因，外部要因のどちらが重要か，理由も含めて説明せよ。

実践的課題

1. インターネット調査を通して，CAGEのフレームワークを活用し，日米の自動車メーカーの距離について論ぜよ。
2. トヨタのカローラ生産に関するグローバル・バリューチェーンを設計せよ。

キーワード

CAGEフレームワーク	p.13	グローバル・ビジョン	p.38
EPRGフレームワーク	p.20	グローバル・マーケティング	p.11
グローバリゼーション	p.5	自国中心主義	p.21
グローバル市場	p.12	新興市場	p.15

精神的な距離	p.20	調整	p.32
設計	p.32	統合	p.33
ソーシャル・ネットワーキング	p.5	バリュー・チェーン	p.29
		標準化	p.24
多極中心主義	p.21	文化的な距離	p.20
地域中心主義	p.22	マス・カスタマイゼーション	p.27
地球中心主義	p.22		

第2章

グローバル・マーケティング環境を評価する：世界経済とテクノロジー

> GM社がコンピュータ産業のように最新技術に通じていれば，我々は1ガロン当たり1000マイル走る自動車を25ドルで購入できているだろう。
>
> Bill Gates

学習目的

本章を読むことで，次のことが期待される。
- PESTELモデルを適用して世界の環境を精査すること。
- グローバル企業の特徴を理解すること。
- 米国の国際貿易における位置づけを評価すること。
- 多国籍企業の力を把握すること。
- ハイテクと世界貿易の重要性を論証すること。
- グローバル化に対する賛成意見，反対意見を理解すること。

多くの企業が，世界各地で馴染みのない市場に参入している。こうした市場でビジネスを行う場合，ときに国内市場とビジネススタイルを大幅に変える必要がある。例えば企業の危機管理責任者は，海外駐在員が有利な契約を結ぼうと取引先（相手）に賄賂を贈ることがないように注意する必要がある。あるいは，試験を行う目的で発展途上国の道路建設現場へ派遣されるエンジニアに対しては，誘拐や身代金要求の可能性を想定する必要がある。同時に，そのような状況への対応を訓練された地元の緊急対策チームの要請も規定に含んだ誘拐・身代金保険を掛けておく必要がある。

マーケティング担当者もまた，消費者間の微妙な文化の違いを認識しておく必要がある。Facebookなど海外のSNS（ソーシャル・ネットワーキング・サービス）も，9000万人を超える日本のウェブユーザー獲得には悪戦苦闘している。これは，日本のネットユーザー文化に対する誤った認識に拠る。例えば米国や西欧ではSNSを使用する場合，実名と自分の写真を公開するが，日本のユーザーは匿名で利用したがる傾向がある。

マクロな環境（表2-1）の違いにより，海外の市場でビジネスを行うには，国内でビジネスを行う場合に比べてより大きなリスクを伴うと考えるのが普通である。海外の市場動向や商習慣に対する知識が少なければ，海外での事業展開はより不確実なものとなる。不確実性が大きい場合，リスク管理上，海外の環境について知識を習得するしくみが必要になる。

表 2-1 マクロな世界環境の PESTEL 分析

要素	検討項目
政治（Political）	地域および国の行政機構，安定性，ビジネスに影響する内政，国際関係，テロ活動，政治的危険
経済（Economic）	地域経済の成長指標，為替レート，貿易と貿易政策，経済への政府介入，課税，消費，雇用・失業，インフレ，国際収支
社会（Social）	人口統計，ライフスタイル，教育，生活水準（保健福祉），移民・海外移住
技術（Technological）	技術インフラ[1]（電子機器，ハイテク市場，バイオテクノロジー産業とIT産業の発展，クリーンテクノロジー市場における市場機会を含む）
環境（Environmental）	環境規制，地球温暖化，公害，グリーンマーケティング
法律（Legal）	法制度，事業関連法，消費者保護，知的所有権の問題

　本章以降では，グローバル・マーケティング戦略の政治的（Political），経済的（Economic），社会的（Social），技術的（Technological），環境的（Environmental），法的（Legal）要素を含むグローバル・マーケティング環境について学ぶ。なお，これらのマクロな環境要因の頭文字をとって **PESTEL** と呼ぶ。これは企業の外部環境を監査するためのフレームワークとなる。PESTEL にもとづく監査結果は，戦略的マーケティングの立案に活用できる。戦略立案のためには，PESTEL モデルによる分析で表2-1 に示す要素，またこれに関連する項目を検討する必要がある。本章では，世界的な経済環境についてハイテク市場に重点を置いて検討する。そして第3章では社会環境，第4章では政治環境，法的環境について取り上げる。

---

1. 技術インフラには，国が新技術の開発，販売を頼る社会的機関，経済機関も含まれる。例えば研究開発に従事する人の数，技術訓練校，ハイテク製造能力，資本市場など。

4 世界経済

▶経済成長と世界貿易

　前世紀からの転換点に起こった主な流れとして，経済のさらなる自由化（EU：European Union には現在28か国が加盟しており，さらにいくつかの国が加盟承認を待っている），技術の進歩，人口統計の変動などが挙げられる。検討すべき重要な事実の1つは，世界貿易の成長が，国内の経済成長をはるかに上回っていることである。図2-1は，世界貿易の傾向を示している。例えば，2007年の世界貿易の成長を見ると，2008年の経済危機までの期間に10%から30%に増大している。一方，同じ期間の世界の工業生産は平均5%の伸びにとどまっている。世界貿易は製造業に非常に集中しており，また人々の所得が低下し不安を感じ始めると，耐久消費財の購入が一早く後回しにされる傾向がある。

　米国は，商品とサービスの輸出・輸入の総和としては，現在も世界最大の貿易国である。表2-2は，主要10か国の貿易実績を示している。ドイツは商品の最大の輸出国であるが，商品の輸入，サービスの輸出入では米国に劣る。中国は商品の輸出では第2位，商品の輸入では第3位であるが，サービスについては輸出入大国ではない。

　ただし，近い将来，中国では金融や保険などのサービスの購入も増えると推測される。米国は商品の輸出国として第3位に順位を落としているが，商品とサービス両方の輸出を含めると，現在もなお（ドイツと並ぶ）世界最大の輸出国である。

▶米国の主要顧客はどの国か

　貿易の大部分が世界規模ではなく地域規模で行われている。各国とも隣国（特恵貿易協定を締結している場合が多い）と貿易を行う傾向がある。米国も例外ではない。カナダとメキシコは**北米自由貿易協定（NAFTA）**に米国とともに加盟しているが，これらの国への米国の輸出額は，2010年の実績

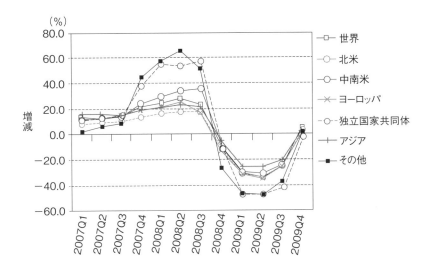

図 2-1　世界貿易（2007－2009 年）
出典：データは International Trade Statistics, WTO Secretariat, World Trade Organization, 2010 より。

表 2-2　世界の輸出入大国 10 か国（2008 年）

(10 億ドル)

	商品					サービス				
順位	輸出国	輸出額	順位	輸入国	輸入額	順位	輸出国	輸出額	順位	輸入国	輸入額
1	ドイツ	1,462	1	米国	2,170	1	米国	521	1	米国	368
2	中国	1,428	2	ドイツ	1,204	2	英国	283	2	ドイツ	283
3	米国	1,287	3	中国	1,133	3	ドイツ	242	3	英国	196
4	日本	762	4	日本	763	4	フランス	161	4	日本	167
5	オランダ	633	5	フランス	706	5	中国	146	5	中国	158
6	フランス	605	6	英国	632	6	日本	146	6	フランス	139
7	イタリア	538	7	オランダ	573	7	スペイン	143	7	イタリア	132
8	ベルギー	476	8	イタリア	555	8	イタリア	122	8	アイルランド	106
9	ロシア	472	9	ベルギー	470	9	インド	103	9	スペイン	104
10	英国	459	10	韓国	435	10	オランダ	102	10	韓国	92

出典：International Trade Statistics, WTO Secretariat, World Trade Organization, 2009 より作成。

表 2-3 米国の輸出先（2010 年）

地域	輸出額（10 億ドル）
EU	135
カナダ	142
メキシコ	90
中南米	78
新興工業国	68

出典：Bureau of Economic Analysis, United States Department of Commerce, 2010 より作成。

で2320億ドルに達している。米国の輸出先として次に大きいのはEUであり，さらに中南米，一部の新興工業国（香港，韓国，シンガポール，台湾）と続く。カナダは米国の最大の輸出先国であり（1420億ドル），これに続くのがメキシコである（900億ドル）。米国は，カナダとメキシコの最大の輸出先でもある（表2-3を参照）。

米国は世界最大の貿易国であるが，**貿易収支**（輸出額と輸入額の差）では赤字を抱えている。図2-2に示すように，2008年8月から2009年8月の1年間には赤字は縮小しているが（輸出に比べ輸入が大きく減少したため），2010年にはやや増大した。この貿易収支の改善は主に，世界経済危機とドル安によって米国の輸出はより安く，輸入はより高くなったことに拠る。輸出に対して輸入が超過すると，実質的に通貨が国外へと流出するため，貿易赤字を是正する必要が出てくる。支払い（例えばドルの支払い）が増えすぎると，その価値はさらに弱まる。赤字は**総所得**の低下，さらにはそれに関連する指標，特に消費，貯蓄，投資，税収などの低下をもたらす。しかし，一部の国では経済成長と総所得の増加が，海外からの輸入品の購入を含めた国内の消費支出の増大をもたらすこともある。

この場合，輸入の増加は貿易赤字を増大させることもあるが，実際には好調な経済の結果である。したがって，この貿易赤字は「好ましくないもの」と捉えるべきではない。

輸出主導型の企業は大手多国籍企業だけではない。中小企業も総生産高の

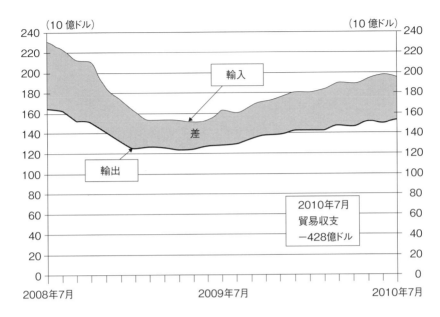

図 2-2　米国における商品およびサービスの国際貿易
出典：International Economic Accounts, Bureau of Economic Analysis, United States Department of Commerce, 2010.

かなりの割合を輸出することに成功している。米国では，輸出業者の95％が中小企業であり[2]，これらの中小企業が，輸出総額の約4分の1を占めている。同様の輸出動向は他の先進国でも見られる。

▶ハイテク製品が世界貿易をけん引

　ハイテク製品は，研究集約型産業により最先端技術を活用して製造される。こうしたハイテク製品には，航空宇宙機器，医薬品，コンピュータ，電子機器，通信機器などがある。先進国および発展途上国の両方でハイテク製造部門は急成長を遂げている。ハイテク製品の世界市場は，他の製品の世界市場と比べ2倍の速さで成長している。米国の大手ハイテク企業の収益のほぼ65％が，米国以外での売上によってもたらされている。

---

2. Trembley, C. (2008). Commentary: Internet resources for global business practitioners. *Daily Record*, A8.

急速な**グローバリゼーション**を可能にしているのが，インターネット経済の発展と拡大であり，それを支えているのが，ハイテク電子機器製造の未曾有の成長である。ハイテク革命は，カリフォルニア州シリコンバレーで産声を上げ，わずか一世代の間に世界の広範囲に広がった。スコットランド，アイルランド，イスラエル，台湾はハイテク製品の重要な生産国であり，その大部分が輸出されている。現在，米国に次いで最も多くの新興ハイテク企業が在籍する国はどこだろうか。英国か，フランス，日本，それともドイツだろうか。否，実はイスラエルであり，これは国の人口に対する比率としてではなく，登録実数の比較によるものである。規模はスイスのわずか半分であるが，イスラエルは 3000 社を超えるハイテク企業を抱えており，その5分の4は起業から 10 年未満の若い企業である。

　技術利用の増大は，人々の交流のしかたにも影響する。グローバル企業も国内企業も，知識の創出やコミュニケーションに，また完成品やサービスの製造や販売に，ますます IT アプリケーションを活用するようになってきている。先端技術や統計管理ツールにより，経営者は高機能なソフトウェアプログラムを利用して自らの組織を運営することができる。**ナノテクノロジーやバイオテクノロジー**といった分野での新たな研究開発がビジネスの世界で活用されつつある。ナノテクノロジーの影響を最も受けると考えられる産業例としては，電子機器（より明るく，より消費エネルギーが少ないディスプレイを実現したデジタルカメラ Kodak の EasyShare），ファッション（より優れた反射防止効果のある Maui Jim のサングラス），化粧品（より優れた皮膚保湿効果のある L'Oreal 化粧品）などがある。今後 10 年の間に，ナノテクノロジーはさらに多くの産業分野で活用されると予想される。この展望を反映しているのが，European NanoBusiness Association が行った調査の結果である。この調査報告によると，回答者の大部分が 2, 3 年の間にナノテクノロジーが自らのビジネスに何らかの影響を及ぼすだろうと予想している[3]。

　一方，バイオテクノロジーは，さまざまな産業で幅広く活用されている。

---

3. ENA (2004). *The 2004 European nanobusiness survey: "Use it or lose it."* Research report, European NanoBusiness Association, Brussels.

表2-4 ハイテク製品の世界市場シェア

ビジネスの カテゴリ	ハイテク製品の輸出総額			国（%）			
	100万 ユーロ	年間成長率 (2001-2006)	EU (27か国)	米国	日本	中国	その他
航空宇宙	109,425	-2.5	33	47	1	0.7	19
軍事	6,236	2.4	24	48	1	0.5	26
化学	32,155	5.5	21	17	5	15	42
コンピュータ／ オフィス機器	298,243	2.9	8	11	6	33	42
電気機械	46,328	9.7	10	13	15	9	52
電子機器／通信	562,814	6.1	10	12	9	16	52
非電気機械	36,775	3.1	28	28	18	2	25
薬	49,802	8.2	44	21	2	4	29

出典：*Eurostat Statistics in Focus*, 25/2009 より作成。

　その応用範囲はヘルスケア，医薬品，化粧品原料から海洋分野，医療画像診断にまで至る。バイオテクノロジーの発祥地であるカリフォルニア州では，2006年のライフサイエンス産業の雇用者数が約25万人であったが，研究拠点を中国，インド，東欧に移転する製薬会社の数が増えている。グローバル企業186社（研究開発予算の合計760億ドル規模）を対象とした調査から，建設を計画中の研究開発拠点の4分の3が中国とインドであることが分かった。さらに，中国とインドには，世界の研究開発拠点の3分の1が集まっており，2004年の14%からその割合は増大している[4]。

　これらハイテク製品の多くが，複数の国で製造された部品によって作られている。例えば，一般的なコンピュータは世界中で製造され，組み立てられた部品で構成されている。具体的には，半導体チップはニューメキシコ州，スコットランドかマレーシアで製造され，ディスクドライブはシンガポールやタイで，ブラウン管モニターは日本で，回路基板は中国で製造され，メキシコまたはコスタリカで組み立てられている，といった具合である。

---

4. Crabtree, P. (26 November 2006). Good old days gone for biotech. *The San Diego Union-Tribune*, www.signonsandiego.com.

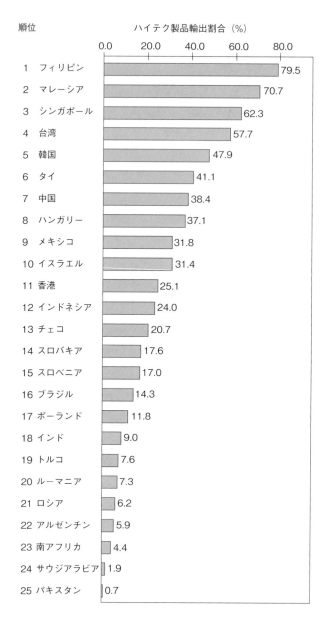

図 2-3　ハイテク製品輸出
注：国の製品輸出における「ハイテク」製品の割合（%）。
出典：High tech exports. (March 2008). www.global-production.com より作成。

2001〜2006年の期間，ハイテク製品の輸出総額の成長率は4.7%であった。主なハイテク製品カテゴリ中，最も成長率が大きかったのが電気機械産業であり，次が理科学機器と薬である（表2-4）。ハイテク製品の輸出で最も大きな世界市場シェアを占めたのが中国と米国で（2006年実績でそれぞれ16.9%と16.8%），これに15.0%のEU諸国が続いた。ハイテク製品の輸入で最も大きな世界市場シェアを占めたのは米国（17.3%）で，これに17.0%のEU，15.4%の中国が続いた[5]。相対的に見ると，ハイテク製品の輸出額の割合が最も高かったのがマルタであり，この国ではハイテク製品の輸出額が輸出総額の50%を占めた。これに続くのがルクセンブルグ（41%），アイルランド（29%）である。英国，キプロス，スイス，ハンガリーでも，ハイテク製品の輸出額が国の輸出額の20%以上を占めた。これに対し，米国は27%，日本は22%だった。発展途上国や新興国もまた，輸出総額に対するハイテク製品の輸出額の割合は，図2-3が示す通り大きい。中でもフィリピンではハイテク製品の輸出額の割合が80%と最も高く，これにマレーシア（71%），シンガポール（62%）が続く。

　技術力が非常に限られている発展途上国が，どうして電子機器の輸出大国になれるのか。基本的に，こうした国では中間材料である電子機器部品を輸入して，国内市場や海外市場向けに完成品を組み立てることができ，あるいは国内で加工して再輸出できる。General Electric（GE）やIntelといった企業は，フィリピンに大きな製造工場を持ち，またIBMやSiemensは中国に工場を持っている。低所得国の多くが電子機器部品を多く輸入して部品加工を行っており，輸入した部品を組み立てて完成品にする仕事を，技術力ではなく人件費の安い雇用に依存している。

▶ハイテク市場の特徴

　ハイテク市場を特徴づけるものは以下の通りである。
　　1．極めて動的である。
　　2．複雑である。

---

5. *Eurostat Statistics in Focus*. 25/2009, 3.

  3. リスクを伴う。

　そのため，市場は急速に成長する傾向にある。ハイテク市場は技術の進歩が速く，競争が激しく，顧客の要求が厳しいため，スピーディで高コストだ[6]。ハイテク／ローテク製品市場の大きな違いは，ハイテク製品市場が消費者志向ではなく，生産志向である点にある。この市場は競争が激しいため，メーカーはときに事前の準備や消費者調査を行わずに拙速に製品化してしまうことがある。

　多くの場合，消費者はハイテク製品の将来的な需要を思い描くことができない。供給が需要を決定するような製品が大部分であり，その逆はない。従って，ハイテク製品の開発者は，消費者のニーズを消費者がそれを認識する前に予測しなくてはならない。ハイテク製品市場のマーケティング担当者は，顧客ニーズ主導ではなく技術主導の製品フォーカスに頼っている。しかし，ハイテク製品が十分な需要を作り出すことができなかった例は少なくない。消費者製品の失敗例として，SonyのビデオプレイヤーBetamaxとPhilipsのCD-I（コンパクト・ディスク家庭用娯楽システム）は有名である。AppleのCEO兼共同創始者であったSteve Jobsは，iMacの発売前にどのような市場調査を行ったのかと質問されたことがあった。そのとき彼は，ほとんど何もしていないと答えた。「このくらい複雑なものになると，フォーカス・グループをもとに製品を設計するのは非常に困難だ。（中略）人は自分たちが何が欲しいのかを，実際に見せてもらうまで分からないのだ」[7]。BetamaxやCD-Iの失敗でも，消費者の好みを軽視したのは明白だった。

　ハイテク製品の発売にあたり，市場で失敗するリスクを減らすために，Rosen, Schroeder, & Purinton（1998）は次の手順を踏むことを提案している。

- ■ 「先行者」利益のために先んじて動くことが必要かどうか，あるいは製品が十分な関心を集めていると確信することが最善であるかどうかを判

---

6. Rosen, D., Schroeder, J., & Purinton, E. (1998). Marketing high tech products: lessons in customer focus from the marketplace. *Academy of Marketing Science*, 6, 1-17.
7. Jobs, S. (18 May 1998). There's sanity returning. *Newsweek*, 48-52.

断する。
- 製品発売前に,市場調査の大切さを見直す。
- その製品を最も購入しそうな消費者を慎重に特定し,市場を絞る。
- 革新者や新しいもの好きを活用する。

　ハイテク製品のマーケティングにおけるもう1つの重要な課題は,ハイテク産業におけるスタート・アップ企業の市場参入のしかたである。調査[8]の結果,資源の投資は比較的少なめに,生産ではなく事業化に重きを置く参入のしかたが好まれるということが分かっている。急速な事業化は,約50%と推定されるスタート・アップ企業の倒産率を示す一要素といえるかもしれない。ハイテク製品のスタート・アップ企業による海外市場への参入という課題については,第7章で検討する。

　グローバルな**サプライチェーン**のパフォーマンスも重要である。特に,製造が従来の拠点から新たな地域や国に拡大するときのポイントとなる。ハイテク製品メーカーの場合,サービスや納品への顧客の要求が高く,前述したとおり部品の製造を複数の国で行っているため,サプライチェーンの管理が複雑になる。そのため,メーカーは世界貿易業務を効果的に管理する必要に迫られる。

▶テクノロジーとグローバルな金融サービス

　競争優位性を獲得するために,グローバルな金融サービスのICTインフラへの依存はますます高まっている。金融サービスにおける投資の大半が北米と欧州にある一方,図2-4に示す通り,アジア太平洋地域の機関による投資速度が高まっている。

　金融サービス産業における技術主導型イノベーションは,顧客経験の向上に重きが置かれている。

---

8. Burgel, O., & Murray, G. (2000). The international market entry choices of start-up companies in high technology industries. *Journal of International Marketing*, 8(2), 33-62.

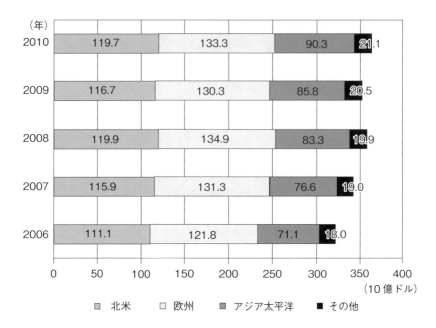

図 2-4　金融サービス企業によるグローバルな IT 支出
出典：Jegher, J.（9 January 2009). IT spending in financial services: A global perspective. www.Celent.com/node/26595 より作成。

グローバル国家とグローバル企業

　国も企業も，グローバル化のレベルにより分類できる。例えば，*Foreign Policy* 誌はコンサルティング会社である A.T. Kearny と共同で，経済統合，人的交流，技術の連結性，政治的関与といった指標に基づいて国を順位付けしている。この指標によると，2006 年にはシンガポールが最もグローバル化が進んだ国と評価され，これにスイスと米国が続いた。2007 年もシンガポールが第 1 位で，これに香港，オランダ，スイス，アイルランドが続いた。2007 年の順位付けでは，20 か国中最下位はノルウェー，フィンランド，チェコ，スロベニアであった。この年の米国の順位は第 7 位であった。注目すべきは，20 か国のうち発展途上経済国／新興経済国がたった 3 か国

だけだったという点である。20 か国のうち 11 か国は EU 加盟国である。その 20 か国のリストを図 2-5 に示す。

　世界経済とは，世界各国の相互の結びつきがますます緊密になっていることを表す言葉である。経済は国境を越えて拡大し，**多国籍企業（TNCs：transnational corporations）**が生産に占める割合が増大している。要するに，生産，金融，マーケティング，通信，労働力のグローバル化が進んでいるのである。世界の多国籍企業の数は，1975 年の約 8000 社から，2005 年には 4 万社へと増加した。世界の民間資産の 3 分の 1 以上を多国籍企業が所有しており，また全国際貿易の 3 分の 1 が多国籍企業間の取引であると推定されている。守備範囲は世界でも，こうした企業の本社のほぼすべてが先進工業国に集中している。半分以上の企業が本社をフランス，ドイツ，オランダ，日本または米国に置いている。しかし，数は増大しているにもかかわらず，その資源は一部に集中している。すなわち，大手 300 社が世界の生産的資産の約 4 分の 1 を保有している。

　企業の活動がどの程度自国以外の国に集中しているかが，グローバル化の指標となる。グローバル化が最も進んだ 10 社を表 2-5 に挙げた。例えば，トップに挙げた General Electric は，資産の 60％，売上の 37％，社員の 46％ を米国以外の国に保有している。同社の多国籍化指数（TNI）は 47.8 である。最も多国籍化が進んでいる企業は Vodafone で（TNI：87.1），これに British Petroleum（TNI：81.5），Total（TNI：74.3）が続く。このうち 2 社がエネルギー産業であり，（この表には記載されていないが）他の企業は，電子機器，通信，製薬，自動車製造に集中している。グローバル化が最も進んだ 10 社のうち，4 社が米国に本社を置き，3 社が英国（オランダ），2 社がフランス，1 社が日本に本社を置く。

　多国籍企業はグローバル化が進んでいるだけでなく，相当の経済力も持ち合わせている。いくつかの多国籍企業の経済力や規模は，多くの先進国のそれに匹敵する。このことは，多国籍企業の売上高を各国の GDP と比較すると分かる。実際に表 2-6 に比較を示した。例えば，2009 年のフォーチュン・グローバル 500 社中最大の企業は，売上高 4080 億ドルの Walmart Stores である。Walmart の売上高は，例えばオーストリア，ノルウェー，デンマー

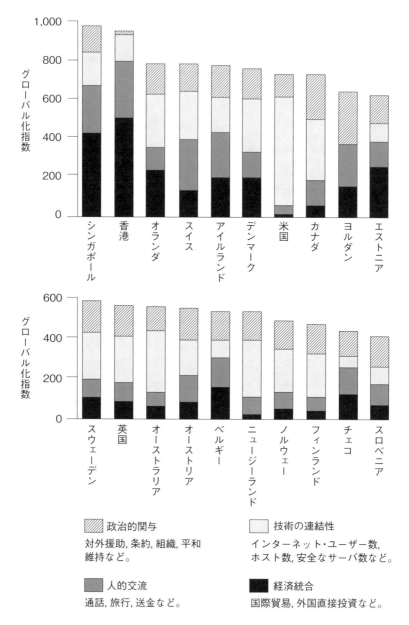

図 2-5 *Foreign Policy* 誌と A.T. Kearny 社によるグローバル化指標
出典：データは The global top 20.（November/December 2007）A.T. Kearney より。

表2-5 大手多国籍企業10社とその海外事業

会社	本国	産業	外国資産／総資産	海外売上高／総売上高	外国人雇用／総雇用	TNI*
General Electric	米国	電気電子	59.9(%)	37.3(%)	46.3(%)	47.8
Vodafone Group PLC	英国	電気通信	95.8	85.4	80.7	87.1
Ford Motor	米国	自動車	59.0	41.3	45.6	48.7
General Motors	米国	自動車	36.3	30.4	35.5	34.0
British Petroleum	英国	エネルギー	80.3	81.4	83.5	81.5
Exxon Mobil	米国	エネルギー	96.1	69.8	50.5	63.0
Royal Dutch/Shell	英国／オランダ	エネルギー	67.4	64.2	84.2	71.9
Toyota Motor	日本	自動車	52.6	59.7	35.7	49.4
Total	フランス	エネルギー	86.1	80.9	55.9	74.3
France Télécom	フランス	電気通信	65.7	40.7	39.8	48.7

＊TNI：多国籍化指数。多国籍化指数は，総資産に対する外国資産の割合，総売上高に対する海外売上高の割合，総雇用に対する外国人雇用の割合として計算する。
出典：UNCTAD, *Erasmus university database*, www.ib-sm.org/ibr.htm. 許可を得て転載。

表2-6 国と企業の売上高およびGDPによる規模の比較（2009年）

国／会社	売上高またはGDP（10億ドル）
Walmart Stores	408
オーストリア	382
ノルウェー	383
Bank of America	331
デンマーク	309
Royal Dutch Shell	285
イスラエル	195
ハンガリー	129
ニュージーランド	118

出典：データはCNNMoney.com. Fortune 500 (Full List) より。

クなど多くの先進国のGDPよりも高い。またBank of Americaの収益は、デンマーク、イスラエル、ハンガリー、ニュージーランドのGDPよりも高い。さらに同じ年のRoyal Dutch Shellの売上高は2850億ドルで、イスラエル、ハンガリー、ニュージーランドのGDPより高い。多くの場合、多国籍企業の経済力は、資本形成、人材開発、技術移転、国際貿易、環境保護といった分野に積極的に使われている。

多国籍企業の、特に発展途上国への最も重要な貢献の1つが、貿易に必要なの技術や流通経路へのアクセスを提供していることである[9]。

▶世界の人口統計

人口統計にも変化が起こっている。21世紀に入り、世界の60歳以上の人口が約6億人になった。この数字は50年前の数字の3倍である。21世紀半ばまでに、高齢者の数は20億人あまりに上ると推測される。この数字は、

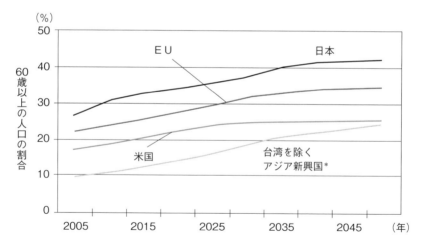

図 2-6　高齢化する人口

＊中国、香港、インド、インドネシア、韓国、マレーシア、フィリピン、シンガポールおよびタイ。
出典：Asia's role in the world economy. (June 2006). *Finance and Development IMF*, 43.2 より作成。

---

9. World Investment Report (1992). *Transnational corporations as engines of growth*. New York: United Nations.

やはり50年間で3倍となる。人口の高齢化は深刻であり，人間生活のあらゆる側面に大きな影響を及ぼす。国連の推測によれば，2015年までに日本の人口のほぼ3分の1，EUの人口の4分の1，米国の人口の5分の1が60歳以上になるという。経済面では，人口の高齢化は経済成長，貯蓄，投資と消費，労働市場，年金，税金，世代間移転に影響を及ぼすと考えられる。注目すべきは，アジアの人口は比較的若く，こうした国には最近の高い成長水準を維持するために必要な労働力が十分にあるという点である（図2-6を参照）。西欧諸国と米国は，経済成長を維持するために必要な労働力を確保するために，第三世界諸国からの移民を受け入れ続けなくてはならないだろう。社会面では，人口の高齢化は健康と医療，家族構成と生活環境，住宅，移住に影響を及ぼす。

世界の人口は約60億人である。グローバル・マーケティングにとって重要なことは，今後10年に市場に入ってくる新たな消費者の数が10億に近いという推測である。新興経済における消費者の購買力だけでも9兆ドルにまで増加すると予想される。この数字は，2006年の西欧の購買力にほぼ等しい[10]。

グリーン・エコノミー

グリーン・エコノミーとは社会，環境，経済という3つの価値の相乗効果を最大限に引き出そうとする新興市場である。これは，「トリプル・ボトムライン」と呼ばれることが多い。

定義上，グリーン・エコノミーは，次のようなものである。

- ■環境的に持続可能である。これは，我々の生物圏は資源および自主規制や自己再生の能力が制限されているクローズド・システムである，という考えに基づいている。我々は地球の天然資源に依存しており，した

---

[10]. Davis, I., & Stephenson, E. (January 2006). Ten tends to watch in 2006. *The McKinsey Quarterly*, www.emergencemarketing.com/2006/01/19/ten-trends-to-watch-in-2006-accourding-to-McKinsey/.

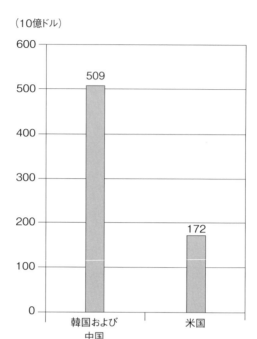

図 2-7　クリーン・エネルギー技術への公共投資（2009-2013年）
出典：データはRising tigers, sleeping giant．(November 2009). Breakthrough Institute and the Information Technology and Innovation Foundation より。

がって，生態系の保全を尊重し，生命を維持するシステムの回復力を保証する経済システムを構築しなくてはならない。
- 社会的に公正である。これは，文化と人間の尊厳は，我々の天然資源と同じく，枯渇しないように責任をもって管理する必要がある貴重な資源であるという考えに基づいている。我々は，すべての人が適切な生活水準と自己開発や社会的発展の機会を得られるよう，活気のある経済システムを構築しなくてはならない。
- 地域に根差している。これは，その土地との本物のつながりが，持続可能性と公正さにとって欠かせない前提条件であるという考えに基づいている。グリーン・エコノミーは，責任を持って物やサービスを地域で生産，交換することを通じて，市民のニーズを満たそうとする個々のコ

ミュニティーで構成されるグローバルな集団である。

エネルギーや商品のコスト増大や，より持続可能な環境に対する消費者ニーズの高まりによって，エネルギーや公益事業，建設，輸送，製造といった産業でもグリーン・エコノミーが求められるようになってきた。グリーン・エコノミーと，それが地球規模で提供する機会を理解することが，グローバル・マーケティング担当者にとってきわめて重要である。グリーン・エコノミーではその一環として，「クリーン・テクノロジー」の採用が必要となる。クリーン・テクノロジーに標準的な定義はないものの，それは再生可能な材料を使用して天然資源を保全する製品，サービス，工程から構成されるものと考えられる。代表的なクリーン・テクノロジー産業には風力，太陽エネルギー，水力，バイオ燃料などがある。図2-7に示すように，韓国と中国はクリーン・テクノロジーへの主要投資国であり，米国がこれに続く。

▶グリーン・エコノミー市場の規模

グリーン・エコノミー市場はどのくらいの大きさがあるのか。米国商務省によると，環境に優しい製品とサービスが米国の民間企業経済に占める割合は約1%〜2%であるという[11]。金銭的規模では，グリーン・エコノミー市場は3710〜5160億ドル規模と見積もられる。英国貿易産業省の推測によれば，環境製品や環境サービスの世界市場は，2020年には6880億ドルに達するという[12]。欧州にはオーガニック食品・飲料の消費者が1億4200万人おり，ロイヤル・ユーザーとたまに購入するユーザーに分けられる。欧州のロイヤル・ユーザーは2000万人であるが，彼らは消費の69%しか占めていない。このことから，オーガニック市場のかなりのシェアが定期購入者によるものではないことが示唆される。従来の食品市場で生産工程が大幅に改善されれば，あるいはオーガニックの流行が終われば，オーガニックの市場潜在力は大方のアナリストの予測をはるかに下回るだろう。

環境に優しい製品やサービスの購入に対する消費者の姿勢について，我々

---

11. Economics and Statistics Administration (April 2010). *Measuring the green economy*. Washington, D.C.: United States Department of Commerce.
12. www.dti.gov.uk/sectors_environmental.html から検索。

は何を知っているだろうか。環境に優しい製品は比較的高い開発コストを要するため，消費者の環境問題のとらえ方，特に環境配慮製品に対する姿勢の判断が必須となる。Straughan & Roberts（1999）は，環境に配慮した消費者行動に基づいて大学生をセグメント化し，より若い学生のほうが環境問題に対してより敏感な傾向があると述べている[13]。彼らの調査結果から，個別に見た場合，年齢や性別といった人口統計学的変数が，環境に配慮した消費者行動と大いに関係していること，また所得はさほど重要ではないことが示された。環境に優しい製品の購買意欲は，教育は別として，年齢や所得と正の相関関係がある[14]。また多くの調査から，男性と女性では環境に対する姿勢が大きく違うことが分かっており[15]，男性は女性に比べ環境に対する姿勢により消極的な傾向がある[16]。女性は男性に比べ，環境に良いなら，と環境配慮製品を購入する傾向が高い[17]。環境に優しい製品やリサイクルできる包装材を使用した製品を購入する，あるいは生物分解性のないゴミを適切に処分することで，消費者は環境の質的向上に大いに貢献できる，というのが研究者や環境活動家の一般的な考えである[18]。

環境の質は消費者の知識レベル，姿勢，価値観，習慣に大きく左右される[19]。消費者は，利他的理由ではなく，自分を良い気分にしてくれるものは

---

13. Straughan, R. D., & Roberts, J. A. (1999). Environmental segmentation alternatives: A look at green consumer behavior in the new millennium. *Journal of Consumer Marketing, 16*(6), 558-75.
14. Soontonsmai, V. (2001). *Predicting intention and behavior to purchase environmentally sound or green products among Thai consumers: An application of the theory of reasoned action.* Unpunished doctoral thesis, Nova Southeastern University.
15. Brown, G., & Harris, C. (1992). The United States forest service: Toward the new resource management paradigm? *Society and Natural Resources, 5*, 231-245; Tikka, P., Kuitunen, M., & Tynys, S. (2000). Effects of educational background on students' attitudes, activity levels, and knowledge concerning the environment. *Journal of Environmental Education, 31*, 12-19.
16. Eagly, A. H. (1987). *Sex differences in social behavior: A social-role interpretation.* Hillsdale, NJ: Lawrene Erlbaum Assoiates.
17. Mainieri, T., Barnett, E., Valdero, T., Unipan, J., & Oskamp, S. (1997). Green buying: The influence of environmental concern on consumer behavior. *Journal of Social Psychology, 137*, 189-204.
18. Abdul-Muhmin, A. G. (2007). Exploring consumers' willingness to be environmentally friendly. *International Journal of Consumer Studies, 31*, 237-247.

表 2-7　環境に優しい製品を購入する際に何を重視するか
　　　　（「きわめて重要／非常に重要」と回答した回答者の割合）

(%)

品質と価格のバランスが適切であること	87
有害な化学物質が使用されていないこと	77
特価であること	61
完全に天然であること	40
オーガニックであること	31
魅力的な包装であること	10

出典：Green products and services: A viewpoint from consumers and small and medium business. (Fall 2009). Clearworks Green Resource Network より作成。

　何かを動機として，オーガニック製品や環境に優しい製品を購入する傾向が高い。一部のメーカーは，自己の利益を最優先し，利他主義は二番目とすることが，製品の効用の検討に役立つと理解している。例えば，Cafe-Direct は最近，フェアトレード・コーヒーのイメージ・チェンジを図り，製品の品質を最優先し，フェアトレードという要素は二番目とするマーケティングに切り替えた。消費者が環境に優しい製品に対価を支払おうとする意識を予測するには，環境に対する態度が最も一貫性のある説明変数である[20]。つまり，環境保護を重視する消費者の場合，環境に優しい製品への購買意欲を喚起するには，価格は（重要であっても）主要因とはならないというわけである。環境保護への自己関与に対する消費者の認識も重要な要因である。

　米国人消費者を対象としたある調査では，品質と価格は，環境に優しい製品を購入する最も重要な動機であることが分かっている（表 2-7 を参照）。それ以外に重要となるのが，製品に有害な化学物質が含まれていないということであった。消費者をセグメント化するある調査では，消費者は 6 つのカテゴリに分類された。6 つのカテゴリとは，警戒している（18%），懸念し

---

19. Mansaray, A., & Abijoye, J. O. (1998). Environmental knowledge, attitudes and behavior in Dutch secondary school. *Journal of Environmental Education*, *30*(2), 4-11.
20. Chyong, H. T., Phang, G., Hasan, H., & Buncha, M. R. (2006). Going green: A study of consumers' willingness to pay for green products in Kota Kinabalu. *International Journal of Business and Society*, *7*(2), 40-54.

ている（33%），注意している（19%），気にしていない（12%），疑問に感じている（11%），否定的（7%）である。

　「警戒している」というカテゴリの消費者，つまり気候変動について最も懸念し，環境に自分たちの行動が与える影響を減らすことに最も積極的な消費者は，市民や産業，政府が気候変動の脅威に取り組むことを望んでいる。このカテゴリの人たちは，環境への負のインパクトがより少なく，プラスの効果がより多い製品，また温室効果ガスを排出削減できる製品の購入傾向が最も高いと思われる。調査報告によれば，このカテゴリはまた，他に比べて，気候変動への取り組みを強化するよう企業に働きかける活動に参加する傾向も高いという。彼らは実際に行動する企業を評価し，自宅でもエネルギー効率を高める対策を講じ，あるいはサーモスタットを調整するなど"環境保護につながる習慣を持つ"傾向が高い。このカテゴリはおそらく，まさにマーケティング担当者が自社の環境に優しい製品を販売しようとするときのターゲットとする消費者であろう。

　環境に優しいソリューションを広めるには，特定の製品やサービスを利用することによる環境上のメリットだけでなく，経費の節約や健康効果，効率向上といった要素にも注目する必要がある。二番目のメッセージとして，環境に優しい製品購入の利他的性質や，集合的利益というメリットを伝えるべきである。英国の小売企業である Marks & Spencer は，グリーン戦略を既存のビジネスにいかに統合するかという好例である。同社は"Behind the Label（ラベルの裏に隠れているものを見つける）"キャンペーンにより，製品が環境に与える影響について1600万人の顧客に知ってもらい，家畜の糞尿を利用したバイオガスの利用を促進することでサプライヤーの環境に対する意識を高め，また，Oxfam（国際協力団体）との協力により衣類のリサイクルを推進した。

まとめ

- PESTEL モデルはマクロな世界環境を精査する便利なフレームワークである。PESTEL モデルによる分析では，市場の潜在力を測定し，成長や衰退，市場の魅力度，事業の可能性，市場参入を試みるべきかどうかを具体的に示す。
- 世界貿易の成長ぶりは，大部分の先進工業国や新興国の経済成長の勢いを凌ぐ。ドイツは最大の商品輸出国であるが，商品とサービスの両方を合わせると，米国が世界最大の貿易国である。商品の輸出に関しては中国がドイツに続く。
- 世界貿易の大部分が地域規模で行われている。EU の貿易の大部分が EU 諸国内の取引であり，また米国の最大の顧客はカナダとメキシコである。
- 技術関連の輸出と輸入が世界貿易の大部分を占め，特に先進国ではその傾向が顕著である。ハイテク製品の世界市場は他の製品の世界市場よりも成長スピードが速く，ハイテク産業は世界の経済成長を主導している。米国と日本がハイテク製品の輸出で世界をリードしている。
- *Foreign Policy* 誌と A.T. Kearny の指標によれば，2007 年時点で米国は世界で 7 番目にグローバル化が進んだ国である。しかし，多国籍企業の最大手 6 社のうち 4 社は米国企業である。その主な理由は，米国が一部の欧州諸国に比べ（多国間貿易協定により）経済的に統合されていないからである。このため，米国はグローバル化指数では低スコアとなっている。
- グリーン・エコノミーには，雇用と所得を創出する大きな可能性がある。世界のグリーン・エコノミーの雇用例として中国やナイジェリア，インドの例が挙げられる。中国では，すでに 60 万人が太陽熱温水器といった太陽熱関連製品の製造や設置の分野で雇用されている。ナイジェリアでは，カッサバやサトウキビを利用したバイオ燃料産業での雇用が 20 万人と推定される。インドでは，2025 年までにバイオマスのガス化で 90 万人の雇用が創出され，うち 30 万人がストーブの製造，60 万人が燃料サプライチェーン向けのブリケットやペレットの加工などの分野に携わることにな

る推定される。こうした数字から，環境に優しいクリーン・テクノロジーを活用した製品やサービスの世界市場の潜在力は，最も急速に成長する経済セクターの1つになる可能性があることが分かる。

ディスカッションテーマ

1. ハイテク製品が21世紀の貿易を支配するといわれている。このことは，新興市場国はこの展開から除外されてしまうことを意味するか。
2. 大部分の発展途上国で人口の高齢化が進んでおり，この傾向は今後も強まると予想されている。自分が消費財を扱う会社の国際マーケティング部長であると仮定したとき，こうした人口統計が今後10年にわたり自社のマーケティング・ミックスにどう影響すると考えるか。
3. 環境に関して「警戒している」セグメントと「懸念している」セグメントで，広告キャンペーンをどう変えていくか。

実践的課題

1. 国を1つ選び（自国以外），PESTELモデルを適用して太陽熱温水器について環境分析を行ってみよ。
2. インターネットで*Newsweek*誌のウェブサイト"10 best countries to live in（生活するのに最適な国ベスト10）"を調べよ。この指標はグローバルマーケティングと関係があるだろうか（ヒント：スコアの計算方法を調べよ）。

キーワード

EU	p.46	PESTEL	p.45

グリーン・エコノミー	p.61	ナノテクノロジー	p.50
グローバリゼーション	p.50	バイオテクノロジー	p.50
サプライチェーン	p.55	ハイテク製品	p.49
世界経済	p.46	貿易収支	p.48
総所得	p.48	北米自由貿易協定	
多国籍企業（TNCs）	p.57	（NAFTA）	p.46

第3章

文化的／社会的環境を評価する

理想的には，我々は国際企業として，自分たちを1つの文化であると考えたい。しかし，会社は国の文化を超越することはできない。東洋と西洋の間には複雑な違いがある。我々はこうした違いを受け入れ，理解しなくてはならなかった。中国でビジネスを行う米国企業は，中国の文化について学び，理解する必要がある。中国が海外でビジネスを行う場合にも同じことがいえる[1]。

Lenovo グループ会長，Yang Yuanqing

学習の目的

本章を読むことで，次のことが期待される。
- グローバル・マーケティングにとっての文化の重要性を認識できること。
- 文化を構成する要素を特定できること。
- 文化のフレームワークを適用して消費者行動を理解できること。
- 文化の類似性により国をセグメント化できること。
- 文化の概念を用いてコミュニケーション戦略を決定できること。
- 言語コミュニケーションと非言語コミュニケーションの違いを理解できること。

テレビ番組「Big Brother」が巻き起こした大論争 [2]

「人種差別攻撃が引き金となった憤激」(*Hindustan Times* 紙)，「Big Brother India は英国の Shilpa を支持」(*The Asia Age* 紙)，「Brown 氏に Big Brother の茶色の影」(訪問中の英国大蔵大臣 Gordon Brown に言及した *The Economic Times* 紙の記事)。

インドや英国のマスコミにこうした見出しを書かせるきっかけとなったのは，英国の Channel 4 で放映されたリアリティ・テレビ番組『Big Brother』である。イギリス，インド，その他世界中で「人種差別論争」として知られるようになった出来事は，同番組の「有名人」編で，出場者の何人かがボリウッド・スターである Shilpa Shetty に向けた一連の否定的なコメントから始まった。この「有名人」編の回では，14 人が同居人として 4 週間，世界から隔離されて 1 つの家に閉じ込められ，その生活と互いのやりとりをカメ

---

1. PricewaterhouseCoopers (January 2006) を引用。*10th annual global CEO survey*. www.pwc.com/extweb/insights.nsf/docid/A9FAF3E5965EED618525726B000B2109 より検索。
2. BBC News, Indiapress.org, Channel 4.com より。

ラで追った。出場者にはポップ歌手の Jermaine Jackson（Michael の兄）の他，さまざまな歌手や俳優，モデルなどが含まれ，毎週出場者中 1 人以上が，出場者による投票によって共同生活をする家から追い出される。

同居人たちによる Shilpa の人種や文化を侮辱するようなコメントが引き金となり，インドでは街頭抗議が行われ，英国議会でもこのことについて討論が行われ，Brown 大蔵大臣に対して場違いな記者会見が行われ，番組のメイン・スポンサーの撤退があり，視聴者からは 4 万件以上のクレームが寄せられた。

また，世界のメディアでも，同居人のコメントは本当に Shilpa がインド人であることを侮蔑するつもりだったのかどうか，あるいはそれは単に文化的に無知な人間の激怒だったのではないかという激論が繰り広げられた。最も激しい憤りを招くコメントを発したモデルの Jade Goody について，Jermaine Jackson は単にこう言った。「…Shilpa は文化が違うから，2 人（Shilpa と Jade）は合わないんだ。」

Shilpa はそのシーズン，『Big Brother』のコンテストで勝ち続け，この社会的騒動をどうにか乗り越えたが，文化の違いという問題と，それに対する人間特有の複雑さは，グローバル化する世界における論題であり続ける運命にある。

異文化間の衝突は，国際的な合弁事業や戦略的提携のずさんな経営を招くだけでなく，関係解消に至らしめる場合がある。

文化が有する潜在的，あるいは顕在化した意味はすべて，ビジネスの世界においても重要な役割を持つ。特に，国際マーケターは，文化的伝統を共有しない消費者をターゲットに自社の製品やサービスを販売しようとするたびに，文化という壁につまずく。本章では，文化の違いが国際的なビジネスやマーケティングにおいて，それほどに大きな役割を果たす理由について検討し，またビジネスの専門家が自分たちとは異なる文化的／社会的環境についていかに学び，対処しうるかを考える。

文化を理解することで国際市場を見通すことができれば，それがグローバル・ビジネスリーダーにとって競争上の強みとなる。そのため，文化を理解することは重要である。文化を意識できれば，国際マーケティングのリー

ダーは，どのような社会や文化であっても，自らの戦略をそれにうまく適合させ，ビジネスを成功させることができる。文化という概念は単純ではない。文化という概念は，さまざまな研究分野で，幅広い研究のテーマとなっており，文化の違いがビジネスや消費者行動にどう影響するかという理解を深めている。

グローバリゼーション時代における文化的多様性

　グローバリゼーションによって，我々は地理的な壁，経済的な壁を越え，ボーダレスな世界を実現できるようになった。このボーダレスな世界では，多国籍企業の数が増え，情報や知識が世界中に広まることで，個々の文化にも影響を及ぼしてきた。グローバリゼーションは世界中に知識を広める強い力ではあるが，それでもなお，地域や国ごとの，あるいは同じ国の中での文化的多様性は大きい。表3-1は国内の言語と宗教の数が多い国を列挙している。米国では英語が主流の言語であるが（人口の82%が使用する），その他に150〜300あまりの言語が使用されている（一部は部族の儀式でのみ使用される）。英語以外で最も広く使用されているのはスペイン語と中国語である。地域によっては，例えばカリフォルニアやテキサスでは，スペイン語を話す人が人口の35%を占める。ロサンゼルスだけでも，スペイン語のラジオ局が22局，スペイン語の週刊紙，日刊紙が17紙，スペイン語のテレビ局が7局ある。中国語はニューヨークでは3番目，カリフォルニアとメリーランドでは4番目に多く使用される言語である。

　言語や食習慣，服装，しきたりといった分かりやすい文化の違いの他にも，社会の組織のしかた，倫理観の共通概念，社会と環境との関係性などにも著しい違いがある。UNESCOによれば，5か国あまりが世界の文化産業を独占しているという。例えば映画産業では，185か国中88か国は自ら映画を製作する能力を持たない。

　StarbucksやMcDonald's，Kentucky Fried Chickenなどの会社は，多くの国の食習慣を変えてきた。例えば，McDonald'sは香港で香辛料を効かせ

表3-1 文化的多様性指標の大きい国

言語数		宗教数	
インド	数百	インド	40
米国	150～300	南アフリカ	30
フィリピン	170	台湾	25
ロシア	100	米国	20
メキシコ	62	カナダ	15
中国	10	英国	10

たフライドポテトや将軍バーガー（日本のテリヤキソースとキャベツを添えた肉まん）を販売するが，インドでは牛肉や豚肉を含む商品は販売しない。日本やフィリピンなどでは他の商品も提供している。Kentucky Fried Chicken は，中国では鶏肉の他に四川地方の漬物や刻んだポークチョップを提供している。

本章では次の問題，すなわち文化を研究することがグローバル・マーケティング戦略を決定する上でいかに有用か，文化はグローバリゼーションによってどのような影響を受けてきたか，グローバリゼーションの時代にあって，文化はどの程度多様性を維持しているかという問題について検討する。こうした問題に取り組む前に，まず文化とは何を意味するのか定義したい。

「文化」とは何か

国の文化は「共有された意味体系」[3]，あるいは「あるグループのメンバーを別のグループのメンバーと区別する考え方の集合的なプログラミング」[4]

---

3. Sweder, R., & LeVine, R. (1984). *Culture theory: Essays on mind, self and emotion.* New York: Cambridge University Press.
4. Hofstede, G. (2001). *Culture's consequences: Comparing values, behaviors, institutions and organizations across nations* (2nd ed.). Thousand Oaks, CA: Sage.

図 3-1　文化という「氷山」

と定義される。広義では，文化とはある国のすべての価値体系を包含するものということができる。文化とは，人間社会とそれを構成する個人，社会的組織，そして経済体制と政治体制を特徴づけるものである[5]。文化は次のような概念で構成される[6]。

- 国民性
- 価値観
- 時間に対する感覚
- 空間に対する感覚
- 認識
- 考え方

---

5. Venkatesh, A. (1995). Ethnocentrism: A new paradigm to study cultural and cross-cultural consumer behavior. In Costa, J., & Bamossy, G. (Eds.), *Marketing in a multicultural world*. New York: Sage, 26–67.
6. Maletzke, G. (1996). *Interkulturelle Kommunikation: zur Interaktion zwischen Menschen verschiedener Kulturen*. Opladen: Westdt. Verlage.

- ■ 言語
- ■ 非言語コミュニケーション
- ■ 行動
- ■ 社会集団および社会的関係

図3-1は，こうした文化的要素を「氷山」として捉えた図である。一部は水面上に存在し（表層文化），この部分は具体的で目で見て，耳で聞き，手で触ることができる。人々がどのように行動し，どのような服装をし，どのように話すかといったことは目で見ることができる。しかし，価値観や，時間や空間に対する感覚，顔の表情や姿勢（ボディ・ランゲージ）といった**非言語コミュニケーション**など，文化を構成する要素の大部分は水面下に存在し（深層文化），その多くは隠れた意味を持ち，その文化を共有する人以外には理解できない。水面下の領域は広く，この部分は推測するか直観で知るしかない。

▶自分の「氷山」を知る

外国で，誰かの家にお茶に招かれたとする。「ティータイム」とは夕食の終わりのことか，それとも昼下がりにお茶だけが用意されるものか。あるいは，中南米の国で午後7時に夕食に招待されたとする。この場合，指定された時間ちょうどに到着すべきか，それとも少し遅れて到着すべきか。自国以外の人とはどのように挨拶をするか。握手か抱擁か，あるいは慣れ慣れしく近づくべきでないか。他の文化において正しく行動するには，文化の顕著な部分と暗黙の部分両方を理解しなくてはならない。氷山の一角で犯す誤ちは大した問題にならないかもしれないが，水面下で犯す過ちは，次の例に示すような意思疎通の失敗につながるおそれがある。

> ある外国企業がフランス市場への参入を計画していた。（中略）最初の数年は厳しかった（中略）。「我々は彼らの気質を理解していませんでした。彼らも我々を理解できずにいました。意思疎通の問題でした。フランス人は我々に英語で話しましたが，同じ言語を話しながらも我々は互いに意思疎通ができていないことに間もなく気づきました。」

マーケティングにおける意思疎通の失敗例として，北米の電話会社が中南米で行ったテレビ広告がある。この広告では，電話1台が1階にしかない家庭が描かれていた。電話が鳴ると，2階にいる妻が夫に電話に出るように叫ぶ。広告のテーマは電話が各階にあれば便利である，というものだった。しかしこの広告は失敗だった。というのも，中南米のように男性中心主義的な文化の国では，夫が配偶者から命令されるというが一般的ではないためである。

グローバル・マーケティングにとって，文化に対する知識が重要なのはなぜか。国の文化は，系統的な行動の違いの根底にある重要な環境特性として認識されている[7]。それ自体が，消費者行動を形作る強い力なのである。であればこそ，国ごとの文化の違いを無視することは，多くの事業的失敗の原因となるとされている[8]。

例えば次の出来事を見てみよう。

スカンジナビアのビール会社 Turbo Beer の重役が，リージョナル・マーケティング部長として東欧に送られた。彼の仕事は，この地域における同社の高級ビールの可能性を調査し，その市場を開拓することであった。ビールに対する好みや消費傾向は，当地の文化の影響を受けることが知られている。そのため，彼の計画の第1ステップは，この地域を構成する国の文化に類似性があるかどうかを判断することであった。彼はまた，これらの国と彼の国でビールの飲み方に類似性があるかどうかも知る必要があった。

このケースでは，どの文化が類似しており，どの文化が異なっているか，またどの部分に類似性や違いが表れているかを彼に示す，ある種のモデルが必要である。つまり，このビール会社の重役が，そのプロジェクトに必要な情報を得るために依拠できるフレームワークとしては，どのようなものがあるだろうか。

---

7. Steenkamp, J. (2001). The role of national culture in international marketing research. *International Marketing Review*, *18*(1), 30-44
8. Ricks, D. (1993). *Blunders in international business*. Cambridge: Blackwell.

国民性という概念

そのようなフレームワークの1つに，**国民性**という概念がある。ある国の人たちは他国とは異なる共通の行動パターンを持つというように，各国にはそれぞれの個性があるという考えを前提とした概念だ。例えば，George W. Bush 大統領は，2006年に「National Character Counts Week（国民性カウント・ウィーク）」を宣言した。どんな価値観が米国の国民性を形作っているのか。大統領の宣言によれば，米国人は「高潔で，勇敢，正直で愛国心がある」という。このように一般化された米国人の国民性に対する認識は，個人的経験，あるいは「わずかな事実」が含まれているかもしれない固定概念に基づくものなのか，それともそれは単純な誤りなのだろうか。だとすれば国民性はどのように決まるのだろうか。

国民性あるいは文化という概念は，歴史的には18世紀の哲学者に端を発している。例えば D'Argens, Montesquieu, Jean-Jacques Rousseau などである。彼らは身体的または精神的要素，政治制度など，何がその国の国民性を構成するのかを論じた。例えば，D'Argens は，各国の住民は一連・独特の特徴ある国を構成すると述べている[9]。しかし，D'Argens の「国」の説明は，概して固定化されていた[10]。スペイン人は賢明で自尊心が高く，うぬぼれが強くて嫉妬深いと表現され，一方で英国人は知性があり，公正で勤勉だが無礼であると表現された。別の例を図3-2に示した。1790年に出版された Darton による国の文化の描写である。

国の文化の研究は，主に2つの理由から批判されてきた。第一に，国の文化研究の中には厳正な基礎を欠くものがあり，そのような研究の成果は固定化され，実際にはほとんど根拠がない。あらゆる文化の中にある人々が，自分たちの文化の典型的なメンバーと，他の文化の典型的なメンバー，それぞれのキャラクターについて共通した認識を持っている。例えば，「ドイツ人

---

9. Kra, P. (2002). The concept of national character in 18th century France. www.cromohs.unfi.it/7_2002/kra.html から検索．
10. D'Argens, J. (1738). *Letters Juives*. The Hague.

図 3-2 国の文化について初期の概念
出典:Darton, W. (1790). *Inhabitants of the world.*

はユーモアに欠ける」「イタリア人は興奮しやすい」「英国人はフェアプレイヤーである」「スウェーデン人は内向的である」といった具合に国民性に対する認識は多様なのだ。しかし,こうした認識の信頼性については,Peabody (1985) によって広く批判されている[11]。彼の主張によれば,国民性の認識は間接的な経験に基づいていることが多いために不正確であり,人種差別主義や自民族中心主義,差別によりバイアスがかかっているものである。

国民性は実際の性格的な特性を反映していないことがある。このことは,49 の文化を対象とした調査からも分かっている[12]。Terracciano (2005) とその同僚研究者は,回答者に自分の「国の文化」を説明させた。すると,国の文化に対する認識が,同国人の性格スコア(特徴)と大きく異なることが

---

11. Peabody, D. (1985). *National characteristics.* Cambridge. UK: Cambridge University Press.
12. Terracciano, A. et al. (2005). National character does not reflect mean personality trait levels in 49 cultures. *Science, 310*(5745), 96-100; McCrea, R., & Terracciano, A. (2006). National character and personality. Current *Directions in Psychological Science, 15*(4), 156-161.

分かった。このように，国民性に対する認識は，現実よりもむしろ固定概念に基づいている場合がある。このことは，次の例からも分かる。

　スウェーデン人の気質の特徴は，物事について合意を急ぐ傾向があるという点にある。白熱した議論はほとんどなく，ある件で誰かを説得する場合，議論に最大限の感情エネルギーを注がず，合理的に議論を展開することを最善の方法とするのである。このため，外国人にとってはスウェーデン人は，ときに冷ややか過ぎ，堅苦しく見える。それは一面の真実ではあるが，忘れないでいただきたいのは，このような合理性と客観性を大事にする傾向は，とりわけ公の生活や仕事の現場で見られるものであるという点だ。スウェーデン人も，特に午前2時を過ぎたバーではひどく感情的になることもある[13]。

サブカルチャーの役割

　マーケターは，国の文化と，そこにおけるさまざまなサブカルチャーの違いについても理解を深める必要がある。**サブカルチャー**は，その国の支配的な文化の中で，他とは異なる独自の特性を共有するという形で生まれる。サブカルチャーのメンバー間で共有されるこの性質は，固有の民族的背景や宗教，言語，年齢や性別などの人口統計的要素，共通の趣味などあらゆる分野で生じ得る。例えば，「Second Life」という人気オンライン・ゲームのプレイヤーがサブカルチャーを生み出すこともあれば，おしゃれ好きやベジタリアンがサブカルチャーを生み出すこともある。よく「社風」と呼ばれるものも，事実上はビジネスの世界に存在するサブカルチャーだといえる。

　サブカルチャーは特に，双方向的な今日の世界では，国の文化や地理的境界を越えることも多く，その事実を認識することが重要である。サブカルチャーの価値観やルールを受容する世界中のユーザーは，自国の文化的価値観にも適応しており，国の文化とグローバリゼーションが無意識のうちに複

---

13. www.sverigeturism.se/smorgasbord/smorgasbord/culture/swedish/index.html より。検索日：2007年4月18日。

雑に混ざり合いながら進行する，現代社会のパラドックスの一要素となっていることも多い。SNS（ソーシャル・ネットワーキング・サービス）「MySpace」のウクライナ・ユーザーの例を考えてみよう。彼女はMySpaceページを持つことで自己表現という（文化的には米国を背景とした）価値観を受け入れているが，そのページを彼女自身が文化的に影響を受けた価値観や感性に応じてカスタマイズしている。また必ずしも彼女の国の文化的価値観やセンスを共有していなくとも，そのオンライン・コミュニティへの関心を共有していることで，世界中の他のMySpaceユーザーともつながりを持っている。

マーケターはこのバーチャルな世界の消費者に接触しようとするとき，自社の製品やサービスがその国の文化的価値観に訴求するのか，消費者が所属するサブカルチャーの価値観に訴求するのか，あるいはその両方に訴求するのかどうかを自問しなくてはならない。

国民性のフレームワークを構築する試みに対する批判はあるが，こうした批判に対しては，異文化の行動を研究するための有効かつ理論に基づいた研究手法に言及することで対応できる。これらの研究手法は，「寛大さ」「同調性」「誠実さ」といった性格特性に基づく国民性の実証的研究である[14]。そのようなフレームワークの例として，Hofstede(2000)[15]，Schwartz(1994)[16]，GLOBE[17]がある。国民性によって消費者個人の行動を説明できるわけではなく，国民性とグローバル・マーケティングの関連性そのものを疑問視する声もある。しかし，国民性という概念は，マーケティング現象の国柄の違い

---

14. Terracciano, A. et al. (2005). National character does not reflect mean personality trait levels in 49 cultures. *Science*, *310*(5745), 96-100.
15. Hofstede, G. (2001). *Culture's consequences: Comparing values, behaviors, institutions and organizations across nations* (2nd ed.). Thousand Oaks, CA: Sage.
16. Schwartz, S. (1994). Beyond individualism/collectivism: new cultural dimensions of value. In Kim, U. et al. (Eds.). *Individualism and collectivism: Theory, method and applications*. Thousand Oaks, CA: Sage, 85-119; Schwartz, S. (1997). Values and culture. In Munro, D. et al. (Eds.). *Motivation and Culture*. New York: Routledge, 69-84.
17. Javidan, M., House, R., Dorfman, P., Hanges, P., & de Luque, M. (2006). Conceptualizing and measuring cultures and their consequences: A comparative review of GLOBE's and Hofstede's approaches. *Journal of International Business Studies*, *37*, 897-914.

を説明する上で有用な場合があり，グローバル・マーケティングにとっては重要である[18]。国民性の研究は消費者個人の行動説明や予測を可能にするわけではないが，集合的消費者の行動は説明できるため，国境を越えた類似行動パターンを特定することができる。さらに，国の文化が個人の価値観の優先順位を和らげることも証明されている[19]。価値観の類似性と差異を特定することは，文化を研究する上では有用な方法だ。こうした類似性や差異はグループ・レベルで存在する一方，それらは個人の内にも取り込まれる。例えば，Lee & Green（1991）[20]は，国の文化の個人主義の程度が，集団と個人の購入意図への態度に影響することを発見した。この情報を活用することで，セグメントを具体化し，リージョナルまたはグローバルなマーケティング戦略を決定することができる。

Hofstedeの国の文化を評価する5つの次元

Hofstedeのフレームワークは，グローバル・マーケティングの研究で最も使用，引用されている。Hofstedeは文化に内在する5つの次元を特定した。「個人主義（集団の中の個人の関係）」「男性らしさ（ジェンダーの意味）」「権力の格差（社会的不平等）」「不確実性の回避（不確実性への対処）」「長期的志向 vs. 短期的志向」の5つについて，「高い」か「低い」かを評価する。この5つの次元を表3-2に要約した。彼のデータベースは，1967～1973年の期間，欧米諸国の66のIBM子会社で働く，マネジャーを含む従業員が回答し，1980～1983年に再度実行された11万6000枚のアンケートに基づいて作成された。

---

18. Clark, T. (October 1990). International marketing and national character: A review and proposal for an integrative theory. *Journal of Marketing*, 66-79.
19. Steenkamp, J., Hofstede, F., & Wedel, M. (April 1999). A cross-national investigation into the individual and national cultural antecedents of consumer innovativeness. *Journal of Marketing*, 63, 55-69.
20. Lee, C., & Green, R. (1991). Cross-cultural examination of the Fishbein behavioral intention model. *Journal of International Business Studies*, 21(2), 289-305.

表 3-2 Hofstede の次元の要約

文化的志向	文化の対比
自分と他人という概念 個人主義 対 集団主義	個人と集団の関係。功績は個人でとり組むことで達成できる、または、集団によって最もよく達成できる。
他人との交流または他人のための交流 男性らしさ 対 女性らしさ	自己主張と個人的な成功が奨励される（男性らしさ）、または、他人を世話すること、子育ての役割を担うこと、生活の質を重視することが奨励される（女性らしさ）。
不確実性への対処 不確実性の回避	リスクを回避する傾向（不確実性の回避が高い）、安定した状態、不確実性を減らすルールやリスクのない手順を好む傾向。あるいは逆に、個人としての人が、変化する原動力とみなされる。リスク志向的態度（不確実性の回避が低い）。
対人相互作用における平等と不平等 権力の格差	階層制が強く権力が上層部に集中（権力の格差が高い）。あるいは、権力は平等に分配され、上司も部下も人間として平等の感覚を持つ（権力の格差が低い）。
真実とは無関係の美徳 長期的志向 対 短期的志向	長期的志向に対応した価値観は倹約と粘り強さ、短期的志向に対応した価値観は伝統の尊重、社会的義務の履行、「面目」を守ること。

出典：Usunier, J. (2000). *Marketing Across Cultures*. Harlow: Pearson Education Limited, 64 と http://www.geert_hofstede.com/ より作成。

IBM 子会社の従業員を国の文化として捉えるのは問題があるが[21]、最近になって何人かの研究者たちが Hofstede の方法を各国で再現している。そして多数の研究により、Hofstede の次元が再実証されている[22]（Bochner, 1994; Sondergaard, 1994; Robertson & Hoffman, 2000）。

例えば、Sondergaard の論文では、60 回を超える Hofstede の文化モデルの再現を考察しており、Hofstede の次元は「大部分が立証済み」と結論づけている。また、Hoppe (1990)[23] は、19 か国でアップデートを行い、自分

---

21. McSweeney, B. (2002). Hofstede's model of national cultural differences and their consequences: A triumph of faith - a failure of analysis. *Human Relations*, 55(1), 89-118.
22. Sondergaard, M. (1994). Hofstede's consequences: A study of reviews, citations and replications. *Organization Studies*, 15(3), 447-456.

のスコアと Hofstede のスコアに有意差はほとんどなかったと結論づけている。

　西洋文化が過度に強調されていることを補正するため，Hofstede は当初4つだった次元に5つ目の次元，「長期的志向 vs. 短期的志向」を加えた。これは，23か国（ほとんどがアジアの国）の学生を対象に，中国人の研究者が作成したアンケート用紙を用いて行った調査に基づき作成した。長期的志向に対応した価値観は倹約と粘り強さであり，短期的志向に対応した価値観は伝統の尊重，社会的義務の履行，「面目」を守ることである。「面目」という概念は，誰かに対して，その人の地位を公に認める形で敬意を示すことを意味する。マネジャーが部下を他の社員の前で叱れば，その部下は面目を失う。人前で誰かを批判したり過ちを指摘したりすると，その人は恥ずかしい思いをしたり，劣等感を抱くかもしれない。しかし，マネジャーもまた，部下たちの前で怒りをあらわにすることで面目を失う可能性がある。人が面目を保つということは，アジア特有の社会的関係だからではなく，どこであれきわめて重要なものである。というのも，面目は権力と影響力につながり，また友好関係にも影響するからである。面目を失うことは，名誉を失うことになりかねないし，また深刻な財政上の困難を招くこともある。さらに，ある人が面目を失うと，その集団全体が面目を失い，非常に深刻な結果を招く場合も考えられる。次の例を見ていただきたい。

　あるイスラエルの会社が，中国に全額出資の子会社を設立した。工場の建物の建設が完了した後，現地のマネジャーが，中国の工場地前に高価で巨大な門を建設することを検討するよう本社に提案した。イスラエル本社の経営陣は，そのような投資はお金の無駄遣いだと考えた。しかし，中国側はそのような巨大な門を作ることで企業の強いイメージを打ち出すことが重要であると考えた。この出来事は，「面目の文化」の一例であり，東西間の交渉では重要な意味を持つことも多い。門を建設するかどうかについて白熱した議論が繰り返され，最終的にイスラエルの経営陣は面目を失

---

23. Hoppe, M. (1990). A comparative study of country elites: International differences in work-related values and learning and their implications for international management training and development. Doctoral dissertation. University of North Carolina.

うことを重要問題として認識し，中国側の考えを認めた[24]。

この例では，これ以上現地と本社の経営陣の間で対立が続けば，企業にとっては士気の低下という形で，門を建設するコストよりも大きな財務的損失を招いていたかもしれない。

Hofstede の次元を使い，2次元のマップあるいは表に各国を記入していくと，類似する国のクラスターまたは集団ができる。表3-3 に示すとおり，個人主義は先進国や欧米諸国で目立ち，一方，集団主義は発展途上国に特有

表 3-3　Hofstede による西洋文化と東洋文化の比較

集団主義，女性らしい	集団主義，男性らしい
韓国，タイ，チリ，コスタリカ，ブルガリア，ロシア，ポルトガル，スペイン	中国，日本，メキシコ，ベネズエラ，エジプト，ヨルダン，シリア，ギリシャ
個人主義，女性らしい	個人主義，男性らしい
フランス，オランダ，北欧諸国	ハンガリー，ポーランド，スロベニア，米国，英国，オーストラリア，ドイツ，オーストリア
PD が小さく，UA が弱い	PD が大きく，UA が弱い
米国，英国，オーストラリア，デンマーク，スウェーデン，ノルウェー	中国，インド
PD が小さく，UA が強い	PD が大きく，UA が強い
ドイツ，オーストリア，ハンガリー，イスラエル	エジプト，ヨルダン，シリア，韓国，日本，中南米

注：PD（Power Distance）＝権力の格差，
　　UA（Uncertainty Avoidance）＝不確実性の回避。

---

24. Zhu, Y., & Wagner, M. (2006). Cross-cultural management among foreign-owned subsidiaries operating in the People's Republic of China: The case of Sino-Israeli enterprises. *Journal of Transnational Management, 12*(1), 3-24 より作成。

の傾向である。男性らしさは東欧諸国，ドイツ語圏で高い。不確実性の回避（UA）が強いのは中南米諸国と日本である。権力の格差（PD）が大きいのは中南米諸国，アジア諸国，アフリカ諸国である。以降の章からも分かるとおり，文化に縛られる製品や広告メッセージでは，文化的な隔たりを考えて国ごとにマーケティング戦略を適合させることが必要である。

Hofstedeのモデルをグローバル・マーケティングに適用する

　文化的価値観はマーケティング・ミックスにおける多くの固有の決断に影響する。特に，製品や販売促進に関する事項については顕著である。例えば，Steenkamp et al.（1999）[25]は，個人主義と男性らしさの高い国の消費者は，より革新的な傾向があることを発見した。革新主義は，不確実性の回避が弱い国でも認められた。革新主義は曖昧さに対する寛容と関係するため，不確実性の回避が弱い文化のメンバーにおいてはより革新的になる傾向がある。個人主義と男性らしさが高い国の集団には，オーストリア，ベルギー，チェコ共和国，ドイツ，ハンガリー，イタリア，ポーランド，英国が含まれる。そのうち不確実性の回避のスコアが比較的低い国としては，オーストリア，ドイツ，イタリア，英国がある。革新的な消費者は刺激や創造性，好奇心といった価値観をより重視する。したがって，不確実性の回避が低い国の消費者に新製品を宣伝する場合，こうした価値観を利用すべきである。Häagen-Dazは，ブランドの新規性や信頼性を強調するため，（実際には米国でUnileverが製造しているが）スカンジナビア生まれとして位置づけられた商品である。

　別の研究ではSteenkamp[26]が，欧州5か国（フランス，ドイツ，イタリア，スペイン，英国）における包装品の選択カテゴリの割合を計算した。こ

---

25. Steenkamp, J., Hofstede, F., & Wedel, M. (April 1999). A cross-national investigation into the individual and national cultural antecedents of consumer innovativeness. *Journal of Marketing, 63,* 55-69.
26. Steenkamp. J, (2002). *Consumer and market drivers of the trial probability of new consumer packaged goods.* Working paper. Tilburg University.

の調査から，不確実性の回避が低く個人主義が高い文化と包装品の選択との間には有意な相関関係があることが分かった。

De Mooij (1998)[27]は，製品の使用と購売動機の違いには，Hofstedeの次元のうち4つ（長期的／短期的志向以外）と相関関係があることに気づいた。欧州13か国において4つの次元の大部分とかなりの相関を示した製品カテゴリーは，食品・飲料，衣服・履き物，レジャー，娯楽，レクリエーション，家具，家庭用機器などであった。注目すべきは，こうした商品カテゴリーは強く文化に縛られる製品であるという点である。これらの次元と強い相関を示した具体的な製品として，ミネラルウォーターがあった。フランス，ドイツ，イタリア，ベルギーはすべて不確実性の回避が高い文化であるが，これらの国ではミネラルウォーターの消費が，不確実性の回避の弱い文化であるスカンジナビアや英国に比べて高かった。このような消費の違いは，所得や水道水の質の違いでは説明することができなかった。この関係は，男性らしさを加えるとより強くなった。この発見は1970年，1991年，1996年という時間軸で見ても変わらず，文化的価値観（Hofstede）と消費の間には時間を越えた安定的な関係があることが示された。

Schwartzの価値観研究

Schwartzの研究は，宗教的信条，政治的志向や投票，社会集団の関係性，消費者行動など，さまざまな行動や志向を理解する手掛かりとなっているとともに，文化ごとの人間の価値観を概念化する。Schwartzのフレームワークは，変化に対する寛大さ（自律対適応），自己超越（自己主導性），保守（伝統），自己高揚（達成，権力）という4つの次元に基づいている。

---

27. De Mooij, M. (1998). *Global marketing and advertising, understanding cultural paradoxes.* Thousand Oaks: Sage Publications; De Mooij, M. (2000). The future is predictable for international marketers: Converging incomes lead to diverging consumer behaviour. *International Marketing Review, 17*(2), 103-113; De Mooiji, M. (2001). *Convergence and divergence in consumer behavior consequences for global marketing.* Unpublished doctoral dissertation. Pamplona: University of Navarra.

Hofstedeの理論とSchwartzの理論には部分的な類似性が認められる。Smith & Bond（1998）[28]は，2つの理論は異なる方法から導き出されているもののほぼ完全に重複しており，結果として，普遍的に適用できる価値論としてあと一歩のところまできている，と述べている。変化に対する寛大さと自己超越は，Hofstedeの個人主義の概念に似ている。適応／自律という価値観の次元は，Hofstedeの個人主義／集団主義の次元と似ている。また，同じく権力の格差という次元とも密接に関連している[29]。Schwartzの価値観研究は多くの国で再現され，評価の同等性が検証されている[30]。Schwartzによる人間の価値観のスケールでは，異なる国の人々に共通する10の動機的志向を使用している。4つの次元とその価値観を図3-3に示した。

　Schwartzの価値観研究のフレームワークを使うことの利点は，個人の価値観の違いを評価できることである。Schwartz & Bilsky（1990）[31]は，個人主義 対 集団主義という概念は，複数の異なる個人主義の価値観が一様に変化し，従来の集団主義の価値志向と相反する1つの価値志向を作ることを意味する，と主張した。しかし，個人レベルでは，個人的な関心も内集団（個人が所属感をいだいている集団）の関心も，個人主義の価値観と集団主義の価値観の両方と一致することも考えられる。集団主義的価値観でありながら内集団の価値観ではないものもある（例えば，万人の平等や社会的正義など）。社会の中の個人の不均一性は，集団主義の文化に属する個人すべてが，必ずしも集団主義の志向を共有するわけではないことを意味する。こうした限界を克服するために，Schwartzは個人レベルの価値志向をさらに徹底的に調査することを提案している。個人の価値観は快楽主義，達成，自己

---

28. Smith, P. B., & Bond, M. H. (1998). *Social psychology across cultures* (2nd ed.). London: Prentice Hall.
29. Steenkamp, J. (2002). *Consumer and market drivers of the trial probability of new consumer packaged goods*. Working Paper, Tilburg University.
30. Spini, D. (2003). Measurement equivalence of 10 value types from the Schwartz Value Survey across 21 countries. *Journal of Cross-Cultural Psychology, 34*(1), 3-23.
31. Schwartz, S., & Bilsky, W. (1990). Toward a theory of the universal content and structure of values: Extensions and cross-cultural replications. *Journal of Personality and Social Psychology, 53*, 550-562.

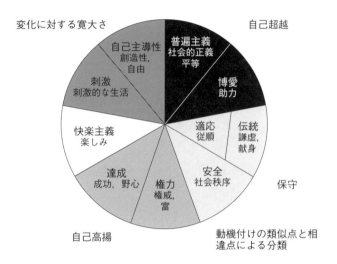

図 3-3　Schwartz の 10 種類の価値観
出典：The structure of value relations. Norwegian Social Science Data Services. http://essedunet.nsd.uib.no. 検索日：2011 年 6 月 6 日。許可を得て転載。

主導性，社会的権力，刺激と関係している。集団的価値観は向社会的（他人に対して積極的な態度を示す傾向），制限的適応，安全，伝統である。一方で，成熟は個人的価値観，集合的価値観の両方に分類される。参加者の文化的価値観をこのフレームワークで評価していたら，選択行動における伝統の重要性をより深く研究できていただろうし，価値観と選択行動のこれ以外の関係についても明らかになっていたかもしれない[32]。

多くの研究者がSchwartz の価値観研究を利用して，消費者行動の研究，特に市場セグメンテーションや広告の研究を行っている。Kihlberg & Risvik（2007）[33] は，Schwartz の価値観研究を利用して，スカンジナビアのオーガニック食品消費者間に複数のセグメントが存在するかどうかを判断した。彼らは，年齢と消費の頻度に応じてセグメント化された消費者は類似す

---

32. Jaeger, S. (2000). Uncovering cultural differences in choice behavior between Samoan and New Zealand consumers: A case study with apples. *Food Qtulity and Preference, 11*(5), 405–417.
33. Kihlberg, I., & Risvik, E. (2007). Consumers of organic foods-value segments and liking of bread. *Food Quality and Preference, 18*(3), 471–481.

る価値観を持っていることを見出した。例えば，30歳以上の消費者は「自由」「精神生活」「安全」といった価値観を重視するのに対し，30歳未満の消費者は「快楽主義」「友情」「成功」などを重視した。著者らは，オーガニック食品の消費を増やすには，マーケターは感覚的に受け入れられやすい製品を提供しつつ，そういったターゲット市場にとって重要な価値観を宣伝すべきであると考える。同様に，ある研究者集団は，価値観に基づくセグメンテーションによって，一部の人たちは均質的であると考えているかもしれないスカンジナビア地域の，各国間の相違点と類似点の両方を理解できることも見出した[34]。また，日本人回答者を対象とした研究では[35]，有機栽培した食品を購入する消費者をセグメント化するうえで，価値観が重要な役割を果たすことが分かった。こうした消費者は，オーガニック製品を選ばない消費者に比べてより利他的であり，利己主義の傾向が低く，また女性は男性に比べて環境に対する意識がより高いということが明らかになった。

GLOBE モデル

GLOBE (Global Leadership and Organizational Behavior Effectiveness：グローバル・リーダーシップと組織的行動の有効性)[36] モデルは，一連の文化的価値観と文化的習慣を基に国の文化を評価する。GLOBE は，綿密な異文化研究を行うための優れた評価法と理論を Hofstede が求めたことにより開発された。特定の文化を特徴づける態度は，リーダーシップのスタ

---

34. Bjerke, R., Gopalakrishna, P., & Sandler, D. (2005). Cross-national comparison of Scandinavian value orientations: From value segmentation to promotional appeals. *Journal of Promotion Management, 12*(1), 35-56.
35. Aoyagi-Usai, M., & Kuribayshi, A. (2001). Individual values and pro-environmental behavior: Results from a Japanese survey. *Asia Pacific Advances in Consumer Research, 4*, 28-36.
36. Javidan, M., House, R. J., Dorfman, P. W., Hanges, P. J., & Sully de Luque, M. (2006). Conceptualizing and measuring cultures and their consequences: A comparative review of GLOBE's and Hofstede's approaches. *Journal of International Business Studies, 37*, 897-914.

表 3-4　国の社会的集団

英語圏	中南米
英国 オーストラリア 南アフリカ（白人サンプル） カナダ ニュージーランド アイルランド 米国	コスタリカ ベネズエラ エクアドル メキシコ エルサルバドル コロンビア グアテマラ ボリビア ブラジル アルゼンチン
ラテン・ヨーロッパ	サハラ砂漠以南のアフリカ
イスラエル イタリア ポルトガル スペイン フランス スイス（フランス語圏）	ナミビア ザンビア ジンバブエ 南アフリカ（黒人サンプル） ナイジェリア
北欧	アラブ諸国
フィンランド スウェーデン デンマーク	カタール モロッコ トルコ エジプト クウェート
ゲルマン・ヨーロッパ	南アジア
オーストリア スイス オランダ ドイツ（東西）	インド インドネシア フィリピン マレーシア タイ イラン
東欧	アジア儒教圏
ハンガリー ロシア カザフスタン アルバニア ポーランド ギリシャ スロベニア グルジア	台湾 シンガポール 香港 韓国 中国 日本

出典：Gupta, V. et al. (2002), Cultural clusters: Methodology and findings. *Journal of World Business, 37*, 11-15. Elsevier より許可を得て転載。

表3-5 GLOBE の文化の次元

不確実性の回避	組織または社会のメンバーが,将来の出来事の予知不可能性を軽減するために,社会規範,儀式,官僚的習慣に頼ることで不確実性を回避しようとする程度。
権力の格差	組織または社会のメンバーが,権力の格差を許容し,これに賛同する程度。
社会的集団主義	組織や社会の制度的習慣が,資源の共同配分と集団行動を助長し,重視する程度。
グループ内集団主義	個人が自分の属する組織や家族に対する誇りや忠誠,結束を表す程度。
ジェンダー平等主義	組織や社会がジェンダー間の役割の違いや差別を最小限にする程度。
自己主張	組織や社会に属する個人が社会的関係において,自己主張が強く,対立的で,攻撃的な程度。
将来志向	組織や社会に属する個人が,将来を計画して投資する,喜びを先延ばしにするなど,将来志向の行動を取る程度(Hofstede & Bond, 1988 による「儒教のダイナミズム」という次元の将来志向を含む)[†]。
能力志向	組織や社会が集団の構成メンバーに対し,能力向上や卓越について奨励し,報酬を与える程度。
人道的志向	組織や社会に属する個人が,個人に対し公正さ,利他主義,親しみやすさ,寛大さ,面倒見の良さ,他人への優しさを奨励し,報酬を与える程度(Hofstede & Bond, 1988 による「思いやり」という次元と類似)。

出典:House, R. et al. (2002), Understanding cultures and implicit leadership theories across the globe: An introduction to project GLOBE. *Journal of World Business*, 37(3), 6 より作成。
[†]訳注:Hofstede, G., & Bond, M. H. (1988). The confucius connection: From cultural roots to economic-growth. *Organizational Dynamics*, 16(4), 5-21.

表 3-6 Hofstede の文化の次元

国	権力の格差	個人主義	不確実性の回避	男性らしさ	長期的志向
オーストラリア	36	90	51	61	31
カナダ	39	80	48	52	23
ドイツ	35	67	65	66	31
英国	35	89	35	66	25
オランダ	38	80	53	14	44
ニュージーランド	22	79	49	58	30
スウェーデン	31	71	29	5	33
米国	40	91	46	62	29
ブラジル	69	38	76	49	65
中国（本土）	80	20	30	66	118
香港	68	25	29	57	96
台湾	58	17	69	45	87
日本	54	46	92	95	80
韓国	60	18	85	39	75
インド	77	48	40	56	61
フィリピン	94	32	44	64	19
シンガポール	74	20	8	48	48
タイ	64	20	64	34	56
西アフリカ	77	20	54	46	16

出典：Hofstede, G. (2001). *Cultures' consequences, comparing values, behaviors, institutions, and organizations across nations.* Thousand Oaks, CA: Sage Publications より作成。

イルと組織の習慣を予言するという考えがこの理論の基になっている。これはまた，文化的習慣の特定の側面は国の経済競争力だけでなく，国を構成する個人の身体的，精神的健康を説明することができると主張する。

　GLOBE の研究グループは，姿勢や価値観，仕事の目標といった社会的・心理学的変数について共有される類似性に基づき国を分類した。61 か国が，9 つの文化的次元（表 3-5）に基づいて 10 の集団（表 3-4）に分類された。9 つの次元のうち 5 つは Hofstede の次元と同じ定義である。Hofstede の場合と同様に，回答者には中間管理職を含めた。しかし，Hofstede の場合とは異なり，これらの管理職は（1 つの組織に集中するのではなく）サンプリ

ングを行った 61 か国の 825 の組織から選んだ。

　GLOBE の集団と Hofstede の集団は互いに類似しているだろうか。英語圏を例にとった場合，両フレームワークによる個々の国の評価を比較することができる。表 3-4，表 3-5，表 3-6 に示すとおり，英語圏の国々は GLOBE の研究では類似している。しかし，2 つのフレームワーク間には評価に違いがある。権力の格差は GLOBE の研究のほうが評価が高く，一方，不確実性の回避と長期的（将来）志向は GLOBE に比べ Hofstede のサンプルのほうが評価が低い。それ以外の文化的評価は 2 つのフレームワークで類似していた。こうした差異は，サンプルの選択や，アンケート用紙の設問の言い回しに起因している。

文化とコミュニケーション

　人々が互いにどのように意思疎通をするかも，文化の重要な要素の 1 つである。話し言葉，あるいは言語コミュニケーションは，多くの場合コミュニケーションにおける最も主要な形式と考えられがちだが，コミュニケーションの 50 ～ 90% は非言語によるものであると推定される。例えば，態度を示す際の感情的なテーマや表現には，非言語的な内容がより高い比率で含まれている。非言語コミュニケーションは，顔の表情やそれ以外の身体機能を使った表現，ジェスチャーなどで構成され，アイコンタクトや，空間・時間の使い方などもこれに含まれる。ボディ・ランゲージは誤解を招くことがあり，またジェスチャーは文化によって意味が異なる（図 3-4）。共通の言語を使う者同士でも，互いを正しく理解することが難しいこともある。

　数週間の開催を予定していた会議が 1 時間足らずで終わってしまったとする。ドイツ人チームは自分たちの努力が認められなかったのではと苛立ち，フランス人チームは会議の準備不足が露呈しないことを願った。真の問題は，1 つの単語の解釈に隠されていた。ドイツ人は自分たちの「Konzept（コンセプト）」について話し合いたかった。フランス語訳では，一見似ているフランス語の「concept（コンセプト）」が使用された。しかし，この 2 つ

中南米の一部の国では，頭を軽くたたくことは，「考え中」を意味し，別の国では（例えば米国など），「彼女は／彼は頭が変だ」という意味になる。

イチジクの形のように指を握ることは，ブラジルとベネズエラでは「幸運を祈る」を意味するが，他の一部の国では，下品なジェスチャーである。

指で円を作ることは米国では「OK」を意味するが，日本では「お金」を意味し，ドイツでは下品なジェスチャーであり，ロシアでは失礼なジェスチャーである。

図 3-4　非言語コミュニケーションの例

の単語は意味が異なる。ドイツ人にとって「Konzept」は提案する新製品の詳細な計画を意味する。一方フランス人にとって「concept」は，最終的に詳細な計画となるであろう案について話し合うこと，または提案する機会そのものを意味する。残念ながら，この会議は，互いに合意できる確固としたフレームワークがないままに開始し，結果として無駄な会議に終わってしまった[37]。

人類学者の Hall（1966）[38] は，ハイ・コンテクスト（文脈重視）の文化とロー・コンテクスト（文脈軽視）の文化を区別した。ロー・コンテクストの文化では（例えば米国，北欧諸国，ドイツなど），言葉は明確で，文字通りの意味で解釈される。ハイ・コンテクストの文化では（例えばフランス，中南米諸国，日本など），言葉の真意は，それがどのように発せられたか，あるいはそれが発せられた背景に隠されている。何を意味しているかを理解するには「行間を読む」ことが求められる。さらに，ハイ・コンテクストの文化に属する人たちは，ボディ・ランゲージなどの非言語的コミュニケーショ

37. *The Guardian* (15 March 1993).
38. Hall, E. T. (1966). *The hidden dimension.* New York: Doubleday.

ンにより重きを置く傾向がある。

非言語コミュニケーション

　ハイ・コンテクストの文化とロー・コンテクストの文化は，時間に対する感覚で区別できる。一般にロー・コンテクストの文化は**モノクロニック**である（一度に1つのことだけする）。この文化では時間が重要視され，時間によってものごとの処理過程が管理される。例えば，会議の議題に忠実であること，ガントチャート（工程管理表）を使ってプロジェクトを計画・管理することがより重要となる。一方，**ポリクロニック**（一度に多くのことをする）という文化は，時間の優先度がはるかに低く，したがって秩序化の度合いも低い。会議で話し手の話をさえぎることは無礼ではなく，関心の表出とみなされる。モノクロニック文化では会議に10～15分遅れた場合，軽い謝罪が必要であるが，ポリクロニック文化で同様の謝罪が必要となるのは，予定の時間より1時間ほど遅れた場合だけである（表3-7参照）。

　モノクロニック文化とポリクロニック文化の時間感覚の次元の一部を表3-8に示した。忘れてはならないのは，一部の文化においては，時間に対する感覚が択一的でない場合があるという点である。例えば，日本人は両方のスタイルを用いる傾向がある。日本人は，技術的な場面や外国人との取引ではモノクロニックの傾向があるが，個人的な関係ではポリクロニックである場合がある。

　非言語コミュニケーションにおけるもう1つの側面は，空間に対する感覚である。Hallは，例えば人が家やオフィスなどを整理するときには，2種類の空間，つまり固定空間と準固定空間があることに気づいた。ある人たちは大きな家，大きな車，広々としたオフィスを求める。オフィスに隣接した駐車場のポジショニングでさえ地位差を示す場合がある。この場合，「大きい」ことは地位や権力，重要性を意味する。別の文化では，大きいことはそれほど重要ではない。例えば，大学の教室は，学生が楕円を作って座るように配置することも，講師に向かって整列して座るように配置することもできる。

表3-7　遅刻したらどうすべきか

	モノクロニック文化で遅刻した場合	ポリクロニック文化で遅刻した場合
何らかの口実を述べる	5～10分	45～60分
謝る	10～15分	60分＋数分
もっともな理由を用意する	15分＋数分	1時間以上

表3-8　モノクロニック文化とポリクロニック文化の違い

要素	モノクロニック的行動	ポリクロニック的行動
行動	一度に1つのことだけする	同時に多くのことをする
集中	目標や仕事に集中する	気が散りやすい
時間に対する注意	物事をいつまでに達成するかを計画する	何を達成するかのほうが、いつまでに達成するかより重要
優先順位	仕事が第一	人間関係が第一
物に対する尊重	物の貸し借りはほとんどしない	物の貸し借りをよくする

出典：Hall, E.T. (1959). *The silent language*. New York: Doubleday より作成。

　さらに教室フロアは，水平にもできるし，映画館のように傾斜させることもできる。教室の設計方法は，学生同士，また学生と講師の向き合い方にも影響する。もう1つの空間の形は，人と人の距離，あるいはパーソナル・スペースと関係する。Hallによると[39]，人と人の間に必要な距離がどの程度かは，文化だけでなく状況によっても異なるという（図3-5を参照）。状況による距離は，互いが知り合い同士か初対面かによって，またその会合が公式か非公式かによって異なる。一般に，公式な会合で初対面同士となると距離は大きくなる。またある文化においてどこまでが許容される身体的接触なのかも異なる。中南米や中東の国などハイ・コンテクストの文化では，人々は互いに近い距離を保つ。これがロー・コンテクストの文化では，逆のことが

---

39. Hall, E. T. (1959). *The silent language*. New York: Doubleday.

図 3-5　文化が人と人の距離を決める

当てはまる。中南米の営業マンがドイツ人の見込み客に対して強い抱擁で挨拶しようとすれば，実りある関係を築くことにはつながらないかもしれない。

このような文化的な違いは，Facebook や Twitter など，欧米の SNS（ソーシャル・ネットワーキング・サービス）が日本で欧米ほど成功しなかったことの大きな理由でもある。日本の SNS（ソーシャル・ネットワーキング・サービス）である LINE や mixi は，コミュニティを通じて，一定の距離を保って他人とコミュニケーションするためのツールとして位置づけられている。LINE や mixi は，新しい友達を作ったり自己表現したりする Facebook とは位置づけが異なる。

グローバルな顧客

ここまで，文化が消費者行動を理解するための鍵であることを学んだ。次に，世界の主要な地域市場である中国とインドの特徴について考える。これ

らの市場を見ていくうえで，我々は購買者が製品について学び，評価し，採用するプロセス，また購買者の意思決定に影響を及ぼす要素について注目する必要がある。

▶中国

多くの欧米企業が中国を世界最大の市場と考えている。企業は中国という市場を単純な算術的計算で考えがちである。例えば，13億人のそれぞれがある製品を1年に1度使用するとすれば，それによって企業には巨額の売上がもたらされるだろう，という具合に。実際には，市場をそこまで単純に捉える人はいないだろうが，多くのマーケターは中国の市場を過大評価している。中国市場の展望だけでなく，その複雑さも同時に理解することが真に求められている（Yong & Baocheng, 2003）。*Le Monde* 紙のアナリスト（2003）は，企業家は「黄金の国・中国」を夢見ることを止めなくてはならないと強調している。中国人は忠実な消費者ではあるが，満足させるのは難しく，中国は多くのエネルギーを要する複雑な市場なのだと指摘する。

統一された巨大な市場として安易に中国に近づけば，危険に直面する。実際に中国は，それぞれのリージョナル市場の間で文化や言語，嗜好，また経済発展に微妙だが重要な違いを孕むという点では，EUによく似ている。まず，上海や北京，広州といった国際都市に住む富裕層と，かなり発展が遅れている内陸部の人たちの間には格差がある。物流やロジスティクスの面では，中国の時代遅れの交通インフラや，当てにならないスケジュールは，「定刻通り」の業務に慣れている欧米のマーケターには相当な困難をもたらす。次にジェンダーの違いがある。ある広告代理店のベテランの重役によると，この分野の中国人女性は男性よりも正直で柔軟性があり，物事を学ぶのも早いが，競合する広告代理店から条件の良いオファーがあると，最もロイヤリティの高い人材でさえ気持ちを揺さぶられるため，こうした優秀な女性人材が不足しがちであるという。最後に，マーケターにとって最も重要な違いがある。それは，中国人消費者のマーケティングに関する洗練度によるが，彼らはさまざまな情報を入手する手段として広告に頼っているという点である。中国の中流階級は，世界の同クラスの人たちのニーズや要望につい

て情報を得るのが早く，伝統的製品のブランド・メッセージにも，より敏感である。しかし，中国人消費者の大部分が，製品についての基本的な情報のより多くを広告や表示から得たいと考えている。このため，製品のパッケージや販売キャンペーンを現地化することが，中国では従来にも増して重要になっている[40]。購買者の行動に影響を及ぼす中国文化のもう1つの側面は，彼らが先駆者になることを嫌がることである。典型的な中国人消費者は，新製品を最初に試すことを嫌う傾向があるが，「時代遅れ」になることの不安感から，ご近所が試しているものなら，すぐにもこれに倣ったほうがよいと考える。彼らの強い集団特性は，中国社会では非公式な伝達経路が重要であることを意味しているのかもしれない。

▶インド

人口10億人以上，GNP 6910億米ドルのインドでは，2004年の1人当たり国民総所得が620米ドルであり，アジア地域で最も低い国の1つであった。一部の専門家によれば，インドの人口は，今世紀の半ばまでに世界最大の国となり，最近まで一人っ子政策を取っていた中国を追い越すと予測されている。この国の所得は二極化している。インドには何億人もの貧しい人々がいる。こうした人たちの多く（人口の60%と推定される）は，1日2米ドルの貧困ラインか，それ以下の生活をしている[41]。しかし，インドにはバンガロールなどの都市のように繁栄している地域もある。バンガロールはインドのシリコンバレーといわれ，ここではコンピュータに精通した才能のある若い大卒者たちが，この国のソフトウェア産業の成長に拍車をかけている。この才能資源と，米国に比して低い給料，リアルタイムで機能する通信回線などにより，多くの米国企業が，ソフトウェアの開発や輸出のためにインドの製造業者と契約したり，インドにオフィスを開設している。実際，インドのソフトウェア産業は過去5年の間，30%以上の成長率を示しており，またこの国の輸出総額の20%を占める電子機器とテクノロジーのセクター

---

40. Anonymous. (October/November 2006). Don't think local, think locals. *FDI: Foreign Direct Investment*, 83.
41. India on fire. (3 February 2007). *The Economist*, 69-71.

は,2010年までに800億ドルに達すると予想される[42]。

この激しい経済成長から,インドをアジアのもう1つの新興経済大国である中国と比較する人も多い。しかし,インドがライバル国である中国と同じペースで成長するのは難しいことを示す兆候がいくつかある。進行するインフレの兆しや粗末なインフラ,公共サービスの欠如,汚職などの問題から判断すると,インドは中国より開発が10年ほど遅れていると見る向きもある[43]。表3-9に,インドのインフラと中国,米国のそれを比較した。中国は鉄道や空港の分野で米国に急速に追い付きつつあるが,インドはこれに大きく後れをとっている。中国の成長は見事に見えるが,各国のと相対的なサイズ(距離と人口)も忘れてはならない。中国にも米国と比べ,未だ発展の遅れた地域がある。

それにもかかわらず,インドの巨大な市場規模と,まだ比較的サイズは小さくはあるが着実に増えつつある現在の中流階級を考慮すれば,マーケターは,この国の可能性と,十分にサービスが行きわたっていない市場にあるチャンスを考えないわけにはいかない。

しかし,蔓延した汚職,巨大な非公式経済(これは,一部の中南米諸国の国民総生産のかなりの部分に相当する),世界でも最大規模と言われる,大多数の貧困層と裕福な上流階級との所得格差など課題は大きく,そのために,この地域の直近の発展には,今後まだ逸脱するおそれも潜んでいる。

C. K. Prahaladは,影響力の大きな自らの著書 *The Fortune at the Bottom of the Pyramid* の中で,こうした発展途上市場は企業にとって最大のチャンスとなると述べている。一日2ドル以下で生活する40億人の人たちも,適切な製品を提供しさえすれば,明日の40億人の消費者になる。意外なことに,マーケターは,こうした製品を現実のものにする要因の多くをコントロールし,以前は無視されていたこうしたターゲット市場において「消費する能力」を作り出している。Prahaladによれば,そのような製品を開

---

42. David, R. (9 February 2007). India IT industry faces competition, *Forbes*. www.forbes.com/markets/2007/02/09/nasscom-forum-india-markets-equity-cx_rd_0209markets20.html から検索。
43. Hamm, S., & Lakshman, N. (19 March 2007). The trouble with India. *Businessweek*. www.businessweek.com/magazine/content/07_12/b4026001.htm から検索。

表3-9 インド,中国,米国のインフラ比較

	インド	中国	米国
人口（10億）	1.1	1.3	0.3
高速自動車国道（1000マイル）	3.7	25	47
大空港（数）	17	56	189
電力生産（10億）	652	2,500	4,000
インターネット普及率（%）	3.6	10.1	69.3

出典：Hamm. S., & Lakshmam, N. (19 March 2007) The trouble with India: Crumbling roads, jammed airports, and power blackouts could hobble growth. *Businessweek Online* より作成。

発する3つの原則は，3つの「A」に基づいている[44]。

- 手頃感（Affordability）：小さいパックのシャンプーやお茶，マッチ棒などをデザインすることで，あるいは貧困層の人たちがより少ない単価で支払えるような革新的な購買計画を考え出すことで，マーケターは，品質や効能が劣らず，この市場セグメントでも購入できる価格の製品を開発できる。
- アクセス（Access）：貧困層の人たちが仕事のないときに，彼らの住む場所で製品を入手できるようにする。マーケターは，製品をこうした消費者の手に届けられる流通経路を活用すべきである。
- 安定供給（Availability）：貧困層の人たちは手元に現金があるときに，手元に現金がある場所で買い物をする。したがって，マーケターは自社製品をより多くの場所で容易に入手できるようにすることで，売上を伸ばし，貧困層の市場シェアを拡大することができる。

貧困層の特殊なニーズや購買パターンに合った製品やサービスの設計で発展途上国の市場を開拓することは，恵まれない人たちにとってのチャンスになるだけでなく，こうした市場をターゲットとする企業にとってもチャンス

---

44. Prahalad, C. K. (2002). *The fortune at the bottom of the pyramid*. Upper Saddle River: Pearson Education. www.whartonsp.com/articles/articles.asp?p=389714&seqNum=4&rl=1 から検索。

になる。

　今日，携帯電話の普及やウェブ上でのユーザー作成型コンテンツの増大に伴い，新しいもの好きや影響力を持った人たちは，自らの所属する社会集団や世界とコミュニケーションを取る方法を以前にも増して多く持つようになった。ブログやポッドキャスト，ウェブサイトなど，Web 2.0 によって利用できる各種対話型ツールによって，今後もそのようなやりとりが非常に簡単になるだろう。

まとめ

- おそらく，世界市場や購買者について最も興味深い事実は，近代史において初めて，世界が全体として成長しているということである。世界銀行の推定によると，アフリカを含む世界すべての地域が今後も成長を続け，発展途上国は大部分が富裕国よりも急速に成長するという。
- 世界の国々を異なる地域市場に分ける方法は幾通りもある。実際に，地域市場を定義することは，各国を集団内の類似点と集団間の相違点が最大になるように分類する訓練となる。
- 製品とサービスの不足は，過渡期にある経済や低所得国の中心的問題である。こうした国々はマーケターに一定の挑戦を突きつけるが，その一方で彼らは，消費者製品を扱う多くの企業にとって潜在的な魅力を持つ市場でもある。マーケターは，基本的なマーケティング概念を適用することで，こうした市場のニーズや所得に合った製品を確実に設計できるかもしれない。
- 購買者はすべて，似たようなプロセスを経て購買決定を行う。購買者は国や地域が違っても同じプロセスを経て購買決定を行うにもかかわらず，購入するものが異なる。その理由は，彼らが購買決定に影響を及ぼす特異な要因に反応するためである。例えば，経済的，社会的，文化的，政治的，行政的，環境的，競争的，個人的要因などである。
- 購買者が経るプロセスは，マーケティングの一般概念である拡散理論に

よって簡単に説明される。社会学者 Everett Rogers の説明によると，人が新しい考えを採用するときのパターンは，グローバル・マーケターにとって非常に役立つ3つの概念で構成される。それは，「採用プロセス」「イノベーションの特徴」「採用者カテゴリー」である。

ディスカッションテーマ

1. 中国市場に参入しようとするスペインのワイン会社の，市場参入計画を作成せよ。
2. 日本など一部の国の消費者は，「外国の」小売業や輸入製品を受け入れたがらない。この行動について，本章で説明する文化のモデルを使って説明せよ。
3. 「人々は製品を買うのではなく関係性を買うのだ」という意見に賛成か。なぜ賛成か，あるいは賛成しないのかを述べる。

実践的課題

1. Hofstede のフレームワークを使い，自国とフランスを比較せよ。このフレームワークは，家具のように文化に縛られる製品に対する消費者行動を理解する上でどう役立つか。
2. Hofstede による国の集団と GLOBE モデルによる国の集団を比較せよ。どの集団が共通の国で構成され，どの集団がそうでないか。両フレームワークの集団が一部重複しないが，そのことをどのように説明するか。

キーワード

Hofstede のフレームワーク　　p.83

国民性	p.79
グローバル・リーダーシップ	p.91
サブカルチャー	p.81
非言語コミュニケーション	p.77
ポリクロニック文化	p.97
モノクロニック文化	p.97

第4章

政治的／法的環境を評価する

あらゆる個人，あらゆる組織は，持続可能な未来を提供し，汚染や貧困，暴力を排除し，人生における驚きを呼び醒まし，人類の冒険における平和的な進展を促進する，生態学的，経済学的，倫理学的選択を模索しながら，責任ある地球の管理者として考え，行動しなくてはならない。

International Earth Day 創設者，
John McConnell

学習の目的

本章を読むことで，次のことが期待される。

- グローバルな，標準化されたマーケティング・ミックスの使用を妨げる法的な障害について理解すること。
- グローバル・マーケティングの法的問題を特定すること。
- インターネットを使用したグローバルな商品販売がどのような法的問題を引き起こすかを説明すること。
- 知的所有権に関する紛争の解決方法を議論すること。
- 政治的危機の形態と，政治的危機をどう管理できるかを理解すること。
- WTO（世界貿易機関）による貿易自由化の取り組みについて議論すること。

法体系／世界の政治体制

　グローバルな貿易やマーケティングは，さまざまな法体系によって定められた法律，規則，規制の適用を受ける。図4-1に示すように，世界には5つの異なる法体系がある。単一の法体系が世界の法的環境を支配することはなく，コモン・ロー，大陸法，イスラム法が主流として存在している。世界の国内総生産の約30％のみが，大陸法体系およびコモン・ロー体系に支配される国で製造されている。**大陸法**体系は，主にローマ法に基づいており，欧州，アジア，中南米に見られる。通常は成文化された規則または法律による包括的システムで構成されており，これが裁判官によって適用，解釈される。**コモン・ロー**の制度は北米で採用され，英国の慣例に基づいて運営される。そこでは裁判所の判決が法律の源泉となる。法律は成定されるが，あくまでもつけ足しであり，よって狭義にしか解釈されない。新たな問題を提起する個々の事案は，その実体に基づいて判断され，将来同じ問題が起こった場合の判決の先例となる。例外として，米国のルイジアナ州とカナダのケ

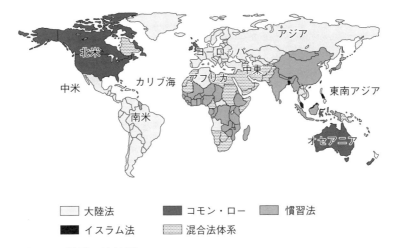

図 4-1　世界の法体系
出典：JuriGlobe World Legal Systems Research Group, University of Ottawa. 検索日：2011年6月6日より作成。

ベック州があり，ルイジアナ州の法体系はナポレオン法典に基づいており，ケベック州の法律は大陸法に準拠している。

　基本的に，コモン・ローと大陸法の体系は，概念も法律的手法も異なる。しかし，米国などコモン・ローの国にも大陸法があり，法律の扱い方についても学んでいる。また，スコットランド法も大陸法に基づいており，英国の弁護士はしばしばより欧州寄りの環境にさらされる。しかし，今日では両方の法体系に精通した法律顧問がたくさんいる。

▶イスラム法

　国際ビジネスの分野でイスラム法を扱う際の問題の1つは，イスラム法には多くの矛盾があり，このためビジネスに関わる事項の予測可能性が大きな懸案事項となることである。さらに，こうした矛盾は，イスラム教の異なる宗派の間，例えばスンニ派とシーア派の間などで異なる。実際に，統一性や一貫性の欠如が混乱や当惑を招くことがある。イスラム法であるシャリーアは，原則によってではなく前例によって法的手続きが進む。このことは国際ビジネスの取引では問題となるが，湾岸地域のイスラム国家はそれぞれに一

連の成文化された会社法ももつ。

グローバル・マーケティングにおける法的問題

グローバル・マーケターは，自社がビジネスを行う国の法体系の一定の側面について精通する必要がある。具体的には，販売代理店契約，海外でビジネスを行う形態，習慣や国際貿易規制，輸出刺激策や輸出規制，仲裁，知的所有権，国際技術移転などについて調査する必要がある。いくつかの例を見てみよう。

- ペルーの発注者が，テキサス州ヒューストンの小さなサプライヤーが出荷したベアリングの代金を支払わなかった。このサプライヤーはどこに救済を求めることができるか。
- フランスの消費者が他国のあるサプライヤーに書籍を注文したが，このサプライヤーはインターネットで不正な広告を出していた。この消費者が苦情を訴えることができるのはどこか。自国か，それとも（特定できたとして）販売者の国か。
- 自社のブランド商品（例えば Samsung の携帯電話など）が，ある国で正規の販売店で販売されている。販売業者からの電話で，同じ製品が非正規の販売店によって輸入，販売されていると聞かされた。こういった場合，どう対処できるか。
- 自社製品はターゲット市場において政治的影響を受けやすいか。

グローバル・マーケティング部長として，あなたは法律顧問とともにこれらの問題に答えられなくてはならない。最初の事案は，契約違反を，米国政府とペルー政府の両方が調印している国際物品売買契約に関する国際連合条約（United Nations Convention on Contracts for the International Sale of Goods）(1980) に基づき解決できる。国境を越えた消費者詐欺の事案については，救済策は国境を越えた契約と協力関係に依存する。インターネットの利用増加が，国境を越えた大規模な詐欺につながっている。不正企業がよく使うのは，ある国に店を開き，別の国の消費者をターゲットにするという

手口である。消費者は詐欺が行われた国にまず注力すべきだ。しかし、その解決の難易度は、問題の国が起訴に必要な証拠を持っているかどうか（申し立ての詐欺は別の国で行われている）、またそもそも起訴することに前向きかどうかによって決まる。

不正な販売店による製品の販売は、「**並行輸入**」または「グレイ・マーケット（灰色市場）販売」と呼ばれる。これは、同じ製品を、そのブランドや商標の所有者（通常はメーカー）の認可を受けずに販売することである。並行輸入が違法な国と合法な国がある。

政治的影響を受けやすい製品の販売は避けるべきである。たばこやアルコールなどがこれに該当する。しかし、食品も政治的影響を受ける場合がある。国民が「栄養過多」の国、すなわち太り過ぎの人の数が多い国では、トランス脂肪酸含有量の高い製品を禁止している場合がある。また一部の防衛関連製品は、国の経済に不可欠なものと指定され、その輸出が制限または完全に禁止されている場合もある。共産主義国へのコンピュータおよびその周辺機器の輸出は、米国およびNATO（北大西洋条約機構）に加盟する西洋諸国では禁止されている。米国、フランスを含むいくつかの国で今日製造されている軍用機は、最新のエレクトロニクス技術を搭載したものは輸出されていない。製品を海外の市場に導入する場合、事前に、その製品の政治的立場を判断することが賢明である。これは政治的危機分析の一環として判断される。その他の法的問題としては、特許や商標など知的所有権の保護、マーケティング・ミックスに関する規制、消費者保護、雇用慣行、環境規制などがある。

知的所有権の問題：商標，特許，著作権

商標も特許も、あらゆる**知的所有権**（intellectual property）と同様に属地主義に基づいている。州や国は、それぞれの領土について、何を保護すべきか、そのような保護によって誰がどのくらいの期間利益を得るべきか、そのような保護をどのように実施すべきかを定めている。

企業，特に商品やサービスを一般の人々に直接販売する企業は，自社の商標を（ブランド名であっても絵文字であっても）会社の最も貴重な資産の1つと考える。商標は商品$^{(TM)}$やサービス$^{(SM)}$を他と区別する単語，名前，記号，音，色，すなわちブランド名や広告を保護する[1]。商標は特許と違い，それが使用されている限り永遠に更新できる。商標権は大部分の国で登録（先願）によって，あるいは使用（先使用）によって取得できる。先願か先使用かは国の法律によって異なる。グローバリゼーションは商標の世界的認知を暗に示すが，実状は必ずしもそうとは限らない。商標をめぐる国際紛争はさまざまな原因により起こる。例えば，ブランドに対する消費者の認識の違いによって，ある国では特徴的であるとみなされる用語が，別の国ではそうでないこともある。また商標が，類似する製品やサービスもカバーするという誤った認識が原因で紛争が起こることもある。例えば，Lenovoが主力の製品ラインをコンピュータからサングラスのような異種カテゴリに広げる場合，同社が使用するコンピュータの商標は，一部の国ではLenovoの「サングラス」としてはカバーされないかもしれない。

　国家の国際的関係が変わると，知的所有権に関する法的問題が生じることがある。キューバの例を考えてみよう。仮に米国とキューバの関係が正常化した場合，厄介な法的問題が引き起こされるかもしれない。

　バージニア州リッチモンドのGeneral Cigarは，1990年代以降米国において「Cohíba」ブランドの葉巻を販売している。Cohíbaはキューバの高級ブランドでもあり，1980年代半ばにFidel Castroが禁煙するまで，彼のお気に入りであったとされている。しかし，国有のたばこ会社であるHabanosは，米国でCohíbaを商標として登録することはなかった。ところが，General Cigarが1997年に独自のCohíbaブランドを販売すると，Habanosは訴訟を起こした。9年に及ぶ法廷闘争の末，2006年，米国の最高裁判所は，米国の対キューバ禁輸によって，そのような商標の問題はないとの裁定を下した。

---

1. 商標を意味するおなじみのシンボル®は，米国では登録するまで使用できない。

▶ 商標保護

　商標保護（trademark protection）の世界的な取り決めの1つは，スイスはジュネーブに拠点を置く世界知的所有権機関（WIPO：World Intellectual Property Organization）が管理するマドリッド協定である。同協定に基づき商標を登録することで，同商標は商標所有者の指定する加盟国において法的に登録と同等の意味を持ち，10年間にわたりすべての加盟国で所有者の権利が保護される。さらに，1つの言語で登録すればすべての国に通用する[2]。

　同協定に基づいて商標を登録するメリットにかかわらず，米国と他のいくつかの主要国（例えばオーストラリア，デンマーク，フィンランド，ギリシャ，アイスランド，アイルランド，日本，オランダ，大韓民国，スウェーデン，英国）は，同協定の議定書に調印しているだけである。つまり，仮に米国で商標登録申請により国際的に登録しても，この登録は同議定書の加盟国以外では無効だということである[3]。

　商標の地域的な認知の例として欧州共同体商標登録がある。これにより，すべてのEU加盟国において商標に対する統一した権利が与えられ，EU加盟国の1つで商標を使用することで，EUを通じた商標が保護される。

特許（patents）

　特許は保護の一形態であり，個人や法人に対して概念や発明した内容を作成，使用，または販売する独占権を与え，その存続期間中に他の誰かが同じことをできないようにする。多数の国際的な特許協定，例えば，特許協力条約（PCT：Patent Cooperation Treaty），ユーラシア特許庁（EAPO：Eurasian Patent Office），アフリカ地域工業所有権機関（African Regional Industrial Property Organization）などが存在する。

　PCTは世界知的所有権機関が管理している。この条約は特許を取得する

---

2. ただし，一部の法律の専門家は，例えば中国やイスラム教国では現地語でも登録すべきと提案している。
3. 同協定および議定書の調印国の一覧は次のサイトを参照：www.wipo.int.

表 4-1　国ごとの特許許可数（2008 年）

国	順位	特許数	100 万人当たりの特許数	順位
米国	1	92,000	289	3
日本	2	36,679	994	1
ドイツ	3	10,086	235	4
韓国	4	8,731	779	2
台湾	5	7,779	–	
英国	6	3,843	82	8
フランス	7	3,813	205	5
カナダ	8	4,125	31	11
イタリア	9	1,916	13	12
中国	10	1,874	1	13
オランダ	11	1,724	189	6
オーストラリア	12	1,614	75	9
イスラエル	13	1,312	74	10
フィンランド	14	908	187	7
インド	15	672	1	13

出典：United States Patent & Trademark Office; WIPO (World Intellectual Property Organization) (2009). Intellectual Property Statistics. Publication A. Geneva.

ための手続き要件を扱い，国際特許申請の提出，検索，公開を簡素化することを目的としている。PCT は，1 つの特許庁に 1 回だけ国際特許を申請することで，多数の国での特許権申請を可能にしている。すべての EU 加盟国が同条約の加盟国であるが，EU 全体の特許は存在していない。一般に，特許の出願者は他国で申請をする前に，まず自国で申請をする。欧州特許条約（EPC：European Patent Convention）では，1 つの欧州特許を英語，フランス語，ドイツ語のいずれか 1 言語で申請でき，それによってすべての EPC 加盟国で特許を取得することが可能である。しかし，商標の場合と同様に，特許を与えるか却下するかの決定は各国の当局に委ねられる。2009 年の時点では，欧州特許庁には 36 か国が加盟しており，さらにいくつかの国が加盟の承認を待っている。特許は最大 20 年間維持される。

　ユーラシア特許庁（EAPO）の加盟国には，アルメニア，アゼルバイジャ

ン，ベラルーシ，カザフスタン，キルギス，モルドバ，ロシア連邦，タジキスタン，トルクメニスタンなどがある。ユーラシア特許条約の下では，すべての加盟国を指定した単一の特許申請が，単一言語（ロシア語）でモスクワの中央特許庁に提出される。申請の管理は，欧州特許庁の管理と類似している。特許の最大存続期間は20年である。

　すべての国の中で，米国が最も多く特許を付与しており（表4-1），これに日本，ドイツが続く。ある国における特許出願数を説明する要因は多様である。研究開発および教育への投資額も，その1つである。また，ある国の特許申請の相対的成功を測定する指標がある。人口100万人あたりの特許数もその1つであり，国の規模を考慮した指標である。これによると，米国は日本，韓国に続き3位となる。これとは対照的に，オランダは特許数では11位であるが，100万人当たりの特許数では6位，またフィンランドは特許数では14位であるが，100万人当たりの特許数では7位となる。

　米国，日本，欧州における特許出願の大部分が，ハイテク関連の特許申請である。中でも米国特許商標局はハイテク分野の特許申請の割合が最も高く，地域内の全特許申請の39%を占める。このうち，55%が国内からの申請である（図4-2）。日本特許庁では，ハイテク分野の特許申請の割合は2007年に22%まで低下し，うち86%が国内からの申請であった。欧州特許庁では，ハイテク分野の特許申請の割合は23%で安定し，うち37%が39の加盟国と加盟申請国3か国（アルバニア，ボスニア・ヘルツェゴビナ，セルビア）からの申請であった。

　アフリカには，知的所有権に関連する組織が2つある。アフリカ広域知的財産機関（ARIPO：African Regional Intellectual Property Organization）とアフリカ知的所有権機関（African Intellectual Property Organization）で，前者の加盟国は主に英語圏，後者の加盟国はフランス語圏で，各組織には16か国が加盟している。ARIPOは，国連アフリカ経済委員会またはアフリカ連合（AU）の加盟国であれば加盟できる。

　両組織とも，全加盟国の特許および商標の申請登録を一元管理しており，これらの申請は加盟国に提出され，検討される。

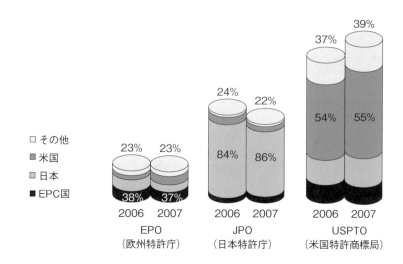

図 4-2　ハイテク申請の割合と申請国
注：USPTO の申請は，米国特許分類システムに基づき分類される。国際特許分類（IPC）による内訳は，両分類システム間の全面的な一致により決定されている。このため，IPC を基準にした USPTO の技術範囲は，EPO や JPO の範囲とは異なる場合がある。
出典：United States Patent & Trademark Office; WIPO (World Intellectual Property Organization) (2009). Intellectual Property Statistics. Publication A, Geneva.

著作権（copyrights）

　著作権とは，著作物，絵画，音楽，ビデオゲーム，演劇などの「著作者の原作」に対する所有権を与える法律である。米国では，米国議会図書館が著作権の登録を行い，著作権は著者の没後 70 年まで有効となる。これは EU の場合も同様である。著作権は他国でも，その国が何らかの国際的な著作権条約，協定，あるいは組織に加盟している限り有効である。カナダでは，著作権は著者の没後 50 年まで有効である。最も議論を呼ぶ問題の 1 つが，データベース，デジタル記録，ウェブサイトの問題である。貿易関連知的所有権協定（TRIPS）は，ベルヌ条約に基づき，コンピュータ・プログラムを著作物として保護することを保証しており，データベースの保護方法について概説している[4]。さらに同協定は，ライブ出演者に対し，そのライブ・パ

---

4. TRIPS 協定は，1994 年 4 月 15 日，モロッコ，マラケシュにて調印された世界貿易機関を設立するマラケシュ協定の付属書 1C である。

フォーマンスの不正な記録，コピー，放送（海賊版）を防止する権利を50年間に渡って与えるべきとしている。音の記録を製造した者は，録音の不正コピーを防止する権利を50年間に渡り与えられるものとしている。

企業秘密（trade secrets）

　企業秘密とは，企業が他社より優位に立つために秘匿している情報である。しかし，企業秘密は，商標や特許のように知的財産法で保護されていない。企業秘密の保護は，情報の機密を守る秘密保持契約による。例えば，企業は社員に対して設計や手段，その他企業秘密に分類される情報を漏らさない秘密保持契約に署名することを求める。しかし，正式な保護が存在しない以上，企業秘密は一度開示されてしまったら，第三者によるコピーや使用を防ぐことができないことを意味する。

▶貿易規制

　1947年から1994年の間，**関税及び貿易に関する一般協定（GATT：General Agreement on Tariffs and Trade）** が貿易の自由化の規則を定める主要な国際機関であった。GATTは，第二次世界大戦中に崩壊していた世界の貿易体制に秩序をもたらした。その主な目的は，関税制限の軽減合意を実現することであった。GATTの存続中，世界貿易の約半分がこれに続く協定の適用を受けていた。GATTの主な問題の1つは，サービスが世界貿易の大きな部分を占めていたにもかかわらず，それが含まれていないことであった。もう1つの問題は，多くの国が自国の農産物の輸出を支援するために，保護主義政策を取っていたことである。こうした問題によりGATTの有効性は低下し，世界貿易機関（WTO：World Trade Organization）と呼ばれる新たな機関が設立された。1995年，GATTはWTOに取って代わられ，WTOは今日まで機能している。

　その形成期である1947〜1973年，WTOの焦点はいわゆる「貿易ラウンド」と呼ばれる多国間協議を通じた関税の引き下げであった（表4-2を参照）。1973年〜1979年の間断続的に開催された東京ラウンドでは102か国が交渉に参加したが，これは関税以外の貿易障壁に取り組む最初の試みで

あった。しかし，東京ラウンドは失敗と成功の連続であった。というのも，先進工業国が提案の多くにほとんど合意できなかったためである。1986～1994年に開催された第8回貿易交渉となるウルグアイ・ラウンドは，GATT最後のラウンドであり，それまでのラウンドの中で最も大規模なものとなった。このラウンドではWTOの設立が合意され，またサービスや農業，知的所有権などを含む一連の合意に至り，世界の主要な9つの産業市場において関税が平均3分の1まで引き下げられ，結果として，工業製品にかかる関税平均は4.7%に引き下げられた。さらに2001年にはカタールのドーハでもラウンドが開催され，交渉はカンクン（2003年），ジュネーブ（2004年），香港（2005年），ジュネーブ（2006年），ポツダム（2007年），ジュネーブ（2008年）で続けられている。2008年の交渉は，農業貿易に関する

表4-2　GATT貿易ラウンド

年	場所／名前	テーマ	参加国
1947	ジュネーブ	関税	23
1949	アヌシー	関税	13
1951	トーキー	関税	38
1956	ジュネーブ	関税	26
1960-1961	ジュネーブ／ディロン・ラウンド	関税	26
1964-1967	ジュネーブ／ケネディ・ラウンド	関税およびダンピング防止措置	62
1973-1979	ジュネーブ／東京ラウンド	関税，非関税措置，「枠組み」合意	102
1986-1994	ジュネーブ／ウルグアイ・ラウンド	関税，非関税措置，規則，サービス，知的所有権，紛争解決，繊維，農業，WTO設立など	123
2001-	ドーハ，カタール	発展途上国のニーズ，非関税障壁，農業，工業製品関税	

出典：データはInternational Trade Statistics, WTO Secretariat, World Trade Organization, 2009より。

先進国と発展途上国間，特に米国，インド，中国間の意見の相違により行き詰まった。特に，特別セーフガード措置に関して，インドと米国間に大きな意見の相違があった。特別セーフガード措置とは，輸入の増加や価格低下の際に，各国に一定の農産物に特殊関税を課すことを許すことで，貧困農家を保護するための措置である。

GATTと同様に，**世界貿易機関（WTO）**は貿易協定について各国政府が交渉し，貿易紛争を解決するためのフォーラムで，150か国あまりがWTOに加盟している。そのうち約75％が発展途上国である。発展途上国は，WTO協定に基づく関税引き下げ要求を満たすまでの猶予期間が長いなど，いくつかの優遇措置を与えられている。GATT協定とは異なり，WTOは知的所有権を含むサービスもカバーしている。また，WTO協定には，差別的**製品基準**などの非関税障壁も含まれている。

仲裁と調停

貿易紛争は，110ページの例に示すような形で生じることが多い。紛争は企業間など民間で起こる場合もあれば，2国間や個人と国の間で起こる場合もある。紛争の解決法には3通りがある。1つ目は裁判所による訴訟，2つ目は仲裁，3つ目は調停である。訴訟は高い費用がかかり，かつ時間もかかる。このため，多くの場合仲裁か調停が好まれる。

仲裁と調停の違いは何か。**仲裁**は，紛争が当事者により1人以上の仲裁人に持ち込まれる一連の行動であり，仲裁人の決定には拘束力がある。この手続きは，裁判所による手続きの代わりとなる。仲裁が開始されると，当事者は仲裁を取り下げることはできない。仲裁人の裁定は当事者を拘束し，決定事項はしかるべき期間内に履行されなくてはならない。仲裁の良い点は，法的強制力，秘密性，仲裁人の専門性，訴訟に比べ費用が安いことである。

一方，**調停**には拘束力がない。調停とは，調停者が紛争の両当事者を満足のいく解決に導き，これに当事者を合意させるプロセスである。調停によって合意に達しない場合も，このプロセスにより紛争の争点が明確になり，必

要に応じて後の仲裁の準備に利用される。調停という手続きは，当事者が貿易関係を維持または改めて始めたいと望む場合に好まれる。調停のもう1つの利点は，所要時間が短いことである。

　仲裁，調停，またはその両方を請け負う国際機関は多数ある。仲裁を請け負う組織の例としては，投資紛争解決国際センター（ICSID：International Center for Settlement of Investment Disputes），世界知的所有権機関（WIPO：World Intellectual Property Organization），仲裁・調停センター（Arbitration and Mediation Center），ロンドン国際仲裁裁判所（LCIA: London Court of International Arbitration），国際商工会議所（ICC：International Chamber of Commerce）などが挙げられる。以下は仲裁事案の例である。

　フランスのある医薬品研究開発会社が，フランスの別の会社に，ノウハウと特許を取得した医薬品のライセンスを付与した。ライセンス契約には，いかなる紛争も，フランスの法律に従い3人の仲裁人により，WIPOの仲裁規則に基づいて解決する旨の仲裁条項が盛り込まれている。ライセンシーの明らかなライセンス料支払い拒否があったため，同研究開発会社は仲裁手続きを開始した。

　データ処理のソフトウェアとサービスを提供する米国企業とアジアの銀行が，引当勘定処理サービスに関する契約を結んだ。両当事者は，同米国企業が，北米および欧州における同銀行の一部関係先の専属サービス・プロバイダとなることに合意した。同契約には，同契約から生じた，あるいは同契約に関連して生じた紛争は，WIPOの簡易仲裁規則に基づいて解決する旨が記載されていた。

　この契約の締結から4年後，同米国企業は，同銀行が契約対象国において第三者の提供する処理サービスを利用しており，同契約に違反していると申し立てた。両当事者は紛争を解決することができず，米国のサービス・プロバイダは契約違反と実質的，間接的損害を主張してWIPOの簡易仲裁手続きを開始した。

　この件で，ニューヨークにおいて単独仲裁人が2日間の審問を行い，両当事者はこれに合意した。簡易仲裁の申し立てから3か月後，仲裁人は，契約

の一部違反を認め,米国のサービス・プロバイダへの損害賠償を認める最終裁定を下した[5]。

投資紛争解決国際センター (ICSID : International Center for Settlement of Investment Disputes)

ワシントン D.C. に本部を置く ICSID は,ある国と他国の国民との間の投資紛争を仲裁する(例えば,Continental Casualty 社対アルゼンチン共和国,EDF(Services)社対ルーマニアなど)。仲裁にかかるコストは1件あたり2万5000ドルで払い戻しはできない。ICSID 条約には156か国が調印している。

世界知的所有権機関 (WIPO : World Intellectual Property Organization) 仲裁・調停センター (Arbitration and Mediation Center)

ジュネーブを拠点とする同センターは,民間の当事者間の紛争を解決するための仲裁,調停サービスを行っている。技術,知的所有権,インターネット,電子商取引に関わる紛争を専門としている。2万~数億(米)ドルの額の紛争を扱っている。

ロンドン国際仲裁裁判所 (LCIA : London Court of International Arbitration)

LCIA は,電気通信,保険,石油・ガス探査,建設,輸送,航空,医薬品,株主間契約,IT,金融,銀行取引を含む国際貿易に伴う契約紛争の仲裁,調停サービスを行う。LCIA は非営利組織であり,仲裁申立1件につき1500ユーロに加え,時間給を請求することで費用を賄っている。ロンドン市,ロンドン商工会議所,仲裁人協会により管理されている。LCIA は世界の主要な取引地域から最大35人のメンバーを集めており,うち英国市民は6人だけである。

---

5. www.wipo.int/amc/en/arbitration/case-example.html. 検索日:2009年10月10日。

マーケティング・ミックス関連規制

▶製品基準

　世界中の消費者が，自分たちの購入する製品が安全かつ健全であり，メーカーの宣伝文句と一致していることを期待する。こうした期待を保証するために，製品および販売促進に関する規制がしばしば必要とされてきた。世界規模の法律や規制の影響は，消費財のメーカーにとっても産業財のメーカーにとっても一番の関心事である。これは，世界，地域，国の各レベルで製品の規制や基準が異なる可能性があるためである。こうした基準の違いは，多国籍製造業者が，世界規模または地域別で製品戦略を計画し，要求される基準を満たすために必要に応じて製品を作り変えなくてはならないことを意味する。

　製品計画は主に3つの視点で考える必要がある。第1に，最終製品はターゲット市場として設定したそれぞれの国の基準を満たさなくてはならない。メーカーは，すべての規制当局が承認するような製品を設計できるだろうか。第2に，企業はどうすれば効率的かつ効果的にこのタスクを達成できるだろうか。どうすれば確実に，新製品あるいは既存製品の新バージョンが，販売に必要な規制をすべて満足させられるだろうか。第3は，基準それ自体に関連する。基準は達成可能な目標か，それとも基準への適合はメーカーにも顧客にとっても必要以上に困難ではないか。規制の変更は，製品が市場に出る前にどのように予測できるだろうか。

　ほぼすべての製品が何らかの規制を避けることはできないが，医薬品や化粧品，食品，電子機器などの産業は，より厳格に管理されている。例えば，医薬品産業は世界で最も規制が厳しい産業の1つになっている。医薬品の場合，世界規模の規制はすべて，範囲や程度は違っていても，開発，試験，製造を対象とする。また多国籍電子機器メーカーにとって，世界中の国に製品を売ることは，国ごとに大きく異なるさまざまな適合基準に取り組むことを意味する。食品の製造，加工，流通，小売，包装，ラベル表示は，国ごとに

異なる多数の法律，規制，実施基準，ガイダンス基準の支配を受ける。

　製品の標準化について世界規模または地域規模の合意を実現するのは難しい。ノートPCを持って海外に行く人は多い。英国からフランス，そしてスイスに移動すると3種類のアダプターが必要になる。これ自体はささいな面倒だが，より深刻な障害，例えば車やトラックの安全要件，場合によっては機械の安全要件といった障害も存在する。このような場合はすべて，特定の国の具体的な要件に応じて製品の改良が必要となる。場合によっては，競争上の強みを獲得するために，製品基準の差別化が行われることもある。ソニーは1975年にBetamaxシステムを発売した。1年後，JVCはVHS（ビデオホーム・システム）を発売した。メーカーは競合するこれら2種類のシステム間に分かれ，日本の製造業はいずれか一方を採用した。2種類のシステムの主な違いは記録時間であった。Betamaxは最大60分しか記録できないのに対し，VHSは最大3時間の記録が可能であった。2002年までにBetamaxの規格は過去のものとなり，今日では両システムともデジタル技術に取って代わられている。

　製品の世界基準のようなものは存在しない。EUは，加盟国すべてに適用される基準の統一化プロセスを開始している。「統一化」とは，各種基準の技術的要件を同等あるいは同じにするプロセスであるが，例外の1つに，EUの「相互承認の原則」がある。この原則は，ある加盟国で合法的に販売されている製品は，他の加盟国においても，たとえその国の技術規則に完全に準拠していなくても販売が認められるべきである，という考えである。ただし加盟国は，治安や健康，環境にとって脅威であると考える製品については，その参入を拒否するこができる。

▶ 国際標準化機構（ISO）

　ISO（International Organization for Standardization）はスイスのジュネーブに本部を置く非政府組織であり，160か国以上の規格協会のネットワークである。主なタスクは，加盟団体の合意に基づき国際的な製品基準を作成することである。ISO基準への準拠は任意である。加盟団体はISOの品質マネジメント・システム（QMS：Quality Management System）認定

を申請できる。このシステムでは，品質に対する経営者の責任，社員の能力，工程管理（生産，サービスの提供，これに関連する管理・サポートの工程），品質計画，製品設計，注文の確認，購買，監視，工程や製品の測定などをカバーする。著名なブランドの大部分が，国際規格準拠の証としてISOの認定を受けている。例えば，Adobe SystemsのPDF（ポータブル・ドキュメント・フォーマット），Bang & Olufsen, Samsung, Nokia, HPなどが有名である。

広告規制

広告規制は国・地域で決められる。詐欺的な広告または誤解を招く広告をどのように規制するかは各国で決められている。EUでは，広告は自主規制の対象である。広告業界団体である欧州広告基準連合（European Advertising Standards Alliance）によると，自主規制とは，「広告業界が自らを積極的に取り締まるシステムである。広告業界を構成する広告主，広告代理店，媒体の3つが協力して基準に合意し，基準に準拠しない広告をすばやく修正または排除するための体制を構築することである」。アルコールや子ども向け広告など特にデリケートな広告については，統一化の試みがなされているものの，実際にはほとんど何の成果も得られていない。ただし，すべてのEU加盟国が，こうした分野の広告を規制する法律を制定している。

▶サイバー法

今日，大多数の人がeメール・アカウントを持ち，毎日のようにインターネットにアクセスしている。eメール・アカウントを持っていれば誰でも，一般にスパムとして知られる「ジャンク・メール」（勝手に送り付けてくる商業用eメール）が殺到して苦慮した経験があるのではないか。こうしたメールは商品を紹介するが，実際に欲しいものもあれば，欲しくないものもある。いずれにせよ，送られてくるスパムメールの一部はフィルターで除去できても，すべてを除去することは難しい。フィルターで除去できないスパ

ム・メールは迷惑なだけでなく，余分なコストを発生させる。すなわち，迷惑メールを削除するために要する時間により，月々のサービス料が高くなる。迷惑メールはまた，送受信側の両方でメモリを使用するため，インターネットのトラフィックが遅くなるという結果を招く。一方的な商業用eメールは国際的な問題であるが，サイバー・スペースの規制は難しい。1回の送信で，場合によっては3か国での規制が求められる。受信者のいる国の規制，サーバが存在する国の規制，取引が行われる国の規制である。こうした規制が利益相反することも珍しくない。Yahoo!とフランスの事案を見てみよう。

　2001年，ナチスの記念品がフランスのYahoo!オークションサイトで売りに出された。そのような製品の販売はフランスでは禁止されていたため，多数の団体が，Yahoo!のウェブサイトからその品を排除しようと訴訟を起こした。フランスの裁判所は，Yahoo!にウェブサイトから同記念品を排除するよう命じ，履行しなければ1日あたり10万フランの罰金が発生するとした。これに対しYahoo!は，同社は米国で設立された企業であり，フランスの裁判所は同社に対する裁判権はないと考えた。同社はカリフォルニア地方裁判所に，フランスの裁判所の判決を却下するよう申請した。カリフォルニア地裁は，フランスの裁判所の命令は米国では法的強制力がなく，米国憲法修正第1項に違反するとした。この事案からも，ある国の裁判権が，必ずしも他の国では法的強制力を発揮できるわけではないことが分かる。

コンピュータ犯罪法を国際的レベルで統一しようという試みの1つに，米国を含む38か国が調印している欧州評議会のサイバー犯罪条約がある。同条約の目的は，コンピュータ侵入，児童ポルノ，商業著作権侵害，オンライン詐欺を法律で禁止することである。米国司法長官であるAlberto Gonzalesの言葉を借りれば，「同条約は，電子的証拠の取得における米国とその他の国との協力関係を強化することで，テロリズム，コンピュータ・ネットワーク上の攻撃，インターネットによる児童の性的搾取に対抗する重要なツールとなる」。欧州諸国，米国，カナダ，日本，南アフリカなどの非ヨーロッパ諸国の両方が同条約に調印している。

政治的リスク

政治的リスクは，一連の「望まない出来事」が発生するかもしれない可能性と定義できる。これはつまり，企業の業績に対して企業価値を脅かす程度の影響を及ぼす出来事のことである。そのような出来事の例（表4-3を参照）として，特定の企業に向けられた**企業固有のリスク**（ミクロなリスク）と特定の企業に向けられるのではなく，全国規模で一定産業の企業すべてに影響を及ぼす**国固有のリスク**（マクロなリスク）がある。企業固有のリスクの例としては，企業資産の没収，社員の誘拐，特定技術の移転制限，契約違反などがある。

国固有のリスクの例としては，利益の本国送付の制限，市民の暴動，通貨の兌換不能，現地株式保有の強制，産業の国有化（例えば，政府が電力生産のような特定の産業の企業すべての資産を引き継ぐなど）がある。例えば，Fidel Castro 政権が1959年にキューバの支配権を握った後，何億米ドルにも相当する米国所有の資産および企業の没収が行われた。残念ながら，こうした米国企業ばかりではないにしても，大半の企業は金銭的損失に対する補償金をまったく受け取ることができなかった。

政治的リスクを評価することは，次のような企業にとって主要な関心事で

表4-3　政治的リスクのカテゴリ

	行政のリスク	不安定のリスク
企業固有のリスク	差別的規制 「忍び寄る」没収 契約違反	サボタージュ 誘拐 企業に固有のボイコット
国固有のリスク	大規模な国営化 規制変更 通貨の兌換不可	大規模なストライキ 都市暴動 内戦

出典：Wagner, D. (2000). Defining "Political Risk." *International Risk Management Institute*. 検索日：2007年3月21日。www.irmi.com/IrmiCom/Export/Articles/2000/Wagnar10.aspx. 許可を得て転載。

ある。
- ■ 国内収入に対して国際的な収入の割合が高い企業
- ■ 多額の資本を海外に投資している企業
- ■ グローバルなサプライチェーンに頼っている企業
- ■ 資産や業務を1つの地域や国に集中させている企業
- ■ 国際的成長に頼っている企業

　政治的リスクに関わる主要課題は，その測定と管理である。政治的リスクのオブザーバーの多くが，政治的リスクは，政府，組合，活動家などの団体による政治権力の行使で測定されるという。政治権力の行使（または濫用）は，経済の停滞や宗教的衝突などによってもたらされる混乱の産物であることが多い。このため，政治的リスクが起こる確率は，政治不安が起こるかどうか，最終的に企業の業績を脅かすかどうかを監視することで測定できる。政治的リスクの評価は，多国籍企業や銀行に雇われたリスク管理の専門家によって，あるいはコンサルティング会社によって行われる。政治的リスクの評価法には，評価システムやマッピング・システムなどの比較法もあれば，専門家システムや確率の決定などの分析法もある。

　政治的リスクを測定するには2つの手法がある。1つは定性的手法であり，例えば，デルファイ手法を活用した専門家（経済学者，組合役員，政治家，現地ビジネスマン）の分析に基づくものである。もう1つは定量的手法であり，この手法は政治的リスクに影響を及ぼす，定量化可能な要因を特定することから始まる。続いて，各要因について公式を使って数値スコアを決定する。各要因の数値スコアの加重平均が，その国の最終スコアとなる。2つ目の手法はより客観的に見えるが，この手法は定性的手法に比べ精度が低いことがある。それは，使用するモデルとデータベースの信頼性と妥当性に左右される。

　定量的手法を使った政治的リスク評価のプロバイダとしてよく知られるのが，Economist Intelligence Unit（EIU）と Business Environment Risk Intelligence（BERI）である。EIU の複合リスク評価は，政治的リスク（全体の22%），経済政策リスク（28%），経済体制リスク（27%），流動性リスク（23%）で構成される。政治的リスクでは，政治的安定性（戦争，社会不

安，平和的政治移行，政治的動機による暴力，国際紛争）を測定する。BERI モデルでは，投資収益機会総合指数（Profit Opportunity Recommendation）が使用されている。これは，次の3つの評価の平均に基づくマクロなリスク評価基準である。

- 政治的，社会的変数の評価からなる政治的リスク指標
- 政治的，財政的，構造的（経済的）変数からなるオペレーション・リスク指標
- R ファクター［Remittance（送金）と Repatriation（送還）］，国の法的枠組み，外国為替，交換可能通貨準備，対外債務の加重指数

キューバとデンマークの政治的リスク（さらに経済的リスク，財政的リスク）の定量的評価結果の例を図 4-3 に示す。Y 軸のスコアが高いほどリスクは低くなる。注目すべきは，キューバの政治的リスク（太い線）はデンマークの政治的リスク（ほとんどリスクがない）と比較して高い点である。これらのチャートに示した複合指標（政治的指標，財政的指標，経済的指標の複合指標）によると，キューバでビジネスを行うことは，ここに示した年度にわたり非常にリスクが高かったと考えられる。

各企業は，その産業に固有のミクロな政治的リスクを念頭に置きつつ，一般的でマクロな政治的リスクも考慮してリスク評価を行うことが避けられない。表 4-4 は，本章で解説した重要な変数を使用した，簡素化したリスク評

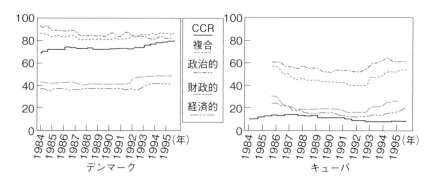

図 4-3　国のリスク評価

注：CCR（Country credit rating）= 国の信用格付け。
出典：Campbell A. Harvey. Duke University. 許可を得て転載。

価モデルを提案している。この表は，あらゆる企業が包括的な政治的リスク評価戦略をモデル化する取り組みにおいて，最初のマトリクスとして利用できる。各企業は，ミクロ変数のセクションに国，産業，プロジェクトそれぞれに固有の適切な変数を加えるとよい。各主要変数に対し，重みづけ係数を割り当てることで，各企業の産業，場所，リスク許容度，全般的な政治／経済環境を反映させることができる。各カテゴリにつき，国ごとにスコアを割り当て，重みづけ係数を掛ける。国のスコアを足して，各国のスコア合計を比較し，各国の相対的リスクを評価する。

表 4-4　リスク評価モデル

	マクロ変数	重み	国-1	国-2	国-3	国-4
政治的／行政的	戦争および安全上の問題 政治体制の安定性	0-10 0-10				
経済的	インフレ 為替レートの不安定さ 経済的安定性 一人当たり GDP 国際収支 実質 GDP 成長率 通貨の兌換性	0-10 0-10 0-10 0-10 0-10 0-10 0-10				
社会的	社会革命 腐敗	0-10 0-10				
	ミクロ変数	重み	国-1	国-2	国-3	国-4
政治的／行政的	産業規制機関 （適切な政治的／行政的ミクロ変数）	0-10 0-10				
経済的	エネルギー脆弱性 （適切な経済的ミクロ変数）	0-10 0-10				
社会的	（適切な社会的ミクロ変数）	0-10				
		合計				

出典：Alon, I., Gurumoothy, R., Mitchell, M., & Steen, T. (2006). Managing micropolitical risk: A cross-sector examination. *Thunderbird International Business Review*, 48(5), 623-642.

ここでは，国，そして地域固有の危機という，もう1つの非常に重要なファクターも強調しておく。例えば，中東や南アジア，アフリカの特定の地域でビジネスを行おうとする企業にとってはテロや腐敗の脅威の高まりは避けられないが，北欧諸国への事業拡大を検討している企業は，このような脅威には直面しない。各国・各地域は，固有の事業環境として見なす必要がある。このことは，企業が複数のレベルでリスク評価戦略を用いる必要があることを意味している。

全ての企業は2〜3つのレベルで政治的リスク評価を採用することが推奨される。企業本部の評価チームに，為替レートの変動，GDP成長率，戦争の脅威といった，あらゆる国際事業に適用できる広範なマクロ変数，さらに広範な産業固有のミクロ変数を特定する一般的なモデルを構築する任務を任せてもよい。あるいは，それぞれの国際拠点の評価チームが，国固有のマクロ変数，ミクロ変数を盛り込んだサブモデルを構築してもよい。大規模な多国籍企業であれば，そこからさらに地域固有のモデルに発展させてもよい。要するに，今日のグローバル企業は，それぞれに政治的リスクの包括的な評価戦略の採用を検討し，適切な場所に投資を行い，競争相手をしのぐために必要な決断をし続けることが求められているのである。

▶テロ

テロは世界中の全地域（中東，アフリカ，ラテンアメリカおよびアジア各地）の安定性にとって大きな脅威となっている。テロは企業の業務に直接的脅威と間接的脅威の両方を与える。テロは市場の不完全性の典型例であり，取引コストを増大させ，商品の自由な流れをブロックし，取引が妨げられなければ得られたかもしれない利益を脅かす。テロは恐れや抑圧，脅威などを生み出すことを目的とした暴力行為のリスクまたは実際それに遭遇することである[6]。テロは旅行や貿易全体に影響を及ぼしている。例えば，世論調査団体であるPublic Agendaが，米国本土に住む大人1002人をサンプルとし

---

6. Czinkota, M., Knight, G., Liesch, P., & Steen, J. (2005). Positioning terrorism in management and marketing: Research positions. *Journal of International Management*, *11*(4), 581-604.

て実施した調査により，米国人は世界を，米国およびその関係者にとって危険な場所であると認識していることが分かった（図4-4を参照）。2010年，世界は「米国と米国民にとってより危険になっている」と回答した人の数は，2008年と実質上同じ数であった（2008年の73％に対し72％）。こうした認識は，一般市民と同じ認識であり，そのことは，テロの脅威があるときは必ず旅行の計画がキャンセルされることからも明らかである。

Nitsch & Schumacher（2003）[7]は，1960〜1993年の期間，200か国以上の二国間貿易について調査し，テロ行為により貿易量が減少することを発見した。テロ事件の数が2倍になると，二国間貿易は約4％減少した。Costoiu（2006）もまた，テロの増加と貿易量の減少の関係を見出した[8]。テロと貿易の関係を考えると，テロは政治的リスク分析の重要な要素になっていると言える。

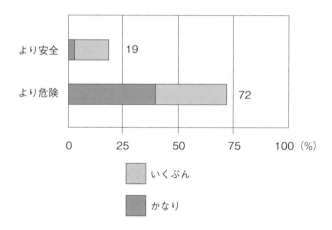

図 4-4　米国人にとって世界はより安全になっているか，より危険になっているか

出典：Bittle, S., Rochkind, J., & Ott, A. (2010, Spring). *Confidence in United States Foreign Policy Index*, 7 より作成。

---

7. Nitsch, V., & Schumacher, D. (2003). Tourism and trade. *European Journal of Political Economy*, 353-366.
8. Costoiu, A. (2006). *The reciprocal effect of terrorism and international trade, 1975-2002*. University of Illinois at Chicago.

テロのリスクの管理は特別な課題である。テロは事業活動にさまざまな影響を及ぼす。例えば，旅行者への攻撃，スタッフの誘拐，インフラの破壊などが挙げられる。テロのリスクには3つの要素がある。ターゲットにとっての「脅威」，脅威に対するターゲットの「脆弱性」，ターゲットの攻撃に成功した場合の「結果」の3つである。人も組織も，ターゲットにダメージを与える意思と能力があれば脅威となる。ターゲットにとっての「脅威」は，特定のターゲットが，特定の期間に，特定の方法で攻撃される確率によって測定できる。脅威は市のフットボール競技場が放射能兵器による攻撃を受ける年間の確率によって測定できるかもしれない。「脆弱性」は，脅威を想定した場合に損害が発生する確率によって測定できる。損害には死傷者，物的損害，その他の結果などがある。それぞれの損害には，それぞれの脆弱性評価の方法がある。「結果」は，テロ攻撃が成功した場合に生じる損害の程度と種類である。テロのリスクは，これら3要素すべて，つまり脅威，脆弱性，結果の関数である[9]。

2005年，米国議会の証人喚問でCzinkota教授は，何らかのグローバル・マーケティングに携わる，米国企業のマネジャーのテロに対する認識と準備態勢を調べるために行った調査の結果を議論した[10]。回答者の大部分が，自社に対する具体的なテロの脅威を感じたことはないと回答したが，さらに多くの回答者が，自社は今後10年の間にテロ攻撃による直接的な影響を受けるかもしれないと考えていた。しかし，多くのマネジャーが，自分たちの会社にはテロに対応するためのリスク管理計画がないと答えた。費用対効果の観点から，多くの回答者が，リスクはそれを管理するために要する投資を正当化しないと考えていた。しかし，海外に子会社を持つ国内企業は，多数あるテロのリスク管理を専門とする会社の1つに相談し，脅威が存在するかどうかを判断し，存在する場合は脆弱性の程度を判断すべきである。米国政府は特に，広く認識されたテロ行為により損失を出した保険会社の損失を補填

---

9. Willis, H., Morral, A., Kelly, T., & Medby, J. (2005). *Estimating terrorism risk*. Santa Monica, CA: Rand Center for Terrorism Risk Management Policy, xvi.
10. Czinkota, M. (1 November 2005), *International marketing and terrorism preparedness*. Testimony before the House of Representatives Committee on Small Business.

する，テロのリスクに対する保険プログラムを設けている。

▶ 政治的リスクを管理する

　国によっては重大な政治的リスクが存在することを考えると，政治的リスクを無視することはできない。しかし，政治的リスクは排除することはできないが，やり方次第では低減または管理することは可能である。例えば，特定の政治的リスクに対する保険が，政府機関や民間機関から提供されている。米国の政府機関である Overseas Private Insurance Corporation（OPIC）は，通貨の兌換不能や資産没収，政治的暴力をカバーする保険を提供しており，新規事業や既存事業の拡大への投資にも適用できる。同様の内容をカバーする保険が，カナダの政府機関である Export Development Canada からも出ている。他の多くの政府や AIG など，一部の民間保険会社も同様の保険契約を扱っている。

　保険以外にも政治的リスクの管理方法はある。その1つは，現地の国民と所有権を共有することである。この方法には多数のメリットがある。第1に，政府が現地の経済的利益にとって有害となるような措置を講じる可能性が少なくなる。第2に，現地の国民の参加により，現地政府や組合代表とのよい架け橋ができる。政治的リスクを低減できるさらに別の方法として，社会福祉の増進（学校や医療施設）や農村開発プロジェクトといった社会事業への参加がある。Nike によるインドネシアのマイクロ開発プロジェクトは，社会福祉事業への参加の一例である。Nike が5年間で出資した同プロジェクトは，1万1500人のインドネシア企業家に，「マイクロ・クレジット融資」と呼ばれる小規模事業者融資として180万ドル近くを提供している。このような無担保融資により，彼らは独自の事業を立ち上げ，慢性的な貧困から抜け出すことができている[11]。

---

11. Frank, W. (2007). *Successful partnership for CSR activities in Thailand: The NIKE village development project.* www.pda.or.th/pdf/CSR-Thailand から検索。

まとめ

- 世界では5つの異なる法体系が使用されているが、コモン・ローと大陸法の国が世界の国民総生産の約 30% を占めている。
- グローバル・マーケターは、海外でビジネスを行う場合に生じるかもしれない法的問題を知っておく必要がある。具体的には、こうした問題は「4つのP」すなわち製品（Product）、場所（Place）、価格（Price）、販売促進（Promotion）に関わるマーケティングの問題が中心となる。
- 知的所有権には特許、商標、著作権とこれに関連する権利、地理的表示、工業意匠、ノウハウ、企業秘密などがある。知的所有権は、国際貿易と切り離せないものであり、その重要性は、知識の効果的な利用が、これまで以上に国の経済や国際経済の繁栄に貢献するようになるにつれて増大している。
- 貿易紛争は国家間、国と企業間、企業間で生じる。2か国以上を巻き込む貿易紛争を処理する主要な機関として、世界貿易機関（WTO）がある。WTO は貿易紛争の解決を扱うが、その主な目的は、関税や規制の低減や排除により貿易を自由化することである。
- 海外でのビジネス展開には、政治的リスクを伴う場合がある。このようなリスクにはマクロなリスクとミクロなリスクの2種類がある。マクロなリスクとは、経済部門全体を脅かす国のリスクであり、ミクロなリスクとは、個々の企業を脅かす企業のリスクである。政治的リスクは排除することはできない。したがって、グローバル企業は、各自どのようなリスクに直面するおそれがあるか、またそれをどう管理できるかを予測することが必須である。

ディスカッションテーマ

1. 中国では知的所有権をどのように保護することができるか。

2. 自社製品を世界基準に準拠させようとする多国籍製造業者が直面する，隠れたリスクについて説明せよ。
3. 自分が会社のリスク管理を担当していると仮定した場合，新興市場への投資に伴う政治的リスクをどのように予測するか。中小企業は政治的リスクをどのように評価，管理することができるか。

実践的課題

1. 入手できる情報源から，中国の政治的リスクの分析をせよ。
2. 4つのEU加盟国を選択し，各国でアルコール飲料の広告がどのように規制されているか説明せよ。

キーワード

関税及び貿易に関する一般協定（GATT）	p.117	世界貿易機関（WTO）	p.119
企業固有のリスク	p.126	大陸法	p.108
国固有のリスク	p.126	知的所有権	p.111
コモン・ロー	p.108	仲裁	p.119
政治的リスク	p.126	調停	p.119
製品基準	p.119	並行輸入	p.111

第5章

世界市場,地域市場,国内市場を統合する

> グローバルな多国籍企業は,アジアの発展途上国を海外の生産拠点と考えている。この戦略は今もなお魅力的な選択肢の1つである。しかし,本当に強力なものは,この地域の35億人の消費者を開発するチャンスの増大である。
>
> Morgan Stanley Asia 会長,
> Stephen Roach

学習目的

本章を読むことで，次のことが期待される。
- 地域貿易協定と世界貿易協定を区別できること。
- さまざまな地域経済ブロックの違いを理解できること。
- 新興市場，特に BRICs 諸国に関連する重要な課題や概念を理解できること。
- 世界貿易より地域内貿易が多い理由を議論できること。
- 「フェアトレード」について議論できること。
- どの新興市場が最も大きな可能性を持っているか判断すること。

　昨年，Rapiscan Systems はセキュリティ装置の契約に入札する準備をしていた。同社の政府業務担当副社長である Peter Kant は，同社が米国に拠点を置き，装置の国内製造を予定している唯一の企業であったため，競合する2社に対して有利であると考えていた。カリフォルニア州ホーソーンに拠点を置く，手荷物や貨物の検査装置のメーカーである Rapiscan のライバルは，英国企業1社と，米国企業1社であった。この米国企業は中国企業と提携し，中国での装置製造を計画していた。しかし，米国国際開発庁の4千万ドルの貨物検査契約の元請業者である Chemonics は，その下請作業を米国企業と中国企業のチームに発注した。米国国際開発庁は，サプライヤに装置を米国で組み立てることを要求する条項を契約に盛り込まないことにしていた。Kant を落胆させたこの決断は，「米国製品優先購入（Buy American）」という規制について議論が高まっていることを示している。グローバルなサプライチェーンによって動いている今日において，政府機関は何十年も前のこの複雑な規制を遵守しようと必死である（図5-1を参照）。政府機関や請負業者が同規制の遵守に伴うコスト高に不満を募らせる中，業界団体も同規制の緩和を求めている[1]。

---

1. Palmer, K. (22 November 2006). 'Buy American' compliance tricky in increasingly global economy. http://GovernmentExecutive.com から検索。

図 5-1 「米国製品優先購入」広告
出典：How Americans Can Buy American から許可を得て転載。

世界貿易問題についての記事や発表を新聞やテレビで見ない日はない。経済危機の時代には，輸入品ではなく国内産の製品を購入することが強く求められる。大部分の消費者は国内産の製品を買うか，輸入品を買うかを自由に選択できるが，実際には，国際貿易は国内産業を保護する何らかの政府介入を伴っている。

保護主義政策には**関税**（輸入品に課せられる税金），**規制数量**（輸入量の制限），**非関税貿易障壁**（例えば輸入品の品質や内容についての要求）などがある。今日最も広く普及しているのが後者のような制約である。多くの国で，政府機関に対する販売は「国産品購入」法の規制を受ける。米国の貿易協定法（1979年）の下では，政府機関は（上述した Rapiscan の事案のように）「実質的な変更」または最終組み立ての工程を，米国または米国政府と貿易協定を結んでいる承認国 30 か国のいずれかで行った製品を購入しなくてはならない。しかし，そのような法律をグローバル化した世界で履行することは難しい。

自由貿易および労働力や資本の自由な移動に合意している EU 加盟国の間でさえも，保護貿易主義の兆候が見られる。英国の Gordon Brown 元首相は，「英国人労働者に英国の仕事を」と述べたと伝えられており，他の EU 加盟国市民より英国市民の雇用を優先することを表向きに奨励していた。これとは別に，フランス政府も自国の苦しい自動車産業に対する助成金支給を検討していた。いずれの行動も EU の方針に反するものである。

ほとんどの経済学者がグローバル化した世界において貿易の自由化を支持している。その狙いは，できるだけ多くの国に，異国間，特に先進国と発展途上国間の貿易を増進させる多国間協定に参加させることである。問題は，そのような協定をグローバル化できるかどうかである。
　本章では，地域貿易協定 vs. 世界貿易協定という問題について議論する。次に，主要な貿易協定について説明する。新興市場，特に **BRICs 諸国**（ブラジル，ロシア，インド，中国）においては，国内市場も貿易も成長が著しい。本章の最後のセクションでは，BRICs 諸国の市場分析を行う。

地域中心主義か世界主義か

　グローバリゼーションにより経済国間の相互依存性が大きくなる一方で，地域貿易協定が世界協定をしのぐ勢いである。理論的には，資源の配分，経済的福祉，経済繁栄という点で世界貿易協定は理想的な解決策である。そのような協定があれば，多くの国が大部分において制約を受けずに互いに貿易を行うことができる。次善の解決策は，地域貿易協定である。地域貿易協定は，非加盟国に対する障壁はそのままに，加盟国間の障壁を下げる。
　多国間貿易協定や世界貿易協定を実現しようとするとさまざまな難問に直面するため，多くの国が国際貿易を拡大する主な手段として，地域貿易協定に注目している。多国間交渉に固有の問題の一例として，カンクン閣僚会議（世界貿易機関主催で 2003 年メキシコにて開催）において，貿易問題の大部分について合意に至らなかったことが挙げられる。
　北米自由貿易協定（NAFTA：North American Free Trade Agreement）や，EU のような関税通貨同盟などの**自由貿易ブロック**の形成により，加盟国間の貿易障壁が排除され，同時にどのセクターの産業を自由化すべきか，どの課題を交渉すべきかについて柔軟性が保たれている。貿易ブロックの形成により，貿易が世界中いたる所ではなく地域内に集中するようになっている。
　地域ブロックの形成は，市場参入にも影響を及ぼす。第 1 に，特恵的な貿易条件により，加盟国市場に輸出するコストが安くなる。特定の貿易ブロッ

ク内にいることで、ブロックの外から加盟国に輸出する場合に比べ、安いコストで加盟国の市場にアクセスすることができる。第2に、貿易ブロック内の複数の国と取引する場合、そのコストは、事業拠点をどこに置くかによって異なる場合がある。戦略として特定の国に留まるほうが、ブロック外の別の国に投資するよりも効率の向上につながる場合もある。販売基準の統一は世界規模で行うより地域レベルで行ったほうが容易であり、このため地域統合の動きが増大することになる。

▶ 地域内貿易

EUなどの地域経済グループの形成により、商品やサービスにおける国際貿易の流れが加速している。外国貿易の流れは先進国に集中しており、特に米国、EU、中国の**三極諸国**による貿易が多い（図5-2を参照）。最近まで、日本が三極諸国の1つとされていたが、日本は中国に追い抜かれた。2009年の実績では、これら3か国が全世界貿易の50%を占めている。米国と中国の商品の貿易総額の約3分の1が三極諸国内の取引であり、EUの貿易の10%がやはり三極諸国内の取引である。さらに、EU内の貿易（EU加盟国間の取引）が、世界貿易の約10%を占める。世界貿易の多くがますます地域内やNAFTA、アジア、欧州という三大経済地域間で行われるようになっている。

米国は今も世界最大の輸出入国であるが、2011年にはこの地位を中国に明け渡した（表5-1を参照）。中国は主要貿易国としてすでにドイツ、日本を引き離しており、そのため三極諸国を構成するのは米国、EU、中国になった。

中国の貿易の急速な増大は、多くの国にチャンスをもたらすが、繊維や電子製品のサプライヤーは大きなライバルに対抗しなくてはならなくなり、価格競争が激しくなった。今や中国の繊維については規制数量がなくなり、これにより米国への輸入が大幅に増大している。その結果、米国南東部の繊維工場は高い確率で数が減少すると予想されている。米国の製造業だけでなく、アジアの製造業も影響を受けている。日本や台湾、韓国の衣料産業もまた、中国との競争激化に直面している。

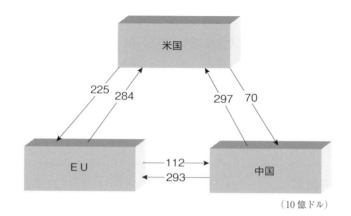

図 5-2　三極諸国の商品貿易（2009 年）
出典：United States Census Bureau, Foreign Trade Division. Washington. D.C. European Commission.

表 5-1　商品とサービスにおける世界最大の輸出入国（2009 年）

（10 億ドル）

1.	米国	3,462
2.	中国	2,522
3.	ドイツ	2,495
4.	日本	1,402
5.	EU	12,123

出典：データは International Trade Statistics. Secretariat, World Trade Organization, 2010 より。

　中国との競争は，インドなど他の新興経済国にも影響を及ぼす。インドでバルク製剤を生産する小規模メーカーの製品の約3分の1が，中国からも入手でき，しかもインドで生産するのに必要な原材料の費用よりも安い価格で完成品が手に入る。

　地域別に見ると，アジアが比較的高い成長率を示している。世界のGDPにアジアが占める割合は，その経済的活力により増大している。実際，この地域の経済は1997〜1998年の財政危機から完全に回復しており，世界で最も急成長を遂げており，世界の成長の約50%近くに貢献している。2005年

の時点で，購買力平価ベースで世界の GDP に占めるアジアの割合は 35% で（図 5-3 を参照），この数字は米国の 20% および EU の 20% を上回っている。**購買力平価**は国ごとの生活費の違いを反映しており，国の通貨の購買力を等しくすることで，市場為替レートを使用した場合に比べて国の富をより正確に反映している。

アジア市場は将来の成長が予想されるため，潜在的投資家にとって魅力的な場所となっている。表 5-2 に示すとおり，専門家の回答者も**多国籍企業**（TNCs：transnational corporations)[2] の重役も，中国やインドなどの発展途上国を海外投資先として最も魅力的であると回答している（国連貿易開発会議：UNCTAD）。多国籍企業重役の 87%，専門家の 85% も中国を魅力的な市場と考えており，次に魅力的な国に順位づけされた米国よりも約 30% も高い。こうした結果は，生産コストが高く飽和市場となった先進国から，アジア諸国などの新興経済国に投資がシフトするということを暗に示している。

地域間の経済成長の相対的割合の変化は重要だが，地域内の変化もやはり重要と考えられる。例えば，1999 〜 2005 年の実質 GDP 成長率は，アイルランドとルクセンブルクではそれぞれ平均 6.5%，4.5% であったが，デンマークとイタリアではたったの 1.5% であった（欧州委員会，2006 年）。2008 〜 2009 年の経済／財政危機は，GDP のマイナス成長をもたらし，先進国の大部分がマイナス成長であった。しかし，中国（+8.7%）とインド（+8.8%）は，マイナス成長の例外であった。経済グループの加盟国が自分たちをどう認識するかも単一視できない。EU などの**単一市場**が意味するものは人によって違う。例えば，長年かけて費やしてきた最大の法案の制定かもしれないし，欧州全土で最長の労働時間を強制するような新たな試みかもしれない。また，最近行われた世論調査では，欧州のビジネスマンの大多数が EU の規則の代価はメリットを上回ると考えていることが示唆されてい

---

2. 一般に，多国籍企業（TNC：transnational corporation）は，共通戦略を可能にする単一の意思決定システムの下で機能する，複数の国の事業体で構成される企業と考えられる（国連貿易開発会議）。このような企業を意味する他の用語として，Multinational Corporations（MNC）や Multinational Enterprises（MNE）が使われる。

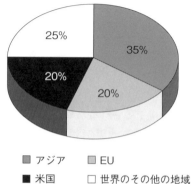

- ■ アジア
- ■ 米国
- □ EU
- □ 世界のその他の地域

図 5-3　世界 GDP に占める割合（2005 年）
出典：International Monetary Fund (June 2006). Asia's role in the world economy. *Finance and Development, 43*(2) より作成。www.imf.org/external/pubs/ft/andd/2006/06/picture.htm より検索。

表 5-2　グローバル・ビジネスにとって最も魅力的な場所：専門家および多国籍企業の回答*

専門家の回答（%）	多国籍企業の回答（%）
1. 中国（85）	1. 中国（87）
2. 米国（55）	2. インド（51）
3. インド（42）	3. 米国（51）
4. ブラジル（24）	4. ロシア（33）
5. ロシア（21）	5. ブラジル（20）
6. 英国（21）	6. メキシコ（16）
7. ドイツ（12）	7. ドイツ（13）
8. ポーランド（9）	8. 英国（13）
9. シンガポール（9）	9. タイ（11）
10. ウクライナ（9）	10. カナダ（7）

＊国の順位は，各国を最も魅力的な場所と回答した数に応じて決定した。
出典：UNCTAD. *Global investment prospects assessment* (www.unctad.org/fdi-prospects), 2005 - 2008. 許可を得て転載。

る。これらはすべて，欧州の単一市場に対する姿勢の変化や，その目的についてさまざまな考え方があることを反映している[3]。

世界戦略よりも地域戦略が各国・企業間で広く推進されているという十分な証拠がある。例えば，以下である。

1. 三極諸国間の貿易と地域貿易が主流である。例えば，EU 加盟国の輸出の 67% は他の EU 加盟国への輸出である。
2. 多国籍企業のほとんどが世界戦略ではなく地域戦略を推進している。例えば，欧州で製造されている自動車の約 90% が欧州で販売されている。

こうした状況を理解するために，ここではまず地域貿易協定について検討し，次に，世界的規模と地域規模のどちらの対応が望ましい国際戦略であるかに答える。

地域経済ブロック

グローバル化による経済力と政治力で，EU や NAFTA，MERCOSUR のような統合経済の確立という形で社会の地域化が進んでいる。いわゆる統一された規制基準と，共通レベルの社会的保護によって統合された市場である。こうした市場は，メーカー，販売業者，サービス・プロバイダーを含む企業が，国のルールに加えて経済地域のルールという，新たなルールの下で行動するためのフレームワークとなっている。この新しいルールにより，世界規模あるいは地域規模でのマーケティング活動をさらにグローバル化しようとする超国家的な企業が形成されるようになった。

EU，NAFTA，MERCOSUR などの**地域貿易ブロック**（regional trading blocs）が，異国間の貿易を自由化し，商品やサービス，投資，コミュニケーションの流れを促進する目的で設立されている。こうしたグループの中心的信条は，加盟国にとって好ましい貿易・投資政策を行うということである。

---

3. Single market blues. (5 February 2009). *The Economist*. www.Wconomist.com/world/Europe/PrinterFriendly.cfm?story_id=8134936 から検索。

こうしたグループはまた、非加盟国との貿易協定についての政策も共有している。加盟国間で正式な通貨・政治統合に至っていない場合の協同契約には主に3種類の形態がある。自由貿易地域、関税同盟、共同市場である。

▶ 自由貿易地域

自由貿易地域（FTAs：free trade areas）は、各加盟国が商品にかかる関税などの障壁を取り除くことで、貿易に関して互いを優遇する取り決めである。各国は、自由貿易地域協定の非加盟国とは通常の貿易政策を続ける。自由貿易地域の例として、北米自由貿易協定（NAFTA：North American Free Trade Agreement）があり、1994年に米国、カナダ、メキシコが調印している（図5-4を参照）。同協定により、この3か国間では工業製品の大部分について関税が撤廃されることになった。自由貿易地域協定の狙いは、加盟国間で関税および非関税障壁を軽減または排除することである。ただし、加盟国は非加盟国との間の**対外（域外）関税**（exteral tariffs）については各自決定することができる。

図5-5では、B国とC国は自由貿易地域に加盟している。そのため、この2か国間の貿易には関税がかからない。非加盟国であるA国のメーカーが、B国に建築材料を輸出したいと考えているとしよう。B国は非加盟国からの建築材料には15%の関税をかけている。そのため、A国の製品はB国の同業社の製品よりも価格が高くなる。競争力を高めるため、A国の同メーカーは、代わりにC国に輸出して、B国よりも低い8%の対外関税を支払い、そこからB国に再度輸出することができる（C国とB国間は非課税）。しかし実際には、大部分の国が現地調達規定を設けており、この規定によって、製品の関税免除には、生産国における調達が一定額以上でなくてはならないことになっている。

建築材料はC国ではなくA国で生産されているため、関税免除を受けることができない。つまり、同メーカーはB国の関税としてさらに7%を支払わなくてはならず、よって先にC国に輸出しても関税を回避することはできないということになる。

自由貿易地域は多数あり、一部は3か国以上がかかわっているが、米国と

図 5-4　NAFTA 輸出構成
* 米国とカナダについては 1999 年の輸出（%GDP）データ。
出典：UNCTAD, NAFTA Export Composition Data. 許可を得て転載。輸出（%GDP）データは World Bank, World Development Indicators, 2002 より。

イスラエル，米国と韓国など，**二国間協定**（bilateral agreement）もある。**欧州自由貿易地域**（EFTA：european free trade area）には，EU 設立当初，EU に加盟しなかった国が含まれている（アイスランド，リヒテンシュタイン，ノルウェー，スイス）。しかし，欧州自由貿易地域の居住者は，EU の居住者より 2 倍以上も裕福である。さらに，これらの国は EU 加盟国に比べ，インフレ率が低く，雇用率が高く，財政が健全で，実質金利が低い。興味深いことに，彼らは EU 加盟国と比較して，1 人当たりを基準として，より多く輸出している。1994 年，EU と欧州自由貿易地域は**欧州経済地域**（EEA：european economic area）を設立し，これにより欧州の単一市場が形成された[4]。欧州自由貿易地域諸国は EU の加盟国ではないが，地域内では商品や資本，サービス，人の移動が自由である。ただし，金融政策や農業政策，社会福祉政策は EU とは共有していない。各国は他国との間で自

---

4. スイスは欧州経済地域加盟国ではないが，EU と別途協定を結んでいる。

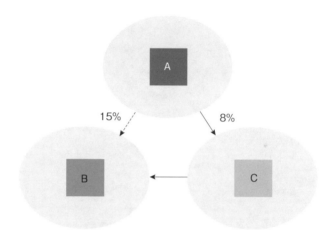

図 5-5　貿易転換の例

表 5-3　欧州自由貿易地域ネットワーク：自由貿易地域協定

東欧	バルカン 半島諸国	中東および アフリカ	米国大陸 およびアジア
ブルガリア ルーマニア	クロアチア マケドニア	イスラエル モロッコ ヨルダン レバノン チュニジア トルコ パレスチナ自治政府 南部アフリカ関税同盟（ボツワナ， レソト，ナミビア，南アフリカ， スワジランド）	チリ メキシコ 韓国 シンガポール

由に自由貿易協定の交渉ができる。欧州自由貿易地域諸国は，自由貿易協定と二国間協定の広大なネットワークを持っている。表5-3は，欧州自由貿易地域が自由貿易地域協定を結んでいる国を示している。表に記載された国の中で，米国はイスラエル，ヨルダン，メキシコ，モロッコ，韓国，シンガポールとの間に二国間協定を結んでいる。メキシコは最も多く二国間貿易協定を結んでいる国であり，相手国には中南米，EU，欧州自由貿易地域が含まれる。

▶ 関税同盟

関税同盟（customs union）には，自由貿易地域と同様の規定が含まれるが，1つ大きな追加事項がある。それは対外共通関税である。前述した建築資材の例では，B国とC国は，非加盟国からの建築資材などの製品に対して，対外共通関税を課す。この場合，C国の低い関税というメリットは得られない。B国とC国の対外共通関税は，おそらく本来の関税率である8%と15%の間であろう。

▶ 共同市場

貿易ブロックの最も進んだ形態が**共同市場**（common market）である。この種の組織は，自由貿易地域の規定と関税同盟の規定を組み合わせており，さらに人と資本の自由な移動という2つの基準が追加されている。共同市場として最も大きいものがEUである。EUは1958年に**欧州経済共同体**（European Economic Community）として設立され，当時の加盟国は6か国であったが，2007年には加盟国の数は27か国に増えた。EUには，さらに2つの目標がある。それは通貨同盟，政治同盟の設立である。通貨同盟の設立には，少なくとも共通の通貨と中央銀行が必要となる。EU加盟の11か国（オーストリア，ベルギー，フィンランド，フランス，ドイツ，アイルランド，イタリア，ルクセンブルク，オランダ，ポルトガル，スペイン）が，まず通貨同盟参加の資格条件を満たした。これにより，同11か国は，**マーストリヒト条約**が制定する基準である，価格の安定，公共財政（特に政府赤字），金利，為替レートに関する基準を満たさなくてはならなくなっ

た。この最初の協定により，1998年に欧州中央銀行が，続いて**ユーロ圏**が1999年に機能し始めた。ユーロ紙幣・硬貨が2002年に導入され，各国の紙幣と硬貨に取って代わった。2007年までに，非EU加盟国6か国（アンドラ，コソボ，モナコ公国，モンテネグロ，サン・マリノ，バチカン市国）に加え，EU加盟国13か国がユーロを採用した。ユーロ使用国と通貨をユーロに固定した国の両方を含めると，ユーロは約5億人からなる世界最大の通貨圏をなすことになる。

　貿易ブロックに帰属する国の統合の最終段階は，政治同盟の設立である。この段階はマーストリヒト条約に含まれてはいるが，実現にはほど遠い。政治同盟とは，国の統治権のすべてではないにせよ，その一部を同盟に委譲することを意味し，多くの国，特に英国，ドイツ，フランスがこれに抵抗している。共通の防衛・外交政策など，ある種の政治協力は可能であり，NATOへの加盟もその一例ではある。しかし，正式な政治同盟の実現は依然として遠い目標のままである。

▶ EU内の貿易はどのくらい「自由」か

　EU内の内部関税障壁は取り除かれているが，非関税貿易障壁は，特に狭義の技術基準として今も残っている。企業はこの狭義の技術基準によって外国製品を国内市場から締め出している。このような障壁を取り除くために，EUは各国政府に，別のEU加盟国で販売が認められている商品を受け入れさせる法律を提案している。これは，**相互承認**（mutual recognition）と呼ばれる原則である。しかし，EUだけでなく，異国間の製品基準の**統一**は完遂からは程遠く，それは次の例からも分かる。

　オランダのある食品製造会社は，統一化されていない基準のために貿易障壁の影響を受けている。例えば，欧州には「ソース」についての統一規定はなく，その解釈はさまざまである。ある国ではソースと考えられる製品が，別の国では「固形物を主体とする野菜」とされるかもしれない。これとは別に，製品構成の決定にさまざまな技術が活用されているために矛盾が生じている。結果として，同じ製品なのに国によって異なる輸入関税が課されることになる[5]。

表5-4 貿易協定

組織	加盟国
東南アジア諸国連合 (ASEAN：Association of Southeast Asian Countries)	ブルネイ，カンボジア，インドネシア，ラオス，マレーシア，ミャンマー，フィリピン，シンガポール，タイ，ベトナム
東アフリカ共同体 (EAC：East African Community)	ケニア，ウガンダ，タンザニア，ブルンジ，ルワンダ
湾岸協力会議 (GCC：Gulf Cooperation Council)	バーレーン，カタール，クウェート，オマーン，サウジアラビア，アラブ首長国連邦
南米南部共同市場 (MERCOSUR)	ブラジル，アルゼンチン，パラグアイ，ウルグアイ

　世界中の全共同市場の中で，EUは加盟国の数，規模，経済力，連合を支配する機関（評議会および中央銀行）などのあらゆる点で最も大きく，有名である。しかし，世界の各地域には他にも貿易協定が存在する。表5-4に例示した大部分がEUのような単一通貨は持たず（湾岸協力会議は共通通貨の導入を計画中），また積極的に政治統合を推進していないが，国境を越えた投資やサービスに対する障壁は取り除かれている。

南米南部共同市場（MERCOSUR：メルコスール）

　メルコスールは南米最大の貿易ブロックであり，GDPを合わせると1兆1000億ドルになる。メルコスールは1991年，アスンシオン条約とオウロ・プレット議定書により設立され，商品，資本，サービス，人の加盟国間の自由な移動を規定した関税同盟が形式化された。ブロックの統合市場は人口2億5千万人以上，南米大陸の経済活動の4分の3以上を占めている。

　ブラジルとアルゼンチンは，同ブロック加盟国の中でも最も国民所得と貿易高が大きい。ボリビア，チリ，コロンビア，エクアドル，ペルーは準加盟

---

5. Confederation of European Business Associations (2004). *It's the internal market, stupid: A company survey on trade burners in the European Union*, 13.

国であり，自由貿易協定には参加できるがブロックの関税同盟には加盟していない。メルコスールの関税政策は輸出入を制限しており，また加盟国間の貿易紛争を仲裁できる。

　将来的には，メルコスールは大陸規模の自由貿易地域を作ることを目指しており，メルコスール開発銀行の設立がすでに提案されているが，加盟国間には緊張関係がある。例えば，ブロック加盟国の中でも小さいパラグアイとウルグアイは，アルゼンチンやブラジルの市場へのアクセスが制限されていることに不満を持っており，禁じられたブロック外との二国間貿易協定の成立を模索している。EUとの貿易協定の締結交渉は，農業補助金や工業製品の関税が障害となって行き詰っている。米国が支持する米州自由貿易地域に関する交渉も計画されているが，メルコスール指導国の一部が米国の自由市場政策に反対し，これもまた難航している。

東アフリカ共同体（EAC：East African Community）

　東アフリカ共同体（EAC）はメルコスールよりもずっと規模が小さく，総人口は1億2千万人，土地面積は185万平方キロメートル，国内総生産の合計は410億ドルである。EACは2000年7月，自由貿易協定の制定に伴い形成され，2005年には関税同盟が設立された。EACは共同市場と通貨同盟の形成を目指しており，最終的には東アフリカ諸国の政治連合の形成を目指している。同共同体の規則や貿易問題は，立法議会と裁判所の管掌である。

東南アジア諸国連合（ASEAN：Association of Southeast Asian Nations）

　自由貿易連合である**東南アジア諸国連合**（ASEAN）は，1967年に初期加盟国であるインドネシア，マレーシア，フィリピン，シンガポール，タイの5か国により設立され，後にブルネイ，ベトナム，ラオス，ミャンマー，カンボジアが加わった。ASEAN地域の人口は約5億6千万人，国内総生産の合計は1兆1000億ドルである。同ブロックは，商品やサービス，熟練労働者，投資，資本の移動が自由な裕福で安定した，競争力の高い経済地域を作ることを目的に形成された。

湾岸協力会議（GCC：Gulf Cooperation Council）

　湾岸協力会議（GCC）憲章は，同会議の基本的な目的を，「あらゆる分野において加盟国間の協調，統合，相互連結を実現し，国民同士の関係を強化し，経済，金融，貿易，関税，旅行，法律，行政などのあらゆる分野において同様の規制を定め，工業，鉱業，農業，水資源，動物資源における科学技術的発展を促進し，科学研究センターを設立し，合弁事業を立ち上げ，民間セクターの協力を推進すること」と明言している。GCC は実質的には関税同盟であり共同市場でもあり，加盟国間の商品，資本，人の自由な移動を可能にする。GCC 加盟国は，世界で最も急成長している経済を有しており，このことは石油と天然ガスによる収入と，何十年にわたり蓄積されてきた石油収入によって実現した建築・投資ブームに拠るところが大きい。GCC はエネルギー，工業，農業，漁業，科学の分野で EU と経済・技術協力協定を結んでいる。

▶ 自由貿易 vs. フェアトレード

　ここまでに，自由貿易が国際貿易の障壁撤廃を意味すると学んだ。もう1つ，「フェアトレード」（公正な貿易）という概念がある。**フェアトレード**とは，発展途上国の生産者が商品やサービスへの正当な対価を得られ，適切な労働環境を約束され，売り手が買い手に安定的な取引を約束させることを目指した国際貿易へのアプローチである。

　フェアトレードの推進を目指す非政府組織は多数存在し，フェアトレード財団（Fairtrade Foundation：www.fairtrade.org.uk），オックスファム・インターナショナル（Oxfam International：www.oxfam.org），トレードクラフト（Traidcraft：www.traidcraft.org.uk），国際フェアトレード連盟（IFAT／International Fair Trade Association：www.ifoam.org/partners/partners/ifat.html）などがそれにあたる。こうした組織はフェアトレードを次のように定義している。「フェアトレードとは，従来の国際貿易に代わるアプローチである。フェアトレードは，締め出され，不利な立場に置かれてきた生産者の持続可能な発展を目指す貿易のパートナーシップである。フェアトレードは，より良い貿易条件を提示し，意識向上を図り，運動を行

うことでこれを実現することを目指す」。

IFAT と関連するフェアトレード組織は，60 か国以上に約 300 あり，その中には生産者，輸出企業，輸入企業，小売業者，金融機関が含まれる。例えば，Organic Partners は英国に拠点を置く IFAT 加盟組織であり，40 か国 100 以上の生産者・サプライヤーと提携している。フェアトレードの認定を受けた土地の面積は 100 万ヘクタール以上で，植物由来の原材料を食品や飲料，医薬品，化粧品の国際的なメーカーや取り扱い業者に提供することを専門にしている。同組織は，農業経営者や植物を収集する業者と提携し，作物の生産支援と販売を担当する。Organic Partners が構築した利益分配構造のもとで，生産者は年間の利益の配当に応じて同社との金銭的利害関係を提示される。サプライチェーンの管理は生産者に対する大きな貢献であり，これにより生産者は作物に対する「正当な」価格を得ることができる。

グローバル・マーケターは，こうした組織の重要性が増していることを認識しなくてはならない。一部の国ではこうした組織の市場シェアが大きくなっている。例えば，スイスで販売されているバナナの47%，花の28%，砂糖の9% がフェアトレード表示の製品である。人口がスイスの8倍もある市場の英国では，フェアトレード表示の製品は，紅茶が5%，バナナが5.5%，挽いたコーヒーが20% の市場シェアを占めている。世界で販売されているフェアトレード製品の年間小売総額は，実質29億ユーロと推定され，そのうち欧州で販売されるものは，約6億6千ユーロと推定されている。

■ 新興市場

新興市場（emerging markets）という言葉は，世界銀行国際金融公社資本市場部（Capital Markets Department）次長であった Antoine W. Van Agtmael が作った。彼は，低所得国，中所得国のすべてを「新興」に含めた。その後，この語意は拡大解釈され，ほぼすべての発展途上国を含むようになった。では「発展途上」国とは何か。関税及び貿易に関する一般協定

(GATT) は,発展途上国を「生活水準が低い国」と定義したが,生活水準低さの程度については規定しなかった。WTO は,国が先進国か発展途上国であるかの判断は各国に任せている。また,発展の程度は,国民1人当たりの総所得など,国民が生産できる,または稼ぐことができる金額とすべきであると主張する人もいる[6]。国民所得を測る何らかの基準が,国の発展を示す指標として最もよく使用される。ただし,新興国の国民所得は先進国のそれよりも低いが,新興国では多くの製品に大きな市場可能性がある。

Kvint によれば,新興市場国は独裁国家から自由市場指向の経済へ移行中の社会であり,経済的自由が拡大し,世界市場の中で徐々に統合が進み,中流階級が拡大しつつあり,生活水準,社会の安定や寛容性が向上し,国際機関との協力関係が強化されてきた社会と定義できるという[7]。この定義に従うと,新興経済国にはハンガリー,ポーランド,ルーマニアなどの欧州諸国,バルト諸国(エストニア,ラトビア,リトアニア),さらに中国,インドネシア,マレーシアなどのアジア諸国が含まれる。

これらの国は新興市場として,より強力でより確実な業績水準と,資本市場の透明性と効率の両方をもたらす経済改革計画を実施する。改革に成功すれば,新興国は先進国や世界銀行,国際通貨基金などの機関から支援を受けやすくなる。

第1章で述べた CAGE モデルを引用すると,先進国市場と新興国市場の間には多くの隔たりがある。**文化的距離**(cultural distance)は明白であり,企業の社会的責任や倫理的問題に関しては両者には大きな隔たりがある。新興市場への投資を検討する場合は,政治的リスクもまた重要な検討事項である。**行政的距離**(administrative distance)が最も多くみられるのは,共同市場や WTO など多国間団体に加盟していない国がある場合である。行政的距離は,制度の脆弱さや経営管理の人材や経験の欠如によっても生じる。さらに,国内の流通業者の使用を要求するなど,経済のさまざまな

---

[6]. Cui, F. (2008). Who are the developing countries in the WTO? *Law and Development Review*, *1*(1), 144.
[7]. Kvint, V. (28 January 2008). Define emerging markets now. *Forbes*. www.forbes.com/2008/01/28/kvint-developing-countries-oped-ex_kv_0129kvint.html から検索。

要素に対する政府の規制や支配も強い。**地理的距離**（geographic distance）は，異国間でも国内でも見られる。例えば，インドなどの大国の物流を見てみよう。インドで流通業に携わる企業にとって，インフラと設備は重要課題である。この国の多くの地域では，道路状況も商品の取り扱いも悪いため，製品を破損することなく消費者に届けるのは難しい。

　農村地域では，デリーなど開発の進んだ地域に比べ物流インフラもはるかに非効率的である。このため，サプライチェーン管理には困難が伴い，コストが高くなることもある。**経済的距離**（economic distance）の代表的なものは，発達していない金融機関，整備された通信インフラや輸送インフラの欠如，そして言うまでもないが，所得や国内投資の低さがある。

　新興市場経済がその経済を世界に開放しようとする場合には，現地の政治的，社会的要素を比較検討しなくてはならない。新興市場のビジネスパーソンや消費者は，外界から守られることに慣れているため，外国投資を信用しないことが多い。国の威信というものも問題になる。市民が，地元経済の一部を他国が所有することに反対する場合もあるからだ。過渡期の経済を自由化することは，国民がファストフードや欧米の映画などの異なる消費文化や，基準，倫理といった異なる労働文化にさらされることをも意味する。

▶ BRICs 諸国

　急成長する新興経済グループの1つにBRICs諸国がある。BRICs諸国（ブラジル，ロシア，インド，中国）は，2001年，投資会社であるGoldman Sachsに「消費者潜在性が高く，2050年までに先進国世界の経済を追い越すかもしれないグループ」として初めて指定された。2050年には，中国は世界最大の，またインドは米国に続く世界第3位の経済国になっているかもしれない。またBRICs諸国のGDPの合計は，G7諸国のGDP合計を上回っているかもしれない。特に中国は世界の経済的発展の中心である。表5-5に示す通り，中国は世界で人口が最も多く，GDPは世界第2位（購買力平価），輸出は第1位，輸入は第3位，さらに外貨準備保有高，携帯電話の所有数，インターネットユーザー数では1位となっている。

　BRICs諸国はすべて，2008～2009年の国際的な財政危機の前に実質

表 5-5　BRICs 諸国の世界順位

カテゴリ	ブラジル	ロシア	インド	中国
面積	5	1	7	3/4
人口	5	9	2	1
GDP（名目）	10	8	12	3
GDP（購買力平価）	9	6	4	2
輸出	21	11	23	1
輸入	27	17	16	3
経常収支	47	5	169	1
受け入れ外国直接投資	16	12	29	5
外貨準備保有高	7	3	4	1
外国債務	24	20	27	19
公債	47	117	29	98
電力消費量	10	3	7	2
携帯電話数	5	4	2	1
インターネットユーザー数	5	11	4	1

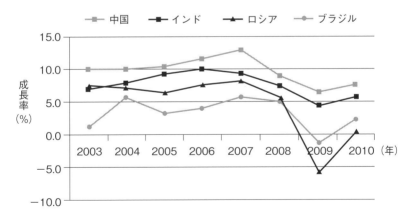

図 5-6　BRICs 実質 GDP 成長率（2003－2010 年）
出典：Assis, L. (25 June 2009). Special report: Diverging demographic prospects for BRIC consumer markets. *Euromonitor*. より作成。

GDPの成長を遂げている。図5-6の通り，中国の成長率が最も高く，2007年には10%以上に達している。同じ年にはインドも10%近い成長率を記録し，これにロシア（8%），ブラジル（6%）が続いた。このようなGDP成長率の高さは，同時期の先進国の数字と比べると顕著である。

BRICs諸国は主要な製造元であると同時に，食品や衣料品，ハイテク製品など基本的な製品の消費国でもある。消費者製品は現地の要求事項に応じて作り変え，また多くの人の手に届くように価格を設定しなくてはならない。新興市場は所得が低いため，先進国の中間所得層に訴求する製品は，発展途上国では高中所得層の消費者向けに位置づけられるか，あるいは価格を下げて販売できるように作り変えなくてはならないだろう。

購買習慣もBRICs諸国間で異なる。McKinseyが行った調査[8]から，中国の衣料品購買客は予算が少ないために，所有する衣類も少ないこと，ブラジル人消費者は流行に敏感であり，一方インドでは買い物は家族の問題であり，何を買うかは家族全員で決めるということが分かった。さらに，欧米のブランドを好む中国人消費者は全体の25％，インド人消費者は全体の50％であることも分かった。中国人消費者は，ブラジル人，インド人，ロシア人消費者に比べ製品の品質を価格で判断する傾向にある。インドとブラジルでは，消費者の約80％が衣料品の買い物を楽しみにしているが，中国とロシアでは買い物を楽しみにしている消費者は全体の25％程度である。

表5-6に，BRICs諸国の主な強みと弱みをまとめた。4か国すべてに共通する大きな強みの1つは経済改革である。ロシアは多くの産業や企業を民営化しており，またインドとロシアは外国投資を奨励している。一方，ブラジルは経済改革と経済自由化措置を実施している。ロシアとインドは熟練労働者を擁し，ブラジルと中国は人材の能力開発，特に熟練したマネジャーの育成のため教育に投資している。マイナス面を挙げると，すべてのBRICs諸国は経済発展実現のために，インフラ改善に取り組まなくてはならない。多くの新興国で官僚制度が問題となっており，BRICs諸国も例外ではない。

---

8. How half the world shops: apparel in China, Brazil and India. (2007). *McKinsey Quarterly*, 4. www.mckinseyquarterly.com/how_half_the_world_shops_Apparel_in_Brazil_China_India_2075 から検索。

表5-6 BRICs諸国の強みと弱み

国	主な強み	主な弱み
ブラジル	南米の主要経済大国。ブラジルは高等教育への投資を増やしている。天然資源が豊富で、多角的な経済を有する。	GDP成長率と消費支出が下降している。インフラへのさらなる投資が求められる。
ロシア	天然資源が豊富で、熟練した労働力を擁する。	BRICs諸国では唯一の人口減少国で、労働市場が縮小し、恩給生活者が増えている。
インド	2020年には人口の27%が15歳未満になる、将来の重要な消費者市場。経済成長は2003年以降、平均約8%。大規模な世界水準の競争力ある産業、ITに強い労働力。安定した金融機関と強力な法律制度。	外国投資が限られ、インフラが十分整備されていない。投資を刺激する国内貯蓄が不十分である。
中国	2003～2008年の年間経済成長率は10.7%。人口が13億人と多く、国内消費が増大している。市場志向型改革が継続中(WTOへの加盟など)。	金融制度が脆弱で、所得格差の増大により、社会不安を招くおそれがある。熟練した経営者が不足している。知的財産法が脆弱である。

表5-7 各国の所有権登録と契約実施に要する時間

国	所有権登録 期間(日数)	所有権登録 費用(資産価値に対する%)	契約実施 期間(日数)	契約実施 費用(資産価値に対する%)
ロシア	37	0.8	330	20.3
中国	32	3.1	241	25.5
インド	67	13.9	425	43.1
ブラジル	42	2.0	566	16.5
ポルトガル	83	7.3	320	17.5
ポーランド	204	1.6	1,000	8.7
ハンガリー	79	6.8	365	8.1
カザフスタン	52	1.8	400	8.5
アゼルバイジャン	61	0.5	267	19.8
アルメニア	18	0.9	195	17.8
ベラルーシ	221	0.2	250	20.8
英国	21	4.1	288	15.7
ドイツ	41	4.2	184	10.5
イタリア	27	1.3	1,390	17.8
オーストラリア	7	4.3	157	14.4
米国	12	0.5	250	7.5
コンゴ	106	10.1	909	256.8

例えば，表5-7に示すとおり，BRICs諸国では事業の登録にかなりの時間を要する。他の新興国，例えばポーランドやベラルーシなどでは，登録にさらに長い時間を要するが，BRICs諸国もまた，米国や英国，オーストラリアなどの先進工業国と比べると登録に要する時間は長い。

新興国の将来の可能性

　ミシガン州立大学International Business CenterのGlobalEDGEは，表5-8に示すように，市場規模，成長率などの一般に認められているさまざまな経済指標，市場指標をもとに，市場可能性指標（MPI：market potential index）を構築した。この指標によれば，最も可能性の大きい10か国は，シンガポール，中国，香港，韓国，チェコ共和国，イスラエル，ポーランド，ハンガリー，ロシア，マレーシアである。BRICs諸国の順では，中国2位，ロシアとインドはそれぞれ9位，11位でありブラジルは16位である。個々の指標を見ると，各国の順位の理由が分かる。例えば，中国の市場可能性の順位は2位であるが，これは，市場が大きく，成長率が高く（指標全体において重点が置かれ），また国のリスクが中程度であることが主な理由である。一方，ブラジルは中国よりもかなり順位が低いが，これは市場の成長率とニーズの強度が低いことによる。

まとめ

- 地域内貿易が全世界貿易の10%を占める。米国の全貿易の約50％が隣国カナダ，メキシコとの貿易である。EUの貿易の約70～75％近くが欧州内の貿易であり，アジアの貿易の半分がアジア内の貿易である。地域内貿易の成長は，NAFTAやEUなどの地域貿易ブロックに拠る。
- 中国は，主要な経済大国になっている。中国の輸出と輸入は日本やドイツより多く，その増加速度はどの先進国より速い。中国はまた，投資家に

表 5-8 新興市場の市場可能性指標（MPI：market potential index）（2009年）

全体順位	国	市場規模	市場成長率	ニーズ強度	市場消費能力	商業インフラ	経済的自由	市場の受容性	カントリーリスク	全体スコア
1	シンガポール	1	28	73	57	94	77	100	100	100
2	中国	100	100	1	60	34	1	4	55	97
3	香港	1	27	100	48	100	93	69	89	93
4	韓国	10	12	64	100	92	77	15	67	69
5	チェコ	1	17	45	94	94	85	14	77	61
6	イスラエル	1	12	68	74	70	77	23	74	54
7	ポーランド	4	27	63	78	78	70	6	61	53
8	ハンガリー	1	1	67	90	82	81	16	43	48
9	ロシア	25	38	29	75	65	7	3	48	40
10	マレーシア	3	26	27	73	64	45	24	55	36
11	インド	38	54	25	60	2	44	3	24	36
12	トルコ	7	38	66	58	49	51	4	35	33
13	チリ	2	27	49	24	49	100	13	63	33
14	メキシコ	10	16	58	38	46	63	15	51	31
15	サウジアラビア	4	39	12	75	59	19	12	72	31
16	ブラジル	21	29	44	20	47	54	1	46	26
17	エジプト	4	40	54	75	32	19	6	34	24
18	アルゼンチン	4	53	47	42	56	46	3	14	23
19	タイ	4	31	22	52	46	38	15	40	18
20	パキスタン	6	52	61	79	4	28	1	1	17
21	ペルー	2	56	42	39	1	61	5	40	16
22	インドネシア	11	26	37	55	30	43	3	27	15
23	フィリピン	5	12	59	48	26	38	6	25	8
24	ベネズエラ	3	24	37	60	41	5	7	13	3
25	南アフリカ	6	21	45	1	13	65	6	47	3
26	コロンビア	3	17	46	9	41	47	3		2

第5章 世界市場，地域市場，国内市場を統合する

とって最も魅力的な国の1つでもある。
- 世界の経済成長の大部分が新興国に移行している。これだけに限らないが，新興国を代表するのがブラジル，ロシア，インド，中国からなるBRICs諸国である。BRICs諸国は経済が急成長しており，巨大な消費者市場を持ち，熟練した人材を豊富に抱えている。しかし，韓国や台湾，さらにポーランドやハンガリー，チェコ共和国などの東ヨーロッパ諸国もまた急速に発展している。

ディスカッションテーマ

1. 自国の輸出統計を調べよ。新興国への輸出があるか。その場合，輸出の割合は先進国と比べどのくらいか。
2. 新興市場と発展途上国との間にはほとんど差異がない，という意見に賛成か。その理由は？ あるいは賛成しない理由は何か？
3. デジタル目覚まし時計を製造する中規模企業の経営者にアドバイスを求められたとする。彼はBRICs諸国に自社製品の市場があると考えている。まず最初に考慮・検証すべき点について，彼に何をアドバイスするか。

実践的課題

1. CAGEモデル（第1章）を使って，4つのBRICs諸国間の距離について議論せよ。
2. 表5-8を使って，中国の市場可能性がインドのそれよりも大きい理由を議論せよ。

キーワード

BRICs 諸国	p.140	多国籍企業（TNCs）	p.143
欧州経済共同体	p.149	単一市場	p.143
欧州経済地域（EEA）	p.147	地域貿易ブロック	p.145
欧州自由貿易地域（EFTA）	p.147	地理的距離	p.156
		統一	p.150
関税	p.139	東南アジア諸国連合（ASEAN)	p.152
関税同盟	p.149		
規制数量	p.139	二国間協定	p.147
行政的距離	p.155	東アフリカ共同体（EAC）	p.152
共同市場	p.149	非関税貿易障壁	p.139
経済的距離	p.156	フェアトレード	p.153
購買力平価	p.143	文化的距離	p.155
三極諸国	p.141	マーストリヒト条約	p.149
自由貿易地域（FTAs）	p.146	メルコスール（MERCOSUR）	p.151
自由貿易ブロック	p.140		
新興市場	p.154	ユーロ圏	p.150
相互承認	p.150	湾岸協力会議（GCC）	p.153
対外（域外）関税	p.146		

パートⅡ

グローバル・マーケティングの役割と戦略

6 マーケティング・リサーチの実施
7 国際市場の選択
8 グローバル市場への参入
9 グローバル市場のセグメンテーション，ターゲティングおよびポジショニング

第6章

マーケティング・リサーチの実施

情報の必要性，特に，より的確で洗練され，タイムリーで迅速な情報のニーズが高まりつつある。

PepsiCo India のコンシューマー・インサイト管理者，
Sangeeta Gupta

学習の目的

本章を読むことで，次のことが期待される。
- グローバル・マーケティング・リサーチが多国籍企業にとってなぜ重要なのかを説明できること。
- マーケティング・リサーチとマーケティング・インテリジェンスの違いを理解できること。
- 経営上の意思決定における情報技術の重要性を理解できること。
- マーケティング・インテリジェンス／情報システムの利用法を決定できること。
- 企業がマーケティング・クライシスをどのように予想できるかを説明できること。
- なぜすべてのマーケティング・リサーチ手法がすべての国で使えるとは限らないかを理解できること。

　ある米国企業のマーケティング・マネジャーは，中南米のある国で販売されていた調理油のブランド名が「まぬけな油」というスペイン語訳だったことを知り，ショックを受けた。米国のある暖房機メーカーは同社の製品をスウェーデンの産業界にも一般消費者にもアピールする方法を検討していた。スウェーデン市場への参入検討のために経営陣に必要だったのはスウェーデンのエコロジー，文化，技術，経済，政治・法律，競争環境に関する情報であった。特に，製品をそのまま販売してもよいか，あるいは現地事情にローカライズするべきか判断する必要があった。さらに，価格決定，流通，コミュニケーションに関する戦略など，マーケティング・ミックスの他の次元を決定しなければならなかった。最終的には，製品への十分な需要があるなら，どのような参入方法がその米国企業にとって最善かを検討すべきであった。
　上記の疑問に解答すべく，経営陣とともに，必要情報を決定するのがマーケティング・リサーチ担当者の仕事である。したがって，世界的なマーケティング・リサーチの役割は，主に問題解決のための情報収集，分析により

経営の意思決定者を補佐することだ。

グローバル・マーケティング・リサーチの重要性

2007〜2009年にかけての世界的な経済破綻の最中,多くのマーケターは直近の未来に対して暗い見方をしていた。マーケティングの世界で成長し続けていたのはマーケット・リサーチであった。ESOMAR グローバル・マーケット・リサーチの報告書によると,2008年のグローバル・マーケット・リサーチの収益は320億ドルで,成長率4.5％（実質0.4％）に達した。グローバル・マーケターにとってさらに重要なことは,リサーチ分野で最も成長率が高いのは引き続き新興市場,特にアジア太平洋と中南米地域だったことである[1]。北米における業績は成長率1.5％（インフレ調整後の実質ベースで2.1％下落）と低迷し,欧州の成長率は前年比4.7％（インフレ調整後はわずか0.9％）と鈍化した。欧州は調査支出総額の約半分を占めたが,北米のシェアは全体の3分の1であった。

もう1つの業界調査である Marketing Trends によると,マーケット・リサーチ会社の経営者のうち翌年の予算減を予想しているのは約22％にすぎず,実際の予算増を予想している経営者は39％であった[2]。企業の成功にとってマーケット・リサーチが重要であることを考えると,彼らの楽観主義にも根拠がないわけではない。

多くの人がマーケット・リサーチとマーケティング・リサーチという用語を互換的に使っているが,マーケット・リサーチは,より大きなマーケティング・リサーチ分野の一部とみなされる。米国マーケティング協会（AMA）によると,**マーケティング・リサーチ**とは,販売機会とその問題を発見し,販売活動を方向づけし,業績を継続的に記録し,総合的かつ適切な販売プロ

---

1. ESOMAR (8 September 2009). *ESOMAR global market research report—slowdown in market research revenues confirmed.* Press release. www.esomar.org/index.php?mact=News,cntnt01,detail,0&cntnt01articleid=211&cntnt0lreturnid=l894 から検索。
2. Anderson, T. (March 2009). Back to basics. *ESOMAR's Research World*, 12-14.

セスに役立てるために使用される情報と定義される[3]。この定義に**マーケット・リサーチ**が含まれることは明らかである。マーケット・リサーチは，通常，市場の規模・傾向の調査であるが，競争に関する調査，価格または製品に関する調査，その他マーケティング・ミックスと顧客に関する調査も含まれる。

市場調査・世論調査業界における世界的企業の ESOMAR は，マーケット・リサーチャーが収集した調査参加者の個人情報を商業目的で使用・流布しないと強調することで，市場調査・社会調査の活動と，宣伝や販売といった他のマーケティング形態とを区別している。マーケット・リサーチとマーケティング・リサーチをグローバルに実施するためには，文化や手法など多くの検討課題があり，それについては本章の後半で触れる。

マーケティング・リサーチのプロセスと，それにより収集したインサイトを正しく運用すれば，企業にとって疑う余地のない明確な結果を生み出すことができる。例えば，欧州のスーパーマーケット，Tesco は，ポイントカードのデータを観察し，このデータと一部の店舗で不人気だった製品に関するアンケート調査を組み合わせた結果，ベビー用品の売上を8％増加させることができた。Tesco はこの調査を通じて，特定の店舗でベビー用品があまり売れていなかったのは，若い母親にとってドラッグストアの方が信頼できる情報源であったからだということがわかった。その解決策として Tesco は，BabyClub という制度を開始し，その層の消費者に対して専門家のアドバイスとベビー用品の割引を提供した。若い母親の信頼を勝ち得ることで，財布のひもを緩めさせることにも成功したのである[4]。

もう1つの例は LG Electronics である。インサイト・マーケティングのチーム・マネジャーによると，欧米諸国における同社の成功は，どうすれば自社製品を一般家庭にフィットさせられるかを把握するために行ったマーケット・リサーチの成果だという。例えば，アジア諸国と欧米諸国との文化

---

3. American Marketing Association. Definition of marketing. http://www.marketingpower.com/AboutAMA/Pages/DefinitionofMarketing.aspx から検索。
4. Forsyth, J. E., Galante, N., & Guild, T. (2006). Capitalising on customer insights. *The McKinsey Quarterly, 3*, 43-53.

の違いは製品のデザインを左右する。一部のアジア諸国では洗濯機を富の象徴とし，来客に見える場所に設置する。一方，欧米では外観はそれほど重視しない。この差がアジアにおけるワインレッド色の家電シリーズ開発につながった。一方の欧米では，メタリックな工業的外観の方が好まれる傾向にある[5]。

グローバル・マーケティング・リサーチの範囲

例えば新市場への参入，競争優位性の獲得，市場占有率の増加を実現するための最適な戦略を模索するマーケターにとって，マーケティング・インサイトを得ることは不可欠である。**グローバル・マーケティング・リサーチ**を簡単に定義すると，複数の国でマーケティングを決定しなければならない場合に，その決定を伝える目的で行うマーケティング・リサーチとなる。リサーチはすべての市場で同時に行う場合も，順次行う場合もある[6]。賢明な企業（およびマーケター）は上記の活動を行う前に，ある形態のグローバル・マーケティング・リサーチを実施する（多くの企業は複数の形態を選択し実施する）。

以下にマーケティング・リサーチを実施すべき最も重要な理由をいくつか挙げる。

1. リスク管理
2. 競争優位性
3. 戦略的意思決定
4. 戦術的意思決定
5. 業績の追跡と報告

例えば調査を通じて顧客の意見を聞き，欧米で優れた業績を上げる企業にとって，収集したインサイトに基づいて行動することは，最も重要かつ顕著

---

5. Bowman, J. (April 2009). Made in Asia. *Research World*, 17.
6. Aaker, D. A., Kumar, V., & Day, G. (2004). *Marketing research* (8th ed.). Hoboken, NJ: John Wiley & Sons, Inc.

な特徴の1つである。調査の結果を組織全体で共有し，組織の優先順位に適合させることによってマーケティング・リサーチを適切に活用している企業は，そうでない企業よりも製品イノベーションに優れ，より効果的に顧客との意思疎通ができ，マーケティング投資に対するリターンが高くなる傾向にある[7]。

▶グローバル・マーケティング・リサーチの実施

グローバル・マーケティング・リサーチャーは，世界中の潜在的な新市場と販売機会に関する意思決定のために必要な情報を収集し，分析し，要約する責任がある。必要に応じ，マーケティング・リサーチを継続的に活用してマーケティングの成果を監視，評価し，変更を推奨することもある。グローバル・マーケティングにおいて，リサーチャーは，市場参入の決定や，新市場において市場シェアを獲得・維持するために，マーケティング・マネジャーがその企業の製品，価格設定，チャネル施策，販売促進戦略に対して変更すべき点を伝えなければならない。

リサーチの種類

マーケット・リサーチには，例えば以下のような方法がある。最も広義の手法としては定量調査と定性調査がある。

定量調査：**定量調査**は，一般に，標準的な調査やアンケートを通じて収集された数値データの収集と分析をベースにしている。定量調査のリサーチャーは統計的分析手法を使って特定分野（顧客の行動，市場の傾向，価格の差など）における見識を導き出すのである。定量調査を手法として好む経営者が多いのは，より大きなオーディエンス・サンプルに基づき「具体的な数字」が提示されるため，より強固な意思決定の根拠が提供されるからである。ESOMARによると，2008年のグローバル・マーケティング・リサーチ予算に占める定量調査の割合は80％であった[8]。

---

7. Holscher, A., & Grogan, A. (April 2008). Breaking the mold. *Research World*, 12-15.

国際的な輸送会社であるUPSは中国市場に関する委託調査を2回行い，中国への売上増（ひいては製品出荷増）のために必要な情報を顧客に提供することで，中国市場に関する価値ある情報源として機能する会社だという地位を確立した。最初の調査は都市部に住む中所得層1000人を対象に行われ，中国の消費者にとってどの米国製品が魅力的かを立証した。その内訳としては，CD，DVD，美容製品，運動靴，洗濯機が上位を占めていた。2回目の調査では中国の6つの大都市に住む1200人を対象とし，上記の製品が中国市場で好まれる理由を解明しようとした。その結果，個人の好みや製品の選択という点で，中国の消費者は米国の消費者と同様に個人主義的であることがはっきりした。UPSは中国への輸出経験がない，あるいは輸出をまったく行っていない顧客や，潜在的顧客に調査結果を提供した。関心は高いが課題も多い中国市場に関し，この調査によって多くの情報が提供されたことから，UPSの調査はあらゆるメディアで広く取り上げられた。UPSによると，この調査は利益にも大きく貢献した点でより重要だったとのことである[9]。

　もちろん定量調査は「適切な」対象を測定する場合に限り有用である。だからこそ調査設計（測定事項の決定から，回答を促す質問やデータの正しい解釈にいたるまで）がきわめて重要になる。定量調査の適切な設計と実施は，国際市場においては極めて重要である。言語や文化，社会規範に差があるため，検討中の特定市場にあわせて設計されていない調査やアンケートから結果を得ても，調査結果が完全に無益に終わる可能性がある。

　定量調査には他の制限もある。国際投資会社Innosight Venturesのマネージング・ディレクターScott Anthonyのように，例えば明確に定義された既存市場では定量調査の実施はきわめて有効と考える専門家もいる[10]。そこ

---

8. ESOMAR (8 September 2009). *ESOMAR global market research report—slowdown in market research revenues confirmed*. Press release. www.esomar.org/index.php?mact=Ncws,cntnt01,detail,0&cntnt01articleid=211&cntnt01returnid=l894 から検索。
9. Fielding, M. (1 February 2007). Special delivery. *Marketing News*, 13.
10. Anthony, S. (2 September 2009). In market research, use numbers with caution. [Web log post]. http://blogs.hbr.org/anthony/2009/09/in_market_research_use.html から検索。

でのマーケティング課題は既存市場でのシェア・アップだったりするわけである。しかし，新製品設計において顧客満足度を高めて，イノベーションを促進する独自の方法を発見するには，この手法はあまり有用ではない。さらに，定量調査に頼りすぎる経営者は，単に収集したデータの範囲で戦略を策定してしまい，有望な新しい可能性を示す市場のかすかなシグナルを見逃し，誤った安心感を抱いてしまっているかもしれない。

定性調査：**定性調査**は定量調査とは違い，はるかに主観的で自由な形式をとる。通常，定性調査の手法には面談，フォーカス・グループ，文化人類学などの観察手法が含まれ，オンライン上のフォーカス・グループやインタビューも増えつつある。この調査手法は，リサーチャーが顧客とそのニーズや要望をより適切に理解できるよう設計されている。

定性調査はまさにその性質上，事象を取り巻く世界に対するリサーチャー独自の解釈と，人々の言動の背後にある意味の解釈を拠りどころとしている[11]。

一般的に定性調査は，例えば企業の製品やサービスに関する顧客の使い心地を改善し，新しいニーズを発見し，新製品設計の着想を得ることを目的とするような場合に使用される。ブランディングや，ブランドと顧客との関係は定性調査のテーマになることが多い。定性調査はあるテーマの深層に照準を絞るため，その結果は，一般的な定量調査報告書のようにきちんと構成された，数字中心の形式で提示されるわけではない。

定性マーケティング・リサーチで一般的に探究される問題は，例えば6か国9人の母親から構成されるMcDonald'sのグローバル・マムズ・パネルに反映されている。McDonald'sのグローバル・マーケティング最高責任者であるMary Dillonは，同社の目標が「世界中の自社店舗で，できうる限りの最高の経験を家族に提供する，という目標のもとでグローバル・マムズ・パネルから意見を聞き，学ぶことであり，それをもとに，あらゆる場所で家族の幸せのために母親や真のパートナーと最良の関係を結びたいと思います」

---

11. Denzin, N. K., & Lincoln, Y. (Eds.) (2005). *The Sage handbook of qualitative research* (3rd ed.). Thousand Oaks, CA: Sage Publications, Inc.

であると説明する[12]。健康的なライフスタイルの提唱，レストランでの対話，子供の幸福といったテーマに絞ることを目的とし，McDonald'sは新製品の開発やバランスの取れたダイエットを促進するマーケティング・キャンペーンの立案に当該パネルの意見を役立ててきた。そうした取り組みの1つが映画「シュレック3」に関するグローバル・キャンペーンであり，同社によると8か国の言語で作られた玩具を100か国以上で提供するという，過去最大のプロモーションになった[13]。もう1つの例は世界中に中小関連会社を持つ大手ICT企業に関するものであった。本社は小規模関連会社と大企業のニーズにどれほど差があるかを知りたがっていた。関心のある分野は各関連会社が使用するコミュニケーション・チャネルとサービスのポートフォリオであった。必要な情報を得るために，500人近くのCEOやCFO，その他IT担当役員との詳細な面接を社内で実施した。

ESOMARによると，定性調査は2008年のグローバル・リサーチ支出の14％を占めたが，定量調査と組み合わせて使われることが多く，この慣例は一般化しつつある。マーケターは顧客と市場をこれまで以上に完全かつ詳細に把握しようとするからである。

調査データの種類：データはマーケティング・リサーチの血液である。リサーチャーは主に2種類のデータ取得方法をとる。市場の調査参加者から直接に独自回答を得る**一次調査**と呼ばれる方法と，統計摘要やメディア・レポート，過去の調査結果といった情報源から既存データを収集し分析する**二次調査**と呼ばれる方法である。

現在行われている定量調査と定性調査の大半は，インタビューの回答者やフォーカス・グループ参加者などの直接情報源／一次情報源からデータを収集している。ESOMARによると，二次調査（机上調査ともいう）はグローバル・リサーチ予算の約6％程度の割合でしかない。

---

12. McDonald's (9 May 2006). McDonald's announces global moms panel. [Press release]. www.mcdonalds.com/corp/news/corppr/2006/corp_05162006.html から検索。
13. McDonald's (8 May 2007). McDonald's brings the joy of Shrek to customers around the world. [Press release]. http://mcdepk.com/shrek/mediadocs/McDonalds_Shrck_LeadRelease.pdf から検索。

リサーチャーが複数の国で実証研究的なマーケティング・リサーチを行う場合，最も対応が難しいのは，データの質と測定基準の一貫性という2つを維持することである。しかし，多国間市場の調査において，異なる市場で，特定の課題に対する対応を比較しながら有効な結果を出すためには，それらの確保がきわめて重要である。ある研究によると，回答者が質問をどう解釈するか[14]，または回答を形成するために提示された尺度をどのように感じるか[15]という点で，文化の違いが大きく影響するケースがあることもわかっている。こうした状況次第で最終的なデータ分析に偏りが出る可能性もあるため，リサーチャーは調査対象となっている市場間で，質問と尺度と測定基準の一貫性の確認が要求される。しかし，最近の調査の結果，上記の，いわゆる測定不変性評価と呼ばれるプロセスはめったに実行されていないことがわかった。リサーチャーの知識が限定的であることと，異なる測定不変性方法を採用することで，かえってプロセスが複雑になってしまう，というのがその理由である[16]。

▶オンライン調査

昨今，あらゆる種類のマーケティング・リサーチはオンラインで行われる傾向にある。**オンライン調査**は，オンライン・パネル，ソーシャルメディア・チャネル，オンライン調査，投票，その他インターネット接続を介した調査方法を通じて実施されるマーケティング・リサーチを包括する。全調査におけるオンライン調査の割合は10～20％と推定されるが，オンライン調査の実施手法は今後ますます洗練されていくであろうことから，さらに増加していくことはまちがいない。低コストでスピーディーであることは，オン

---

14. Myers, M. B., Calantone, R. J., Page Jr., T. J., & Taylor, C. R. (2000). An application of multiple-group causal models in assessing cross-cultural measurement equivalence. *Journal of International Marketing, 8*(4), 108-121.
15. Riordan, C. M., & Vandenberg, R. J. (1994). A central question in cross-cultural research: Do employees of different cultures interpret work-related measures in an equivalent manner? *Journal of Management, 20*(3), 643-671.
16. Yi, H., Merz, M. A., & Alden, D. L. (2008). Diffusion of measurement invariance assessment in cross-national empirical marketing research: Perspectives from the literature and a survey of researchers. *Journal of International Marketing, 16*(2).

ライン調査最大の強みである。少なくともインターネット普及率が高い国でのアクセスの容易さに加え，伝統的な方法でのデータ収集に課せられる条件がますます厳しくなってきていることも，オンラインによるマーケティング・リサーチの実施増加に有利に働いている。

　しかし，オンライン調査は新しい慣例であるため，世界規模でマーケティング・リサーチの実施方法として確立され，主流になるまでには，まだ多くの解決すべき課題がある。主な問題の1つは，オンライン調査の質と伝統的な方法の質が同等かどうかの確証が得られていないことである。回答者の本人情報の確認（重複や不正）や，測定方法の一貫性，オンライン環境に適したアンケートの作成といった問題に対して，リサーチャーはより広く受け入れられるための品質基準と方式を考案すべく苦心している。グローバル・マーケターが特に高い関心を抱くのは，オンライン調査の多言語化である。これは機械翻訳利用などによる効率化が不正確な結果を招く場合が多いことに拠る[17]。

　もう1つの大きな問題は，一般消費者の見識を明らかにするための調査に関して，オンライン・オーディエンスのみを対象とすることで偏りが生じるおそれがあるという点である。インターネット浸透率が高い国でさえ，オフライン人口を除外すれば，オンラインのみの調査サンプル自体が均質性を欠く可能性が高い。インターネット接続率がはるかに低く，人口の大半がインターネットへのアクセスが可能だとしても，時折しかアクセスできない新興市場では特に偏るのは明白だろう。

　35か国の150パネルからデータを集めたグローバル・オンライン・パネルの継続的調査では，特に多国間のマーケティング・リサーチに関し，回答者が所属するサンプル・ソースの一貫性と有効性の測定の重要性が強調される。定義を大きく変えることなく複数の市場間で転送ができる一貫した測定方法の使用も，高品質のグローバル・マーケティング・リサーチの実施には不可欠である[18]。

---

17. Day, D. (December 2009). Online research grows up. [Special supplement]. *Research*.
18. Gittelman, S., & Trimarchi, E. (November 2009). The value of consistency auditing of online panels. *Quirk's Marketing Research Review*. http://www.quirks.com/arti

オンライン・オーディエンスの測定基準は一般的に，特に国際的な調査になるほど信頼性が欠如する。英国のマーケティング・リサーチャーを対象とした最近の調査では，一貫したオーディエンス測定基準の保持が「きわめて重要である」ことに賛同したのは 96％であるが，そのような基準の確立を認めているのはわずか 23％であった。調査のプロによれば，多国間市場と地域市場の間の一貫性のなさが最大の問題であるとした[19]。

こうした問題にもかかわらず，オンライン調査は進歩し続け，ウェブ分析，携帯電話調査，ソーシャル・メディア調査のような先進的なトレンドや新たに生まれた方式は，ますます一般化しつつある。

▶グローバル・マーケティング・リサーチにおけるソーシャル・メディアの役割

Facebook，LinkedIn，Twitter などの SNS（ソーシャル・ネットワーキング・サービス）や，Viadeo（フランス），Xing（ドイツ），Tianji（中国）などの世界的な競合ネットワークをマーケティング・リサーチに使う大きな魅力は，これらのネットワークの数億人ものユーザーからマーケティング・リサーチャーに提供される膨大な量の，生のユーザー・データである。事実，こうしたデータのほとんどが無料で提供されていること，リアリティがあること，データの提供者であるオンライン・オーディエンスの多様性もメリットである。

マーケティング・リサーチャーに価値あるサービスを提供できる可能性はソーシャル・メディアのリーダー企業にも同様にある。例えば Facebook は，マーケターに，関連性の高い有効な広告を作れるように，ユーザーとユーザー選好に関するターゲティング・データを提供する。LinkedIn は，顧客満足度，市場概要，ブランド認知などのテーマに関する具体的な企業間調査プロジェクトに関してリサーチ会社と直接提携している。リサーチャーに母集団サンプルを直接提供する新サービスを検討しているネットワークもある。ソーシャル・メディア・リサーチャーが現在も最も広く使用するの

---

cles/2009/20091107.aspx?searchID 53982536 から検索．
19. Online metrics get thumbs down. (June 2009), *Research*, 6.

は，ポップアップやバナー広告で，このほかにも，調査やテキスト検索のサンプル・ソースとなっているデータ・マイニングや消費者心理調査（ブランド認知度調査など）のための自然言語処理ツールを使用することもある[20]。

しかし，多くのリサーチャーは，ソーシャル・メディアを利用する調査のメリットには落とし穴があると警告する。マーケティング・リサーチ業界の基本標準を満たすためにソーシャル・メディア・ツールを使用するリサーチャーは，検索とソースのパラメータを厳しく試験し，調査した内容を適切に分類してマッピングし，トレンド確認に使用した測定基準を調整し，最終的に実用的な情報を経営者に提供できるよう，すべての結果を報告書にまとめるべきである[21]。

オンライン調査技術の進展は，多くの国で，オンライン・コンシューマーのプライバシーに関する議論を活性化させる端緒となった。マーケティング・リサーチャーはこの注目の話題に関して，現地の法律と方針を認め，配慮すべきである。

▶グローバル・マーケティング・リサーチの実施における違い

信頼できる高品質のグローバル・マーケティング・リサーチの実施には，クライアントも（業者を使用する場合はその）業者も，その国独自の文化や社会慣習や他の背景要因によって調査方法を制約する特殊条件を理解し，同意しなければならない。例えば，米国のクライアントは国際電話でのインタビューを行う場合，どうしても前置きが長くなり，インタビューの主題については短い話しか聞けないため，時間も費用もかかる可能性があることを認識しなければならない。米国以外のほとんどの国では，社会的規範上の配慮から，このような米国式の直接的なアプローチはむしろ失礼だとみなされがちだ。グローバル・マーケティング・リサーチを実施する際の，国際的な差異に関する他の例については表6-1に記載する。

---

20. Poynter, R. (October 2009). The rise of observational research. *Research World*, 29-31.
21. Evans, R. S. (December 2009). Promises and pitfalls of social media. [Special supplement] *Research*. www.research-live.com/magazine/promises-and-pitfalls-of-social-media/4001830.article から検索。

表6-1 選択された国でグローバル・マーケティング・リサーチを実施する場合の差異

国・地域
中国 中国では調査対象が企業経営者や医者や政府職員であり,好まれる調査方法は面談である。専門家や政府職員には事前に調査参加依頼書を送付し,敬意を表さなければならない。 中国では電話インタビューが行われることもあるが,北京語と広東語など,言語の違いやブランド名の発音の違いにより,理解が妨げられ,調査結果が歪曲される可能性もある。
インド インドの消費者は買物の好みや動機について喜んで対面で話してくれることが多い。店や市場など,買物をする場所での観察調査は購買行動を判断する良い方法である。
中南米 中南米でのマーケティング・リサーチはほとんどが,社会経済的に中流,時には上流階級の回答者を対象に行われる。国によって異なるため,この地域で使用される調査方法を一般化することはできないが,人と人とのつながりが重視されるため,ほとんどの国で面談が好まれる。予算の差が使用する調査方法を決定づける。例えば,パナマでは電話代が非常に高いため,電話インタビューよりもインタビュー・リサーチャーを使って家庭で行う方が安く済む。
中東 中東で好まれるデータ収集方法は面談である。しかし,面談場所は自宅以外が望ましい。ほとんどの中東諸国では,対象者が女性の場合,男性家族が同席すれば,(一般的に)家庭においてインタビューすることができる。フォーカス・グループ,詳細なインタビュー,友人2人のインタビュー,その他複数の定性的手法も広く使われるようになった。

グローバル・マーケティング・リサーチのプロセス

マーケティング・リサーチのプロジェクトで,確実に最適な結果を得る最良の方法は,まず,明確に定義された行動計画を立て,業務達成のために実施すべき措置を確実に理解することである。プロジェクトの目的が特定の国の市場への参入か,グローバルな競争分析なのかを問わず,プロジェクトの

実施にかかわるリサーチャーはきめ細かく多様な措置を講じ，個々に決定を下す必要があるだろう。全ての行動を企図どおりの最終成果につなげるには，全当事者が調査の目的と目標を理解し，調査プロセスで合意したステップに従うことが不可欠である。

マーケティング・リサーチの典型的プロセスは下記の6つのステップによって構成される。

1. 調査の目的と目標の定義
2. 調査方法の決定
3. 調査の設計
4. データの収集
5. データの分析
6. データの報告

▶ 調査の目的と目標の定義

調査の目的と目標を明確に定義することで調査チームの目標が明確になり，その後，一次または二次調査に使用する情報源の種類から，アンケートの設問やサンプル規模の選択に至るまでの検討が容易になる。

グローバル・マーケティングといえば最も一般的な調査テーマが新市場の特定と評価である。実際，国際市場に初進出する企業なのか，世界的な舞台で認められたプレーヤーかにかかわらず，往々にして新市場の調査が必要とされる可能性は高い。

一般的なテーマであっても，各調査プロジェクトの目的と目標がまったく異なる場合もある。例えば，小さな会社が初めて**外国市場の機会分析**を実施するとする。その場合，どこが同社の製品やサービスに最も適した国際市場なのかを探索するのが最大の目的である。この次の目標については，例えば，「潜在的上位10市場の特徴と基本情報（人口，1人当たりの所得水準，特定の製品カテゴリーの販売高，取引に関する制約，その他の関連指標など）を組み合わせ，10市場の特徴を明らかにすること」と定義する。

世界市場でのビジネス経験を持つ企業であれば特定地域の競争状況の評価にひときわ関心を抱くかもしれない。この場合，当該地域における主なライ

バル企業と，市場における長所・短所の特定も調査目的になろう。調査目標には，各競合相手に関するSWOT分析を行い，その販売戦略と有効性を分析し，あるいは対象市場やシェアの低い市場でのギャップを絞り込んで製品ラインの見直しをすることなども含まれることも考えられる。

▶ 調査方法の決定

最初の段階で調査に関する求めるべき情報が確定したら，このプロジェクトを構成する基本要素の決定段階に入る。

ここで最初に決定すべきは，必要情報の取得方法である。一次調査を実施する価値があるか？ あるいは回答として十分なデータが二次情報源から得られるか？ この決定を下すために，マーケターは希望するデータ・カスタマイズの水準，データの信頼性，データ取得に関する費用，プロジェクト期間など，追加要素を検討しなければならない。

もう1つの重要な要素は，望ましいプロジェクト管理の方法である。このプロジェクトは本社が遂行するのか，または（多国籍企業の場合）現地事務所に実施を委ねるのか？ あるいは社内資源を使うのか，マーケティング・リサーチ会社に業務を委託するのか？ などである。

上記の各質問に対する答えは社内の事業構成や資源・文化だけでなく，市場特性によっても左右される。調査対象の市場がその企業にとって異質で馴染みがないケースほど，その市場に特化したマーケット・リサーチ会社を使う方が賢明である。この戦略により，標本抽出，翻訳，データの質，結果の解釈などに関する多くの潜在的課題を予め除去できる可能性が増す。

▶ 調査の設計

このステップではプロジェクトをさらに具体化する。定性データと定量データのどちらの方が有用であるか（または両方を組み合わせる方がよいか）を決定するのはこの段階である。この決定を最も適切に行うには，プロジェクトの目的と目標を見直し，それを満たすためにフォーカス・グループを選ぶかオンライン・パネルにするか，アンケートを実施するか，公開されている報告書を使用するか，それらを組み合わせるか，それら以外の手法を

使うかなどを問うことである。調査設計に影響を及ぼす他の要因としては，その国の状況が挙げられる。電話インタビューが最も適切な手法だと思われる場合でも，現地の法律により消費者に電話で接触することが制限される場合や，そのようなマーケット・リサーチ方法がその国の消費者にとって馴染みがない場合，調査設計を変更する必要があるかもしれない。

どの手法が使われるかにかかわらず，調査プロジェクトの設計を委ねられたリサーチャーは**自己参照基準**（SRC：self-reference criterion），すなわち"人はどこにいても同じように世界を感じ，同じような文化的価値観や個人的態度を持っているものだと無意識に想定してしまう傾向"の影響を避けるよう努力すべきである。SRCは，グローバルな調査プロジェクト向けのアンケートを作成する過程や，他の文化圏の回答者の回答を（間違って）解釈する時に最も出現しがちな現象だからである。

意思決定のもう1つの重要な要素は標本の規模である。意味あるデータを収集するためにどのくらいの規模にすればよいか？ これに対する正解は，特に手法の正確性，結果の確実性レベル，プロジェクト予算に対する会社の要求などによって異なる。

データの収集

データ収集プロセスにも多くの次元があり，矛盾のない有効な調査結果を確実に得るためにも，実際の収集を始める前にしっかり決めておくべきである。許可の取得から，使用するデータソースの種類や記録保管の基準にいたるまで，プロセスの全ステップに関する手順をすべてのリサーチャーが明確に理解し，遵守しなければならない。定量データであれ，定性データであれ，プロセスに偏りが生じるのを避けるためには，そうした一貫性の確保が不可欠である。

グローバル・リサーチ・プロジェクトのこの段階において，調査設計の完全性を維持しつつ，多様な調査環境でデータを収集できるリサーチャーの能力はとても重要である。表6-2に記載する一次調査方法をいくつか採用しながら，現地の言葉を話し，確立された文化的・社会的慣習に基づいて回答者が気楽に話せる雰囲気作りができるローカル・スタッフを活用することで，

表6-2　調査手法の選択

> **インタビュー：**
> マーケット・リサーチを目的として情報を収集するために回答者に質問する。対面，電話，ファクス，オンラインなどの方法がある。家庭，事務所，街頭，ショッピングモール，催し物会場などのような場所で行うことができる。
> **消費者調査：**
> 対象となるオーディエンスの人口統計的特性，購買決定の理由，買物をする時と場所，市場のポテンシャル，購買習慣を判断する調査。
> **オムニバス調査：**
> 複数のクライアントのために，あるテーマに関して相乗的に実施される調査。クライアントにとっては共同で質問することにより調査費用の負担を軽減することができる。特定のテーマに関する質問は代表的なサンプルとしてまとめられ，単独の統一的なアンケートの一部となる。個々のクライアントの質問はもちろん秘密であり，各クライアントが自社のデータしか見られないような方法で結果を処理する。
> **フォーカス・グループ：**
> フォーカス・グループでは，依頼した参加者グループに特定のテーマに関する考え，感情，態度，アイディアを共有するよう推奨する。
> **観察試験：**
> 買物をしている時の消費者の行動を観察することによりデータを収集する調査。リサーチャー（観察者）は観察対象者と直接接触することなく行動を記録する。
> **アンケート：**
> アンケートは，回答者から情報を収集することを目的とした一連の質問その他奨励事項からなる調査手法である。

回答をたくさん引き出し，意義ある，信頼に足るデータを収集できる可能性も高くなる。専門的な訓練を受けたスタッフであれば，マーケティング・リサーチ分野で確立された品質基準と倫理基準をほぼ確実に遵守するであろう。

社内か外注か

　グローバル・マーケティング組織について決定すべき重要事項は，社内のスタッフや資源を使ってマーケット・リサーチを行うか，外部機関を利用するかである。海外の関連会社内にマーケット・リサーチ部門のある企業であっても，専門的マーケット・リサーチ会社に業務を外注する方が効率的な場合もある。そのポイントは，企業がリージョナルな，またはグローバルな

リサーチを実施する時期である。この場合，実施するすべての調査で同等性を確保することが不可欠である。異文化間調査において用いる概念が，調査対象のおかれているそれぞれの社会背景の中で同じ意味を持っているかどうかを判断することが，基本的な問題となる。異文化間マーケット・リサーチで使用する概念は，主に特定の文化（米国など）が出所となっており，特定の言語的文脈（米国英語など）のもとで作成されたものである。米国または他国が出所の概念を使用する前に，それがターゲット地域の文脈においても等しい概念かどうかを検討すべきである。なぜなら翻訳によって一部の意味が失われ，その結果同等でなくなる可能性もあるからである。異文化間マーケティング・リサーチにおける主要な問題は，いわゆるイーミックとエティックのジレンマである。測定基準がある文化に縛られている（イーミック）か否か，またあらゆる文化において使用できる（エティック）か否かに検証の的を絞る必要がある。各文化圏において行動タイプの測定基準や規模を検証し，構成概念と測定基準が特定の文化的背景に関連するかどうか，また同等の測定基準を有するかどうかを判断しなければならない。現地の調査機関あるいはグローバル・ネットワークを持つ世界的な会社を利用しつつ，文化に精通した現地のスタッフを使うことは，同等性を保つ上で大いに役立つであろう。表6-3は多くの国に関連会社を持つ世界的な大手マーケティング・リサーチ会社を示している。こうした会社を使うことは，多くの国でマーケティング・リサーチのプロジェクトを行う場合，特に同一期間に行う場合に，同等性と調整を徹底することに役立つ。

データの分析

前ステップで収集したデータを解釈し，行動を起こせる状態になるまでに加工するのが，データ分析段階の主な目的である。しかし，定性データと定量データの分析・解釈に用いられるプロセスは，収集に使用する2つの手法と同様異なる。

定性データの分析において，リサーチャーは通常，深層インタビューやフォーカス・グループのセッションから，実際のデータ収集セッションの記録を見直し，あるいは自分のメモとセッションの回想を参照することができ

表 6-3　グローバル・マーケティング・リサーチ会社、上位 25 社

2008年順位	会社名	本社所在地	親会社所在地	関連会社所在国数	調査専従社員数	世界的調査収益（百万米ドル）	自国外世界的収益率 (%)
1	The Nielsen Co.	ニューヨーク	米国	108	34,516	4,575	51.2
2	The Kantar Group	ロンドン、フェアフィールド CT	英国	80	21,510	3,615	75.3
3	IMS Health Inc.	ノーウォーク CT	米国	76	7,500	2,330	63.9
4	GFK SE	ニュルンベルク	ドイツ	57	9,692	1,797	77.3
5	Ipsos Group, S.A.	パリ	フランス	64	9,094	1,442	89.0
6	Synovate	ロンドン	英国	61	6,746	961	85.1
7	IRI	シカゴ IL	米国	8	3,600	725	37.4
8	Westat, Inc.	ロックビル MD	米国	1	1,998	470	—
9	Arbitron, Inc.	コロンビア VA	米国	2	1,116	369	1.2
10	INTAGE, Inc.	東京	日本	3	1,779	332	1.1
11	J. D. Power & Assocs.	ウェストレークビレッジ CA	米国	9	850	272	30.7
12	Maritz Research	フェントン MO	米国	4	756	230	14.4
13	Opinion Research Corp.	プリンストン NJ	米国	5	485	228	36.2
14	The NPD Group, Inc.	ポートワシントン NY	米国	13	1,090	226	25.5
15	Harris Interactive, Inc.	ロチェスター NY	米国	7	899	222	38.2
16	Video Research Ltd.	東京	日本	3	393	188	0.1
17	IBOPE Group	サンパウロ	ブラジル	12	1,884	159	22.5
18	Comscore Inc.	レストン V	米国	5	581	117	14.1
19	Cello Research & Consulting	ロンドン	英国	2	451	99	39.8
20	Market Strategies International	リボニア MI	米国	3	307	92	15.9
21	Lieberman Research Worldwide	ロサンゼルス CA	米国	4	324	90	18.2
22	Mediametrie	パリ	フランス	1	515	85	11.0
23	BVA Group	パリ	フランス	4	742	84	10.7
24	You Gov PLC	ロンドン	英国	9	474	83	71.0
25	Dentsu Research Inc.	東京	日本	1	16	68	0.3

出典：*Marketing News*, American Marketing Association, 30 August 2009 より作成。

る。このような状況では当然，プロセスに主観性と個人的偏見が入り込みやすくなり，調査結果に対する最終的な解釈と分析は個々のリサーチャーのスキルと経験の影響を受けることになる[22]。

定量データの分析は，さらに構造化された複数のステップで構成された工程を成す。まず，適切に記入されたエラーのないアンケートだけを後段処理に送るようにするために，データをしっかり「調整」することから始まる。その後の処理では，相関分析，回帰分析，その他の分析方法を通じて，適切にコード化・集計された回答を処理し，数字と数字の関係を確定する。通常，こうした複雑な計算は，リサーチャーから指示される専用ソフトウェア・プログラムによって行う。分析結果を解釈することにより，リサーチャーはデータの基礎的意味を見出し，潜在的傾向，その他の消費者行動や競争圧力や市場パフォーマンスに影響を及ぼし得る要因などを特定する[23]。

例えば，Bank of Americaが最近行った調査では，中国が2006年に初めて乗用車生産で米国を抜いたことがわかった。しかし，より詳細な調査では，中国は乗用車の定義にライトバンも含めていたが，米国は含めていなかったことがわかった。ライトバンを算入しない調査結果では，米国は依然として乗用車生産において勝っており，スポーツ用多目的車（SUV）など軽トラック類を含める場合，その差はますます大きくなる[24]。にもかかわらず，同業界における中国の成長率は依然として顕著で，米国の生産の5.4％しか占めていなかった1997年当時の16倍にまで上昇している。

データの報告

多くのリサーチャーにとって，最終報告書（数週間〜数か月に及ぶ調査努力の成果）が実際に使われることのないまま経営者の本棚に置かれているのを見ることほど辛いことはない。調査報告書が読まれ，理解され，活用されるようにする最良の方法は，マーケット・リサーチ業界の専門用語や慣習に

---

22. Crouch, S., & Housden, M. (2003). *Marketing reseach for managers*. Oxford: Butterworth-Heinemann, p. 223.
23. *Ibid*
24. Simon, B. (8 March 2007). China speeds past the United States in passenger car production. *Financial Times*, 25.

通じていない経営幹部にも読みやすく，当事者意識が感じられる成果物にすることである。

　まず，そもそも調査実施の企図と意義を理解すべき経営幹部に対しては，最終報告書の調査目的の優先順位と構成に沿って報告することが，彼ら自身の関与度を上げる点で良いアプローチとなろう。リサーチャーは，もともとの質問と調査結果を直接関連づけることにより，プロセスに関わっていない人にも報告書の論理と結論が理解されやすくなるようにできる。数字中心の無味乾燥な分析ではなく，分かりやすい物語形式で結論を提示できるリサーチャーは，報告書に対する関心を喚起し，組織の他部署にも大きな影響を与えることができる[25]。

　このような経営幹部の教育に際して，現代のリサーチャーは単なる文書以上の手法を活用することができる。映像や音声記録などのマルチメディア・ツールを使うことで，報告書を読むと数時間かかる内容も数分で伝えられる場合も多い。こうしたプレゼンテーションの方が，経営幹部特有の情報消費スタイルに適しているかもしれない。また今日ではこうしたデータをプレゼンテーションに取り入れることも，最終報告書の視聴覚サポートツールとして組み入れることも，容易にできる。[26]

▶グローバル・マーケティング・インテリジェンス／情報システム

　「こんなことになるとは夢にも思わなかった」と嘆くのは米国の大手製薬会社のCEOである。同社は，ベストセラーである2製品に関する調査の取り扱いを誤った疑いで上院の保健小委員会の調査を受けることになろうとは，想定していなかった。

　2010年の安全問題に対するToyotaが，その対応の遅れにより最終的に世界中で850万台がリコールされた件も同じである。問題は，Toyotaのよ

---

25. Widemann II, R., & Fitzgerald, A. (April 2008). By the numbers: mastering the art of writing quantitative research reports. *Quirk's Marketing Research Review*. www.quirks.com/articles/2008/20080410.aspx?searchID=65182389&msg=3 から検索。
26. Johnston, G. (December 2005). Thoughts on the role of video and ethnography in marketing research. *Quirk's Marketing Research Review*. www.quirks.com/articles/a2005/20051206.aspx?searchID=65180541&sort=9 から検索。

うな世界的な日本企業がなぜ問題を予測できなかったのか，そして問題に対処するための既存の危機管理計画がなかったのはなぜかという点である。原因が日本の合意形成文化のせいだと指摘する人もいる。長々とした意思決定プロセスが迅速な対応を阻害するからである。

このシナリオから分かることは，これらの企業には（他の企業と同様に）十分な「早期警告」能力や情報システムがなかったことである。もしそれがあったなら，経営者は危機を予測できたであろう。

マーケティング・インテリジェンスは，マーケティング・リサーチと同義ではない。マーケティング・リサーチは通常，明確な始まりも中間点もゴールもない特定の問題やプロジェクトに焦点を絞る。マーケティング・インテリジェンス／情報システムとはマーケティング情報の継続的な収集と分析のことである。さらにインテリジェンスは評価された情報，すなわち信頼性・意味・重要性が確立された情報を指す。だからこそインテリジェンスは現在既に見えている，あるいは潜在的なマーケティング状況に適用されるのである。

米国マーケティング協会（AMA）はマーケティング情報システム（MIS）を「マーケティング決定を下す際に使用する情報を定期的かつ計画的に収集し，分析し，提示するための一連の手順と方法」と定義している。言い換えると，MISの目的は，データの集計だけではなく，データを意義ある情報に変換したり，意思決定しやすい方法での情報提示に役立てることでもある。適切なMISは，マーケティング情報を組織のあらゆる部署（例えば会計や営業）に存在する他の関連情報と結びつけることにも役立つはずである。現在，ほとんどの部署は競争力維持のために最新のグローバル・マーケット情報に頼っているからである。この文脈で見ると，マーケティング・リサーチは通常，一度に1つの明確な問題を解決するというプロジェクト・ベースであり，ある情報源から得たマーケティング情報を継続的に収集し，解釈し，組織することを目的とした，より広範なマーケティング・インテリジェンス体系の一部になっている。情報源として下記のものも挙げられる。

- ■二次的データの分析
- ■人材
- ■外国に駐在する管理者，会社の子会社および関連会社

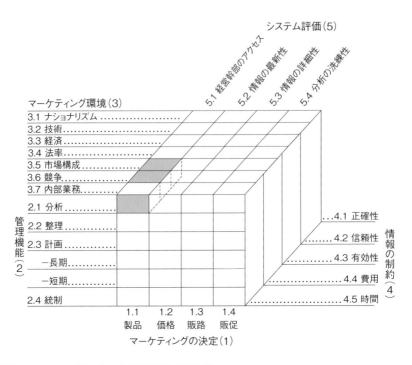

図 6-1 マーケティングの情報要求モデル

- 出張および建物の連絡窓口
- データベース分析（社内外）
- 業界の専門家
- 正式なマーケット・リサーチ

さらに，MIS は，市場の現状を伝える情報のスナップショットであるだけでなく，将来的，あるいは潜在的なマーケティング活動に使用可能な予測でもあるべきである。マーケティング・インテリジェンス／情報システムのモデルを図 6-1 に示す。

このモデルには，(1)マーケティングの決定，(2)管理機能，(3)マーケティング環境，(4)情報の制約，(5)システム評価という相互関連する 5 つの次元がある。最初の 2 つの次元は，マーケティング・マネジャーが管理する業務，すなわち(1)分析，(2)整理，(3)計画，(4)統制に由来する。これらの活動は，(1)製

品，(2)価格，(3)販路，(4)販売促進という４つのマーケティングが決定すべき分野にある。例えば，現在の製品戦略を分析するにはマーケティング環境の知識，製品分析，市場構成，市場占有率，市場セグメンテーションなどが必要となる。次元としては表中の 1.1, 2.1, 3.5, 3.6 などの組み合わせである。各セルがマーケティング決定と管理機能に必要なすべての情報を含む計画書の１ページまたは１セクションを示す。

　どのセルにも２つの追加的次元，例えば時間と費用，およびインテリジェンス・システム評価を追加する。データ収集時に，情報の制約（次元4）と同様，データの有効性と信頼性を検証しなければならない。そして次の４つの基準を適用することでシステムの評価を達成することができる。(1)経営幹部のアクセス（情報請求から受領までの時間），(2)情報の最新性（事象の発生からシステムに情報が保存されるまでの時間），(3)情報の集積（情報をシステムに保存する際の詳細性），(4)分析の洗練性（事象を細かく記述したものから統計的評価およびモデル構築に至るまでのシステムにおけるデータ構成タイプ），である。

　MIS 機能を可能にする要因の１つは情報の民主化である。インターネットや他の（無料で簡単にアクセスできる）ソースでの情報入手が可能になったことで，製品や会社のマーケティングの命運を左右する力はマーケターから消費者へと移行した。現在，国際的マーケターは競争相手の動向だけでなく，製品に関してブログなどに投稿された情報の内容，YouTube などの映像メディアにおける情報の取り上げられ方，Epinions.com などの消費者レビュー・サイトで自社製品・サービスなどがどのように格付けされているかも精査し，監視しなければならない。これにより，Yahoo! や MSN，Google のような情報ポータルではカスタマイズ可能な情報フィルターと電子エージェントなどの機能がますます一般化し，「アグリゲーター」またはフィードリーダーと呼ばれる RSS ツールが増えていることも説明できる。

　マーケターに役立つ新たな技術ツールもある。データ管理プログラム，データ・マイニング専用のソフトウェア・ツール，テキスト検索と分類，特許検索，ウェブページ追跡，インターネット監視は，特に製薬，コンピュータ技術，電気通信，防衛，航空宇宙など，競争が激しい業界の主要企業でま

すます一般化している。そのため，経営者がより広範なメディア・ソースをカバーし，最も自社に関連する情報に焦点を合わせ，その情報を組織全体で共有することがますます容易になっている。

まとめ

- マーケティング戦略の形成におけるグローバル・マーケティング・リサーチの役割は，複数国間の文化，社会，経済の違いから重要性を増している。新市場への事業拡張には，市場の違いに対応し，地域で調査活動を調整するための特殊な専門知識が必要である。グローバルまたはリージョナルに活動する企業は，国，地域，世界のどこをベースにして調査を行うべきかを決定しなければならない。ほとんどの場合，調査の実施方法は，企業のグローバルな活動組織によって異なる。さらに，グローバル企業は，マーケティング・リサーチを社内で行うべきか，多国籍リサーチ会社やその地域・国で求められる調査手法に精通した現地会社に外注すべきかを決定しなければならない。
- インターネットなどの技術の進歩はグローバル・マーケティング・リサーチに大きく貢献してきた。インターネットが出現する前は，グローバル市場にしろ国内市場にしろ，大企業にしかマーケティング・リサーチはできなかった。今では，パソコンが１台あれば数時間で大量のグローバル・マーケティング・リサーチを行うことができる。それだけでなく，先進国ではスキャナー，CATI（コンピュータ支援電話インタビュー），CAPI（コンピュータ支援対面インタビュー）といったコンピュータ技術を駆使したデータ収集機器が頻繁に使用されており，新興市場でも使われ始めている。もちろん，多国籍企業には今でも自由に使える多くの調査情報資源があるが，中小企業も手頃な費用で大量の調査をダウンロードができるようになった。
- 競合者と市場構成に絞った将来の展望に基づく長期計画を立てるためには，マーケティング・リサーチに加え，マーケティング・インテリジェン

ス／情報システムが必要だとする認識がグローバル企業の間で高まりつつある。それらは，市場機会の損失を回避し，自社に大きなダメージを与え得る万一のリスクに対しても早期に予想し，備えられるような警告機能を提供するものである。

ディスカッションテーマ

1. ケニア，ナイジェリア，ガーナ，南アフリカで，一般消費者に対して調査を実施する場合，どのような情報収集方法が最も有効か（例えば，対面インタビュー，電話など）？表6-2を参照に検討せよ。
2. マーケティング担当部長からパリやニューヨークにおけるレストランの好みについて確かめるよう要請があったとする。どのような情報源を活用したらよいか？
3. ある国への消費財の輸入は，同様の製品に関する国内市場規模を推定するうえで参考になると思うか？何故か？
4. 国内市場を中心に展開している企業にとっては，必ずしも重要でないような情報でも，グローバル企業にとっては必要不可欠の情報がある。そのような情報としてどのようなものがあるか？グローバル企業にとって必要不可欠な情報としてどのような種類のものがあるか？

実践的課題

1. www.acnielsen.com にアクセスし，"Trends and Insights" というセクションから消費者報告書を選択せよ。報告された結果に基づき，具体的な製品カテゴリーで新たな地域市場に参入する戦略を推奨せよ。推奨の際，正当な理由をつけること。
2. 勤務先の中規模の消費財メーカーが中国への参入を決定したとする。マーケティング・マネジャーであるあなたは，まずこの新市場にどの製品

ラインを導入すべきかを決定するために，一次調査を行うマーケット・リサーチ会社を雇う任務を与えられた。調査に際して直面すると思われる問題と調査プロジェクト終了時に回答してほしい質問を作成せよ。
3. マーケティング情報要求モデルを使って，下記事項に関する情報を取得するにはどのセルを使うべきかを述べよ。
   a. 政府の方針変更によりX国での活動に支障が出ると想定する。それが起こる可能性をどのように判断するかを述べよ。
   b. Y国における競争相手が新製品を開発中であり，成功すれば現在市場にある自社製品より優れた製品になるかもしれないという情報を得た。どうすれば競争相手の製品開発段階に関する情報を取得できるかを述べよ。

キーワード

一次調査	p.175	定性調査	p.174
オンライン調査	p.176	定量調査	p.172
外国市場の機会分析	p.181	二次調査	p.175
グローバル・マーケティング・リサーチ	p.171	マーケット・リサーチ	p.170
自己参照基準（SRC）	p.183	マーケティング・リサーチ	p.169

第7章

国際市場の選択

それはすべての時世において最も良い時世であり，また最も悪い時世でもあった。

Charles Dickens, 『二都物語』

学習の目的

本章を読むことで，次のことが期待される。
- 国内に留まるよりも海外に事業拡大しようとする企業の動機を理解すること。
- 国際市場拡大の誘因を特定すること。
- 国際化理論の基礎を理解すること。
- 参入形態戦略の選択に使用したさまざまなモデルを応用すること。
- 国際化理論を企業のケーススタディに応用すること。
- ツールを使って国際市場を精査すること。

Nuvotronics は当期年商約 450 万ドル，従業員 65 人の企業である。売上の約 80 % は米国政府および軍用の取引によるものであり，20 % は石油・ガス産業，航空宇宙産業，衛星関連メーカーなどのバイヤー向けである。同社のコア・コンピテンシーは，極端な環境下でも作動する高品質で信頼性の高いコンデンサ，モジュール，部品の製造にある。これにより同社は競争優位を確保してきた。国際市場での販売は総売上高の約 15 % を占めている。国内事業の割合を減らし，政治周期による業界特有の影響を軽減するために，同社は 5 年以内に外国での売上を総売上高の約 30 % まで増やしたいと考えている。つまり，国際化を大きく推進させることが同社の目標である。

国際化が起こるのは，企業が外国市場への参入を戦略的に決定し，有形・無形の資産，経験的知識，学習，人材をここに傾注して，事業活動を国際環境に適合させる時である。経営者は，さまざまな国における消費者需要の複雑さや国内外企業との熾烈な競争により，国内市場より外国・国際市場が厳しい競争下にあることを認識しなければならない。国際市場は，Nuvotronics のような企業に拡大と収益性の機会を提供するが，それは熾烈な競争環境に身を投じることと同義である。したがって，経営者が参入する市場や参入の形態と時期を適切に選択することがきわめて重要である。

本章では，企業に与えられた選択肢と国内外への拡大の動機について説明する。Nuvotronics の例では，経営者が最初に下すべき決定は，国内市場に

集中するか,海外へ進出するか,またはその両方を行うかの判断である。

まずは外国への市場拡大が決定されたと想定しよう。具体的な市場機会を探すことが次のステップである。有望な市場が決まったら,1つの市場に参入するか(集中),短期間に複数の市場に参入するか(多角化)という拡大戦略を決定する必要がある。この決定後,参入形態(輸出,フランチャイズ,その他の選択肢など)を選択しなければならない。拡大の選択肢を理解するための優れたフレームワークが,Ansoffが開発したモデル(1965)である。

Ansoffの事業拡大モデル

競争力と収益性を高めるには事業活動の拡大は不可避である。Ansoffによると,その実現方法は,市場浸透,市場開発,製品開発,多角化の4通りである。図7-1に示したマトリクスはこれらの可能性を表している。企業が新製品を導入し,新市場に浸透するにつれ,商業リスクも増大することに注意しなければならない。

		製品	
		既存	新規
市場	既存	市場浸透	製品開発
	新規	市場開発	製品／市場の多角化

→ リスク

図7-1　Ansoffのマトリクス
出典:Ansoff, I. (September-October 1965). The firm of the future. *Harvard Business Review* より作成。

■ 既存市場／既存製品

　この戦略を選んだ企業は既存製品を使って既存市場における市場占有率を高めようとする。積極的な宣伝や販売促進など，マーケティング・ミックスを調整しながらマーケティング努力により多くの資源を投入する。価格割引や，顧客とのより良い関係構築によっても浸透を達成できる。4つの成長戦略のうち，市場浸透は最もリスクが低い。Fuller's の「London Pride」はこの戦略の一例である。

　「London Pride」について耳にするか，もしくは実際に口にされたことはあるだろうか。最初は英国南東部で地域的に販売されていたが，後に国内全域で最も売れるようになったエールビールのことである。Fuller's のエールビールの市場浸透は，製品を改善し，より良い宣伝と販売に投資することで達成された。

■ 既存市場／新製品

　この戦略は既存市場に新製品を提供する手法のため，新たな製品やラインの拡大を開発・取得する必要がある。この戦略の好例は万年筆で有名なドイツの企業 Mont Blanc である。筆記用具はどんなものでも1つ買えば一生使うことができる。それ以上のペンや鉛筆を買うコレクターはほんの少数である。既存顧客を対象として売上を増やすために，Mont Blanc は財布やカフスボタンなどのアクセサリー分野にも商品を拡大した。

■ 新市場／既存製品

　「新市場」は国内だけかもしれないし，国内と世界の両方かもしれない。婦人服の最大小売チェーンの1つである Dress Barn（48州とコロンビア特

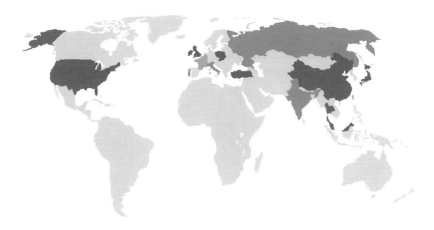

- Tesco社が現在営業する国(米国, アイルランド, 英国, チェコ, ポーランド, スロバキア, ハンガリー, トルコ, 中国, 日本, 韓国, マレーシア, タイ)
- 将来Tesco社の営業が計画または予想される国(ポルトガル, イタリア, インド, ロシア)
- Tesco社が撤退した国(フランス, 台湾)

図 7-2　Tesco の世界的存在
出典：www.tescopoly.org/index より抜粋。検索日：2011 年 6 月 20 日。

別区で約 1500 店舗を展開）は 1962 年に設立され，最初は米国東部で営業していたが，2005 年に Maurices のチェーンを買収し，米国中西部と西部に拡大した。米国外に店舗はなく，衣料品のほとんどをアジアや中東やアフリカで委託製造している。

　他方，英国最大のスーパーである Tesco は世界的に多角化を遂げ，英国外での店舗面積が大部分を占めるようになった（図 7-2）。Tesco は英国，アイルランド，ハンガリー，ポーランド，チェコ，スロバキア，トルコ，アジアにおいて 2300 を超える店舗を営業している。Tesco の事業にはコンビニ（Tesco Express），都市型小型店舗（Tesco Metro），大型スーパーマーケット（Tesco Extra），金融サービス，電話会社事業が含まれる。Tesco はまた，オンライン・ショップ（www.tesco.com）による食料品オンライン販売のリーダーでもある。

新市場／新製品

　Apple Computer はグラフィックデザイン市場をターゲットとしてスタートした。今ではコンピュータだけでなく，iPod や iPad に代表される一般市場向け電子製品も販売している。世界的にも事業を拡大し，2008 年現在，英国で 19 店舗（最大の店舗はニューヨークではなくロンドンのリーゼント通りにある），カナダで 9 店舗，日本で 7 店舗，オーストラリアで 3 店舗，スイスで 2 店舗，中国，イスラエル，イタリアでそれぞれ 1 店舗を運営している。2008 年には PC 市場における Apple の世界シェアは米国シェアの約 2 倍であった[1]。

国際化と Ansoff のマトリクス

　国際化は，企業活動（戦略，組織体制，資源）を国際環境に適合させる過程であると定義されてきた。したがって，この定義にあてはまるのは市場開発戦略（外国市場への参入）だけである。しかし，今までにとりあげた企業の大半は，Ansoff が提案した戦略のすべてとはいえないまでも大部分を取り入れることにより，国内外に活動を拡大した。Tesco を例にとり，マトリクス（図7-1）を再び見てみよう。

　Tesco は，ラインの拡大と差別化（既存顧客への金融サービスや既存顧客と新規顧客への家庭用電化製品の提供など）も含め，マーケティング・ミックスのすべての要素を使って国内外の市場占有率を高めた。国際的にも（新市場も）拡大した。一度に，あるいは段階的に 4 つの戦略をすべて採用したことがわかる。こうした企業にとって，自らの企業活動の国際化を動機づけた要因は何だろうか？

---

1. http://apple20.blogs.fortune.cnn.com/2008/05/19/report-apples-market-share-of-pcs-over1000-hits-66/ より抜粋。検索日：2008 年 10 月 15 日。

国際化の動機づけ

　国際化への構想や衝動は社内で自発的に起こることもあれば，社外の要請によって引き起されることもある。海外の方が国内市場より成長の可能性が高いという経営者の考えから社内で発生するかもしれない。あるいは，口コミやインターネットの書き込みで製品の噂を聞いた海外の潜在的バイヤーから，予期せず連絡を受けたことがきっかけとなって動機として発動する場合もあるだろう。明確に要求されずとも，外国の市場をフォローし，調査することになるきっかけは**反応的動機**（reactive motive）といえる。自国での景気低迷など，企業自身がコントロールできない国内事情から醸成された動機にも似ている。他方，グローバル・プレイヤーになりたいという経営者自身の願望などの，**先行的動機**（proactive motive）もある。Albaum, et al.（1994）によると，一般的に，これらの動機は，表 7-1 に示す 4 種類に類型化できる。

表 7-1　国際化に対する動機づけの分類

	社内	社外
先行的	・経営者の衝動 ・成長と利益の目標 ・競争に先手を打つ ・規模の経済 ・独自の製品／技術	・外国市場における機会 ・変革推進者 ・場所の優位性
反応的	・リスクの多様化 ・季節製品の販売拡大 ・余剰能力	・不意の注文 ・自国市場が小さい ・自国市場の停滞または衰退

出典：Albaum, G., Strandskov, J., Duerr, E., & Dowd, L. (1994). *International marketing and export management* (2nd ed.). Reading, MA: Addison-Wesley より作成。

表7-2 エストニアとロシアの銀行における国際化の動機づけ

	社内	社外
先行的	・市場力の模索，市場占有率の増加 ・独自のサービスとブランド ・製品群の拡大とライフサイクルの延長 ・リーダーの洞察力	・M&Aによる集中の強化 ・情報技術の向上 ・物理的インフラ（通信ネットワーク）の改善
反応的	・業績水準の向上 ・債務不履行による外国銀行取得に適した状況 ・余剰能力	・競争力の強化 ・国際化した既存顧客へのサービス提供 ・自国市場の停滞または衰退

Jompponen, et al.（2004）[2]は，Albaumらの分類を使用して，エストニアとロシアの銀行における国際化の動機づけを調査した。明らかになった動機の多くは表7-2に示された要素と似ている。

先行的動機

一般的に，外国で開拓できる企業固有の資産があると経営者が考える場合に，社内の先行的動機は生まれる。例えば，外国への製品輸出を開拓できる遊休能力，十分に活用されてこなかった経営トップの国際経験，強力なブランド認知の優位性の活用などである。

ポーランドの中小企業を対象とした調査で，図7-3に示した通りの国際化の動機づけが明らかになったが，これらはかなり先行的である。

---

2. Jumpponen, J., Liuhto, K., Sörg, M., & Vessel, V. (2004). *Banks' internationalization: Estonian and Russian banks' expansion to the foreign markets*. School of Economics and Business Administration, Tallinn University of Technology, 88.

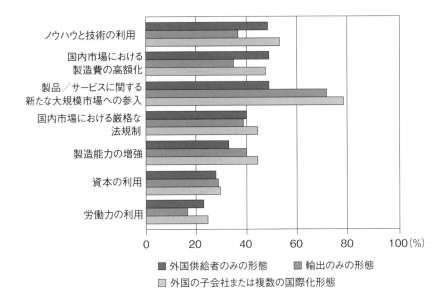

図 7-3　国際化の動機―ポーランド
注：国際化の動機を「重要」または「非常に重要」と評価した率。
出典：データは ENSR Enterprise Surrey, 2003 より。

　John Dunning(1993)[3] は，国際化の先行的動機に関する4つの類型，すなわち市場の探索，資源の探索，効率の探索，戦略的資源の探索を見出している。
　市場探索企業（market seeking firms）は，拡大機会を求め，競争に先手を打つためか，あるいは顧客により良いサービスを提供するために新市場に参入すると考えられる。もう1つの理由は競争優位性を活用することである。Filipescu（2007）[4] は，企業の国際化に関して銀行，光学，玩具業界における3つのケース・スタディを提示している。3業界すべてにおいて，国際的活動を開始する主な動機は，グローバル社会で生き残る必要性であったことが指摘される。3つの企業はすべて革新的であり，新製品を導入してい

---

3. Dunning, J. (1993). *Multinational enterprises and the global economy*. Reading, MA: Addison-Wesley.
4. Filipescu, D. (2007). *Innovation and internationalization: A focus on the Spanish exporting firms*. Ph. D. Dissertation, Universitat Autonoma de Barcclona.

た。したがって，国際競争に資する強力な資産を持っていた。Child & Rodrigues（2005）[5]は，市場を探求する中国企業に関して4つのケース・スタディを提示している。ケース・スタディは，企業が外国市場で競争優位性を確立するため，技術とブランドという資産を求めたと示している。これらのケースにおける中国企業の国際化への動機は，競争上の不利な点に対応することであった。その国際化戦略は，他社ブランド製品の製造（OEM）や合弁事業に従事していたという意味において「内向き」であり，外国での資産取得による国際化という点では「外向き」であった。

資源探索企業（resource seeking firms）は，資源を取得するために外国に投資する。おそらく，望む資源をより低い原価で取得できるか，自国に全く存在しない資源を求めているのである。例えば，原材料の取得や，特に労働集約型製品を製造するための低賃金労働者の活用などである。ポーランドにおいては，図7-3に示されるように主要資源の探求が主な動機の1つである。

効率探索企業（efficiency seeking firms）は通常，すでに外国で設立されているが，共通のガバナンスと知識の共有を通じて，規模と範囲の経済を実現することにより活動を効率化しようとする企業である。

戦略的資源探索企業（strategic resource seeking firms）は，長期的な戦略的目的に不可欠な資産を取得することで競争優位性を獲得しようとする企業である。そうした資産には，知識，特許，人材に根づいたスキルなどが挙げられる。

主な外的動機や起爆剤となるのは変革推進者である。百貨店チェーンなど外国企業の現地バイヤーがそれにあたるだろう。チェーンで販売する製品を探し，国内の仕入先と接触する。外国市場で販売するために製品を部分的に調整する方法を提案することも考えられる。

イスラエル輸出機関が雇用するいわゆる"放浪する輸出管理者（ROV：revolving export manager)"も変革推進者である。この推進者の前身は輸出管理者であり，さまざまな業界における重要な経験と知識を兼ね備えている。彼らは，国際化を望みながらも必要な知識と技能のない中小企業の代理

---

5. Child, J., & Rodrigues, S. (2005). The internationalization of Chinese firms: A case for theoretical extension? *Management and Organization Review, 1*(3), 381-410.

人を務める。ROV はそのような現地企業に代わって交渉し，取引を成立させ，商品の輸出を手配し，輸出機関と企業からそれぞれ報酬を得ている。

貿易協定が国際化の動機になることもある。貿易障壁を軽減する協定により，国内企業が低い関税を利用した輸出を奨励される場合などがそれに当たる。同様に，受け入れ国の銀行業と投資に関する規則などの障壁を撤廃すれば，こうした機関が外国に支店や関連会社を設立する動機になるであろうし，また，外国での高価格な取引は強力な輸出誘因となるであろう。

反応的動機

反応的動機（reactive motives）のある企業は，国際化を既存市場にある不利な条件に対する必然的な反応ととらえる。競争圧力，国内市況による余剰能力，または国内市場の衰退によって，そうした条件は強まるかもしれない。Ersson & Tryggvason（2007）[6]は，北欧の銀行が国際化する主な動機が自国市場の飽和であると発見した。さらに経営者は，内部問題の改善・克服方法として国際化を選ぶことにより，企業内のマイナスの変化に対応することができる。ただし，このような例における動機は，戦略的というよりは戦術的であり，長期的というよりは短期的だといえる。

資料の多くでは，反応的動機を否定的なものとして，先行的動機を肯定的なものとして取り扱っている。先行的計画に従事する企業の方が反応的企業より成功することを示す証拠もある[7]。資源が限られ，国際的経験のない小企業は反応的に拡大しがちである。しかし，大企業であっても国際化の初期段階では反応的であることが多く，後に先行的になっていくこともある。その好例が Heineken である[8]。

---

6. Ersson, M., & Tryggvason, J. (2007). *Internationalization of two Nordic banks* [master's thesis]. Luleå University of Technology.
7. van Gelder, J., Reinout, E., De Vries, M. F., & Goutbeek, J. (2007). Differences in psychological strategies of failed and operational business owners in the Fiji Islands. *Journal of Small Business Management, 45*(3), 388-400.
8. www.heinekcn.com/annualreport. 2010.

Heinekenは競争圧力により，主として反応的であった拡大戦略から先行的拡大戦略へと転換し，世界有数のビール醸造所兼販売会社になった。また同社は，異なる参入戦略と参入形態（ライセンス，合弁事業，買収）を活用した。同社のビールは170か国で販売され，50か国に100を超える醸造所を置いている。

国際化理論と市場参入

　国際化理論は，どのような場合に，国内市場を確立する方が外国市場に参入するよりも企業にとって効率的であるかという条件を説明しようと試みている。外国市場ではなく国内市場を拡大するかどうかを決定する基準は，情報の取引コスト，機会主義的観点，資産の特定性に基づく。一般的に，外国市場における情報収集のコストは国内市場における情報収集よりはるかに高い。また外国の代理店の管理は難しく，機会主義的行動（本社の利益よりも自分の利益で行動する代理人や，契約の一方の当事者が他方の当事者の費用で自分の立場を優位にしようとする状況など）を生じさせるかもしれない。機会主義的行動の例としては，売上をすべて報告しない，本社が要求する行動規範を無視する，明白な不正行為を行う，などが挙げられる。また，技術やマーケティング・ノウハウに関して優位性のある企業は，自国市場での事業展開の方が適切に優位性を保護できる。外国での活動にかかる取引コストの方が高い場合，市場で失敗する原因となり，企業の国際化の障壁にもなる。

　しかし取引コストが高くても企業は国際化を志向する。代理店にノウハウを使用させることにはノウハウを失うリスクが伴うため，直接投資などの参入形態を利用することで，技術ノウハウなどの企業固有の優位性を国際的に維持する方法を取っている。国際化理論の専門家は国際化のメリットがコストを上回る場合，外国への直接投資が発生することを示唆する。

　典型的な外国市場参入パターンは，新市場における現地代理店を通じた輸出であり，次にライセンスと完全所有子会社／製造工場の確保である（図

| 現地市場への販売 > | 輸出 > | ライセンス > | 販売子会社 > | 製造 >

図7-4 典型的な外国市場への参入パターン

7-4)。ある段階から次の段階への移行は，学習の結果として経験的に獲得できる知識の有無に左右される。

国際的製品ライフサイクル

Raymond Vernon（1966）[9]は，米国の革新的メーカー（および他の先進国の同様のメーカー）の事業活動の国際化プロセスを説明する**国際的製品ライフサイクル**（IPLC：International Product Life Cycle）モデルを開発した（図7-5）。このモデルでは，米国企業は自国市場のために新製品を開発するところからスタートする。外国市場で製品の需要が発生すると，企業は製品を輸出する。自国での生産と輸出はIPLCの第1（新製品）段階を構成する。

第2（成熟製品）段階では，製品はむしろコモディティ化し，競争優位性をほぼ失い，外国のメーカーによって容易に生産されるようになる。現在，米国企業は低コストで製品を生産できる海外市場において，先進国と発展途上国の両方との競争にさらされている。この状況においては，米国のメーカーは輸出だけで海外市場にしがみつくことはできないため，特に低コストの発展途上国に製品の生産拠点を見つけなければならない。

製品が標準化され（標準製品），自国市場が飽和するにつれ，メーカーは製品に「再投資」し，加工コストを削減するか，または製品を市場から撤収させる方法を見つけなければならない。あるいは，製品を海外の低コストの国で生産し，自国に再輸出するかのどちらかである。

米国で初めて開発され，生産されたIBMのノートパソコンがIPLCの好

---

9. Vernon, R. (1966). International investment and international trade in the product cycle. *Quarterly Journal of Economics*. 80, 190-207.

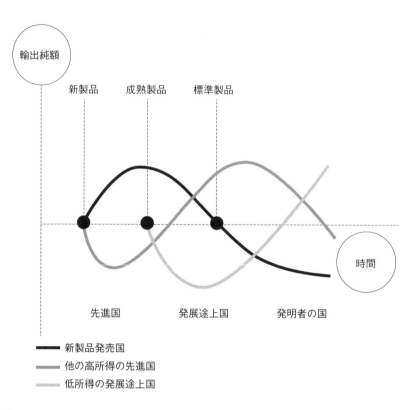

図 7-5 Vernon の国際的製品ライフサイクル
出典：International Product Life Cycle. www.provcnmodels.com/583 より抜粋。検索日：2011 年 6 月 7 日。許可を得て掲載。

例である。第 2 段階において，いくつかの R&D センターと生産施設が外国に設置された。第 3 段階ではシンガポールや，後には中国などのアジア諸国に生産を移し，中国では Lenovo として製品が販売された。

▶ 論評

Vernon の主な想定によると，新技術の普及プロセスは徐々に進むため，新技術のアクセスと利用に関して，国の間には一時的な差が生まれる。しかし 1970 年後半には，Vernon は，もうこの想定が有効ではないと認識していた。先進国間の所得差は著しく縮小し，競合企業は過去に想定された速度

よりもはるかに速いスピードで製品を模倣できるようになり，MNCは複数の市場で同時に製品を発売するために既存の世界的生産施設ネットワークを構築したのである。

UPPSALAモデル

UPPSALAモデルによると，企業はまず自国の拠点から心理的距離の近い[10]市場に参入し，後に経験的知識が増えるにつれ遠い市場へと参入範囲を拡げていく[11]。多くのリサーチャーが意見を一致させる点は，意思決定者は，まずはじめに国内市場との近似性を感じる市場を開拓する傾向が高いということである。類似の原則[12]によると，外国市場参入者は外国市場との製品適合が必要最小限で済む戦略を採用するのである。

Johanson & Weidersheim-Paul (1975)[13]はスウェーデン企業の国際化を調査し，国際市場参入における4つの異なる段階を発見した（図7-6）。この理論により，調査対象企業がライフサイクルの後半で国際化戦略を開始した理由を説明できた。基本的に企業は，輸出注文など内外の要因により拡大を動機づけられない限りは国内に留まる。時間の経過とともに，企業は経験的学習と資源の傾注に基づいて一連の段階を徐々に進む。各段階は，以下に

---

10. Evans, J., Treadgold, A., & Movondo, F. (2000). Explaining export development through phychic distance. *International Marketing Review*, *17*(2), 164-174. These authors define psychic distance as the "mind's processing, in terms of perception and understanding, of the cultural and business differences." between the home and foreign market.
11. Bilkey, W., & Tesar, G. (1977). The export behavior of smaller-sized Wisconsin manufacturing firms, *Journal of International Business Studies*, *8*(1), 93-98; Cavusgil, S. (Nobember 1980). On the internationalization process of the firm. *European Research*, 273-281; Johanson, J., & Vahlne, L. (Spring/Summer 1977). The internationalization process of the firm: A model of knowledge development and increasing foreign market commitments. *Journal of International Business Studies*, *8*, 23-32.
12. Jaffe, E. D. (1974). *Grouping: An international marketing strategy*. New York: American Management Association.
13. Johanson, J., & Weidersheim-Paul, F. (1975). The internationalization of the firm: four swedish cases. *Journal of Management Studies*, *12*(3), 305-323.

図7-6　企業の国際化アプローチ

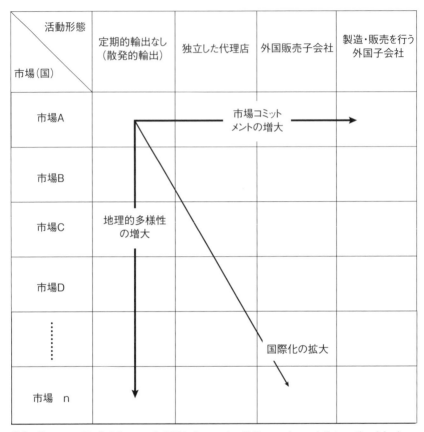

出典：Forsgren, M., & Johanson, J. (1975). *Internationell företagsekonomi (International business economics)*. Stockholm: Norstedts; Dervilée, F., Rieche, M., & Zieske, A. (2004). *Internationalization and foreign market entry choice: An alternative approach to the Kristianstad 30 Model* [MBA thesis]. Högskolan: Kristianstad より作成。

示すような国際市場へのコミットメントと地理的多様性の高まりを表している。第1段階では，ほとんどの場合，予期せぬ注文による散発的な輸出しかない。第2段階では，海外の独立系販売者や販売代理店との個別契約を通じた定期的な輸出が遂行される。第3段階では，外国の販売子会社が組織される。最後の第4段階では，製造子会社が設立される。モデルによると，企業が新市場に参入する場合，地理的多様性と心理的距離は比例する。この想定

によると，スウェーデン企業はまず，フィンランドやデンマークなどの心理的距離が小さい市場に参入し，その後，より距離のある市場に展開する。しかし，Nordström（1991）[14]は，調査対象であるスウェーデン企業がデンマークやフィンランドやノルウェーの前にドイツ，アメリカ，英国に展開したことを指摘している。

▶ 論評

この段階モデルには多くの批判がある。なぜ段階をスキップできないのか？　まず知識の獲得についていえば段階モデルに示されているより速い。知識を得るには，熟練した国際的管理者を雇ったり，輸出機関やコンサルティング会社が後援するセミナーに出席したりする方法がある。もう1つの解釈は，こうしたモデルの提示後，世界はよりフラットになり，急速な情報普及により統合・促進されるようになったことだろう。

このモデルに関するもう1つの批判は，一方向的であること，すなわち，ある段階で撤退するとか，戦略的提携のような協力形態の選択等，戦略変更の可能性が考慮されていないことである。

過去の国際化理論に関して，批評家は理論が単純すぎると反論した。そのためにイタリアとイスラエルの逆説などの例も引用している。これらの国の輸出業者はより深い外国浸透（支店や子会社や製造プラントの設立など）を連続して進めてきたわけではなく，より効率的で代替的な普及手段としてディストリビューターとのコミュニケーションを強化しているのである（Rosson & Reid, 1987[15]とBonaccorsi & Dalli, 1990[16]を参照）。こうしたいわゆる**ボーン・グローバル**企業は元来，ローカル市場にサービスを提供するためではなく，外国で事業をするために設立されたものである。国際化理論の

---

14. Nordström, K. (1991). The internationalization process of the firm: Searching for new patterns and explanations. Stockholm: Institute of International Business, Stockholm School of Economics.
15. Rosson, P., & Reid, S. (1987). *Managing export entry and expansion: Concepts and practice*, New York: Praeger Publishers.
16. Bonaccorsi, A., & Dalli. D. (1990). Internationalization process and entry channels: Evidence of small Italian exporters. In H. Mulbacher, & C. Jochum (Eds.), *Proceedings of the European Marketing Academy Conference*, Innsbruck.

専門家は,市場のグローバル化や統合がなされていなかった1970年代半ばまでなら,単純な進化論で企業の国際化を説明できたが,現代では適切な理論とはいえないと述べ,自己防衛をしている。

ネットワークのアプローチ

国際化プロセスに関する理論のフレームワークとしてしばしば引用されるもう1つは,国際ネットワークの発生とその重要性を唱えたMattson & Hevtz（1998）[17]の著書である（図7-7）。ネットワークへの参加者は,市場そのものよりもむしろ,交換関係に支配されている。小規模企業の多くは無限の資源を持たないため,ネットワークの提携は国際化戦略に重要だと考えられている。「国際化は…企業の目的を達成するために継続的に関係を確立し,開拓し,維持し,解消する累積的過程である」[18]。業界ネットワークには通常,サービスと製品の生産,流通,使用に関するさまざまなプレイヤーが含まれる（Johanson & Mattson, 1988）[19]。中小企業は通常,事業拡大の資金を外部資本から調達する必要があるため,金融ネットワークは重要である。自国ではなく市場拡大の対象国で資金源を探す方が容易な場合もある。これは,一部のベンチャー資本家が市場を熟知している自国への投資を好む傾向とも関連する。

表7-3は,ネットワークと市場主導関係との違いを示している。ネットワークでは,完全所有子会社（ベスト・プラクティスなど）だけではなくサプライヤーとも知識を共有する。例えば,買い手とサプライヤーはコンピュータを介して互いの在庫システムに接続でき,関連顧客への商品出荷時

---

17. Mattson, L., & Hertz, S. (1998). Domino effects in international networks, *Journal of Business-to-Business Marketing*, 5(3), 3-32.
18. Ahokangas, P. (1998). Internationalization and resources: An analysis of processes in Nordic SMEs [unpublished dissertation]. Retrieved from http://worldcat.org/oclc58312841 から検索。
19. Johanson, J., & Mattson, L. (1988). Internationalization in industrial systems: A network approach. In N. Hood (Ed.), *Strategies for global competition*. London: Croom Helm.

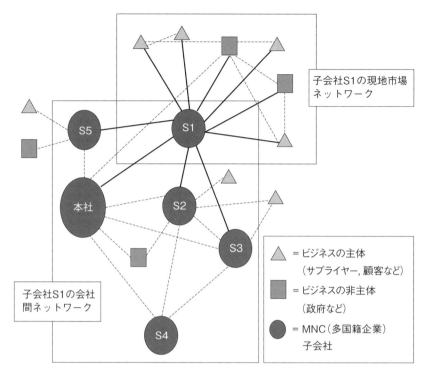

図 7-7　多国籍企業のネットワーク図
出典：Drogendijk, R. (December 2005). The development of network relations of MNC subsidiaries: How internal MNC and external (local) relations evolve. Department of Organizational Strategy. Tilburg University. 許可にもとづき掲載。

表 7-3　ネットワーク vs. 市場主導の関係

ネットワークをベースとする関係	市場をベースとする関係
知識の共有	ナレッジ・サービスの競争優位性
相互依存	独立
同意	契約
信頼	価格
学習	力
パートナー	顧客
スカンジナビア	英国，米国，オーストラリア

第7章　国際市場の選択　213

期はネットワークのパートナーであるグローバル・サプライヤーに自動通知されるので,子会社もサプライヤーも独立していられる。結果として米国や英国よりも北欧諸国の方がネットワーク・モデルは普及している。Hofstede の尺度によると,その一因として,北欧諸国は集団的文化を持ち,これに対して米国や英国はより個人的文化であるという事実は注目に値する。

国際化の過程において,企業は3つの方法,つまり,(1)拡大対象国において,企業にとって未知のネットワークと新たな関係を作る,(2)ネットワークにおいて,企業にとって既知のアクターとの新たな関係を作る,(3)新たなネットワークとの接続のために既存の窓口を活用する方法,により,新たなネットワークを形成することができる (Johanson & Mattson, 1988)[20]。

実際,Johanson と Mattson は,ライフサイクル理論とネットワーク理論の補完性を論じた。多国籍企業内で組織的学習が行われており,こうした無形で企業固有の優位性が両理論に共通していることからも,今日,両理論が補完し合っていることが納得できる。

図7-7は多国籍企業のネットワーク構成を表している。ネットワークはMNC(多国籍企業)の本社と多様な国の5つの子会社で構成されていると考えられる。図は,子会社 S1,本社,ネットワーク内の他の子会社,相互依存的関係の代理店とのネットワークの詳細である。さらに各子会社は,本社や単独または複数の子会社とのネットワーク化を成す。MNC の子会社は,ネットワークの一部であるだけでなく,サプライヤーや販売者,規制機関や競合他社など,ネットワーク・アクターとの関係も構築する。企業は,商品,サービス,知識,情報などの資源を交換するために各地のネットワーク・アクターとやりとりし,関係を構築する。ネットワーク関係の構築により,子会社のマネジャーは現地の環境において機能する方法を学習する。

ネットワーク理論の中心をなすのは,企業が直接的・間接的に属するネットワークの分析なしには,企業内のさまざまなプロセスを説明できないという事実である。この数十年,ネットワークの役割は注目されてきた。しばしば,良いネットワークの確保は成功への鍵だといわれる。中小企業の国際化

---

20. *Ibid.*

の際，業界と金融のネットワークのどちらもが重要な役割を果たす。

さて，外国での新市場開発を選択する企業にとって，どのような参入形態を取るべきかということが最も重要な決定事項である。本章の残りの部分では企業の国際化を動機づけるもの，国際的拡大に有利な時期，外国市場の選び方，使用する拡大戦略と参入形態について述べる。

取引コストの分析

企業を国際化するか否かの決定は取引コストによっても異なる。**取引コスト**とは，経済的交換のコストである。あらゆる形態の市場参入には取引コストが発生するが，基本的には3種類のコストが存在する。

1. 調査・情報コスト：外国における適切な販売者またはパートナーを探すための調査としてのマーケット・リサーチ。
2. 交渉コスト：潜在的販売者またはパートナーが見つかったら，契約条件の交渉が始まる。交渉プロセスには，弁護士やコンサルタントの料金，出張費，電話料金やその他の通信費といったコストが発生する。
3. 監視（統制）コスト：契約が締結されると，両者が契約条件に確実に従って行動するために契約を履行しなければならない。契約違反が疑われ，仲裁または訴訟が生ずる場合，多大なコストがかかる可能性がある。

参入形態に基づき，取引コストに関する少なくとも3つのシナリオが認識できる。輸出を目的とした自国生産には，自国での製造コスト，代理店に関する調査と交渉のコスト，統制コストがかかる。ライセンスには，ライセンシーに関する調査と交渉のコスト，統制コスト，流布のリスクが含まれる。流布のリスクは，ブランド名や特許や知識といった資産に対する支配権が低い時に発生する。

そのような資産の喪失により，時に企業には費用が発生するかもしれない。Radio Corporation of America（RCA）という米国の企業（現在はRCA Corporationと呼ばれ，フランスのThomson SAがオーナー）に起

こったケースはその典型である。1939 年, RCA は, ニューヨークの Flushing Meadows で行われたワールド・フェアで電子テレビシステムを発表した。第二次世界大戦後, 同社は米国で販売するためにテレビ・セットの製造を開始した。1953 年, 同社のカラーテレビ・システムは政府公認の標準 (NTSC) になった。そして 1955 年, テレビ・セットは一般に売り出され, 後に同社は日本企業にその独自の知識を売却し, 日本企業は米国市場の継承に成功した。

外国での生産には外国での製造コストがかかり, 子会社が完全所有でない場合には交渉コストが発生する可能性があり, 統制コストもかかる。取引コスト理論によると, 企業は, 取引費用が低い時には輸出またはライセンス獲得に注力する傾向にあり, 取引コストが高い時には生産を外国に移行する傾向にある。

Hirsch (1976)[21] は輸出と外国への直接投資 (FDI：foreign direct investment) を市場参入の代替戦略と考えた。輸出を目的に自国生産する場合, (1)国内生産コスト P_d, (2)輸出マーケティングコスト M_d, (3)国内統制コスト C_d がかかる。外国で生産する場合, (1)外国生産コスト P_f, (2)現地マーケティングコスト M_f, (3)外国統制コスト C_f がかかる。輸出マーケティングと国内マーケティングのコストの差 (M) は下記のように定義される。

$$M = M_f - M_d$$

外国統制と国内統制のコストの差 (C) は下記のように定義される。

$$C = C_f - C_d$$

輸出または外国生産 (FDI) の決定は下記のように決定される。

$P_d + M < P_f + M + C$ の場合は輸出
$P_d + M \geq P_f + M + C$ の場合は海外直接投資

▶ 論評

取引コスト理論では, 輸出と生産が代替関係にあると想定されている。実

---

21. Hirsch, Z. (1976). An international trade and investment theory of the firm. *Oxford Economic Papers, New Series, 29*(2), 258-270.

際には，企業が外国での製造と自国市場からの輸出の両方を行う例も多い。ホンダの米国市場における自動車総売上高のうち，約84％は米国で製造され，残りは日本から輸出されている。同様に，外国での生産と自国市場からの輸出が並存しているToyotaやVolkswagenなど他の自動車メーカーの例もある。

　自国で入手できない原材料やノウハウを得るために外国に投資することもある。こうした選択は取引コストだけでは説明できない。この取引コスト理論に関するもう1つの批判は，特に参入形態の選択前の取引コストの測定は困難であるという点である。

　中小企業（SMEs）の場合反射的に，出資に拠らない参入形態（輸出，ライセンス）に依存する傾向にある。その方が国際市場移行時に資金が保全され，高いリスクを避けられるからである。しかし，最近の調査からは，国際的参入形態の選択に際して取引コスト分析を活用すること（一般的には大企業に関わる方法）で，特定の組織にとって最も効率的な方法を選択できる可能性を高められることがわかっている[22]。調査作成者は，3つの具体的な取引コスト基準を評価するようSMEsに推奨する。

- ■各資産に必要な投資レベル：特定資産に多額の投資が必要ない場合，ライセンスやフランチャイズなど，出資に拠らない参入形態が適していることがある。特定資産への多額な投資が必要な場合，国際合弁事業（IJV）や完全所有子会社など，出資による参入形態の方が適切な場合がある。
- ■対象国の環境的要因：経済的にも政治的にも安定し，堅実な国ならば出資による参入形態が適しているかもしれない。一方，政治的にも社会的にも混乱し，経済危機が頻発する国には資本に拠らない参入形態が適しているであろう。
- ■社内管理システムとプロセスの状態：強固な社内文化と規則に立脚した企業は，出資を通じて参入することで，新市場でそれらを適切に維持することができるだろう。他方，より開放的で柔軟な企業は，輸出代理店

---

22. Brouthers, K. D., & Nakos, G. (2004). SME entry mode choice and performance: A transaction cost perspective, *Entrepreneurship: Theory and Practice*, 3, 229-247.

やライセンシーなどのパートナーによる管理に依拠する方が適しているかもしれない。

SMEの意思決定者は，取引コスト理論に依ることで，企業に最も適した参入形態に関する情報を検討し，意思決定ができる。この調査によると，当手法で決定を行う方が外国での好業績につながると考えられる。国際市場戦略を評価するために取引コスト分析を使うにせよ，他の一般的な方法を使うにせよ，より円滑で収益性が高い活動を確保するためにも，参入形態の選択は慎重に検討し，計画すべきである。

Dunningの取捨選択OLIモデル

John Dunning (1981)[23] は，参入形態に関する決定がOLIという3つの条件または優位性に基づくと仮定した。それは，すなわち所有権＝オーナーシップ（Ownership：外国で生産しようとする者），場所＝ロケーション（Location：生産する場所），国際化＝インターナショナリゼーション（Internationalization：他者に自分の資産とノウハウを使わせて生産させるよりも自ら生産する理由）の3つである。以下の3条件が満たされた場合の望ましい形態は外国への直接投資（FDI）であろう。

1. 競合企業より実質的な所有権優位性を有していなければならない。この優位性は外国の環境における追加活動コストを相殺できるほど十分でなければならない。
2. これらの独自資産を所有する企業にとって，他者に権利を譲渡するよりも自ら使う側が高収益でなければならない。
3. 輸出よりも，独自の資産を活用し現地生産する方が企業にとって有利でなければならない。

---

23. Dunning, J. (1981). *International production and the multinational enterprise*. London: George Allen & Unwin; Dunning, J. (1998). The eclectic paradigm of international production: A restatement and some possible extensions, *Journal of International Business Studies, 19*(1), 1-31.

現地の企業に対して独占的優位性がある場合にFDIは可能である。この優位性は，資産（企業の規模は，規模の経済や外国での多くの活動に対する共通のガバナンスという点で優位性につながる）とスキル（差別化された製品の販売，経営者の経験）にあるかもしれない。なお，独占的優位性は外国に子会社を設立し，運営する場合のコストより大きくなければならない。総括すると，これらが当該モデルにおける所有権の優位性である。

場所の優位性は対象国の特性から生じる。外国に投資しようとする企業は財務リスクを管理することができて，十分なリターンを達成できる最も有利な場所を選択することになる。原材料，低い生産コスト，適切なインフラなどにおいて特別な優位性を持っている国を選ぶ必要がある。場所の優位性は，貿易障壁により輸入が阻害され現地消費者が高い負担を負うなど，市場がうまく機能していないということと関連しているかもしれない。

国際化の優位性は，組織階層化（子会社組織が本社に従属する）の選択により企業がリスクと不確実性を克服できる時に発生する。このような組織構成の結果として，さまざまな国におけるバリュー・チェーンの各種活動が統合される。このような組織構造は財産権を保護し，生産工程における品質管理を保証できる。しかし，階層的組織の統制費用が高くなればなるほど，経営者は合弁事業などの持分分担形式を望む傾向が高くなるが，地域と会社の製品に精通した外国市場の現地パートナーを見つけることで取引コストを軽減できる。このようなパートナーシップが市場浸透を早めると同時に，リスクと不確実性の管理を可能にする。

▶ 論評

取捨選択OLIモデルにおいては，場所の優位性は所有権の優位性と切り離して扱われる。しかし，国際的にどの場所で市場拡大するかの決定は，所有権などの優位性が活用できるルートとは切り離せない。言い換えれば，OとLとIとの一貫した相互作用が存在するのである[24]。

---

24. Cantwell, J., & Narula, R. (2001). The eclectic paradigm in the global economy. *International Journal of the Economics of Business*, 8(2), 155-172; Dunning, J. (2001). The eclectic (OLI) paradigm of international production: Past, present and future. *Interna-*

市場の選択

▶市場拡大の精査

　精査の目的は,外国市場で最も拡大の可能性が高い市場の選択である。その第1段階は,企業にふさわしい環境選択の基準の定義である。例えば,政治的・経済的リスク,文化的多様性や類似性,製品の適合性,市場需要の規模と成長率,競争の激しさなどが挙げられる。それぞれの企業は,どの基準が業績を左右するかを自ら決定しなければならない。Maranda(2001)[25]によると,意思決定者はあとあとの実行の可否を問わず,外国への参入の際には,市場の可能性に関する知覚空間を先験的に持っていると仮定できる。市場の選択は,参入を検討したいくつかの考慮点の集合としての市場（将来,輸出可能な市場空間全体の一部）を絞り込む意思決定プロセスとみなすことができる。この絞り込みはマルチファクター指標と方向性決定マトリクスを使用して定量的に行える。

マルチファクター指標

　第1段階は企業の製品やサービスに対する需要の決定因子を特定することである。表7-4では,乳製品容器の需要を,15歳未満の人口（P15）,平均人口成長率（APG）,1人あたりの国民総生産（GNP/N）,経済指標の総合指数（EAI）の関数としている。各国の最終格付はマルチファクター指標（MFI）により決定される。MFIが高ければ高いほど市場の潜在力は大きくなる。その結果,需要の基準からすると,米国,カナダ,スウェーデン,オーストラリアが企業にとって最も潜在性が高いことが示された。

　加えて,図7-8に示された政治的リスク測定（PAI）を国ごとに行った。PAI係数が高ければ高いほど,政治的リスクは低くなる。MFIの潜在性が

---

tional Journal of the Economics of Business, 8(2), 173-190.
25. Maranda, Z. (2001). Market and channel preferences for manufacturing exporters: A study of Zinbabwean companies. *Zambizia*, 28, 70-82.

表7-4 マルチファクター指標および政治活動指標

国	P15	APG	GNP/N	EAI	MFI	PAI
米国	.081	.016	.428	.288	.813	.800
カナダ	.090	.024	.333	.267	.714	.793
バハマ	.129	.092	.207	.039	.467	.218
ジャマイカ	.138	.030	.060	.007	.235	.384
プエルトリコ	.111	.028	.149	.086	.374	.712
スウェーデン	.063	.006	.364	.225	.658	.697
英国	.072	.006	.204	.228	.510	.789
フランス	.075	.012	.279	.219	.585	.668
西ドイツ	.075	.000	.264	.240	.579	.706
スイス	.069	.020	.299	.093	.481	.728
メキシコ	.138	.066	.060	.065	.329	.408
リビア	.132	.062	.159	.024	.377	.002
イタリア	.072	.014	.158	.186	.480	.441
オーストラリア	.087	.038	.254	.255	.634	.702
日本	.072	.024	.173	.258	.527	.742

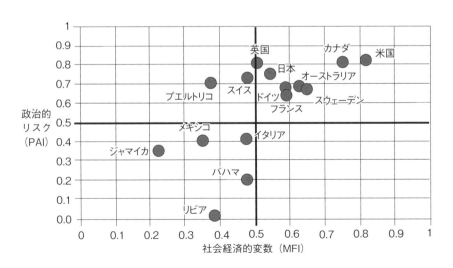

図7-8 マルチファクター指標と政治活動指標の座標

最も高い国は政治リスクも比較的低い。このマトリクスでは2つの指標を座標化することができ（図7-8），どちらの指標も高いグループは，さらに2つのクラスタに分けることができる。すなわち米国とカナダ（北米グループ）と，オーストラリア，スウェーデン，ドイツ，フランス，英国，日本からなる2つのグループの存在が認められる。

方向性決定マトリクス

企業の戦略的事業単位に関する戦略策定のために方向性決定マトリクスが使用されてきた。市場参入の精査段階でもこれを使用できる。この場合，分析対象として戦略的事業単位の代わりに国を使用する。2つの主なマトリクス，すなわちBoston Consulting Groupのマトリクス（市場成長率と市場占有率から構成されるマトリクス）とMcKinsey/General Electricのマトリクス（市場の魅力度と自社の競争優位性で構成されるマトリクス）が使用されてきた。市場参入の対象国を選択するにはMcKinsey/General Electricのマトリクスの方が適している。これらの潜在的市場においては，まだ企業の市場占有率が算出できないのがその理由の1つである。また，市場成長率はその国の魅力を示す1つの指標に過ぎず，他にも市場規模，参入障壁，政治的リスク，競争の激しさ，流通構造などがある。競争力や事業力は，ブランド認知度・イメージ，企業固有の他の資産，競争と比較したコスト構造，国際経験などにより測定することができる。このMckinsey/General Electricのマトリクスを図7-9に示す。

図7-9では，円の大きさが市場の魅力度と自社の競争力から想定される事業の価値を表すとしよう。この例では，円が大きければ大きいほど，事業の価値も高くなる。したがって，英国は最も魅力ある国であり，企業の競争力と市場の魅力度が最も高い国でもある。参入先としては間違いなく真っ先に選ぶべき国といえよう。

フランスは次に非常に魅力的であり，自社の競争力と市場の魅力度も適度にある。他方，中国は，非常に魅力的な市場ではあるが，企業の競争力はない。この場合，企業にとって参入前または直後に競争力を高める潜在能力があるかどうかがポイントとなる。もしそれらがないなら中国は適切な選択で

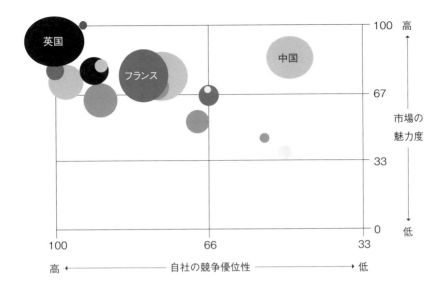

図7-9 McKinsey/General Electric のマトリクス

はないだろう。

　英国とフランスに同時に参入し，自社の競争力と市場の魅力度の両方が高い他の1～2か国にも参入すべきか？　この質問は，集中化と分散化という2つの異なる参入戦略の話になる。集中化戦略は市場の集中的浸透を目標として1か国あるいは比較的少ない国を選択することである。先行的に動くことが競争を左右する際に選択されるべき戦略である。

集中化 vs. 分散化

　外国市場への拡大に際し，経営者はまず集中化と分散化という2つの主要戦略から決定しなければならない。いずれの戦略にもさまざまなレベルのマーケティング努力と資源が必要である。**集中化戦略**（concentration strategy）は，短期的に単独／少数の重要市場にマーケティング努力と資源を集中し，長期的に他の市場に次第に拡大していくものである。他方，**分散化戦**

略（diversification strategy）では，短期的に多くの市場にマーケティング努力と資源を投資する必要がある。いずれの場合も，必要な資源量は参入形態によって異なる。例えば，子会社への直接投資よりも輸出の方が必要資源は少なくて済む。資源の量は一定であるため，分散化戦略をとった方が，戦略各市場に割り当てられる量は集中化戦略の場合より少なくなるだろう。従って，中小企業（SMEs）の場合は輸出集中化戦略の方が望ましいと思われる。単独かつ少数の市場にマーケティング努力と資源を集中すれば大きな市場占有率が得られ，その後高い利益が得られるはずである。しかし，競争が激しくなった場合は，小規模企業は大企業との直接競争を避けるべきである。この場合，多くの市場で小さな市場占有率を持つ方が望ましいと思われる。企業の規模と市場の状況（競争など）は，拡大戦略に影響を及ぼす要素として考えておくべきである。さらに，各市場における成長率や販売安定度，製品と宣伝メッセージに関する標準化や適応化のニーズの度合いなども考慮しなければならない。表7-5は，成長戦略を選ぶ時に考慮すべき市場・製品決定要素を示している。

　市場浸透コストは，成長戦略選択の際の最重要検討事項の1つである。利用可能なツールの1つである販売努力反応関数は，マーケティング努力への投資を収益（または利益，販売ユニット数など）に関連づける計算方法である。販売努力反応関数がS字型であれば，大きな市場占有率を求める集中化戦略の方が望ましい。第1段階では，ブランド認知と需要の構築が市場参入の基礎となる。その後，マーケティング努力へとさらに投資することにより，製品ライフサイクルにおける成長段階と同様に，市場占有率と限界収入の増加につながる。いくつかの調査で高い市場占有率と高い収益性との関連が示されている。ある企業の製品に関する市場の販売努力反応関数が凹である場合，単独／少数の市場にさらに投資をしても限界収入は低いかゼロになると思われる。その場合は，企業は多くの市場に分散化した方がよい。分散化戦略（集中化戦略の逆）を示す他の要素としては，低い成長率と販売安定度（季節性変動など），短い競争リードタイム（迅速な市場参入が重要になる），複数国間での波及効果の高さ（同一特許の使用など），製品とプロモーションを適応化させる必要性がほとんどないこと，流通において規模の経済

表 7-5 　集中化戦略 vs. 分散化戦略

市場・製品決定要素	集中化	分散化
販売努力反応関数	S字曲線	凹型
市場の成長率	高	低
市場の販売安定性	高	低
競争リードタイム	長期	短期
波及効果	低	高
製品適応化の必要性	高	低
販売促進適応化の必要性	高	低
流通に関する規模の経済	高	低

出典：Ayal, I., & Zif. J. (1979). Market expansion strategies in multinational marketing. *Journal of Marketing*, 84-94 から抜粋。

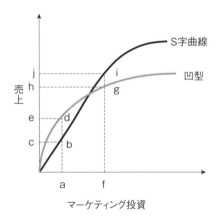

図 7-10　販売努力反応機能

表 7-6　集中化戦略 vs. 分散化戦略

W	製品・市場決定要素	X	W [X]
.2	販売努力反応関数	5	1.0
.4	各市場の成長率	6	2.4
.2	各市場の販売安定度	4	.8
.02	競争リードタイム	2	.04
.01	波及効果	2	.02
.07	製品適応化のニーズ	7	.49
.0.9	プロモーション適応化のニーズ	5	.45
.01	流通における規模の経済	2	.02
1.00	X = 1 （低）～ 7 （高）		Σ (wx) = 5.22

としてのメリットがほとんどないことなどが挙げられる。実際にこれらの要素は（高いか低いかの）二者択一ではなく，その中間域のどこかに位置するものである。

　図 7-10 は両方の曲線の異なる機能を示している。ある市場に拡大し，a 点で投資すると，S 字曲線であれば売上 c のリターンが生まれ，凹型曲線であれば売上 e のリターンが生まれる。しかし，同一市場 f に追加的マーケティング投資を行うと，S 字曲線であれば売上 j が生じ，凹型曲線であれば売上 h しか生じない。したがって，市場が S 字曲線によって特徴づけられる場合，集中化戦略を選択するために出資するだろう。しかし，意思決定者は表 7-5 に記載されている他の要素も検討しなければならない。

　表 7-6 に成長戦略を決定する製品・市場決定要素を再度記載する。最初の欄(W)で，重要性による要素の重みづけを行う場合もある。最も重要な要素は各市場における成長率，販売努力反応関数，販売安定度である。逆に最も重要でないものは波及効果と流通に関する規模の経済である。次に，参入によって拡大を検討している市場に関し，各要素を 1 から 7(X) の尺度で評価

する。例えば，成長率と製品適応のニーズは非常に高いと考えられる一方で，競争リードタイムと流通における規模の経済の重要性はそれ程高くない場合がある。最終評価は各要素に関する重要度に，それぞれの評価（W[X]）を乗じた値に基づいている。結果は$\Sigma(wx) = 5.22$であり，1から7の尺度では比較的高い結果であるため，集中化戦略が採用されることになる。

まとめ

- 企業が生き残るために成長方向の決定は必要である。企業は国内的／国際的に拡大することができるが，正しい理由に基づいて国際化の選択肢を選ばなければならない。そうしなければ外国市場への参入は一過性のものとなり，価値ある資源が失われることになる。そしていったん国際化を決定したら，経営者は最適ルートを決定しなければならない。最適ルートの選択は市場調査が第一歩となる。国際化モデルによれば第1段階は多くの潜在的市場を特定することである。
- **市場精査**するためには，その企業の製品とサービスに関する潜在性が最も高い市場を特定できる方法を選択しなければならない。国のグループ分けは市場選択で使用できる方法の一例である。いったん市場を特定すると，次のステップは参入戦略の選択である。
- 参入に際し，集中化と分散化という2種類の戦略が考えられる。前者の場合，企業は拡大の第1段階で単独／少数の市場に参入する。もう1つの可能性である後者は，短期的に多くの市場に同時参入することである。選択すべき戦略を決定するために用いられる市場および自社に関する要素については本文中に述べたとおりである。
- 国際化の最終段階は初期参入形態の選択である。これは，短期的に企業を特定の戦略に固定させるという点で重要である。しかし，国際化が進むにつれ，新たな市場への拡大時に事業形態を変更することもある。この拡大はUPPSALAやDunningのモデルなどにより説明される。各参入形態のメリットとデメリットは第8章の主題である。

ディスカッションテーマ

1. 方向性決定マトリクスとマルチファクター指標の違いを説明せよ。
2. 多国籍企業は国内企業と比べてどのような独占的優位性があるか？
3. UPPSALAモデルはどのように国の活力を考慮するか（投資撤退も含め）？
4. UPPSALAモデルは大手多国籍企業の行動を説明できるか？
5. 経営者は方向性決定マトリクスをどのように利用できるか？
6. UPPSALAモデルは今後30年間有益で適切なものとして機能するか？

実践的課題

1. 国際的な活動をしている地元中小企業のトップ経営者にインタビューせよ。外国市場を分析するために講じた措置を決定せよ。本章の推奨事項と共通点はあるか？　その理由も述べよ。
2. 3か国を超える国で国際的な活動をする企業を1社選択せよ。経営者が集中化戦略と分散化戦略のどちらを選択したかを判断せよ。いずれを選んだ場合も，その理由を詳しく述べよ。

キーワード

DunnningのOLIモデル	p. 218	国際ネットワーク	p. 212
UPPSALAモデル	p. 209	資源探索企業	p. 204
効率探索企業	p. 204	市場精査	p. 227
国際化	p. 196	市場探索企業	p. 203
国際的製品ライフサイクル		集中化戦略	p. 223
（IPLC）	p. 207	先行的動機	p. 201

戦略的資源探索企業	p. 204	分散化戦略	p. 223
取引コスト	p. 215	ボーン・グローバル企業	p. 211
反応的動機	p. 201		

第 8 章

グローバル市場への参入

> 成果を待ち切れず、よりよいタイミングで戻って来ようと思いつつ中国から撤退した外国企業もある。中国人はこのような撤退を自分本位な部外者の典型と見なし、決して復帰の機会を与えない。
>
> Andrew Williamson. *The Chinese Business Puzzle*

学習の目的

本章を読むことで，次のことが期待される。
- 外国でプレゼンスを確立するためのさまざまな選択肢の違いを理解すること。
- 外国市場参入の決定に影響を及ぼす要因を理解すること。
- 出資に拠る参入形態と出資に拠らない参入形態のメリットとデメリットを比較すること。
- 合弁事業がなぜ失敗しがちなのかを理解すること。
- 合弁事業と戦略的提携の違いを理解すること。
- 国際市場参入のためのさまざまな形態に関するリスクを認識すること。

はじめに

本章では中小企業（SMEs）が活用できるさまざまな参入形態について検証するが，その多くは大手企業の参考にもなる。特に，輸出，ライセンシング，フランチャイズ，委託生産，ターン・キー契約（一貫請負工事），運営委託契約，国際合弁事業，完全所有子会社といった参入形態について説明する。

外国市場への参入では，企業家にとって予期せぬ事態が起こることが多い。よくあるシナリオは，その企業がインターネット上に露出した結果，またはその企業の製品がチャットやブログで話題になった結果，外国から初めて輸出注文がきたというものである。インターネット上での存在感の向上を意図している企業であれば，参入決定から数か月以内に国際的なサイバー・クライアントの事実上の獲得を期待しているはずである[1]。

---

1. 企業が検索エンジンによる求人，ウェブ広告，アフィリエイト・マーケティング戦略，その他のマーケティング方法を重視してインターネットによる積極的なマーケティング・キャンペーンを行っていることを前提とする。また，外国の閲覧者にとって魅力的で理解可能なものにするために，ウェブサイトは（少なくとも）共通言語として英語を使い，簡単なナビゲーション・サインとグラフィックス，販売する製品／サービスに関する写真と説明が提供されなければならない。

何度か輸出に成功した後，グローバル市場におけるシェアを高めるためのより計画的な行動の採否は，トップ経営者のビジョン次第で決まる。今日，自国市場で十分に足場を固めたというだけの理由でグローバリゼーションの競争圧力を免れていると考えるなら，それは大間違いである。国際戦略を追求しない場合でも，国際展開をしている競合他社，サプライヤーや顧客なども，いずれ国際戦略を追求することになるであろう。単独国内市場の活動に限定している企業は，国際化した同業者よりも競争力は低く，成功の可能性もはるかに低くなる傾向にある。

　国際化する理由としては下記が挙げられる。
- 飽和した国内市場に代わる成長を追求する
- 新たな利益源を見つける
- 競争力を高める
- 経済危機に対する防衛策として市場を分散化し，拡大する
- 外国に進出しようとする顧客に追随する

　本章の残りの部分は3つのセクションに分けられる。最初のセクションでは，企業とその活動環境の観点から参入形態の決定を動機づける要因について述べる。2番目のセクションは本章の核心であるが，さまざまな参入形態のメリットとデメリットを分析する。本セクションではいくつかの実例とSMEsの実務について説明する。最後のまとめでは，SMEsが事業を海外に拡大する際に活用できる手法に触れる。

参入形態決定プロセスに影響を及ぼす要因

　国際化すると決めたら，次は参入形態を慎重に検討すべきである。決定プロセスは多くの要因の影響を受け，しばしば意思決定者の判断が反対に方向づけられることもあるかもしれない。下記の質問への解答も含めて適切な意思決定プロセスを進めていただきたい。
- その製品は外国で販売可能か？
- その製品にとって重要な成功要因は何か？

- その製品市場に関する二次データは入手可能か？
- どのような追加データが必要で，それはどのように入手できるか？
- 外国で最も潜在性が高い製品はどれか？
- 自社製品に関して最も潜在性が高い市場はどこか？
- 会社に余剰生産能力はあるか？
- ターゲットとなる市場の特徴は何か？
- 企業の国際的な能力は何か？

これらの質問に答えることは，市場と参入形態の選択に関する予備的分析の第1段階である。

参入形態決定プロセスにおいて，関係するすべての要素を検討できるよう，これらの要素を2つのグループ，すなわち内的要因と外的要因に分類する。**内的要因**（internal factors）は，企業の経営資源，全社的な戦略，経営者の考え方，費せる時間，そしてこれは極めて重要な点だが，国際市場向けに検討している製品やサービスの種類などを指す。多くの企業にとって，この意思決定プロセスの第1段階で検討すべき中心テーマは以下の通りである。

- 金融資源：国際市場拡大にどのくらいの資金を費やすことができるか，資金を借り入れるべきか，内部留保を充てるべきか，この戦略推進によって得られる潜在的利益は財務リスクに見合うか，など
- 人材：拡大業務のリーダーとして新たなスタッフを雇うべきか，今いる社員を活用すべきか，新たな地位に対する報酬をどうするか，新たな管理職の役割をどのように定義するか，そのポジションはどのレベルに位置づけるか，など
- 製品／サービスのタイプ：どの製品／サービスを国際的に販売すべきか，どの程度現地に適応させることができるか，ターゲットとなる市場に適応させるために何が必要か，など
- 計画対象期間：国際的な拡大業務にどのくらいの時間を費やせるか，売掛金回収サイクルの長期化を受け入れる覚悟があるか，など
- リスク許容度：為替レート，進出先の不慣れな政治制度，法律，市場の環境，経済サイクルへの対応で生じる高い固有リスクを吸収する用意があるか，など

最近の調査では，中小企業の国内活動から国際活動への移行期間の加速化に焦点が当てられており，学者たちからは国際化プロセスの段階モデルに関して疑問が呈されている。「この中に生まれながらのグローバル企業はありますか」という質問がある。フランス，デンマーク，ノルウェーの中小企業677社を対象に行われた最近の調査では，短期間で「グローバル化」できるかどうかは，設立当初の社内の事業構成に拠るところが大きいことがわかった。輸出の準備と意思決定の所要期間に関する最も重要な指標は，国際的市場競争に有利な資源を，社内で早期に開発できるかどうかである[2]。この結果から，国際的な企業へ移行する前の内部評価がいかに重要であるかがわかる。

　内的要因に加え，参入形態の最終決定前には多くの外部的な要素も検討する必要がある。外国市場参入の選択に影響を及ぼし，経営者の裁量から独立した要素を，**外的要因**（external factors）と呼ぶ。外的要因は2つのカテゴリーに分類される。ターゲット国に関する要素と，国内に関する要素の2つである。

　参入形態の選択にあたり，検討すべき**ターゲット国に関する要素**（target country factors）には下記事項が含まれる。

- 市場：規模，競争環境，マーケティング・インフラなど
- 生産条件：現地の材料と労働力のコスト，品質，数量から，輸送，通信，エネルギー供給，その他同様の経済インフラ要素に至るまであらゆる事柄
- 環境条件：このカテゴリーには，国際商取引に関して，その国を他の国より魅力的たらしめている政治的，経済的，地理的，社会的要因のほとんどが含まれる。例えば，外国貿易に対する政策，総合的な外国投資率，国民総生産，現地経済の多様化レベル，国の腐敗に関する評点，文化・言語の障壁などである。

　また，外国市場に参入する際の形態に強い影響を及ぼす**国内要因**（domestic country factors）もある。例えば，ある企業が十分に大きな国内市場を

---

2. Deresky, H. (2000). *International management: Managing across borders and cultures* (3rd ed.). Upper Saddle River, NJ: Prentice Hall.

持っている場合は、まず国内を優先し、そのあとで必要に応じて国際的に拡大することもできる。市場参入の方法については、特に資本、生産能力、マーケティング資源次第で大企業と中小企業の間に大きな差が生じる可能性がある。逆に、国内市場が大きい場合は、自国に大きな成長機会があるために、国際的拡大に関心が向かないこともあろうし、国内市場が小さければ、中小企業であっても短期間での国際的拡大を追求するかもしれない。企業を国際市場探索に駆り立てる国内要因には、例えば自国での競争圧力、高い国内生産コスト、輸出に対する有利な政策（税制上の優遇措置、貿易支援制度）などもある。

▶ 市場参入の力学

　市場参入とは静的ではなく、環境条件の変化に合わせて参入形態の再構築が必要になることもある。その条件とは、経済状況、競争環境、市場構造、消費者特性、政府の規制などである。インドはその好例であり、他の新興市場の説明にも役立つ。インドに展開する多くの国際企業は、市場参入時とは異なる構造を持っている。例えば、1977年に、インド政府は外国企業に対して、インドで事業を継続したければ子会社における持株比率を40％に希釈することを義務づける法律を可決した。この規制により、Coca-ColaやIBMのような外国企業の完全所有子会社はインド企業との共同所有にするか、そうでなければ営業を中止する必要が生じた。しかし、法律は1996年に改正され、自国企業が株式の51％しか所有していない場合でも100％の議決権が認められるようになった。

　時代とともにインドでの運営形態を変化させてきた多国籍企業やブランド企業がある。VF Corporation[3] は1980年代に Dupont Sportswear にブランドをライセンスすることにより、インドに参入した。それ以来、同社は20年にわたって多くのインド企業と協力し、いくつかの製品カテゴリーにおいてさまざまなブランドを立ち上げ、最終的に VF Arvind Brands Pvt. Ltd. (India) という名の合弁事業を設立した。

---

3. VFはノースカロライナ州に本社を置く米国企業である。Nautica, Wrangler, Lee などのブランドがある。

プレゼンスを高めた会社には，ライセンシー（Dalmia）を通じてインドに初参入した Benetton の例もある。その後 Benetton は，1991 年に 50 対 50 の合弁事業に移行し，最終的に 2004 年にインドの事業を完全に引き継いだ。しかし彼らは，2006 年，プレミアム・ファッション・ブランドである Sisley についてはフランチャイズ・ルートを採用し，国内小売フランチャイジーとして Trent（Tata グループの企業）を指名している。

こうした戦略変更はそれぞれ，ブランドの時間，管理業務，資金，時には市場占有率を犠牲にする。インドの近代的小売業界の成長や消費者購買力の増加など，市場条件の変化により最初の参入形態が再構築されることも少なくない。上記の企業は，戦略変更によって優位な展開を考え，実際に競争力を得ることができた。これも，グローバル・マーケティングを計画するにあたり，環境分析が重要であることを示す例である。

国際市場への参入方法

設立間もない企業のほとんどは中小規模であるため，最初に選んだ国際市場への参入方法としては輸出，ライセンシング，フランチャイズなど，低・中リスク戦略をとる傾向がある。規模が大きくなり，国際的に成功するにつれ，委託生産やターン・キー契約，運営委託，国際合弁事業（IJV），完全所有子会社などにより，特定の外国市場におけるプレゼンスや取り組みの向上を決める企業もあるかもしれない。図 8-1 は最も一般的な市場参入方法を表わした図であり，参入企業にとってのリスク順に並んでいる。もう 1 つの国際市場参入形態である国際的な戦略的提携については後に説明する。

輸出：輸出は，最も一般的でリスクの低い外国市場参入方法である。財務，マーケティング，人事，時間への投資が最小限で済むメリットがある。輸出は特に資源の拘束がないため，小規模な事業者にとって望ましい参入形態である。利益が見込めなければ，市場撤退も比較的容易なため，初めての市場へのトライアルに適した方法である[4]。

---

4. Deresky, H. (2000). *International management: Managing across borders and cultures* (3rd ed.). Upper Saddle River, NJ: Prentice Hall.

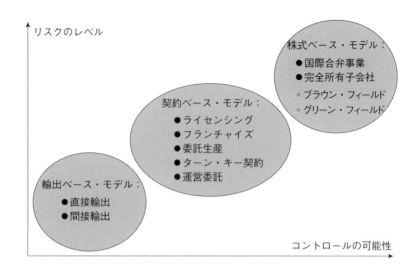

図 8-1　参入形態の選択におけるリスクと管理の検討事項

　輸出と他の参入形態との主な違いは，輸出の対象がターゲット国の市場以外で生産される製品に限られることである。サービス提供の場合はその性質上，国内でのサービス履行後に他国へ出荷することはできない。したがって，サービスの場合は契約または投資という参入形態を採用することになる。他方，製品輸出の場合は，輸出専門の仲介者が自国から外国に販売することもでき（**間接輸出**：indirect exporting），ターゲット国の代理店やディストリビューターを通じて直接販売することもできる（**直接輸出**：direct exporting）。直接輸出は企業の支店または子会社に直接製品を輸出することであり，ターゲット市場においてある種の直接投資がすでに実施されていることを想定している。[5]

　ある小さなエレクトロニクス企業は，同社の特殊製品に関して，国際市場を積極的に追求しようと決め，直接輸出を開始した。同社の経営者は拡大に費やせる限られた資源を考慮しつつ，分析的手法を使って慎重に最初の国際ターゲット市場を選択した。まず，米国商務省の支援のもとで，輸出書類の

---

5. *Ibid.*

添付書類Bから直接抜粋した商品番号に基づいた製品の輸出について調査した。これは同社の製品に直接関連するため，輸出の可能性を示す優れた指標となった。
　次に，ウェブサイトのヒットを分析し，閲覧者の多くがどの国からアクセスしているのかを確認した。この測定結果は変動しやすいが，長期的には自社製品に大きな関心を示す国に関する豊富なデータ源になりうる。第3に，適切な外国市場を見つけるために顧客や競合にも目を向けた。競合も非上場あるいは無名の小規模企業であり，情報はほとんどなかった。しかし，業界全体や大手の多国籍企業に関する国際化の調査は有益だとわかった。多国籍企業の現地の購買センター（意思決定に影響力をもっている人の集合体）を見つけることはこの調査の最も困難な点であった。いくつかの潜在市場を選定した後，同社はまず市場の潜在性に着目し，次に参入の難易度に応（順）じて市場の順位づけを行った。最も有望な市場を評価し，優先順位をつけた後，実際の参入形態の決定に進んだ。
　同社は，製品の特殊性と最大の市場性をもつ業界の特殊性を理由に，直接輸出を参入形態として採用すると決定した。次のステップは，ターゲット市場をどのような基準でセグメンテーションすべきか，例えば地理的変数や業種変数，さらには，広範囲な地理的ネットワークをもつディストリビューターを探すべきか，ターゲット市場として選んだ特定の業界で実績をもつディストリビューターを探すべきかの決定に集中した。同社は市場におけるカバー率より業界特有の知識と関係構築が重要であると判断した。したがって，適切なディストリビューターを選択するために下記の指標を使用した。

- ディストリビューターは，ターゲット業界に確立したコネを持っているか？
- ディストリビューターは，同社が製造する製品のタイプに精通しているか？
- ディストリビューターは，米国企業と協業／取引をした経験があるか？
- ディストリビューターの規模，現在の製品群，収益はどうなっているか？
- ディストリビューターは，同社が国内で独立したマーケティングと販売

を行うことを認めるか？

適切なディストリビューター探索に関する調査の第一歩は，ターゲット国にある米国商業サービスの業界専門家を訪ねることであった。こうした国際貿易のプロから，選択プロセスの第1段階において，詳細な分析や連絡先などの有益な情報を受け取ることができた。見込パートナー数社と面会を重ねて検討した結果，同社は相互の事業目的と関心，適合性に基づき，とあるディストリビューターと契約を締結できた。

輸出を検討している企業は，他の市場参入形態とともに特定の市場やディストリビューターへの資源投入前に十分な調査を行い，計画を立てるべきである。自由貿易は世界的にも進展しつつあるが，高い関税，税金，通貨交換制限など，国によっては依然として輸入を敵視し，多くの障壁を課すところもある。ターゲット市場の輸入環境について学習すること，あるいは特定製品に関する現地政府の輸入要件に詳しい専門家を雇うことは必須である。また，自国か外国かを問わず信頼できるディストリビューターを調査し，採用することも必要不可欠である。

輸出パートナーがターゲット市場で自社の基準に則って事業を進めるには，同社の市場範囲とインフラ，倫理基準，財務諸表，実績を調べてもらうとよい。これらの照会や現在のクライアントへのインタビューは，その仲介業者が，国際市場でサービスの質，価格設定，倫理的な行動に関して同等のレベルを維持し，そのブランド価値を高めるための優れた方法である。最後に，輸入国での法的権利と特権が確実に保護されるためには，輸出入提携に関するその国の法規を調査すべきである。国によっては，販売店／代理店契約からの離脱は，たとえ契約義務の不履行に起因する場合であっても法律上の問題になることがある。

Journal of International Marketing 誌に公表された2001年の調査[6]は，輸出提携に関する成否事例それぞれの真の原因を引き出そうとしたものである。米国の輸出製造業者201社とのインタビューに基づき，研究グループは

---

6. Leonidou, L. C., Katsikeas, C. S., & Hadjimarcou, J. (2002). Executive insights: Building successful export business relationships: A behavioral perspective. *Journal of International Marketing*, 10(3), 96-115 より作成。

国際取引関係で成功したい企業のために下記の輸出管理指針を策定した。
- 輸出とは単に契約の金銭的条件で定義される関係ではなく，動的に進展する一連の取引関係であると考える。したがって，国際的ビジネス・ポートフォリオ全体の一部として各取引関係を監視し，注意すべきである。
- 他国の人との関係は，異文化間コミュニケーションの経験と語学力を有する熟練した関係性マネジメントのプロが関与する場合，最もうまくいく。外国の顧客と円滑な関係を築くには，会社のスタッフを対象とした国際取引のスキルに関する研修も重要である。
- 主体的で積極的なアプローチにより，国際活動の戦略的重要性が高まり，すべての部署とスタッフの支援を求められるようになる。市場，輸出活動，国際的な顧客基盤に関して体系的に分析し，評価することが大切である。
- 物理的・心理的に距離のある顧客との取引は，適切な顧客関係の構築にある種の障壁を作り出す。輸出業者は専門的な資料，経済データ，現地視察，異文化研修，疑似体験などを通じて外国の顧客について学び，計画的に距離を縮める努力をするべきである。
- パートナー間の信頼構築とその継続的強化は，国際関係には不可欠である。信頼できるビジネス・パートナーであることは，特定の文化において特に重要であり，輸出業者はその信頼を獲得し，長期的取引関係の過程で不可避の問題が起こった場合でもその関係を活かして信頼を維持できるよう慎重な措置を講じるべきである。
- 国際取引に特有の不確実性を軽減することは，多国間パートナーシップで友好的な環境を作るためには欠かせない。物理的に離れていても，情報をきちんと入手し，伝えるための通信，組織，財務，業務プロセスの確立が必要不可欠である。
- 国内のパートナー同士でさえ充分な相互理解は難しいが，文化的，政治的，環境的，経済的要因が異なる相手との相互理解はそれよりはるかに困難である。公正さ，善意，互恵関係的であることは長期的国際間パートナーシップには不可欠である。
- 国際間パートナーシップでは柔軟であることを意識し，小さな犠牲，コ

スト，制限などを受容する覚悟によって，コミットメントと長期的展望を育む。互いにこの柔軟性とコミットメントを持つことで真に関係が発展していく。
- あらゆる関係と同様，公正で継続的な意思疎通は重要である。国，組織，個人的差異を越えて円滑に意思疎通するために，異文化研修，現場訪問，双方向のコミュニケーション・テクノロジーに相互で投資すべきである。
- 摩擦は避けられなくとも，適切に管理すればそれは，国際間パートナーシップにとって健全なものになる。速やかに摩擦を解決するにも，機能的かつ明白，管理可能な状態に保つべきである。
- すべての企業が組織内の協調に努めるように，輸出入企業間のパートナーシップにおいても，企業間協力，目標の相互理解，情報の共有などのより広い範囲でのゴールを最優先事項にすべきである。

ライセンシング：ライセンシングは，もう1つの一般的な市場参入方法である。国際的ライセンシング（licensing）は，ある企業の製品に関する権利を，外国での生産／販売目的で外国の企業に譲渡するプロセスである。ライセンサーは，ライセンシーに対し，使用料と引き換えに，ライセンシーが活動する市場におけるプレゼンスを獲得するために，技術，商標，特許，その他知的財産の使用を許可する。

ライセンシングは輸出と同様に，先行投資のリスクと支出を小さく抑えられるため，設立間もない多くの企業にとって魅力的な参入形態となる。許諾製品の開発費用の大半が既に生じているため，受け取る使用料はライセンサーの直接利益に転換されることが多い[7]。この市場参入形態は，高い関税や利益の本国送金制限などの輸入障壁を課する国において，また生産が比較的標準化された成熟した製品に最適である[8]。

しかしライセンシングにも難点はある。輸出パートナーと同様，ライセン

---

7. Griffin. R. W., & Pustay. M. W. (2003). *International business: A managerial perspective* (3rd ed.). Upper Saddle River, NJ: Prentice Hall.
8. Deresky. H. (2000). *International management: Managing across borders and cultures*

シングを検討する企業には，見込みライセンシーと彼らの職業意識の基準をしっかり調査し，契約上の制約，報酬額，期間などの事項を法的に明確かつ詳細に記載した契約書の作成を推奨する。このような慎重な手法は，知的財産の法的保護が弱い国や，保護政策が不充分な国では特に重要である。ライセンシーがノウハウをコピーし，研究開発費をほとんど，またはまったくかけずに市場参入している状況では，ライセンサー企業が，ライセンシーこそが競争相手なのだと気づくケースは非常に多い。ライセンスの許諾を検討しているハイテク企業は，特に技術の流用の危険性に注意すべきである。

フランチャイズ：前述した懸案事項のいくつかを排除するライセンシングの形態が国際的**フランチャイズ**（franchising）である。国際的フランチャイズは，企業の商標，製品またはサービス，生産または活動プロセスに関する使用許諾をフランチャイジーに与えるが，一方ではフランチャイジーに対するより大きな支配権をフランチャイザー企業に与えることもできる。支配権は，加盟料（もし契約が遵守されなければ没収される可能性がある）およびフランチャイザーとフランチャイジーとの関係に適用される契約を通して行使される。一方ではフランチャイザーは，材料，トレーニング，その他の支援をフランチャイジーに対してさらに提供するよう求められることもある。フランチャイズが適切に機能すれば双方に有利なしくみとなる。フランチャイザーは，リスクと投資の負担を最小限または皆無のうちに新市場拡大ができ，フランチャイジーは，実績のあるブランド，マーケティングに必要な認知レベル，確立した顧客基盤，成功に有益なマネジャーの専門知識を手に入れられるからである。

　北米や欧州のほとんどの先進国では，フランチャイズはすでに飽和点に達しているが，国際的フランチャイズは，多くの新興市場では急成長の最中にある。この市場参入形態を検討している企業は，フランチャイジーの探索前に，経済発展レベル，国の経済成長率，市場統制方針など，いくつかの重要な環境要因を検討すべきである。McDonald's, Dunkin' Donuts, Holiday

---

(3rd ed.). Upper Saddle River, NJ: Prentice Hall.

Inn などに見られるように，フランチャイズの主な利用者は大手多国籍企業（MNCs）であったが，国際的フランチャイズは小規模企業にとっても，新市場に参入し，競争に勝つための多くの機会をもたらしている。

委託生産（アウトソーシング）：委託生産，すなわちアウトソーシングに関しては，生産業務を国境を越えて移行するという点で，この特質が根幹に関わるものとして議論の余地があると指摘されるものの，経済的／事業的なメリットの点では，このところ注目されている方法ではある。委託生産が注目を集める理由は，特に財務と人材の分野において大きな節約を可能にすることによる。

　確立された生産工程に従って海外の安い労働力を使って完成品や部品を生産する方法は**委託生産**（contract manufacturing）または**アウトソーシング**（outsourcing）と呼ばれる。この参入形態を選ぶ企業は，生産コスト低減のメリットだけでなく，少ない資本金で所有権のトラブルなく新市場に参入できるメリットにも着目している。アウトソーシング利用の際の欠点の1つは，生産工程と施設の労働条件に対する管理権が失われ，その結果として商品の品質低下や人権侵害が生じたり，企業ブランドに対するマイナスの評判や，金銭的損害が生じる可能性があるということである。Nike, Timberland, その他有名な米国企業は，不本意ながらもこの望ましくないシナリオの実例になってしまった。

　近年，中国やインドといった新興市場の企業が台頭し，中小企業（SMEs）にとっての製品や生産プロセス，サービスの受け皿となっている。SMEs は海外へのアウトソーシングによりコストを軽減できるようになった。インドはこうした場合の主要なアウトソーシング先であると報告されているが（図8-2参照），SMEs のアウトソーシング先は発展途上国だけではない。英国に拠点を置くコンテンツ管理ソフトの主要開発会社，Wax Info Ltd. は，複雑かつ大規模なアプリケーションを記録的な速さで開発するために，ニュージーランドの企業 Black Coffee Software, Ltd. を選択した。

　図8-3 に示されるように，アウトソーシングを最も利用しているのは ICT 企業であり，次いで人材派遣とマーケティングおよび営業関連分野の

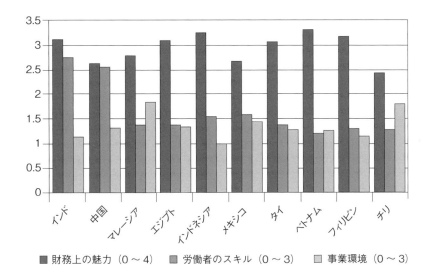

図 8-2　主なアウトソーシング先
出典：データは A. T. Kearney Global Services Location Index 2011 より。

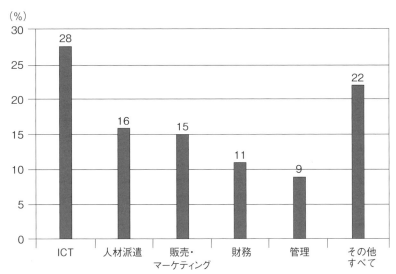

図 8-3　アウトソーシングの最も活発な分野である，ICT
出典：データは A. T. Kearney Global Services Location Index 2011 より。

企業である。Fortune 誌が選ぶ 500 社の約 40 ％は何らかの形でアウトソーシングを活用しているが，先に示したように，アウトソーシングは SMEs が大手ライバルと同じ土俵で競争する機会を作り出してくれる。

▶ターン・キー契約

他にも，新市場への契約による参入形態としてターン・キー・プロジェクトへの参加が挙げられる。**ターン・キー契約**（turnkey）には通常，外国企業による大規模施設の設計，建設，設備提供，あるいはしばしば設立時の人材研修が含まれ，施設を稼働可能な状態にして「鍵」を買い手に引き渡すのが一般的とされる。

ターン・キー・プロジェクトは通常，政府によるダム，石油精製所，空港，エネルギー・プラントの建設のような巨大プロジェクトとして大手企業に発注される。一方で，ターン・キー・プロジェクトの請負業者として小規模企業が参加するチャンスもある[9]。

巨大な規模と範囲のため，多くのプロジェクトで人員，準備資金，供給品などの資源を長期的に確保する必要がある。小規模企業の場合は，ターン・キー・プロジェクト参加の決定前に，長期的な為替変動，広範囲での資源の消耗の可能性，こうした複雑な事業に発生しがちな政治，経済，財務上のリスク増を吸収する用意があるかどうか，慎重に検証すべきである。ターン・キー・プロジェクトを通じてサービス／製品を提供している SMEs もある。フロリダ州オーランドのある企業は，発展途上国政府に空港開発サービスを販売している。この場合，建設に地域の合弁事業パートナーを使い，プロジェクト資金は大手国際銀行から調達している。こうしたケースでは完成時点で支払の動機が減少するため，プロジェクトの最終残金が支払われないというリスクがつきものである。

▶運営委託契約

ホテル業界と航空業界で最も広く使用されている新市場への参入形態は，

---

9. Daniels. J. D., & Radebaugh, L. H. (2001). *International business: Environments and operations* (9th ed.). Upper Saddle River, NJ: Prentice Hall.

運営委託契約である。**運営委託契約**（management contract）では，ある国の企業が他国企業の専門知識，技術，専門サービスを活用して，定められた手数料または売上比率に基づき，一定期間事業を運営する。例えば，ホテルのビルのオーナーの多くは，不動産の開発と管理に関し，Ritz-Carlton Hotel Company, LLC など，有名なホテル管理会社と契約している。

管理会社は日常業務に責任を負うが，所有権，財務，戦略または方針に関して決定権はない。このしくみは，外国市場での長期的な金銭的債務や法律上の義務に巻き込まれることなく，外国での余剰収益獲得を目的とする企業には適している。

▶ 国際合弁事業

国際事業提携という大きなカテゴリーの一部である国際合弁事業（IJV：international joint venture）は，国際市場参入の最も一般的な方法の1つであった。外国への直接投資（FDI）の一形態である**合弁事業**は，複数の企業が事業体の所有権を共有し，その製品／サービスの生産で協業する場合に設立される。IJVが企業にとって魅力的な理由は，IJVによる市場参入が比較的容易で，リスクの分担，知識と専門能力の共有，グローバル市場におけるシナジーの発揮と競争優位性の構築が見込まれることである[10]。

国際合弁事業は，既存事業を引き続き深耕すること，新市場への製品導入，既存市場への外国製品導入，新事業展開など，さまざまな理由により形成される。合弁事業は設立間もない企業にとって，国際事業の経験が皆無か，それに近い状態で新市場に参入する場合に適した方法であり，文化的に信頼を重視する傾向がある国や，国際協働に抵抗のない国に参入する場合に適した方法でもある[11]。

IJVには多くの形態がある。
- ■ 同一国の複数の企業が，1つの別の国に参入するために提携を形成する

---

10. Griffin. R. W., & Pustay. M. W. (2003). *International business: A managerial perspective* (3rd ed.). Upper Saddle River, NJ: Prentice Hall.
11. Daniels. J. D., & Radebaugh. L. H. (2001). *International business: Environments and operations* (9th ed.). Upper Saddle River, NJ: Prentice Hall.

- 外国企業が国内市場に参入するために現地企業に加わる
- 複数の国の企業が団結して外国に JV を設立する
- 外国の民間企業と政府が相互の利益を求めて提携に合意する
- 外国の民間企業が国内市場に参入するためにその市場の国有企業との JV を開始する

　JV にはさまざまな形態があるが，ここでは**上流 JV** と**下流 JV** という方法の違いについて考えたい。下流 JV（図8-4）は，複数のパートナーが最終製品や中間製品の生産，あるいは卸売と小売の業務統合を目的として会社（合弁事業）を設立するようなケースである。このケースでは，両パートナーの石油製品の小売も含め，供給と精製を統合するために JV が設立されており，両社の下流活動はすべて，製品に関するデュアル・ブランディングも含めて統合されている。さらに，JV は3000のサービス・ステーションで構成され，欧州最大の石油製品小売業者になっている。

　中間製品の生産に必要な原材料開拓のために各パートナーが上流 JV を設立することもある。図8-5 の場合，原材料の採掘／加工目的で JV が設立されているが，その原材料はさらなる加工のためにパートナーに供給されるものである。図8-5 は，Chevron Corporation とロシアのガス独占企業である OAO Gazprom の石油部門との JV であるが，これは石油採掘を目的として設立された企業である。最初の所有権は Chevron が70％，Gazprom が30％であった。

　合弁事業などのクロス・ボーダーでの戦略的提携の成功と（それ以上に多い）失敗の要因については多くの書物で解説されてきた。要約すると，このしくみの最も一般的な問題はやはり，パートナー間の目標と目的，経営トップの要求事項，貢献，組織文化と国の文化，その他提携の成否を左右する多くの要因に関して，パートナー間での微妙な均衡を保つ難しさである。失敗した JV の原因の多くは，いわゆる「囚人のジレンマ」によって説明できる。両パートナーにとっては，提携から利益を得ることができる状況であるにもかかわらず，信頼の欠如により，最終的に両者が競合し，得られる利益が低減される。以下は合弁事業の失敗例と成功例である。

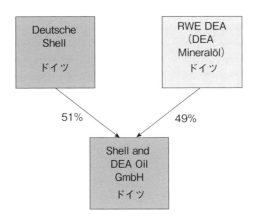

図 8-4　下流 JV

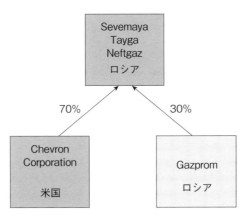

図 8-5　上流 JV

▶ Wadia と Danone による合弁事業（1995 年）

　The Wadia Group (India) はコングロマリットであり，繊維，航空（Go Airlines），プランテーション，医療，食品，エレクトロニクスに投資している。Groupe Danone はパリに拠点を置く世界有数の生鮮食品企業である。同社は売上の約半分を乳製品から得ており，ヨーグルト・ブランドで有名である。売上の約 30 ％は主に合弁事業を通じた新興市場で生み出されてい

第 8 章　グローバル市場への参入　249

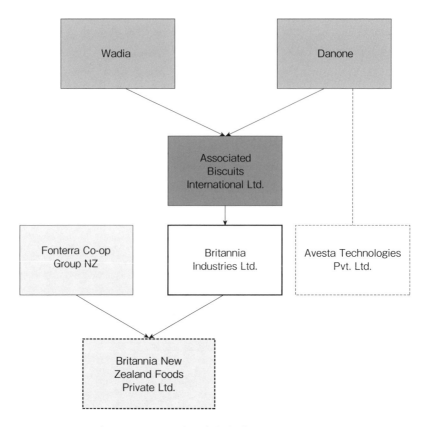

図 8-6　Wadia と Danone による合弁事業

る。Wadia と Group Danone（図 8-6）は持株会社 Associated Biscuits International の株式を均等に保有し，Associated Biscuits International は，市場占有率 38 ％を持つインド最大のビスケット会社 Britannia の 50 ％を所有していた。Britannia は Britannia と Tiger のブランドで有名である。Tiger ブランドだけで Britannia の総売上の 20 ％を占めると報告されていた。

　JV パートナー間のトラブルは，2001 年に Britannia とニュージーランドの Fonterra Co-operative Group との合弁事業設立時に端を発する。各パートナーは JV の 49 ％を保有し，戦略的投資家が残りの 2 ％を保有していた。合意が成立すれば，Britannia は Fonterra が生産した乳製品をインドで販売

し，Britannia の乳製品事業を JV が運営することになっていた。しかし，独自の乳製品事業を設立した Danone と JV との紛争が生じた。後に，Danone は健康食品メーカーの Avesta Good Earth Foods を子会社に持つインドのバイオテクノロジー企業 Avesthagen の 4.6％を買収した。

とある情報筋によると，Wadia Group が Britannia Industries Ltd. における Groupe Danone の持ち株を購入しなかったのは，その時点でのシナリオ下で資金調達ができなかったからである。両者は交渉したものの問題解決には至らなかった。2009 年，Danone は JV の株式を Wadia に売却し，この提携に終止符が打たれた。

▶ Goodyear と住友による合弁事業

1999 年，Goodyear Tire and Rubber Company と住友ゴム工業は米国，欧州，アジアにある工場と営業所の多くを統合し，複数の合弁事業を設立した。合弁事業活動の連結での年間売上は，当時約 155 億ドルであった。この合弁事業の動機は何だったのであろうか？

1980 年代終盤，米国のタイヤ業界は度重なる M&A により集約されつつあった。Firestone, Goodrich, Uniroyal, Armstrong など，米国最大のタイヤ会社が外国のタイヤ会社に買収された。1991 年には米国の大手タイヤ・メーカーとしては Goodyear だけが残り，他の米国のタイヤ・メーカーすべてを併せても世界総生産量の 17％にしかならなかった。Goodyear の世界市場占有率は 1971 年の 24％から 1993 年には 17％まで下落した。Goodyear は米国の有力なタイヤ・メーカーであったが，1998 年に負債約 20 億ドルを計上し，世界市場占有率では Bridgestone と Michelin に次いで 3 位になった。特に Michelin は，Goodyear のシェアを奪うことによって，北米市場における地位を強化する恐れがあった。

▶ Goodyear と住友による合弁事業の優位性

Goodyear は合弁事業により，住友の Dunlop ブランドへのアクセスと日本市場への足がかりを得た。欧州では，JV により Goodyear と住友は Bridgestone より有利な市場ポジションを獲得したが，市場でのリーダーは

第 8 章 グローバル市場への参入 251

表 8-1　世界タイヤ市場占有率（％）

1997 年		2009 年	
Bridgestone	18.6	Michelin	19.2
Michelin	18.3	Bridgestone	18.8
Goodyear	17.1	Goodyear	16.8
住友	5.5	住友	3.7
世界総売上 690 億ドル		世界総売上 1270 億ドル	

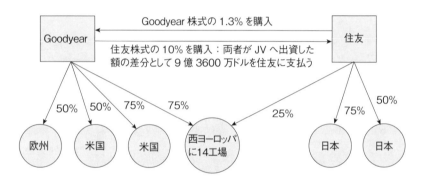

図 8-7　Goodyear と住友による合弁事業

依然として Michelin であった。ただし，Goodyear と住友の市場占有率を合わせると（表 8-1 参照）Bridgestone と Michelin をわずかながら超えた。JV のもう 1 つの動機は，非効率な工場の統廃合，購買などの機能統合によるコストの削減であった。住友の主な動機は Dunlop の運営で増えた負債の削減と日本の景気低迷であった。Goodyear の優れた技術へのアクセスも動機付けになった。

　合弁事業は 4 つの事業会社（北米 1 社，欧州 1 社，日本 2 社）と米国を拠点とするシナジー重視のサポート・ベンチャー 2 社（1 社は世界購買目的，もう 1 社はタイヤ技術の共有目的）で構成された。北米と欧州の JV における Goodyear のシェアは 75 ％であり，住友は日本の JV2 社それぞれの 75 ％

と 50 ％をコントロールした。Goodyear は契約の一環として Dunlop Tyres (Japan) と Dunlop Tire Corporation の所有権 75 ％を取得した。Goodyear と住友は相互に株式の持ち合いも行った。図 8-7 に示されるように，Goodyear は住友の株式 10 ％を取得し，住友は Goodyear の所有権 1.4 ％を受け取った。加えて，Goodyear は両者が合弁事業へ出資した額の差分として 9 億 3600 万ドルを住友に支払い，この金額が住友の負債軽減に役立った。Kelly-Springfield and Canada を含む Goodyear の北米タイヤ・グループと，ポーランド，スロベニア，トルコ，モロッコ，南アフリカにおける事業は合弁事業には含まれていなかった。JV から 5 年以内に Goodyear の Dunlop は (Michelin に次ぐ) 欧州 2 位のタイヤ・メーカーになり，財務を強化した住友は (Bridgestone に次ぐ) 日本で 2 位のタイヤ・メーカーの地位を確保した。

2009 年には Goodyear と住友の連結世界市場占有率は 20.5 ％となり，世界最大の市場占有率を持つ合弁事業になった。

JV の失敗に対する保険

多くの調査[12] の結果，JV の約半数は失敗に終わることがわかっている。極端にいうと，JV の寿命は 5 〜 7 年，ナショナル・フットボール・リーグのラニング・バックの平均的な選手寿命より少し長いだけという見方もある。[13] JV が高い率で失敗する理由は何か？ また失敗の予防にむけ何ができるのか？ 原因と救済案を以下に記載する[14]。

---

12. Turowski, D. (2005). The decline and fall of joint ventures: How JVs became unpopular and why that could change. *Journal of Applied Corporate Finance, 17*(2), 82; Bamford. J., Ernst, D., & Fubini. D. (February 2004). Launching a world-class joint venture. *Harvard Business Review,* 1.
13. www. 1000ventures.com/business_guide/jv_main.html. MacMillan, T. (2006). *CIBC Mcllon: A joint venture success story.* (Financial Services Institute でのスピーチ) より引用。
14. Spranger. D. (2004). *Why joint ventures fail.* www.saul.com/common/publications/pdf_29.pdf より抜粋。

- アイデア自体が悪い：古典的な考え方に立てば，複数の企業が1つの合弁事業を設立するのは，どちらも独力でベンチャーを行うのに十分な資源を持たないからである。しかし最近では，資源共有よりもリスク・シェアリングを目的としたJV設立が多くなっている。残念ながら「リスキー」という言葉は，商業的に価値がないか実現可能でないことを意味する婉曲的表現であることが多い。単独で実施できないプロジェクトは実施する価値がないのかもしれない。
- 計画が不十分である：失敗したJVで最も多い理由の1つは，十分な計画の欠如である。JVに出資する意思表明とそれぞれの利益分配だけで構成されるJV「計画」が機能することはまずない。期待を現実にし，紛争を解決させる要素が何もないからである。合弁事業の当事者はJVの形態，それぞれの出資額，事業計画実施に関するポイント（誰が何をどこで行うのか），ガバナンス，共同開発した資産の所有権，紛争解決方法，必要が生じた場合にJVを解散する条件，を含む包括的計画書に合意すべきである。
- 資本が不十分である：合弁事業には通常，JVの目標達成にとって必要な資金額が推定され，それに基づいて一定額が拠出される。現在必要な資金だけでなく，将来必要とされる資金も計画に盛り込むことが不可欠である。
- リーダーシップが欠如している：JVのパートナーがリーダー的役割の分担を主張する場面は実に多い。設立当初から両者はプロジェクトの日常業務（プロジェクトのさまざまな部分）の管理に合意すべきである。合意を必要とする事柄は，例えばJV自体やその資産の売却，債務の負担，新パートナーの参加などの基本事項の決定に限るべきである。さらに，膠着状態が生じた場合の紛争解決方法を定めた文書を作成しておくべきである。
- 責任が欠如している：多くの企業は目先の利益を求めてJVを開始する。利益が実現しないと，あるいは期待通りに短期間で実現しないと興味を失う。
- 文化と思想が違う：JVパートナーを評価する際，企業は企業文化，経

営スタイル，人材，福利厚生，ITシステムなどに関する徹底的な評価を通して，買収時に行うのと同じ互換性と統合可能性の分析を行うべきである。パートナーの出身国が複数にわたる国際的JVでは，文化の差異が企業文化のそれよりはるかに深刻な業務関係の妨げとなるかもしれない。対極性が相互の吸引力になる場合もあるが，違いを融和させる方法を見つけられなければ，そのJVは不安定になる可能性が高い。

▶ 国際事業提携[15]

国際提携（international alliances）は「各企業の理念と結びついた個々の目標を共同で達成するために，自立組織の資源や統制機構を使用する，プロセスと連携における比較的持続的な企業間の協力的取り組み」と定義される。国際事業提携は外国市場への参入方法として急速に進展しつつある。国際事業提携は外国への直接投資と比べると投資額もリスクも低く，共同の目的達成を目標として，複数企業が資源，スキル，能力を共同で拠出し合うことができる。しかし国際事業提携にもリスクがないわけではない。提携企業の異なる意思決定スタイル，提携企業間の連携の緩さ，戦略的資源の共有により，企業は失敗の可能性にさらされ，一方企業がもう一方の企業を利用するだけという不安定な事業環境にさらされる可能性もある。

▶ 戦略的提携

戦略的提携（strategic alliances）は共通の目標を追求するために資源を共有する複数企業間の正式な契約関係である。要するに，提携パートナーが技術などの戦略的資産を共有することにより，シナジーを生み，パートナーの一方または両者が所有していない資源の利用を可能にする，株式に拠らない合意である。

戦略的提携には垂直型と水平型がある。垂直型提携ではさまざまな業界の企業が提携する。例えば，建設会社は家具一式を備えつけたアパートを提供

---

15. Alon, I. (2003). International business alliances: A practical perspective from the packaging industry. *Proccedings, Annual Academy of International Business, Southeast Meeting.*

するために内装会社と提携することができる。水平型提携では同じ業界の企業が提携する。政党候補者を扱う広告代理店は選挙に特化する市場調査会社と提携を結ぶかもしれない。いずれの場合もこの方法は契約に拠り，新たな事業体を設立するものではない。富士通とCiscoの例も水平型提携の一例である。

提携を「戦略的」にするものは何か？ カリフォルニア州Hewlett-Packardのグローバル提携事業の責任者によると，提携が戦略的であるかどうかを判断する基準は以下の5つである[16]。

- コア・ビジネスの目標または目的にとって不可欠である
- 競争優位性の達成に不可欠である
- 競争における先行優位性のために必要である
- 企業の将来の戦略的オプションにきわめて重要となる可能性がある
- 戦略的目標を脅かすリスクの管理に役立つ可能性がある

戦略的提携にはいくつかのリスク要因があるものの，この外国市場参入形態には利点がある。例えば，戦略的提携は企業が取引コストを軽減し，戦略的不確実性を防衛し，必要な資源を確保し，国際的参入障壁を回避するのに役立つ。またその企業の自国市場を国際競争から保護し，企業の製品群を拡大し，新たな製品市場に参入し，資源の効率的利用を促進する。Tallmanは，戦略的提携を利用する企業は企業固有の資源（有形／無形資産，特許，商標，人材，補完的資源），技術能力（R&D，製造，マーケティング，営業，市場知識），管理能力（マネジメントに関するスキルと能力，付加価値活動）を強化できると論じた。

国際的な戦略的提携を活用することで得られる優位性は，業種と提携方法によって異なる。例えば，成熟産業の企業の方が戦略的提携から利益を得る可能性が高いと主張する研究者もいれば，技術主導の提携は伝統産業よりもハイテク産業に利する傾向があると提唱する研究者もいる。

国際的事業提携の適切な形成と実施のために，参加企業のSWOT分析，目標共有性や，付加価値分析や，市場力，効率，能力の検証など，多くのさ

---

16. Wakeam, J. (May-June 2003). The five factors of a strategic alliance. *Ivey Business Journal*, 1-4.

まざまなフレームワークが開発されてきた。しかし，適切な国際事業提携に関する最も重要な問題はやはり，適切なパートナーを選び，信頼を構築し，適切な契約の枠組みを策定することである。

▶完全所有子会社

完全所有子会社（wholly owned subsidiaries）は，最も資本集約的な参入形態であり，外国における企業の所有と運営に関連する大きなリスクを吸収することのできるような大規模で国際的な経験を持つ企業のみが使いこなせる方法だといえる。完全所有子会社を通じた市場参入には，新たなターゲット国における既存事業の買収（ブラウン・フィールド戦略ともいう）か，新施設の設立（グリーン・フィールド戦略ともいう）が必要になる。どちらのシナリオでも企業は事業活動に対する最大の支配権を行使し，ターゲット国の市場に完全参入することができるが，政治，環境，法律，金融に関して最高レベルのリスクにさらされる可能性を有する。

▶参入形態のメリット／デメリット

表8-2は各参入形態のメリット／デメリットをまとめたものである。メリット／デメリットの多くは金融リスク，政治リスク，市場参入速度，事業運営のコントロール，市場知識の取得に関するものである。

まとめ

- 企業が国際化の過程で選択できるさまざまな参入戦略を検討した。ここでは，同時に複数の市場に参入する場合，市場ごとに異なる参入戦略を選択できることを強調しておく。この戦略はしばしば採用される，同時に複数の市場に参入してもよいし，ある参入形態の優位性をてこにした参入後に，他の方法に移行することも許容する。グローバルな通信，移動，取引がますます容易かつ広範囲になるにつれ，複数の参入形態を同時に用いることが可能なだけでなく有利であると認識する企業も増えている。

表8-2　国際的な参入形態のメリットとデメリット

参入形態	メリット	デメリット
輸出	リスクが低い 市場参入や撤退が容易 現地市場に関する知識が得られる FDI制限を回避できる	関税と輸入割当 輸送コスト ディストリビューターとの関係に問題が生じる可能性がある
ライセンシング	リスクが低い 迅速な市場アクセス 規制と関税の回避 現地市場に関する知識が得られる	市場と収益に対する管理が低下する 知的財産に関する懸念 ライセンシー／将来の競合者との潜在的問題
フランチャイズ	金融リスクが低い 規制と関税の回避 より大きな支配を維持できる 現地市場に関する知識が得られる	市場と収益に対するコントロールが低下する 活動に対するコントロールが一部失われる フランチャイジーとの関係に問題が生じる可能性がある
委託生産	金融リスクが低い 製造コストの軽減 短期約定の柔軟性 マーケティング／販売に注力できる	事業運営に対するコントロールが限定的 現地市場に関する知識が少ない 人権問題が発生するとブランド／財務に損害が生じる可能性がある
運営委託契約	インサイダーとして市場にアクセスできる 企業の専門性が重視される 金融リスクが低い	利益と市場アクセスが制限される 著作権と知的財産の問題が生じる可能性がある
ターン・キー契約	FDIが馴染まない市場にアクセスできる 長期的運営リスクがない 企業の専門性が重視される	金融リスクがある パートナー／インフラ／労働／利益の本国送金に関する問題が生じる可能性がある
合弁事業	インサイダーとして市場にアクセスできる 高利益の可能性がある 事業運営に対するコントロールがきく リスクが分担される パートナーから知識が得られる	資源の投資が多い 支配／出資／目標などに関しパートナー間で問題が生じる可能性がある 高い経営層の関与が必要 知的財産の問題が生じる可能性がある
完全所有子会社	市場のアクセス／受け入れが十分である 事業運営／利益を十分にコントロールできる 関税を回避できる 事業運営を多様化できる	金銭／資源の投資が多い 政治・環境のリスクが高い 利益の本国送金問題が生じる可能性がある 高い経営層の関与が必要

- 特定資産への多額の投資が不要な場合は，ライセンスやフランチャイズなど，株式に拠らない参入形態が適しているかもしれない。特定資産への高度な投資が必要な場合，IJV や完全所有子会社など，株式による参入形態の方が適切かもしれない。
- 経済的にも政治的にも安定していて堅実な国には，株式に拠る参入形態がよいかもしれない。一方，政治的・社会的に混乱し，経済危機が頻発する国には株式に拠らない参入形態が適しているであろう。
- 強固な社内文化と規則に立脚した企業は，株式に拠る参入により，新市場でそれらを適切に維持できるだろう。他方，より開放的で柔軟な企業は，輸出代理店やライセンシーなどのパートナーによるコントロールに頼る方が適しているかもしれない。
- SMEs の意思決定者は，取引費用理論を活用することで，その企業に最適な参入形態に関して，より広い視点で検討し，意思決定につなげることができる。ある特定の調査によると，このような方法によって決定を行う方が外国での好業績につながると指摘されている。
- 国際市場戦略を評価するために取引コスト分析を行うにせよ，他の一般的な方法を選ぶにせよ，より円滑で収益力のある外国での事業運営を実現するには，参入形態の選択は，慎重に考え計画することが望ましい。

ディスカッションテーマ

1. アウトソーシングの決定に際して，SMEs が直面する最も困難な課題は何か？
2. 参入形態の決定に関し，SMEs と大企業間で何らかの差があると思うか？
3. 新興国における合弁事業の失敗率が先進国より高いのはなぜか？

実践的課題

1. 英国への事業拡大を検討している中小規模のサービス会社にアドバイスをするとしよう。経営陣の中には国際事業経験者がいない。参入に関する準備の有無をどのように判断するか？
2. 米国商務省のソースを検索し，米国企業が過去10年間に新興国への市場参入戦略として最も多く採用した形態は何かを判断せよ。また，その傾向の理由も説明せよ。

キーワード

アウトソーシング	p. 244	上流 JV	p. 248
委託生産	p. 244	戦略的提携	p. 255
運営委託契約	p. 247	ターゲット国に関する要素	p. 235
外的要因	p. 235		
下流 JV	p. 248	ターン・キー契約	p. 246
間接輸出	p. 238	直接輸出	p. 238
合弁事業	p. 247	内的要因	p. 234
子会社	p. 257	フランチャイズ	p. 243
国内要因	p. 235	ライセンシング	p. 242

第9章

グローバル市場のセグメンテーション，ターゲティングおよびポジショニング

> 言いたいのは，サービスを提供したい相手を理解し，選択しなければならないということである。人の後を追ってはならない。セグメンテーションを通じてターゲット市場を慎重に定義した後，真の差別化を図り，ターゲット市場における優位な態勢を整えるべきである。優位にならないのであればそのターゲット市場には参入すべきではない。
>
> Phillip Kotler[1]

学習の目的

本章を読むことで,次のことが期待される。
- グローバル市場をセグメント化すること。
- グローバリゼーションが市場のセグメンテーションに及ぼす影響を理解すること。
- 市場ターゲティングの基準を応用すること。
- 多様化マーケティングと標準化マーケティングとの違いを理解すること。
- 適応化マーケティングが世界的に応用できる方法を実証すること。
- ポジショニングを通じて競争優位性を獲得する方法を示すこと。
- グローバル・ターゲット戦略を選択すること。

台湾でリンゴとさくらんぼを「クール」にする[2]

米国ワシントン州のリンゴ栽培農家とサクランボ栽培農家を代表する2つの組織は,過去3年間,売上高トップ5の市場に入っていた台湾での消費者需要をさらに増やしたいと考えていた。リンゴとサクランボは,値段の高さや,栽培地域との強い関連性により,台湾では長い間高付加価値商品とされてきた。特にサクランボは,台湾では特別な日の果物として誕生日パーティや祭日に出されることが多く,プレゼントや取引先への手土産として人気があった。

両組織はこの高級なイメージに立脚しつつ若年市場にもフォーカスしたいと考えていた。「以前に,果物の購買層である母親達に(マーケティング活動を)集中させたことがありました」と委員会のグローバル・マーケティング担当バイス・プレジデントである Eric Melton はいう。「しかしアジア人

---

1. Five steps to marketing success. (30 June 2005). *Global Office*, CNN.com. www.cnn.com/2005/BUSINESS/06/29/guru.kotler/index.html?section=cnn_latest から検索。
2. Andruss, P. L. (4 December 2000). Groups make fruits apple of Taiwan's eye. *Marketing News*, www.marketingpower.com/content16144S0.php から検索。

の70%は35歳未満です。食べたい人がいなければ買う人もいないと判断し，若い人々の注意を引きたいと考えました」

　生産者は，若い顧客層に訴え，リンゴとサクランボの高いステイタスを維持するために，それらの正しいポジショニングを「ヒップ」と「クール」にすると決定した。200万ドルというかなり限られたメディア予算の制約を最小限にとどめるために，両組織は独自のテレビ番組を制作し，ミス・ワシントン・アップルとミス・ワシントン・チェリーという2つの美人コンテストの勝者がサクランボの生育期である3か月間にワシントン州を旅して回るようすを取材した。新しく生まれた2人の美しいクイーンがライフスタイル・ショー，娯楽番組，旅番組，料理番組のスターになり，他のマスコミ報道を通じてさらに多くの宣伝効果を生んだ。

　生産者組織はセグメンテーション，ターゲティング，ポジショニングの戦略をうまく活用して台湾に製品を売り出した。**セグメンテーション，ターゲティング，ポジショニング**（STP）はマーケターにとって理解しやすいが，実務に効果的に取り入れるには難度の高い概念でもある。文化，顧客の嗜好，マーケティング・チャネルといった重要な要因がよく分かっている国内市場でさえ，マーケターが適切に市場をセグメンテーションできていないことは多く，それが見当違いなターゲティングとポジショニングにつながり，最終的にはその製品やサービスの潜在力が実現しないという結果になる。

　グローバル市場ではそうした課題ははるかに大きく，セグメンテーション，ターゲティング，ポジショニングに関する選択肢の多様性と複雑性は飛躍的に高まる傾向にある。

グローバル市場におけるSTP戦略の必要性

　セグメンテーション（segmentation），ターゲティング（targeting），ポジショニング（positioning）は，現代のマーケティング戦略と実務における最も基本的なコンセプトの一部である。実際，現代の世界的に著名なマーケティング専門家の1人であるPhilip Kotlerは，その古典的著書 *Marketing*

*Management*においてセグメンテーション，ターゲティング，ポジショニングをマーケティングで最も重要な3つのコンセプトとして挙げている。

簡単にいうと，マーケターはこのSTPにより，製品やサービスが特定タイプの顧客に提供できる価値を決定し，製品やサービスをこの顧客がアクセスする方法を特定し，魅力ある方法で顧客にその価値を伝えることができるようになる。

グローバル市場では，競争の激化，価格圧力，文化的適合の必要性はマーケターが直面する課題の一部にすぎず，正しいSTP戦略を作ることがマーケティング・キャンペーンの成功にとってきわめて重要になる。

特にマーケターはセグメンテーションにより，市場として国／文化を越えて存在するセグメントに関し，同じガイドラインを使うことで意思決定プロセスを単純化することができる。このマーケティング標準化プロセスによ

図 9-1　特定のターゲット・セグメントを引きつけ，ブランドを特定ニーズにポジショニングしようとするカスタマイズされたマーケティング・メッセージが伝統的なマーケティング・コミュニケーションに代わりつつある

出典：© image 100/Corbis.

り，製品開発からマーケティング・コミュニケーションに至るまで，企業の活動コストを軽減することができる。他方，セグメンテーションにより，標準的な要素と異なるまったく新しいマーケティング手法を求める市場グループをグローバルに特定することもできる。

　グローバル市場において顧客層とマーケティング・チャネルを細分化し続けることにより，マーケターはさらに多くの追加課題に直面する。新たな技術により，消費者は興味と嗜好をマーケターに伝え，興味や嗜好が同じである人と（特にオンラインで）集まることができるため，本質的に無数の顧客セグメントが生まれている。彼らは消費者に接触しようとするブランドから自分に関連性の高いカスタマイズされたコミュニケーション・メッセージを受け取りたいと思っている。そうでなければブランドのコミュニケーション・メッセージは無視される可能性が高い。

　このように顧客を多くの特定チャネルに引きつける方向で展開するか，印刷物，テレビ，ラジオといった伝統的なチャネルを通じて標準的なマーケティング・メッセージをシンプルに放送するかなどを判断するため，グローバル・マーケターはSTP戦略に大きな注意を払う必要がある。正しい顧客セグメントを特定し，引きつけるだけでなく，真のブランド・アイデンティティを守りつつ，セグメント固有のカスタマイズされたコミュニケーションとして位置づける必要性がある（図9-1）。

　例えばWeb 2.0技術によりグローバル・マーケターはSTPに関して複雑さに直面することになったが，反面，これまでにない新たなユーザー・アクセスを得たことも注目に値する。オンライン・パネル，cookies，検索エンジン，ブログのコメント，その他無数の消費者行動追跡ツールから得られる情報量は，真の宝の山をマーケターに提供してくれる。今やマーケターは顧客の閲覧動向や好きな買い物方法，特定のブランドや製品に関する意見に至るまで，何でも知ることができる。さらに，マーケターはキャンペーンに対するターゲット・セグメントの反響に関してすぐにフィードバックを得ることができる。

　顧客に関する詳細な知識を武器にすれば，マーケターはターゲット市場を瞬時に，正確に特定し，有効にコミュニケーションできるはずである。しか

し残念ながら，本章で述べるように，常にそれが実践できるわけではない。

■ グローバル市場のセグメンテーション戦略

アメリカン・マーケティング協会は，セグメンテーションを「同じように行動する，または同じニーズを持つ顧客グループで市場を分割するプロセス」と定義している[3]。

どの市場であっても，正しい市場セグメンテーションは簡単に，すぐに実行できるものではない。グローバル市場において，特に発展途上国では，社会的・政治的・経済的変化のたびにセグメントが変動する可能性があり，正しいセグメントの特定作業は非常に難しい。一方で，セグメンテーションの分析と実施には多くの課題がつきものながら，うまく実践することで企業は大きな競争優位性を得ることができる。

適切なセグメンテーションの鍵は，各顧客セグメントの特定のための有益な次元を選択することである。ある顧客グループが真のセグメントとなるためには，各セグメントは下記の5つの基準を満たさなければならない。

1. 測定可能であること
2. マーケティング・ミックスの変更の正当性が認められる程度の差異があること
3. マーケティングと物流のチャネルを通じてアクセス可能であること
4. 十分な収益が見込める程度に大きいこと
5. 適切なターゲティングに対して測定可能な反応が期待できる程度に安定していること[4]

上記の次元すべてを持つセグメントに対してのみ，マーケターは，真の顧客ニーズに対応し，有効なコミュニケーション・チャネルを通して顧客とコンタクトでき，測定可能な販売効果をもたらすことのできる適切なマーケ

---

3. Market segmentation. *AMA Dictionary.* www.marketingpower.com/_layouts/Dictionary.aspx? から検索。検索日：2008年7月6日。
4. *Ibid.*

ティング・キャンペーンの設計ができる。

セグメンテーションに関しては，グローバル化とグローバル市場では対極の効果を指摘できる。まず，グローバル化で世界が狭くなっているため，似た傾向の消費者で構成されるセグメントは地域を問わず特定されやすくなっているという点だ。例えば，iPhone 3G が発売された 2008 年 7 月 11 日に世界 22 か国の Apple Store に行列したハイテク端末ファンのことを思い浮かべるとわかりやすいだろう。一方で，より多くの世界市場にアクセスしやすくなるにつれ，文化，社会習慣，地域や国民の好みといった要因の違いにより，マーケターはセグメントの多様化への対応がますます難しくなっていることを実感するだろう。

現在，当該分野ではさまざまなセグメンテーション方法が使われているが，セグメンテーションの基礎的手法には、国別セグメンテーションと顧客別セグメンテーション（企業間マーケティングの場合は企業別セグメンテーション）の 2 つがある。

▶ 国別セグメンテーション（マクロ・セグメンテーション）

国別セグメンテーションは最も基本的な方法であるが，その単純さゆえに限界も多い。この手法は，場所，1 人あたり GNP，人口，家族規模などの地理的，人口統計的，社会経済的変数を使って国をセグメンテーションする手法である。例えば，ある企業が人口 1 億人以上，1 人当たり所得 1 万ドル以上の国でのみ製品を販売すると決めてもよいし，あるいは中東全諸国やスペイン語圏全諸国で同一製品を販売すると決めることもできる。

このような手法により，企業は業務を集中管理し，生産，販売，物流，サポート機能の負荷を軽減できる[5]。しかし，このような国別セグメンテーションでは，その国における消費者の差異やその国の市場間における消費者の差異は考慮されない。特定地域の境界を越えるセグメントの存在も認識されない[6]。

---

5. Steenkamp. J. E. M., & Hofstede. F. T. (2002). International market segmentation: Issues and perspectives. *International Journal of Reseach in Marketing, 19.* 185-213.
6. Hassan, S. S., & Kayanak. E. (Eds.) (1994). *Grobalization of consumer markets: Structures and strategies.* New York: Haworth Press.

▶顧客別セグメンテーション（ミクロ・セグメンテーション）

　消費者個人をセグメンテーションの基礎に使うことで，さらに多くの変数が分析に取り入れられ，その結果，複雑性も高まる。この場合，ある種の地理的変数と人口統計的変数が含まれることもあるが，最も大きな価値を見出せるのはより高度な心理的変数，行動特性変数を用いたセグメンテーションである。この方法により市場を細かく「薄切りと角切り」にできるようになるため，より正緻なターゲティングとポジショニング戦略が可能になる。

　地理的変数に焦点を絞りながら，文化的嗜好，価値観，考え方，ライフスタイルの選択といった共通の特徴に基づいて消費者を分類する手法は，マーケターに大きな柔軟性を付与する。世界的規模でまったく同じ特徴を持つであろうセグメントを見出せるかもしれないし，特定の国／地域固有のセグメントが見つかるかもしれない。

　例えば，アジアにおける多様な世代間の価値観と考え方を測るRoper-ASWの調査結果では，若い消費者は親世代よりはるかに個人主義的な価値観を持つことがわかった。アジアでは個人主義や野心，自由を重視する傾向は40～65歳の大人世代よりも13～19歳の世代で顕著であった。グローバル化によってさまざまな文化に触れた若者は，同一の文化の中で過ごしてきた年長世代よりも同世代の若者と共感しやすい傾向にあることが確認された[7]。

　Euro RSCG Worldwideは，若い消費者の食事に対する考え方の比較調査を行った。米国の10代は歩きながら食べることを好むが，他のほとんどの国の若者は，ゆったりした環境で，時間を費して食事を楽しむことがわかった[8]。

　米国のリタイアしたベビーブーム世代など，他のセグメントの分析からは，マーケターが市場の理解を深められ，適切なセグメント化に役立つ洞察が得られている。

　性格特性に基づいて消費者をセグメント化する手法のうち，最も長く使わ

---

7. Parmar. A. (28 October 2002). Grobal youth united. *Marketing News*, 49.
8. *Ibid.*

れており，信頼できるシステムの1つが，SRI International からスピンアウトした組織である Strategic Business Insights（SBI）の所有・運営する **VALS** である（VALS はもともと価値とライフスタイルのプログラムと呼ばれていた)[9]。

VALS の基本理念は，人は行動を通じて個性を表現するということである。VALS は市場での行動に影響を及ぼす性格特性に基づき，消費者セグメントを具体的に定義している。

VALS モデルの始まりは1970年代後半にさかのぼるが，1989年に再定義された結果，時代によって変化する社会的価値よりもむしろ，永続的な性格特性に基づいて消費者の行動を予想することができるようになった。米国の消費者市場に関する最新の VALS システムには複数のセグメントが含まれる（図9-2)。VALS システムは他国に向けても開発された。SBI の調査からは，どの文化に属しているかに拠らず，同じような心理的特性を持っている人が同じような消費者行動を引き起こすことがわかっている。ただし，特性の表現は文化によって異なる。例えば，どのような文化においても，商品が提供するステータスが購売動機となる消費者がいる。しかし，具体的なステータス・シンボルが何か，は国や文化によって異なる。

VALS フレームワークにおけるセグメントは以下の通りである。

革新者（Innovators）は，成功し，洗練され，管理能力があり，自尊心が高い。革新者にとってのイメージとは，地位や権力のシンボルとしてではなく，自身の趣味や独立心や個性の表現として重要である。

思考者（Thinkers）は，理想によって動機づけられる。成熟し，充足し，裕福で，思慮深い。十分な教育を受け，意思決定プロセスにおいても積極的に情報を求める傾向がある。製品の耐久性と機能と価値を好む。

信奉者（Believers）は，伝統を重んじ，規則と権威を尊重する。基本的に保守的であるため，変化に対して抵抗的で，テクノロジーは反対の立場である。慣れ親しんだ定番の製品や有名なブランドを選択する。

達成者（Achievers）は，家族とキャリアを中心に明確な目的をもった

---

9. SRI Consulting Business Intelligence (SRIC-BI). www.sric-bi.com/VALS.

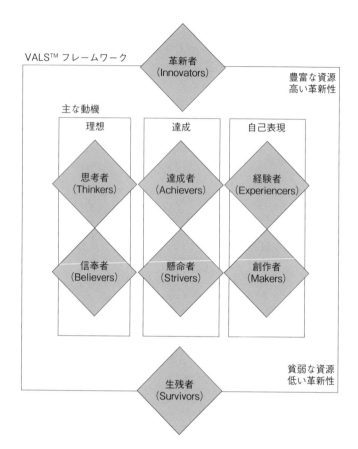

図 9-2　VALS フレームワーク
出典：Strategic Business Insights (SBI). www.strategicbusinessinsights.com/VALS. 許可を得て掲載。

ライフスタイルを志向する。大きな刺激や変化を促す状況を回避する。同僚に対して成功していることを示すことのできる高級品を好む。

懸命者（Strivers）は，流行と楽しさを好む。可処分所得がほとんどなく，興味の対象が限られがちである。物質的に豊かな人が買うものを真似た，スタイリッシュな製品を好む。

経験者（Exporiencers）は，型破りなものを評価する。彼らは活発で，新しいもの，変わったもの，リスキーなものに刺激を求める。所得のうち

比較的多い金額を，ファッションと交際と娯楽に費やしている。

創作者（Makers）は，実用性と自己充足を重視する。テラス作りや戸外でのバーベキューなど，実践的で建設的な活動を選択し，家族や親しい友人と余暇を過ごすことを好む。製品を選ぶ時は豪華さより価値を，スタイルより使いやすさを優先する。

生残者（Survivors）は，切りつめた／緊縮的な生活を送る。最小限の資金しかないため，購入する製品は他のグループより少なく，そのため強く大きな消費動機を示さない。未来よりも過去の方が充実していたように感じることが多い（配偶者が健在だった頃や，子どもを養育していた時代など）。ただし，必ずしも現在を悲観しているわけではなく，人生の喜びが縮小しつつあることは受け入れている。安全と安心に関心が高いため，ブランドにこだわったり，値引き品を購入する傾向にある。

この単刀直入な米国モデルと，図9-3に示した，はるかに複雑で多層化した日本型VALSモデルを比較する。

図9-3に示す日本型VALSモデルでは，消費者を革新力について高〜低の10セグメントに分類する。革新力が最も高いセグメントは「統合者」（全人口の4%）に分類される。彼らは高い教育を受け，近代的で，社会性も所得も高く，頻繁に読書や旅行をし，最新のトレンドをフォローする。伝統的革新者（6%）と伝統的順応者（10%）は宗教的慣例に従い，社会的には保守的である。このグループの購買行動の特色は，慣れ親しんだ製品を好むことである。自己革新者（7%）と自己適応者（11%）については，革新力の測定指標が比較的高く出ている。用語が暗示するように，これらの消費者は自己表現を理想としている。自己表現は，流行の服など，自己イメージを広めてくれる製品や体験型製品の消費を通じて行なわれる。良識（「社会的理性」）革新者（6%）は中年のキャリア志向者であり，良識順応者（10%）は個人的上昇と家族と社会的地位に関心がある。高現実主義者（14%）は内向的である，低現実主義者（17%）はライフスタイルに関心がなく，安価な製品を好む。維持者（15%）は変化に抵抗し，教育と所得は最小限である。革新力の尺度は最も低く，過去指向性が強い。

Backer Spielvogel & Bates Worldwide（BSB）は，主として環太平洋諸

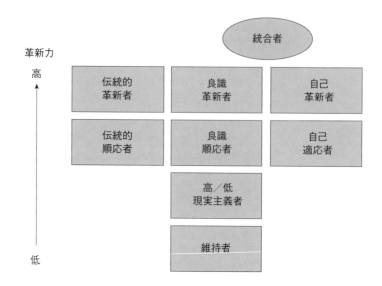

図9-3 日本型VALSフレームワーク

国で心理学調査を継続的に実施してきた。それがグローバル・スキャンである。さまざまな考え方，消費者価値，メディアの利用，購買パターンを測定している。自己充足，自尊心，個性といった価値観，政治的見解，社会問題に関する考え方も調査に含まれる。消費者は，1000を超えるブランドと製品の利用についても問われる。調査したすべての国の全人口の95%を5つのセグメントに分けることができる，と代理店は主張する。(1)採用者（18%）は高齢の消費者で伝統的価値にこだわる。(2)伝統主義者（16%）は伝統的で文化的な価値を支持し，慣れ親しんだ製品を好む。(3)被抑圧者（13%）は主に女性で，家族に対する責任があり，仕事やレクリエーションに使う時間がほとんどない。(4)達成者（22%）は比較的高所得のオピニオン・リーダーで，スタイルと品質に関心がある。(5)努力者（26%）は若年層で，即効性のある喜びを求める。

▶産業財市場のセグメンテーション

消費財市場におけるセグメンテーションと産業財市場におけるそれを比較

すると，いくつかの大きな差異が明らかになる。最も顕著な違いは，市場の規模である。消費財市場のマーケターは数万人，時には数百万人の個人消費者を対象とした市場に取り組まなければならない場合が多いが，産業財市場の場合は数百社を超えることはめったになく，数千社に及ぶクライアント基盤を相手にできるのはごくわずかな大企業だけである。

しかし，購買力を考えるとシナリオは逆転する。企業の購買量は個人消費者の購買量をはるかに上回り，単独取引で比較すればさらに差は大きくなる[10]。

もう1つの違いは実際の購買プロセスのダイナミックさである。企業の購買は，動機から選択，実行に至るまでに関与する人，考慮される要因，システムの数から判断して，個人消費者の購買決定に関わるステップよりはるかに複雑だといえる。

消費財市場と産業財市場の両方のマーケターにとってもセグメンテーションの最終目的は同じで，同じ思考をする集団に市場を分割することである。Dun & Bradstreet (D&B) は類似行動に基づいて顧客をセグメントする方法に言及している。

- 産業
- 地理
- 意思決定者の人口統計とライフスタイル
- 調査データ（願望，好み，不満などが似た企業は同じような行動をとる）
- 企業統計と支払行動（事業特性，支払データ，サプライヤー基盤，リスク，経験量，成長などが似た企業は同じような行動をとる）[11]

また，事業にとっての重要度合に基づいて顧客を分類するケースもあるかもしれない（最も積極的で頻繁，かつ取引量の多いクライアントは最重要であり，それらが小さいクライアントは重要性が低いとみなされる）。

---

10. Hague. P., Harrison, M. (n.d.). Market segmentation in B2B markets. *B2B International. Ltd.* www.b2binternational.com/whitepapers3.htm から検索。
11. Janis, T., & Singson, M. (15 November 2005). Leveraging cluster analysis in the B2B world: Motivations, applications & successes. *AMA webcasts.* www.b2bsalesandmarketing.com/ama/ から検索。

▶ セグメンテーションの方法に関する最新の考察

近年,価値観やライフスタイルや,その他の個人特性に基づくセグメンテーションは,製品購入の可能性がある消費者グループ掘り起こしの指針としてのセグメンテーション・ツールというよりはむしろ,宣伝とブランド化の道具になりつつあるという批判にさらされるようになった。人口統計的変数に基づかないセグメンテーションを最初に提唱した1人,Daniel Yankelovich は *Harvard Business Review* 誌に寄稿し,次のように述べている。「心理学によって人々のライフスタイルや態度,自己イメージや願望に関する真実を捉えることはできるかもしれないが,その人々がある製品カテゴリーの何を購入しようとしているかを予測するのは非常に難しい。したがって,企業の意思決定者が既存顧客の維持方法や新規顧客の獲得方法に関するアイディアを求めても,容易に解は導き出せない。」同時に著者は,今日の適切なセグメンテーションの定義について言及している。それは,最も追求する価値のある集団を特定でき,ダイナミックであり,顧客のニーズに紐づく製品設計の企業としての指針になるという内容である。さらに,広告の開発に必要なセグメンテーション・タイプと,製品開発を支えるセグメンテーション・タイプの違いについても述べている。表9-1は2つのタイプの主な特徴を説明している。

セグメンテーションに関してはもう1つの批判的な見方[12]がある。より細かくセグメントを定義し,新製品を次々発売することができた場合で,製品の90%以上は失敗している。何故ならば,たった1つの,最も大事なテストに合格していないからである。つまり,製品の大半は顧客が実行しなければならない仕事の役には立たないのである。マーケターは,顧客がやらなければならない「仕事」を理解し,その仕事に役立つ製品を市場に投入しなければならないのにもかかわらず,依然として顧客(自己イメージ,願望,趣味)の理解に傾注しているだけである。故 Theodore Levitt の言葉を引用す

---

12. Christenses, C. M., Cook. S., & Hall, T. (December 2005). Marketing malpractice: The cause and the cure. *Harvard Business Review*, 74-83.

表 9-1　広告と新製品のセグメンテーション戦略

	広告	新製品
ターゲット市場	製品とサービスのユーザー	同様のニーズを持つ消費者
データソース	態度調査	購買頻度，製品利用，店舗へのこだわり，購買力
結果	メッセージに対する回答により細分化されたセグメント	購買行動と所得により細分化されたセグメント

出典：Yankelovich, D., & Meer, D.（February 2006）. Rediscover market segmentation. *Harvard Business Review*, 3 より作成。

れば，「人々は4分の1インチのドリルを買いたいのではなく，4分の1インチの穴を開けたい」のである。

　セグメンテーションの基礎として，ある特定の仕事を達成を企図する人々の願望を利用せよ，という Levitt の助言に忠実に従ったブランドは Church & Dwight の Ann & Hammer という重曹製品である。1960年代後半，同社のマーケターは顧客が日々の仕事の中で，どのような状況で，どのように重曹を使うかを観察し始めた。驚くことに，洗濯に使う人もいれば歯磨きに使う人もおり，さらには冷蔵庫やカーペットの脱臭剤として使う人もいることがわかった。この調査を利用して，Arm & Hammer はこれらの顧客セグメントが要求する具体的な用途に応えられる製品群の提供を考案した。

- 口腔洗浄―Arm & Hammer 練り歯みがき
- 家庭の清掃―Arm & Hammer 洗浄剤
- プールの清掃― Arm & Hammer プール用 pH 安定剤
- 冷蔵庫の脱臭―Arm & Hammer 脱臭剤
- 体臭防止―Arm & Hammer デオドラント
- カーペットの脱臭―Arm & Hammer カーペット用脱臭剤
- ペット用トイレの脱臭―Arm & Hammer 猫用トイレ
- 衣類の消臭―Arm & Hammer 洗濯用洗剤

- 料理用―Arm & Hammer 重曹

このように，1つの基本製品の実用的応用に集中することにより，同社は市場を飛躍的に拡大し，ブランドの価値を高め，顧客のロイヤルティを獲得することができた[13]。

選択に制約のない世界におけるセグメンテーション

Chris Anderson は，画期的な著書 The long Tail: Why the Future of Bussiness Is Selling Less of More において，「テクノロジーはマス・マーケットを無数のニッチに転換しつつある」と記し，市場で起こっている示唆に富んだ変化を取り上げている。この主張を裏づけるために Anderson は，Amazon, eBay, Google, Rhapsody, iTunes, Netflix などのインターネットを利用したメディア・小売企業を例に挙げている。これらの企業は，テクノロジーのおかげで音楽や映画や書籍などのヒット作品だけでなく，世界中の人々による無名の作品や，人知れず制作された作品，特殊な作品，自主制作の作品も提供できるようになった。この現象を視覚的に表現したのが「ロング・テール」グラフであり，ヒットと売上は大きな急勾配のトレンド・ラインを表す。その後に続くのが長く細い"テール"であり，これまでは市場出現の機会はなかったが，今は大衆化したウェブの力のおかげで独自の顧客セグメントを作れるほど一般化した，多くの無名製品を表している。

選択に制約がなく，無数の顧客セグメントを持つこの世界において，どうすればマーケターは成功できるのだろう？ Chris Anderson がいうように，「従来のメディアでは巨人と競争していたが，今は小魚の大群との競争である」[14]。無限の棚スペースがあるオンラインの世界で成功する方法は，この無数の小魚が作り出す特定のニッチに製品を提供することである。彼らは新

---

13. Marketing malpractice: The cause and the cure; www.churchdwight.com, Hoover's より。
14. Comments made during "The new economy: Long tail vs. 80/20" presentation by Chris Anderson at the MPlanet 2006 conference, American Marketing Association. Walt Disney World Dolphin Resort, Orlando, Florida: 30 November 2006.

表9-2　一人一人の顧客がそれぞれセグメントになり得るのか？

旧フィルター	新フィルター
マーケター	消費者
広告会社	顧客
編集者	ブロガー
レコードレーベル・スカウト	推奨者
スタジオ・エグゼクティブ	プレイリスト
百貨店バイヤー	評論家

出典：Anderson, C. (2006). *The long tail: The new economics of culture and commerce.* New York: Hyperion, 123 より抜粋。

たな流行の発信源であり，その新たなフィルターを通して消費者は情報を収集し，購入決定の根拠とする。表9-2は，Andersonによる現代の「マーケティング」メッセージを対象顧客層に届けるための新旧チャネルに関する比較である。マーケターがこの新たなコミュニケーションチャネルを通じて標的セグメントを選択し，対応する有効な方法を今もなお模索しているのは明らかである。

The Long Tail に記載された理論に関する議論は *Harvard Business Review* 誌の記事[15]により再燃した。その記事は，「デジタル市場がロング・テール効果を生み出しているという主張には賛同するが，ロング・テールが無数のニッチ市場セグメントを作り出すことにより，今後も永久に市場を変えるだろうという結論には賛同しない，というものである。実際，著者によると「ヒット作品はテールに深く踏み込んだ消費者の間でも支配的である」。この見解の根拠は，（少なくとも音楽と映像に関する）最大の消費者セグメントが"ライト"ユーザーであり，彼らはすでに確立したヒット商品を購入する傾向があるのに対し，"ヘビー"ユーザーはその時々で提供される無名

---

15. Elberse, A. (July/August 2008). Should you invest in the long tail? *Harvard Business Review*. http://harvardbusinessonline.hbsp.harvard.edu/hbsp/hbr/articles/article.jsp?ml_action=get-article&articleID=R0807H&ml_issueid=BR0807&ml_subscriber=true&pageNumber=1& から検索。

の製品を試しつつ，定期的にヒット製品も購入すると観察されるためである。著者は企業に対し「利益を確保し続けるためには，最も人気のある製品のマーケティングを継続せよ。ただしロング・テール顧客層を引きつけるために費用対効果の高い方法で実行できるなら，ポートフォリオを拡大せよ」と助言している。

ターゲティング

ターゲット市場での実行可能なセグメントをすべて特定したら，最も有望なセグメント（企業にとって売上と利益を生む可能性が最も高いセグメント）を選択し，ニーズに対応する方法を決定するプロセスを開始する。

▶ターゲティングの基準

セグメンテーションと同様に，最も可能性の高いターゲット・セグメント（または市場）の選択基準は極めて重要である。最も広範かつ基本的なターゲティング基準の一部を以下に記載する。

- 市場規模：セグメントが大きいほど持続可能で，収益が得られる傾向が強い
- 成長率：セグメントの成長が速いほど売上が多くなる傾向が強い
- 競争的地位：ターゲット・セグメントにおいて入手可能な競合品が少ないほど，大きな市場占有率を獲得する傾向が強い
- 市場アクセス：セグメント到達において費用対効果が高く，迅速であるほど魅力が大きい
- 自社資源適合性：企業のブランドと資源に対する適合性が高いセグメントほど，売上が伸びる傾向が強い

自社資源適合性に関する疑問（特定のセグメント追求が企業の全体目標と競争優位の源泉に適合するか否か）は，小規模ソフト・ドリンク・メーカーに関する下記の例で実証される。同社は適切なターゲティング戦略のおかげで世界的コングロマリットに挑戦することができた。

Pepsi と Coca-Cola はラテン・アメリカ市場に定着しているが，ペルーの小規模な競合である Kola Real はこれにひるむことなく競争に挑んだ。Kola Real が参入した時点でソフト・ドリンクの巨人2社は，ペルーのコーラ市場のほぼ 100% を占めていた。挑戦困難な状況に思われたが，Kola Real は不要なサービスを省き，宣伝を最小限に抑えた低価格戦略を用いることでターゲット・セグメントに訴え，すぐにペルー市場の約 20% を獲得，エクアドル，ベネズエラ，メキシコに地位を築くことができた[16]。

　最も魅力的なセグメントに関する詳細な分析を行うために，複数の基準を同時に用いることも多い。例えば，中国の大都市部は，巨大な市場規模と急成長を遂げる中流層を基盤とした魅力的な市場である。

　ロシアも巨大な成長市場であり，約 20 年に及ぶ政治経済の停滞を経て，大規模な中流層が台頭しつつある。わずか6年でロシアの中流層は 800 万人から 5500 万人に増え，人口の約 37% を占めるようになった。新たな富により活況に沸くこの大きな新しい市場セグメントでは，他の富裕国に提供されるものと同じ製品／サービスの需要が生まれ始め，世界の企業も積極的にその需要を満たそうとしている。オランダのビール会社 Heineken やスウェーデンの小売業者 IKEA から，Ford，General Motors，トヨタなどの多くの自動車メーカーや，Zara，Nike，Body Shop などの小売業者にいたるまで，あらゆる企業がロシアに参入し，当地におけるプレゼンスを拡大している。2006 年には銀行業も活況を呈しており，ロシアにおける Citibank は，支店数ではほぼ倍増，事業規模は年率 70% で成長している[17]。

グローバル・ターゲット市場戦略の選択

　これらの世界的企業はどのようにして新市場でのターゲティングを行っているのだろうか？　単純に既存製品をロシアに転送しているだけなのか，あ

---

16. Luhnow, D., & Terhune, C. (27 October 2003). Latin pop: A low-budget cola shakes up markets south of the border. *Wall Street Journal*, A1.
17. Bush, J. (18 December 2006). Russia: How long can the fun last? *Business Week*, 50.

るいはこの市場の特定セグメントに浸透させるために新製品を開発したり，あるいは既存製品に変更を加えたりしているのだろうか？　魅力的なグローバル市場をターゲティングするための戦略はさまざまであるが，その違いは常に，グローバル・マーケティングにおける古典的なテーマ，標準化（standardization）と適合化（adaptation）にさかのぼることができる。

▶非多様化アプローチ

非多様化（undifferentiated）アプローチは，**マス・マーケティング**あるいは，**標準化アプローチ**（standardized approach）とも呼ばれる。ターゲット・マーケティングに関する標準化アプローチの中心にあるものは，世界中の顧客セグメントが文化，行動，社会経済的な違いがあるにもかかわらず同じ製品／サービスを受け入れる（多様化していない）という想定である。標準化アプローチを採用する場合，企業はその差異ではなく顧客の共通のニーズをマーケティングの基礎にしている。

標準化されたグローバル戦略によって世界規模で成功しているブランドは限定的である。しかしそのため，結果的に，そのほとんどがプレミア・ブランド・ネームやマーケターとして世界中で認識されている。WPPグループのマーケティング・サービス会社の取締役であるJohn Quelchによると，世界的ブランドに共通するのは下記の特徴である[18]。

1. **世界的に同じポジショニングである**。機能品質と革新性の組み合わせに情緒的な魅力が備わる。Coca-ColaやDisneyが好例である。
2. **単独製品カテゴリーに集中する**。NokiaやIntelが好例である。
3. **会社名がブランド名である**。全マーケティング予算を1つのブランドに集中することができる。GEやIBMが好例である。
4. **グローバル・ビレッジにアクセスできる**。ブランドの消費がグローバル・クラブのメンバーになることを意味する。IBMの「小さな惑星のためのソリューション」が好例である。

---

18. Quelch, J. (16 October 2007). How to build a global brand. *Harvard Business Review*. http://discussionleader.hbsp.com/quelch/2007/10/how_to_build_a_global_brand.html から検索。

5. **社会的責任がある。**消費者は世界的ブランドが企業の社会的責任をリードし，テクノロジーを活用して世界の問題を解決することを期待している。Nestlé が好例である。

特にガソリンや砂糖などのコモディティ製品，あるいは Boeing や Airbus など世界的な産業財市場を占めるブランドについては，この標準化マーケティング・アプローチの方が存続可能性を高めてくれるものと考えられる。ただし，世界中で競争が激しくなるにつれ，最もコモディティ的な市場においてさえ，標準化マーケティング戦略は減少し始めている。例えば，Tide，Wella，Zest，Vicks などの世界的ブランドを持つ，マス・マーケティングの伝統的巨人の1つである P&G のグローバル・マーケティング担当役員，Jim Stengel は最近，「マス・マーケティング時代の終焉は，当社にとって，また当社のブランドと業界にとっても嬉しいことである」と述べている[19]。同時に，P&G が販売を行う 140 か国中多くの国では，今もなおテレビが顧客とつながる第一の（マス）チャネルであることを認めている。

ある実証研究によって，類似のターゲット市場における標準化マーケティングは，時間の経過とともにブランドの業績に対して著しいプラスの効果を持ち得ることが明らかにされた。しかし，標準化戦略を追求する際，意思決定を一か所で集中して行いがちになり，このプラスの効果が歪められることも多い[20]。

▶ 多様化アプローチ

多様化（differentiated）アプローチは，標準化マーケティングとは対照的に，製品とマーケティング・ミックスを各ターゲット市場やセグメントに適合させることを目指している。現代の世界的ブランドの大半が競争力を保つためにこの手法を使用しており，特にニーズと趣向に合わせて作られた製品と広告を通じて，多くの市場セグメントに魅力をアピールしている。

---

19. Colvin, G. (17 September 2007). Selling P&G. [C-Suite series]. *Fortune*. http://money.cnn.com/magazines/fortune/fortune_archive/2007/09/17/100258870/ から検索。
20. Özsomer, A., & Prussia, G. E. (2000). Competing perspectives in international marketing strategy: Contingency and process models. *Journal of International Marketing*, *8*(1), 27-50.

携帯電話メーカーの Nokia は多様化アプローチをマスターして世界有数の企業になった。数年前に同社は，顧客は誰か，また携帯電話が顧客の生活にどのような役割を果たすのか，を見出すことを目的としたマス・マーケティング調査を 21 か国で行った。調査の結果を使って同社は携帯電話利用者のライフスタイル・ニーズとそれを満たすために携帯電話が果たす役割に基づいて，利用者市場を 12 の世界市場セグメントに分類した。そこから Nokia は 4 つの重要ターゲティング・カテゴリー（生活，接続，達成，探求）を考案した。

- 「生活」カテゴリーは，デザイン，スタイル，トレンドを気にするファッション志向が高く，流行に敏感な都市生活者で構成されている。彼らをターゲットとする電話は Brian Eno がデザインした Sirocco 8800 である。
- 「接続」カテゴリーは，音声やテキストによるメッセージを通じて家族や社交サークルの触れ合いを保つための簡単な方法を探している消費者や，エレガントで使いやすい Nokia モデル 6131 を好む消費者と定義している。
- 「達成」カテゴリーの消費者は，家庭生活を犠牲にすることなく生産性を最大化したいと考えている管理職である。彼らは E61 Nokia モデルのカレンダー，電子メール，ウェブ閲覧ツールを楽しむ傾向にある。
- 「探求」カテゴリーはテクノロジーに詳しい消費者であり，マルチメディア・コンテンツの受信と作成が可能なガジェットに関するトレンドをリードする。彼らは Nokia N シリーズに魅力を感じる傾向が高い。

　Nokia のグローバル・マーケティングのシニア・バイスプレジデントである Jo Harlow によると，これらの 4 つのターゲット消費者市場はあらゆる国に存在しているが，マーケティングの多様化の要否は，地域ごとの考え方を考慮することで明らかにできる。例えば，アジアではステータスが消費者にとって重要な検討事項であるため，アジアにおける Nokia のマーケティングは，他の地域とは異なるものになるかもしれない。対照的に北米では消費者の反響が高い[21]Nokia のメッセージングの機能が強調されるかもしれない。

　ターゲット・セグメントをベースに，マーケティング内容をカスタマイズ

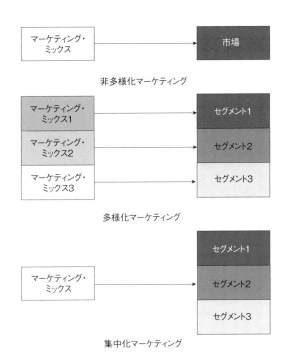

図9-4 ターゲティングに使用する最も一般的な3つの市場選択手法

することは企業の事業コストを高めるが,ブランド化の効果と売上拡大をもたらすことが証明されている。3つの手法の比較図については図9-4を参照されたい。

▶ 集中化アプローチ

集中化（concentrated）アプローチは,ニッチ・ターゲティングと呼ばれることもあり,企業が市場のあるセグメントに集中して,そのセグメントを考慮したマーケティング・ミックスを設計する時に採用される。世界中を転々とするようなスケート・ボーダーをターゲットにする企業や政府契約の受注のみに集中するサービス企業が好例である。

---

21. Harlow, J. (18 December 2006). Segmenting for success. *Brand Strategy*, 11.

Royal Bank of Canada（RBC）は，多くの富裕な顧客が寒い冬の数か月をフロリダの別荘で過ごすことを数年前に知った。カナダ人である彼らには，米国で信用を確立し，家を買い，複雑な金融取引を行うのは難しいと感じる場面が多かった。加えて自国の銀行と築いてきた個人的な長期的関係はフロリダでは役に立たなかった。そこで，RBCは，「フロリダの支店でカナダの実績」を証明することで，これらの避寒客をターゲットにすることにした。同行は各支店で親睦会を行い，手数料のかからないトラベラーズ・チェックや米ドル口座，顧客別貸付サービスやその他，特にこのニッチ集団のために設計した商品を提供することにより，フロリダにできるだけスムーズに移れるよう努力した[22]。

　単独セグメントに集中すれば，競争を軽減したり，（成功すれば）市場を独占できるなどのメリットはあるかもしれない。しかし「すべての卵を1つのバスケットに入れようとすると」すべてを失うリスクが高まる。例えば，スケート・ボードの人気が低迷したり，世界経済危機により政府がやむを得ず支出を削減したりする場合，その市場のみに従事する企業は損失を被る可能性が高くなる。

▶適応化アプローチ

　インターネット時代の到来とSNS（ソーシャル・ネットワーキング・サービス）の出現により，マーケティングに関する新たな適応化の手法は徐々に成功し，一般化してきた。これは適応化（customized）アプローチまたはミクロ・マーケティングと呼ばれる。このアプローチには，ターゲット市場の中のより深いセグメンテーション，微妙な差異を持つ特別な製品の開発，特定の消費者セグメントを対象にしたマーケティング・キャンペーンなどが含まれる。

　ニューヨーク州への観光客招致を担当する政府機関のニューヨーク事務所のCMOであるThomas Raneseは，「今日のマーケティングでは，皆がそ

---

22. Selden. L., & Selden. Y. S. (10 July 2006). Profitable customer: The key to great brands. *Advertising Age*, 77(28), S7; United States banking for Canadians. *RBC Bank website*, www.rbcbankusa.com/specialtybanking/cid-96799.html から検索。

れぞれの為の市場を見つけようとしている」と述べている。そのために彼の代理店は最近になって有名な「I ♥ New York」キャンペーンを再び行った。これまでとは異なり，キャンペーン予算の約半分は検索エンジンによるマーケティング活動やターゲット・バナー広告，更にはインターネット上でのカスタマイズ可能なパンフレットや映像などに使われている。加えて，キャンペーンの地理的範囲も念入りにターゲティングされ，近隣の州やカナダ各地の顧客層のためだけに特定のメッセージとデザインが用意されている[23]。特定のニーズと特定の場所の個人を対象にした，こうした個々の状況に応じたマーケティング手法は近年になって初めてマーケターに提供されるようになった。

特に高度なデータ分析プログラムにより，オンライン・キャンペーンのマーケティング投資に対するリターン（ROMI）を追跡・報告することが簡単になっており，オンライン環境は，マーケティングが適応化される傾向の鍵となっているといえよう。一部の専門家は以下の通りコメントしている。Fordが「独立したビジネス志向のオンライン年齢25〜54歳の女性」に，Lincoln Mercuryという車種を推奨するために2007年に使用した，ターゲットを定めたオンライン広告がある。その広告は費用の面で2倍かかるかもしれないが，ターゲティングしない広告よりも2倍の効果が期待される[24]。

ミクロ・マーケティングはコストがかかるかもしれないが，携帯電話のマーケティング，内蔵されたグローバル・ポジショニング・システム（GPS），（cookiesによる）インターネット上の行動追跡，ダイレクト・メールのデジタル印刷といった進歩により，より小さな市場のターゲット・セグメントに対する実施がますます容易になり，費用対効果も増している。

---

23. Elliott, S. (6 May 2008). Calling on tourists to come for New York City, but stay for the stat. *The New York Times*. www.nytimes.com/2008/05/06/business/media/06adco.html から検索。
24. Behind thouse web mergers (21 May 2007). *Business Week*.

ポジショニング

　ポジショニングは，その大部分がマーケターの手を離れたプロセスである。実際，ポジショニングは主に消費者心理から生じるものであり，消費者は類似のブランドや製品を比較することで，各ブランド／製品と自分の個人的ニーズやウォンツとの関連性を示す，ある種のメンタル・マップを作成する。このようにマーケターがポジショニング戦略を考案する目標は，そのブランドが競合者ブランドとの関連において消費者の心に占める位置に影響を及ぼすことである。

　適切なポジショニングがなされれば，消費者とブランドとの間に強く長期的な感情的結びつきが生まれるはずである。消費者個人に響くマーケティング・メッセージを一貫して送り，その約束を果たす製品やサービスを提供し続ける場合にのみ，そのような結びつきを構築することができる。

　アイルランドの有名な黒ビール，Guinness は，仮想コミュニティを利用し，世界中の熱心なファンに対してマーケティング活動をポジショニングし，強化している。インターネット店舗における製品関連グッズの販売から，「Guiness ビールの真の愛好者」のための 1759 Society や，コレクター・コミュニティのサイトや，無料でダウンロードできるスクリーン・セイバーに至るまで，さまざまなセグメントの Guinness 愛飲者は，Guinness やコミュニティ内の他の愛飲者との感情的なつながりを築きつつ，常に製品のことを想起している。ウェブのおかげで Guinness は世界中の愛飲者とつながり，コミュニティ・メンバーとの間に Guinness や仲間の消費者やブランドとの触れ合いを推奨する方法を見出し，その結果，消費者の心に「資産」を劇的に増やし，世界中で一貫したポジショニングを獲得することに成功したのである[25]。

　このようなポジショニングの一貫性は，ほとんどのブランドで世界的に機

---

25. Flavián, C., & Guinalíu, M. (2005). The influence of virtual communities on distribution strategies in the Internet. *International Journal of Retail & Distribution Management, 33*(6/7), 405-425.

能するのであろうか？ それは，そのブランドが人類の普遍的な要求と希望に訴えることができるものかどうか，あるいはそのブランドが特定のライフスタイルや文化的嗜好，特殊な嗜好を持つ限られた顧客層に適しているかどうかによる。品質，価格，性能といった特定のテーマに関するポジショニングは，地域規模から世界規模へと，あるいはその逆へと簡単に移行する。Nestlé の "Good Food, Good Life"，Walmart の "Every Day, Low Price"，Nike の "Just Do It" はポジショニングを表すコピーの好例である。これらは世界中の人々が想起しやすい普遍的で本質的な価値や感情を表している。

　文化的嗜好や伝統もブランドのグローバルなポジショニング戦略に持続的な効果を与えることができる。例えば，西欧と東欧の18か国の企業のマーケティング戦略を比較した最近の調査では，西欧の伝統的かつ先進的な企業は消費者に区別して認識させるために，品質や流通などの属性を利用する傾向にあるが，東欧のやや先進的でない国の企業は，製品のポジショニングに際して価格や品質との関係に依存する傾向が高いことが証明された[26]。

　現地市場にとって最も魅力的と思われるメリットに基づき，製品のポジショニングをやり直すブランドもある。例えば，Nokia の携帯電話は，西欧ではエレガントで高品質と位置づけられているが，発展途上国の消費者からは信頼性に加えて使いやすさもあると考えられている。Nokia の広告は多国間で標準化されているわけではない。例えば，デンマークで最近使われたテーマは「人と人とをつなぐ」であった。同じ電話が米国では「暮し方に合わせてデザインされた」と宣伝されており，アルゼンチンでは「Nokia を持ってイベントに行こう」という宣伝文句が使われた。また Nokia は先進国では価格競争を行っていないが，中国や中東やアフリカなどの市場では挑戦的な価格設定を行うことにより，グローバル携帯電話市場の3分の1以上のシェアを獲得ができている[27]。

---

26. Golob, U., & Podnar, K. (2007). Competitive advantage in the marketing of products within the enlarged European Union. *European Journal of Marketing*, 41(3/4), 245.
27. Fielding, M. (1 September 2006). Walk the line: Global brands need balance of identity, cultural respect. *Marketing News*, 9-10.

まとめ

- グローバルな市場セグメンテーションを通じ，見込み客の類似点と相違点を特定し，分類できる。
- マーケターは市場セグメントを定義する際に，国や地域の人口統計的変数と経済統計的変数に基づくマクロ・レベルのセグメンテーションか，個人の人口統計的変数，心理的変数，行動パターンに基づくミクロ・レベルのセグメンテーションを利用できる。
- 適切な市場をターゲティングするために，マーケターは市場規模，成長性，市場アクセス，競争上の地位，自社資源適合性に基づきセグメントを評価し，比較しなければならない。
- 正しくターゲティングを行うために，マーケターは非多様化アプローチ，多様化アプローチ，集中化アプローチ，適応化アプローチのどれを採用するか決定しなければならない。各セグメントの製品とマーケティング・ミックスに関して求められる標準化と適応化のレベルは，それぞれのアプローチで異なる。
- ポジショニングは消費者の心の中で起こることであり，消費者は類似のブランドや製品を比較することにより，それぞれのブランド／製品と自分の個人的ニーズやウォンツとの関連性を示す，ある種のメンタル・マップを作成するのである。マーケターは，消費者の心理において，自社のブランドが競合ブランドとの関係性に占めるポジションに影響を及ぼすべく努力する。

ディスカッションテーマ

1. 多様化マーケティングと非多様化マーケティングの違いを説明せよ。
2. セグメンテーションとポジショニングの違いを説明せよ。
3. EUに国別セグメンテーションを応用せよ。インターネットなど必要な

ソースをすべて利用すること。
4. Fiat が米国でどのように自動車市場におけるターゲティングを行っているかを例示せよ。
5. 地域間で違いがあるのが中国市場の特徴だが，中国ではこれらの異なる地域に対して小売業者がどのようにマーケティングを行っているかを説明せよ。

実践的課題

1. 世界銀行の世界開発指標（WDI）サイト（www.worldbank.org）にアクセスし，使用されているさまざまなカテゴリーの指標について研究し，電気通信業界の消費者関連製品で新たなグローバル市場に参入しようとするマーケターにとって特に役立つ指標のリストを作成せよ。
2. 好きな衣料ブランドをリストアップし，より魅力的なブランドにするために，その企業が使用したと考えられるターゲティングとポジショニングを推測せよ。あなたがそのブランドを担当するマーケターだとしたら，それとは異なるアプローチをとるか否かについても検討せよ。

キーワード

VALS	p. 269	標準化アプローチ	p. 280
産業財市場のセグメンテーション	p. 272	ポジショニング	p. 263
集中化アプローチ	p. 283	マクロ・セグメンテーション	
セグメンテーション	p. 263		p. 267
ターゲティング	p. 263	マス・マーケティング	p. 280
多様化アプローチ	p. 281	ミクロ・セグメンテーション	
非多様化アプローチ	p. 280		p. 268

パート III

グローバル・マーケティングの4つの「P」

10　グローバルな製品およびブランドを開発する
11　グローバルな価格を設定する
12　グローバルな流通チャネルおよびロジスティクス
13　グローバルなコミュニケーションおよび広告を展開する

第10章

グローバルな製品およびブランドを開発する

人は私に,何がLevi'sというブランドを復活させたのかと聞く。私の答えは決まってこうだ。「製品,製品,さらに製品」。我々が自社強化のために推進する戦略においては,優れた製品づくりこそ成功にとって最も重要である。

Levi Strauss 社長兼CEO,
John Anderson[1]

学習の目的

本章を読むことで，次のことが期待される。
- グローバルな製品とサービスについて定義すること。
- 「国際的な製品ライフ・サイクル」の意味を理解すること。
- 標準化戦略と適応化戦略について議論すること。
- 製品の特徴や認識をグローバルな視点で説明すること。
- 新興市場では製品の属性にさまざまな違いが認められるが，その理由を議論すること。
- グローバル市場におけるブランド構築の意思決定への重要なアプローチについて説明すること。
- 主な国際的製品戦略を特定し，議論すること。

ターゲット市場と国際的参入の方法を選択したら，企業がまず行わなくてはならない重要な決断は，海外市場での製品管理に関する決断である。これは，製品にもサービスにも当てはまる。「製品」と聞くと，手で触れられる有形のものと考えがちだが，保険や財務アドバイスなどのサービス，あるいはバケーションやショーなどの経験もまた「製品」の定義に含まれる。この点を理解しておくことが重要である。

企業が海外市場で失敗するリスクを少なくするために考慮すべき変数の例をいくつか挙げると，製品の用途や期待される効果の違い，製品／ブランドの認識，スタイルや色，デザインの好みなどがある。

その製品がある市場で成功しているからといって，必ずしも他の市場でも同じく成功するとは限らない，と考えるだけでは不十分である。多くの場合，企業は製品をターゲット国に投入しようとする時，その市場にとってより魅力的な製品になるよう製品に変更を加えるべきかどうかも検討する必要

---

1. Levi Strauss & Co. (n.d.) *Annual Financial Report 2007*, 6. www.levistrauss.com/sites/default/files/librarydocument/2010/4/AR_2007.pdf より引用。検索日：2010年11月8日。

がある。

　例えば，ドイツの自動車メーカーであるVolkswagenは，米国人の製品に対する好みを十分に分析しないことが，どのような結果を招くかを理解するのが遅すぎた。ミニバンやコンパクトなスポーツ・タイプの実用車，オープンカーの人気が高く，Volkswagenを低・中価格帯のブランドと認識している米国市場では，同社の「Volkswagenというブランドを高級車として販売しよう」とした戦略は失敗だった。そう業界の情報筋は話す[2]。Volkswagenは，新しい高級モデル「Phaeton」の売上不振により，同車を米国市場に投入して3年も経たずに撤退させざるを得なくなった。

　一方で，世界ナンバー・ワンのクルーズ客船運航会社であるCarnivalのイタリア・ブランド「Costa Cruises」は，今日，米国市場において大成功を収めている。その理由は何だろうか。デザインか，優雅さか，スタイルか，それよりも7日，8日，15日間にわたってふるまわれる世界的に有名なイタリア料理のおかげか。正確にはどれも少し違う。米国人の客が初期のCosta Cruisesに満足しなかった主な理由の1つは，実は，期待外れな料理であった。当初，客船では本場のイタリア料理を出していたが，米国人客は米国式のイタリア料理の調理法に慣れており，その味を好んでいた。2つの料理法は全く別物であった。同社はこの点を考慮し，料理法を変えることで客に好まれる製品とサービスを実現したのである。

　一方，海外市場へのアプローチとしては別の方法がある。製品に対する市場の見方を変えるという方法である。グルメ・コーヒー会社であるStarbucksは，中国でこの戦略に賭けている。多くの中国人は独自の味覚の嗜好性と，何世紀にも及ぶ長い伝統としてお茶を飲む習慣を大切にしており，Starbucksの提供するコーヒーやコーヒー文化は中国人の関心を自然に集める種類のものではない。そのため，同社は中国系ヤッピー，すなわち欧米の文化や製品を受け入れ，ブランドや地位にこだわりを持つ，若いプロフェッショナルをターゲットにし，彼らにコーヒーや「カフェ」という文化の複雑さを紹介しようとしている。店舗にはコーヒー関連のパンフレットを置き，

---

2. Stoll, J. D., Rauwald, C., & Power, S. (15 November 2005). VW to withdraw luxury sedan from United States market. *The Wall Street Journal*, A8.

第10章　グローバルな製品およびブランドを開発する　295

頻繁に試飲会を開き，無料のサンプルを配るなど，Starbucks は中国人の味覚の嗜好性をお茶からコーヒーへと変える努力をしている。それは容易でないながらもなお，同社は大きな可能性を持つこの市場のシェア獲得のために，市場に合わせた製品の適応化も行っている。例えば同社は，フード・メニューや座席数を増やし，さらに中秋節の期間中には緑茶のケーキや中国の月餅も提供している。このギヴ・アンド・テイクの戦略は効果を見せ始めているようだ。出だしは遅れたが，Starbucks は中国で拡大を続けている[3]。

しかし，こうしたアプローチの成否を決めることはそれほど簡単ではない。多くの場合，このアプローチは消費者に左右されることはなく，競争相手やシステムの構造など他の変数により影響を受けるからだ。例えば，Datamonitor によれば[4]，欧州に比べ，米国ではより多くの高解像度（HD：high-definition）テレビが売れているという。一見すると，このことは HD テレビの販売会社にとって，欧州はより大きな未開拓市場であると映るかもしれないが，欧州は米国ほど魅力的な市場とは限らない。というのも，米国では一般家庭の 87% が，HD 放送を提供するケーブル・テレビ事業者のサービスを受けているのに対し，欧州ではそのようなサービスを提供するケーブル・テレビ事業者はほとんどいないからである。さらに，この2つの市場ではテレビ放送の技術的仕様が異なるため，欧州では米国ほど顕著な高解像度プログラミングによる画質の向上が求められていない。このような HD サービスのシステムの違いを考慮すると，欧州における HD テレビの需要がそれほど高くないことは明白である。

本章では，国際的なマーケティング戦略における製品に関わる決定について議論する。その目的は，海外市場への製品の投入前に，検討すべき複雑な変数の重要性を明確に示すことである。ここで述べるのは包括的なものでは

---

3. Adamy, J. (29 November 2006). Different brew: Eyeing a billion tea drinkers, Starbucks pours it on in China; Its big challenge: creating a new taste for coffee, and charging top prices; wooing the "little emperors." *The Wall Street Journal*, A1.
4. 187 million digital TV households expected across Europe and the United States by 2010. (23 August 2006). *Datamonitor*. ProQuest から検索。 http://dbic.datamonitor.com.ucfproxy.fcla.edu/news/article/?pid=925350F2-C1F9-4000-8060-AA33F12D23F6&type=ExpertView.

ない。というのも，各製品やサービスは，それが分類されているカテゴリーの属性に紐づいて，それぞれに特有の特徴を備えているからである（産業財か消費財か，耐久財か非耐久財か，最寄品か嗜好品か買回り品か専門品か，など）。さらに，国によっても消費者の特徴や行動はさまざまであり，消費者が製品を使う状況やその方法は時間とともに変化し，また競争相手も異なる。よって，マーケティング戦略は常に再評価を必要とする。企業は，グローバル市場における自社の成功の鍵となる製品を見直す必要があるかもしれない。

新たな成長機会を探す：国ごとの製品ライフ・サイクル

　製品寿命，すなわち市場への導入から撤退までの期間を通じて製品の売上と利益がたどる過程は，**製品ライフ・サイクル**（PLC：product life cycle）によって説明される。製品ライフ・サイクルは5段階に分けられる（図10-1）。
　研究および製品開発段階は，企業が新しい製品アイデアを見出し，開発する段階では，高い研究開発費を要する。市場調査段階でそのアイデアに成功の可能性があると判断されれば，その製品は市場投入される。
　導入期（introductory stage）は，売上が徐々に上向くが，高い製品開発費をその新たな売上で相殺できないと損失が出る。製品は新たな潜在的ニーズをターゲットとしているため，一般的な消費者はまだ製品の良さに気づいていない。需要は限られているが，この限られた需要を顕在化させるのは，その国の革新的なセグメントである。提供される製品はまだ初期段階であり，主たるマーケティング・コミュニケーションは情報を与えることである。この段階では，製品の効用についての情報が限られているため，企業は容易に消費者の認知構造に，ひいては購買決定の過程に影響を与えることができる。
　3つ目の段階は**成長期**（growth stage）である。成長期の特徴は売上の急速な伸びである。企業が，特定ブランドに対する需要を刺激するために製品

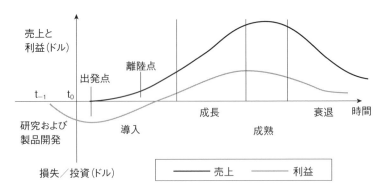

図 10-1　製品ライフ・サイクル（PLC）

の幅を広げる段階である。

成熟期（maturity stage）には需要が鈍化し，安定した成長率が保たれる。通常，GDPの成長率や人口の増加に相当する。製品は市場でよく知られるようになり，価格競争が激しくなり，マーケティング・コミュニケーションは情報ツールから説得ツールに移行し，製品の感情に訴える訴求方法が多くなる。

最後の段階は**衰退期**（declining stage）である。衰退期には，需要の構造的な低下が起こり，結果として売上と利益が低下する。

製品ライフ・サイクルは国によって大きく異なる。その差が認められるのは次の点においてである。

- 製品ライフ・サイクルの曲線の形状
- ライフ・サイクルにおける製品の段階

製品ライフ・サイクルの曲線の形状に関しては，国によって普及の過程に次の3つの違いがある[5]。

- 出発点
- 離陸点
- 製品が受け入れられる速度（離陸後の普及パターンの傾斜によって表さ

---

5. Parthasarathy, M., Jun, S., & Mittelstaedt, R. A. (1997). Multiple diffusion and multi-cultural aggregate social system. *International Marketing Review*, *14*(4), 233-247.

れる)

　図 10-1 に示すように,新製品の市場投入時 (t_0) から「革新的な」消費者が製品を採用する時(出発点)までの時間の長さは,ターゲットとする海外市場における受容性の度合いによって違う。

　また,出発点から離陸点までの時間,より厳密にいえば,新製品が採用されてから市場で売上が着実に伸びるまでの時間も,分析対象となるセグメントや国の「革新者」の数に応じて異なる。

　最後に,**離陸点**(take-off point)後の製品採用率の速度アップは,海外のターゲット・セグメントにおける**対人コミュニケーション**(**口コミ**)に拠るところが大きいが,これも国ごとに異なる。

　Tellis et al.(2003)[6]は,欧州 16 か国において 10 のカテゴリーの新製品 137 品について分析を行った。分析の結果,各国とも大部分の新製品の売れ行きは好調であったが,売れ行きが良くなるまでの離陸時間は,製品カテゴリーによっても,国によっても大きく異なることが示された。例えば,北欧諸国では,売れ行きがよくなる離陸時間が,地中海諸国に比べほぼ半分の長さである。さらに Stremersch & Tellis が行った別の調査(2004)[7]では,売上の増大パターンは前述の 16 か国間で大きく異なり,これは経済的格差によって説明がつくことが分かった。

　PLC の段階は,国によって異なる場合がある。図 10-2 に指摘するように,ある製品が,ある一定の時点(t_x)において,国内では衰退期,X 国では成熟期,Y 国では導入期であることが考えられる。国ごとに PLC を管理することで,企業は一定水準の利益を維持できる。

　例えば,欧米諸国では使い捨てのオムツは日用品である(成熟期)。しかし,中国の育児市場では状況は異なる。ここには違う文化がある。中国に使い捨てオムツが導入されたのは数年前のことで,近年は急成長を遂げているものの,この国では今日でも「カイダンク」と呼ばれる股の割れたズボンが

---

6. Tellis G. J., Stremersch S., & Yin, E. (Spring 2003). The international take-off of new products: The role of economics, culture, and country innovativeness. *Marketing Science*, *22*(2), 188-208.
7. Stremersch, S., & Tellis, G. J. (2004). Understanding and managing international growth of new products. *International Journal of Research in Marketing*, *21*, 421-438.

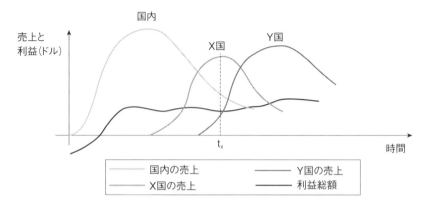

図 10-2　特定製品の国ごとの PLC

図 10-3　カイダンク（股割れズボン）を着用した中国人の子ども（上海万博 2010 で）

多く使用されている(図10-3)。

　PLCは,違う観点でも定義できる。例えば,PLCを製品カテゴリー全体と関連づけることも,特定ブランドと関連づけることもできる。いずれの場合も,製品やブランドがPLCにおいてどの段階にあるかを特定し,市場の需要を分析できる。2つの市場で特定の製品やブランドの需要に大きな差がある場合,飽和度の低い側の市場にその製品の成長可能性があるという判断材料にできる。まず調理済み食品(製品カテゴリー)とNivea(ブランド)は,典型的な例である。調理済み食品は製品カテゴリーであるが,最初に米国市場に投入され,後にライフスタイルの変化(働く女性,独身,ファスト・フード,料理する時間がない)に伴い,欧州諸国に投入された。欧州諸国では今日,このような製品の市場可能性は高い。2008年,調理済み食品の世界市場は638億ドルに達し,2013年末には772億ドル市場にまで成長すると目される。かつては調理済み食品の最大の市場は米国であったが,最近になって欧州市場が米国市場を追い抜いた。今日,欧州の調理済み食品市場のシェアは金額ベースでは世界市場の38.7%であり,これにアジア太平洋市場(31.3%),アメリカ市場(29.9%)が続く。2008〜2013年の間,年間収入の伸びは米国では3%,欧州では4%と予想される[8]。

　世界最大のスキン・ケア,美容ケア・ブランドである「Nivea」の場合はというと,ドイツのBeiersdorfは,西欧に加え,アジア,南米,東欧など,成長率が平均以上で,かつ1人当たりの売上の低い地域にも着目している。こうした国には,同社にとって大きな成長可能性がある。現在は売上が限られているターゲット国にも市場機会があるかもしれない。例えば,2010年,Beiersdorfは,男性向けデオドラント製品や日焼け止め製品の好調な売上実績により,中南米では15%以上の成長を記録した[9]。Niveaは,成功を収めているブランドの例だが,西欧では製品ライフ・サイクルの成熟期,新興市場では導入期あるいは成長期にあるといえる。

---

8. Global ready meals. (2009). Datamonitor. www.datamonitor.com から検索 ; Mescam, S. (2008). Innovation and NPD in ready meals. *Business Insights Ltd.*, 51.
9. Company presentations. (4 November and 22-23 September 2010). www.beiersdorf.de/Investor_Relations/Kalender_Prasentationen/2010.html から検索。

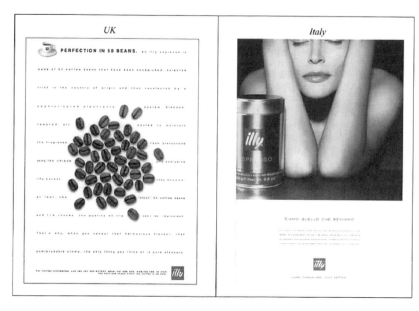

図 10-4　国ごとの PLC と広告
出典：illycaffé© から許可を得て転載。

　このように，製品やブランドのライフ・サイクルは国ごとに異なるため，企業がマーケティング施策の選択において多様化を求められることは明らかである。世界 140 以上の市場で販売されている高級イタリア・コーヒーの家庭用ブランド，illy coffee の場合，illy のエスプレッソ・コーヒーという概念を，製品がたどるライフ・サイクルの段階に応じて，国ごとに違う形で提供している（図 10-4）。エスプレッソや illy ブランドの導入期にあたる市場では，まず製品の特徴について説明し，情報を提供する必要がある（「完璧な 50 粒」）。イタリアのような国ではエスプレッソは成熟期にあり，広告メッセージも，製品自体ではなく，ライフスタイルに関するメッセージである（"Siamo quello che beviamo" つまり「私たちは，私たちの飲んでいるものでできている」）。
　しかし，マーケティング戦略を決定する際には，消費者がどの程度製品についての知識を持っているか，常に評価することが重要である。製品につい

て話すとき，その製品はほとんどの消費者には知られていない製品かもしれないし，ごく一般的な情報のみ知られている製品かもしれない。あるいは，消費者の多くが知っているが，例えばその国の水準では十分な可処分所得がないために商業化が限定された製品だとも考えられる。

　成長期と，それ以降の成熟期にはさまざまな選択肢がある。例えばグローバルな企業であれば，国境を越えて特定のさまざまな需要を持つセグメントに対応し，多様化した製品を取り揃えることから始め，各国の特徴に応じて徐々に製品を適応させるという方法もある。実際，企業の提供する製品は，その特徴の一部を消費者ニーズに適応させることで，より魅力的になる場合がある。衰退期には，企業は縮小市場で高いコストを維持することは難しいため，一般的には，製品の標準化戦略を選ぶ。

「標準化」vs.「適応化」のジレンマ

　国際市場における製品／ブランドのポジショニングを決定するマーケティング戦略やマーケティング政策に関しては，常に**標準化**（standardization）か**適応化**（adaptation）かの選択が，中心的役割を果たしてきた。実際この選択が，販売キャンペーンの効果や効率，あるいは企業の市場参入の成功率を左右する。

　標準化か適応化かのジレンマに対する簡単なアプローチとして，5つの選択肢が指摘されている（Vianelli, 2001）[10]。

- 国内製品を，変更を加えずに海外に輸出する。この場合，企業は国内製品を標準化して海外市場に参入することになる
- 国内製品に一部変更を加えて海外に輸出する
- 国境を越えたさまざまな海外市場のセグメントを対象に，グローバルな標準化製品を作る
- 国境を越えたさまざまな海外市場の顧客層を対象にグローバルな製品を

---

10. Vianelli, D. (2001). *Il posizionamento del prodotto nei mercati internazionali.* Milano: Franco Angeli.

作成するが，国の違いに応じて一部変更を加える必要がある
- 特定の海外市場を対象とした新製品を作る

国際市場において標準化を支持あるいは反対する議論が始まったのは1960年代である。当初の研究が対象としていたのは，コミュニケーション戦略であった（Roostal, 1963；Ryans, 1969）[11]。その後，Buzzell（1968）とBartels（1968）の研究[12]により，マーケティング戦略分析へと関心が移った。最近行われた研究[13]から，複数の要因が標準化，適応化の決定に影響していることが分かっている。実際この決定は，市場要因，業界要因，企業要因の関係を同時に考慮しなくてはならないため，非常に複雑である[14]。

標準化戦略のもとになっている論理は，世界市場や広域地域市場を前提としており，国境を越えて同じマーケティング活動を展開することが求められる。一方，適応化戦略学派は，海外市場における特定の物質的，社会的，文化的，象徴的特徴への適応，また競争相手に応じて適応を考慮した，差別化戦略の選択を提案する。標準化戦略によるコスト削減のメリットは，消費者の要件に完全に適応しない場合のデメリットに勝ることが多い。一方，適応化戦略を採用した場合，企業は自社製品を消費者の具体的なニーズに応じて作り変えることで，顧客満足度を高めることができる。

標準化と適応化は，連続体の上での2つの極論であり，その中には無限の選択肢がある。Johansson（2000）[15]が指摘するように，適応化の場合製造コストは高くなるが，完全な標準化に向かうほど減少する。しかし，標準化戦略を採用した場合，現地のニーズを満足させられず，顧客満足度が低下し，

---

11. Roostal, I. (October 1963). Standardization of advertising for Western Europe. *Journal of Marketing, 27*, 15-20; Ryans, J. K., Jr. (March/April 1969). It is too soon to put a tiger in every tank? *Columbia Journal of World Business, 4*(2), 69-75.
12. Buzzell, R. D. (November/December 1968). Can You Standardize Multinational Marketing? *Harvard Business Review*, 102-113; Bartels, R. (July 1968). Are domestic and international markets dissimilar? *Journal of Marketing, 32*, 56-61.
13. Chung, H. (2007). International marketing standardisation strategies analysis: A cross-national investigation. *Asia Pacific Journal of Marketing and Logistics, 19*(2), 145-167.
14. Powers. T. L., & Loyca, J. J. (2007). Market, industry, and company influences on global product standardization. *International Marketing Review, 24*(6), 678-694.
15. Johansson, J. K. (2000). *Global marketing: foreign entry and global marketing* (2nd ed.), 366-367. New York: McGraw-Hill.

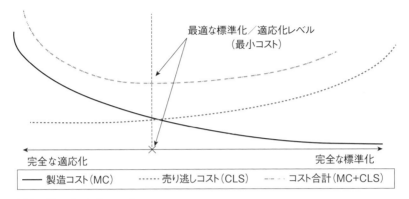

MC : Manufacturing cost
CLS : Cost of lost sales

図 10-5　標準化と適応化のトレードオフ
出典：Johansson, J. (2000). *Global marketing: Foreign entry, local marketing & global management*, 367 より作成。The McGraw-Hill Companies から許可を得て転載。

表 10-1　標準化と適応化のメリット／デメリット

変数	標準化を選択する場合	適応化を選択する場合
環境要因	同質	異質
コスト	コスト削減	
イメージ	グローバル・イメージ	ローカル・イメージ
計画と管理	容易	
新技術	新技術の普及	
動機づけ		現地マネジャーの意欲向上
消費者	消費者は同質	現地消費者は異質
法的問題および技術水準	違いがない	違いが多い
輸送費，調整費，個人的顧客サービス費	標準化によって増加する傾向	適応化によって削減可能
競争	グローバルな競争	地域競争
顧客	グローバル顧客	現地顧客

第 10 章　グローバルな製品およびブランドを開発する

結果として海外市場の売上が減少するおそれがある（売り逃しコストが高い）。そして適応化戦略を採用した場合，顧客満足は高まり，海外市場の売上が増大するかもしれない（売り逃しコストが低い）。標準化と適応化の最適なレベルは（実際に判断するのは難しいが），製造コストと売り逃しコストの合計が最小になる地点といえる（図10-5）。

標準化と適応化の理想的なバランスを評価するには，この2つの選択肢のメリットとデメリットを考慮する必要がある（表10-1）。

環境要因

環境の違いは，標準化か適応化かを評価する際に考慮すべき最初の要因であろう。第2章で指摘したように，国の物理的特徴，社会経済的，人口統計的な違い，宗教，政治的側面，言語，文化といった要素が，マーケティング上の判断に大きく影響する場合がある。南アフリカの銀行であるStandard Bank Groupは最近，タンザニアで同銀行初のイスラム金融商品を発売した。タンザニア人の半分はイスラム教徒であり，その大部分が従来の銀行取引が自分たちの信条と矛盾すると考え，銀行取引を利用していないということに気づいたからである。実際，利息を得ることはイスラム法の下では高利貸しとみなされ，またシャリーアに反する産業への投機や投資はイスラム教では禁止されている[16]。

別の例としてNutellaが挙げられる。NutellaはイタリアのFerreroが製造するチョコレート・クリームであり，その味わいは有名で，世界中の多くの国で高く評価されている。Nutellaの場合も適応化が必要である。国によっては，高温の気候による原料の変質を避けるために高温に耐えるようチョコレート・クリームの製造法を変えなければならない。さらに，国によって食文化も違うため，Nutellaの味はどこでも同じではない。例えば，Nutellaはイタリアではナッツを使った濃厚な味であるが，ドイツではチョコレートの味が中心である。

---

16. Standard bank launches Islamic banking product. (5 May 2010). *Africa Times News*. www.africa-times-news.com/2010/05/standdard-bank-launches-islamic-banking-product/ から検索。検索日：2010年5月26日。

コスト削減

　マーケティング活動の標準化は，コスト削減に有利に働く。それは，研究開発，生産，マーケティング，経営プロセス，組織プロセスにおける規模の経済による[17]。こうした要因は，会社の資源（人材，財源，生産資源など）や所得可能性，実行可能な適応化戦略に伴う開発費との関連で評価する場合，きわめて重要となる[18]。

　コスト削減は，規模の経済だけでなく経験の経済によってももたらされる。製品のコンセプト・エンジニアリングという視点と，量産による経験の蓄積で得られる技術効率・生産効率という視点が，経験の経済である[19]。さらに，企業はサプライヤーや顧客に対して契約以上に大きな権力を行使できる（サプライヤーには供給コストの低減，顧客には流通コストの低減）。生産コストの削減により，企業は価格決定において競合他社より強い競争力を発揮して，より高い利益率を獲得し，これを再投資して海外で効率的に製品の販売促進を展開できる。

グローバル・イメージ

　統一戦略は，企業イメージやブランドの国際レベルでの強化に貢献する。企業は，世界中で認識され得る1つのメッセージを伝える。そのようなメッセージは，製品の具体的な特徴や広告，価格，流通政策に用いられるだけでなく，アフター・サービスや消費者保証政策にも用いられる。世界的イメージを作ることは，企業の製品提供がグローバルな顧客セグメントの出現と一致したとき，特に有益である。Nike や Coca-Cola，McDonald's，Lego，ソ

---

17. McGrath, M. E., & Hoole R. W. (May/June 1992). Manufacturing's new economies of scale. *Harvard Business Review*, 94-102; O'Donnell, S., & Jeong, I. (2000). Marketing standardization within global industries: An empirical study of performance implications. *International Marketing Review*, 17(1), 19-33; Özsomer, A., & Simonin, B. L. (December 2004). Marketing program standardization: A cross-country exploration. *International Journal of Research in Marketing*, 21(4), 397-419.
18. Yorio, V. M. (1983). *Adapting products for export*. New York: The Conference Board.
19. Hout, T., Porter, M. E., & Rudden, E. (September/October 1982). How global companies win out. *Harvard Business Review*, 60; Levitt, T. (May-June 1983). The globalization of markets. *Harvard Business Review*, 92-102.

ニーといったブランドは,統一性の高さを特徴とする,国境を越えた顧客層を対象とした製品やブランドの一例である。

計画と管理の容易さ

標準化戦略の展開は,戦略やマーケティング・ミックス政策の策定と実施を管理しやすくするメリットがある。ポジショニングを標準化して製品展開する企業は,国際市場におけるポジショニングを適応化する企業と比較して,組織や手続きの管理が容易なことは間違いない[20]。

新技術の普及

標準化を採用すると,国際レベルでの商品化と販売促進の変更が最小限で済むため,開発費の回収が早い。標準化の場合,対投資利益を早く得られるため,新技術の普及にも有利に働く。実際,適応化によって新製品を国際的に売り出すタイミングが遅れると,新製品の業績にマイナスの影響を及ぼすことがある[21]。

現地マネジャーの意欲

適応化は,イノベーションを刺激するものとして企業にとって有利に働くかもしれない。Hibbert (1990)[22] は,特に現地オフィスにおいては,標準化は創造性とイノベーションを妨げると断言する。現地オフィスは,製品の商業化に役割限定されてしまうと,徐々に製品改善への貢献という意欲を失い,会社の開発プロセスを収縮させてしまう。一方,適応化の選択は,スタッフの責任感を強くし,結果,会社の海外における競争力強化のソリューションを継続的に探す意欲につながる。

---

20. Hibbert, E. P. (1990). *The principles and practice of export marketing*. Portsmouth, NH: Heinemann Professional Publishing.
21. Chryssochoidis, G. M., & Wong, V. (2000). Customization of product technology and international new product success: Mediating effects of new product development and rollout timeliness. *Journal of Product Innovation Management, 17*, 268-285.
22. Hibbert, E. P. (1990). *The principles and practice of export marketing*. Portsmouth, NH: Heinemann Professional Publishing.

現地消費者にとってのメリット

　多くの研究者が，マーケティング活動を状況に応じて変えることで，いかに企業の業績にプラスの影響をもたらせるかを強調している[23]。実際，消費者は標準化された製品の購入を避け，自分たちの伝統や使用法，習慣を重んじた製品を好む傾向がある。需要に応じて適応させるという論理は，顧客が差別化されたニーズを持つ国で企業が競争力を高めるための絶対必要条件である。

　日本市場における Gibson Guitar の例は，この差別化されたニーズという重要な変数が，適応化という選択にプラスの影響を及ぼすことを強調する例である。テネシー州ナッシュビルに本社を置く同社は，アコースティックギターやエレキギター，マンドリン，バンジョーといったフレット楽器の伝統的なモデルを，あらゆるスタイルで作ることで世界に知られている。Gibson は，同社にとって最大の国際市場である日本でしか手に入らない一連のギターモデルを作っている。例えば，Tak Matsumoto（松本孝弘）の限定版である Les Paul モデルは，日本で限定販売されており，カナリア・イエローやサン・バーストなど，特別色のバージョンも提供されている。日本人が同社からイメージするのは，「スタイリッシュさ」「本格的」といった点であり，本国でのイメージとは異なる尊敬の念を抱いている。日本のファンの多くはベビー・ブーマー世代で，彼らは Jimi Hendrix などの伝説的ミュージシャンたちを目の当たりにした世代であり，1970 年代に Gibson のギターを弾き，現在ではこの圧倒的に米国的でロックな楽器を集めることで，ノスタルジーにふけることができるようになったわけだ[24]。

法的問題と技術基準の違い

　個々の国で技術や基準，承認手続きの要件が異なる場合，標準化製品戦略

---

23. Anderson, C., & Zeithaml, C. P. (1984). Stage of product life cycle, business strategy and business performance. *Academy of Management Journal, 27*, 5-24; Venkatraman, N., & Prescott, J. E. (1990). Environment-strategy coalignment: An empirical test of its performance implications. *Strategic Management Journal, 11*, 1-23.
24. Kageyama, Y. (15 September 2006). The Japanese dream: Japan market warmly welcomes Gibson Guitars. *Marketing News*, 48.

を採用することはできない。このような場合，マネジャーは現地の異なる要件を満たすために，あらゆる努力を尽くして製品をカスタマイズしなくてはならない[25]。また電気通信やオフィス機器，家庭用電子機器などの分野では，顧客は製品を買うのではなくシステムを選んでいる。企業の立場から見ると，このことは，地域に応じて差別化された，より柔軟性の高いシステムで構成される製品を意味する。ビデオ・ゲーム産業がよい例である。今日，世界のゲーム市場を独占する3つのビデオ・ゲーム・システムであるMicrosoftのXbox，ソニーのPlayStation，任天堂のWiiは，それぞれのコンソールでプレイできるビデオ・ゲームの基準が異なる。加えて，米国，欧州，日本のビデオ信号の基準が異なるため，米国のあるブランドのコンソールでプレイできるゲームでも，例えばドイツで販売される同じブランドのビデオ・ゲーム・システムではプレイできない。その結果，ビデオ・ゲーム会社は，各地域市場ごとの技術要件に適合した製品を設計しなくてはならない。

輸送費，調整費，個人的顧客サービス費

生産を一元化し，世界規模で機能させることで実現する標準化は，生産コストの削減につながる。一方，輸送，世界需要調整，顧客サービスのコストは一貫して増大する[26]。こうしたコストの増大は，適応化によって克服でき，この点はローカライズによるメリットである。

グローバル競争 vs. ローカル競争

企業がグローバル競争に向き合う場合も，ゲームのルールは国際レベルで同じ傾向であり，標準化に有利である。一方，競合相手がローカライズされた非常に強力なブランドで，競争の激しい（そしてしばしば唯一の）テリトリーを守っている場合，現地の消費者ニーズを満たすために適応化が必要と

---

25. Chryssochoidis, G. M., & Wong, V. (2000). Customization of product technology and international new product success: Mediating effects of new product development and rollout timeliness. *Journal of Product Innovation Management, 17*, 268-285.
26. Bartlett, C. A., & Ghoshal, S. (1989). *Managing across borders: The transnational solution*. Boston, MA: Harvard Business School Press.

なる。適応化は，現地の仲介業者との密な連携，または個人的サービスの提供により達成できる。一部の国では，現地のブランドと競合する唯一の方法は，当地のライバル企業のブランドを買うことである。

グローバル顧客 vs. ローカル顧客

購買機能を世界規模で一元化しているグローバルな顧客がターゲットである場合，彼らは同じ品質の製品やサービスを求めるため，標準化が必要である。これは製品に関してだけでなく，例えば価格政策についても当てはまる。実際，大きな価格差が存在する場合，グローバルな小売業者であればより価格の安い国で購入し，他の国で販売することも容易である。

このように，企業にとってのコストと効用すべてを慎重に検討することで最善策は見極められる。企業は，海外市場で追求したい目標と，国際化のプロセスに割り当てたい物質的／非物質的リソースに注目しなくてはならない。最近では経験的知見に基づいて，業績面での最適な解決策は，標準化と適応化を慎重に均衡させることだと認識されている[27]。そのために一部の活動は一元化し，別の活動は分散させ，また国際レベルでマーケティング活動を調整することで，次の事を実現する必要がある。

- 情報を共有し，必要に応じてマーケティング戦略やマーケティング政策の適応化を考慮することで，すでに一部の国で成功している策を再現する。
- 各国（あるいは地域）のマネジャーが展開するマーケティング活動を，会社のコミュニケーション・ネットワークを通じて統合することで，標準化モデルと適応化モデルの両方の効用を最大化できる相乗効果を，国

---

27. Samiee, S., & Roth, K. (1992). The influence of global marketing standardization on performance. *Journal of Marketing*, *56*, 1-17; Carpano, C., & Chrisman, J. J. (1995). Performance implications of international product strategies and the integration of marketing activities. *Journal of International Marketing*, *3*(1), 9-27; O'Donnell, S., & Jeong, I. (2000). Marketing standardization within global industries: An empirical study of performance implications. *International Marketing Review*, *17*(1), 19-33; Takeichi, H., & Porter, M. E. (1986). Three roles of international marketing in global strategy. In M. E. Porter (Ed.), *Competition in global industries*. Boston, MA: Harvard Business Review Press.

境を越えて生み出す。

適応化戦略が組織の決定に及ぼす影響は小さくない。Ghemawat（2007）[28]が説明するように，適応化を選択する場合，通常企業は，サプライ・チェーンの全工程を有する現地ユニットを各国市場に作る一方，標準化を選択する場合には，開発と生産の工程をグループ化しようとする。この集積によって，広域的あるいはグローバルにオペレーションを展開し，規模の経済を生み出そうとする試みである。各国市場や各地域市場間の差を利用する裁定取引は，これらの中間に位置する戦略である。多くの場合，サプライ・チェーンの個々の部分を戦略的に異なる場所に置くことで実現する。例えば，コール・センターはインド，工場は中国，小売店は西欧に置くという具合だ。いずれにしても，適応化，標準化，裁定取引という3つの戦略から1つだけ選択することは難しく，マネジャーは自社のニーズや市場の優先順位を正確に評価しなくてはならない。

標準化と適応化の望ましいバランスを作り出すために，ターゲット市場の分析が完了するまで製品に関する意思決定を待つべきである。その時点で，製品の用途は何か。期待される効用は何か。スタイルやデザイン，パッケージ，サービスの好みはどうか。製品やブランド構築の最適な戦略や政策はどれか。経営者の姿勢が果たす役割とは何かなどの根本的な疑問が生じるかもしれないからである。

製品使用

製品使用（product use）の違いには消費者行動と密接な関係があるため，しばしば企業のマーケティング戦略やマーケティング政策に影響を及ぼす。海外市場における製品使用を考える場合，次の点への考慮を意味する。
- 使用機能
- 使用状況

---

28. Ghemawat, P. (March 2007). Managing differences: The central challenge of global strategy. *Harvard Business Review*, 58-68.

- 使用条件
- 使用頻度

製品の「使用機能」について，Vicks VaporRub を例に考えてみよう。この市販の咳止め／風邪薬は，一部の国では現在でも蚊の虫除けとして使用されている[29]。他にも例はたくさんある。例えば，ペルーでは，現在でも粉ミルクが家の壁の塗装に使用されている。ミルクに含まれるカゼインというタンパク質が強固な結合剤の役割を果たし，壁の多孔質表面に顔料を密着させるからだ[30]。また，Whirlpool のマネジャーたちは，インドではトップ・ローディング式の洗濯機を売らないほうがよいことに気づいた。その理由は，多くの家庭が凝乳を混ぜてバターミルクを作るのにこのタイプの洗濯機を，使用しているからだ。電子かき混ぜ機に比べ，洗濯機のほうが安く，この用途に適しているというのがその理由だ[31]。

「使用状況」は，対象とする海外市場によって異なる点が多いため，正確に分析することが重要である。使用状況とは，消費者行動に対して確実かつ組織的に影響を及ぼす「時間」と「場所」を決める全要素の考慮を意味する[32]。具体的には，「場所」とはコミュニケーションの背景，製品の購入，あるいは消費を指す。多くの研究者の証明によれば，使用状況の違いに応じ

---

29. www.ehow.com./how_5026133_use-natural-insect-repellent.html から検索。
30. Assael, H. (1998). *Consumer behavior and marketing action*. Cincinnati, OH: South-Western College Publishing.
31. www.1000ventures.com/business_guide/new_product_devt_design_observing-people.html から検索。
32. Belk, R. (May 1974). An exploratory assessment of situational effects in buyer behaviour. *Journal of Marketing Research*, *11*, 156-163; Quester, P. G., & Smart, J.(1998). The influence of consumption situation and product involvement over consumers' use of product attributes. *Journal of Consumer Marketing*, *15*(3), 220-236. Differences in usage situation are numerous. As an example, Askegaard and Madsen (1998) report that internationalization in the food industry is mainly taking place at the ingredient level, but not in the usage situation. Both Italians and Danes drink cappuccino, but not in the same way. The Danes have happily adopted cappuccino and drink it at all times of the day, while in Italy, the native country of this special coffee, it is consumed only in the morning. Askegaard, S., & Madsen, T. K. (1998). The local and the global: Exploring traits, of homogeneity and heterogeneity in European food cultures. *International Business Review*, *7*, 549-568.

て以下が変わってくるという[33]。
- 消費者が製品の特徴にどのくらいウェイトを置くか
- 購入過程で検討されるブランドの数と種類
- 価格許容範囲
- 情報検索に割かれる時間
- 使用する情報リソース

例えば，裕福な中国人家庭の多くは，家の中にはキッチンが2つある。1つは友人やゲストに見せるためのキッチン，もう1つは「料理用」キッチンである。彼らは見せるためのキッチン用には，ヨーロピアン・デザインの贅沢なキッチン・キャビネット・ブランドの製品を購入するが，料理用のキッチンには，より安価な国産製品を購入する。

また，製品の「使用条件」にも国に応じてさまざまな特徴がある。Coca-Colaはスペイン市場に2Lボトルの製品を投入しようとしたが，スペインの貯蔵条件と合わずに失敗に終った。実際，スペインでは2Lの巨大なボトルを収納可能なドアのある冷蔵庫を所有している人はほとんどいない[34]。Hibbert (1990)[35]は，使用条件がいかに製品の技術に影響を及ぼし得るか，そして技術・機能レベルでの変更を強いているかを強調する。欧米の冷蔵庫メーカーの例を見てみよう。彼らは日本での製品販売に苦戦した。彼らの冷蔵庫はモーター音が大きく，薄い壁紙でできている日本の伝統的な住宅には向かなかった。そのため，日本の消費者ニーズに応じて製品を変えるために，現地の要件に応じて技術の適応化を行い，基準を修正・調整する必要があった。

「使用頻度」もまた，製品をはじめとするマーケティング・ミックスの特徴を明確にするために考慮すべき変数である。例えば，地中海諸国では，洗

---

33. Lai., A. (1991). Consumption situation and product knowledge in the adoption of a new product. *European Journal of Marketing*, 25(10), 55-67; Bonner, P. (1983). Considerations for situational research. *Advances in Consumer Research*, 10; Chow, S., Celsi, R., & Abel, R. (1990). The effects of situational and intrinsic sources of personal relevance on brand choice decisions. *Advances in Consumer Research*, 17, 755-759.
34. Bennet, A. G. (Ed.) (2010). *The big book of marketing*. New York: McGraw-Hill.
35. Hibbert, E. P. (1990). *The principles and practice of export marketing*. Portsmouth, NH: Heinemann Professional Publishing.

濯乾燥機の使用は米国などの国に比べて非常に限られている。これには，気候以外にもさまざまな理由がある。第一に，洗濯物は外で自然乾燥させたほうが健康的だという考えによる。一方で，乾燥機の高温と高速回転によって洗濯物が傷むのではないかと懸念もある（米国の綿製品は欧州のものに比べ厚くて丈夫である）。このため，欧州では乾燥機はニッチ製品であり，米国の基準より価格の高いモデルはほとんど売られてない。

製品パーセプション（知覚）と期待される効用

　消費者の文化や環境は**製品パーセプション（知覚）**に強く作用し，結果として，消費者のニーズや期待にも大きな影響を及ぼす。期待される効用が変われば，消費者が製品のさまざまな属性（attributes）に置くウェイトの度合いも変わり，よって，製品決定の際の企業の選択にも影響を及ぼす[36]。

　製品パーセプション，製品に**期待される効用**（expected benefits），製品特性（product characteristics）の評価システムについて，国際規模で多くの研究が行われている。こうした分析は，主に消費財を対象にしている。Jain（1995）[37]によれば，産業財の場合は一般に，国によって具体的なニーズが大きく違わないため，満足させやすいという。Askegaard & Madsen（1998）[38]は，欧州のさまざまな食文化に注目した興味深い研究を引用している。12の欧州グループが特定され，検討する地域によって，どれだけ多くの製品の選択肢が企業にあるかが強調された。

　Heinekenは米国市場において，市場が期待する効用に製品特性を適応させることができたために成功を収めてきた。実際，オランダのビール会社である同社は，米国市場に浸透させるには，自社のラガー・ビールPremium Lightを現地で好まれる味に調整しなくてはならないことを知っていた。米

---

36. Collesei, U. (2006). *Marketing*. Padova, Italy: Cedam.
37. Jain, S. C. (1995). *International marketing management*. Boston, MA: PWS-Kent.
38. Askegaard, S., & Madsen, T. K. (1998). The local and the global: Exploring traits of homogeneity and heterogeneity in European food cultures. *International Business Review, 7*, 549-568.

国人消費者は，同社の従来品よりも風味の少ない薄いビールを好む。20種類の試作品を作り，Premium Light の新しい魅力的なボトル・デザインを強調した販売キャンペーンに成功した後，同社は新製品を発売した。売上は予想を 50% も上回った。「当社はライト・ビールでありながら，Heineken ブランドに忠実なビールを提供することができています」そう語るのは，Heineken USA の CEO である Andy Thomas[39] である。

　企業は消費者の具体的な要件を満足させるべく，場合によっては，特にその国の消費者をターゲットとした非常に革新的な特徴を持つ製品を開発する必要がある。例えば，ドイツのスキン・ケア／美容ケア製品を扱う Beiersdorf は，インドにおいて美白製品を中心とした Nivea For Men ブランドの販売拡大を続けている。「美白革命」キャンペーンに男性を巻き込む同ブランドのプロモーションは，この地域において，Nivea を顔の手入れの有名ブランドとして強化する取り組みの一環である。アジアの男性は，欧州の男性に比べて顔の手入れ用製品の使用率が高いという有望な統計がある。しかし，実際のニーズは完全に異なる。米国や欧州の人たちは肌を健康的に見せるために日焼け製品を購入するが，一方のアジアでは，男性も女性も，シミのない，紫外線の影響を受けていない肌の白さを美の理想とする。かつては，日焼けした肌は，生計を立てるために屋外で働かなくてはならない下層階級の人を連想させるものだったからである。白く美しい肌への憧れは定着し，今や男性にとってさえ憧れとなっている[40]。

　期待される効用に加え，製品特性に置くウェイトの度合いも国によって異なる。牛乳，洗濯機，消臭剤といった製品に対する消費者の選択や購買行動を分析した調査では，それらの製品特性にどのくらいウェイトを置くかに大きな違いが認められる[41]。

---

39. www.bussinessweek.com/magazine/content/07_03/b4017070.htm から検索。
40. Pitman, S. (2005). Biersdorf hails men's skin whitener a success in Asia. *Data Monitor*. www.cosmeticsdesign-europe.com/Products-Markets/Biersdorf-hails-men-s-skin-whitner-a-success-in-Asia から検索 ; Nivea launches male whitening products in India. www.datamonitor.com/industries/news/article/?pid=914A3E5F-A4FD-451F-977F-89EA1DA7A430&type= NewsWire から検索。
41. Sriram, V., & Forman, A. M. (1993). The relative importance of products' environmental attributes: A cross-cultural comparison, *International Marketing Review, 10*(3).

多くの場合，製品特性に対する評価は，その製品がそれぞれの文化でどう認識されているかによって異なる。例えば，飛行機に対する消費者の考え方は国によって違う。米国では多くの人がさまざまな理由で飛行機を利用し，飛行機による旅も日常的だが，他の国では，消費者にはさまざまな交通手段の選択肢があり，状況が異なる。欧州人は例えばフランスの新幹線（TGV）やドイツの高速列車（ICE）などの列車と飛行機の旅と比較することが多い。また韓国では，人々は飛行機よりも自動車や列車をよく利用する。これらの国では飛行機の利用は今もってやや特別であるため，製品やサービスの特性に対する認識や評価も違ってくる[42]。

製品属性

国際的に展開する製品を定義する際の主な課題の1つに，どの**製品属性**（product attributes）が標準化でき，どの製品属性は適応化すべきかという判断が挙げられる。物理的な特徴や色，形，スタイル，デザイン，パッケージ，生産国，ブランド構築，サービス属性などは，すべて海外市場への参入前に正しく検討すべき，提供製品全体に関わる要素である。こうした要素の一部，例えば色やスタイルは物理的な特徴であると同時に，象徴的な意味を伝える要素でもある。

分析が必要な製品属性には次のようなものがある。
- 規制および基準
- スタイルやデザイン，色，品質
- パッケージ
- ブランド構築
- 生産国
- サービス属性

---

42. Cunningham, L. F., Young, C. E., Lee, M., & Ulaga, W. (2006). Customer perceptions of service dimensions: Cross-cultural analysis and perspective. *International Marketing Review, 23*(2), 192-210.

特にアフリカ、中国、インドなどの新興市場への参入を考える場合、企業にとっての課題は、国ごとの違いだけでなく、特定の国内に存在する多様性も考慮することである。アフリカを1つの国として見た場合、文化や価値観は非常に多様であるため、この国に製品を導入したいと考えているマーケティング担当者がアフリカの文化として共通性を見出すことは非常に難しくなる。さまざまなサブ・カルチャーの共存が、マーケティング活動の適応化に大きく影響するのである。

▶ 規制と基準

技術や**基準**、承認手続きに関して個々の国の**規制**が異なる場合には、製品の標準化戦略は採用できないことはすでに指摘した。

基準の統一は、例えば国際標準化機構(ISO)が実施しており、あるいは世界市場の構築を後押しすることを目的として欧州レベルで行われているが[43]、このような基準の統一によって、国ごとに製品特性を変える必要性は減ると考えられる。そして結果として、生産工程における規模の経済によって効率化が促進される[44]。

さまざまな製品に対する国の法律や基準は、企業の政策に多大な影響を及ぼしており、場合によっては、製品やマーケティング全般の根本的な変更を余儀なくさせることもある。特に、そのような法律は次の2つの現象により急増した[45]。

- ■ 環境意識が広がり、環境保護のための多数の法案が可決された。
- ■ 全世界的に関税障壁が軽減された結果、外国企業の市場参入を（絶対不

---

43. 欧州の規格団体である欧州標準化委員会（European Committee for Standardization：CEN）、欧州電気通信標準化機構（European Committee for Electrotechnical Standardization：ETSI）、および欧州電気標準化委員会（European Telecommunications Standards Institute：CENELEC）は、基準統一に関する最も重要な組織である。いずれもベルギー、ブリュッセルに本部を置く。
44. Saghafi, M. M., & Seiglimpaglia, D. (16-19 May 1995). Marketing in an integrated Europe. *Proceedings of the 24th annual conference of the european marketing academy*. Cergy-Puntoise, France.
45. Czinkota, M. R., Ronkainen, I. A., & Tarrant, J. J. (1995). *The global marketing imperative. Lincolnwood*. IL; NTC Business Book.

可能ではないにしても）難しくする法律や基準が，関税障壁に代わる障壁として生み出された。

　ある国の市場への参入を検討する企業は，品質，安全性，サイズ，成分組成などの詳細について具体的な要件を満足させなくてはならない。場合によっては，そのような要件は，国際貿易の障壁として機能することもある[46]。EU 諸国は，技術的障壁の排除により地域内貿易を促進し，市場参入を増やし，技術の開発促進・普及のために，製品基準を国際的に統一することに前向きである。他の国の法律に合わせた製品の変更は，実際に製品コストに大きな影響を及ぼすため, 海外に輸出すると競争力がなくなってしまう。

　さまざまな事業セクターには，現在も国際レベルで大きな違いが存在する。例えば，使用するテレビ放送システムは国によって多様である。NTSC システムは米国の国家テレビ標準化委員会によって開発されたが，現在は 60 Hz システムを基本とする多くの国で広く使用されている。NTSC の修正版は PAL（Phase Alternate Lines）として知られ，主に 50 Hz システムを基本とする国で使用されている。フランスは SECAM（SEquential Couleur Avec Memoire）という独自のシステムを設計しているが，これは主に国内の製造会社の保護を目的としている。

　競合相手を見据えて異なる基準が設けられることも多い。例として，最近フランスの大手電気通信技術グループ 3 社，France Télécom, Sagem Communications, Thomson の間で立ち上げられた Soft At Home という合弁事業が挙げられる。この合弁事業の目的は，Microsoft に対抗することである。Soft At Home はインターネット対応のセットトップ・ボックスと，テレビ，電話などの電子機器間の通信を向上させるためのソフトウェアである。この合弁事業の目指すところは，業界標準を作り，世界中の電気通信事業者に同ソフトウェアのライセンス契約を結ばせることである。同社は Microsoft の基準に照準を合わせている。Microsoft は過去 2 年にわたり IP（インターネット・プロトコル）をベースにしたテレビを強力に推し進めており，そのソフトウェアである Mediaroom のライセンスを AT&T, BT

---

46. Bertoli, G., & Valdani, E. (2010). *Mercati internazionali e marketing.* Milan, Italy: EGEA.

Group, Deutsche Telekom, Bell Canada などの電気通信事業者に供与している[47]。

それでもなお，規制や基準などによる強制的な適応化は，消費者行動や国のマーケティング環境の違いに対応するための物理的な適応化に比べると頻度が少ない[48]。すでに指摘したとおり，現地の製品使用，消費者の好み，ニーズなどの違いにより，国ごとの適応化は不可避である。Levi's の場合[49]，たとえジーンズが世界の10代半ば〜20代半ばの世代をターゲットにするとしても，さまざまな基準を生み出す現地の認識に製品を適応させなくてはならない。米国や欧州では今日もなお，ジーンズはカジュアルや反抗を表す。ロシアでは，ジーンズは洗練や高い地位を意味し，スペインでは，高価さゆえにファッション・アイテムとなっている。しかし，こうした認識の違いが世界基準の確立を妨げる唯一の要因ではない。製品認識とは別に，異なる基準を生み出す物理的，環境的，人口統計的要因が存在する。例えば，欧州市場では標準的な重量のデニムが好まれるが，暑い気候の国では，軽量で明るい色のものが求められる。さらに，人のサイズは世界中どこでも同一ではない。例えば極東アジアの市場では，丈の短いものが求められる。

また，食品市場も標準化とは縁遠い。アジア諸国を例に取ってみよう。日本はソフト・ドリンクの分野では最も革新的な国の1つと言える。例えば伊藤園は，砂糖や塩を加えず，25種類の野菜（人参，セロリ，モロヘイヤ，ブロッコリー，ケール，トマト，さつまいも，赤ピーマン，さやまめ，インゲン豆，かぼちゃ，レタス，青ピーマン，アスパラガス，白菜，さつまいもの茎と葉，グリーンピース，小松菜，アンゼリカ（セリ科シシウド），パセリ，コショウソウ，キャベツ，大根，ほうれん草，みつば）を使用した新しい野菜ベースの飲料を販売し，成功している[50]。しかし，高い野菜含量が他

---

47. French telecommunication companies seek to challenge Microsoft. (21 February 2008). www.iht.com/articles/2008/02/20/business/ftel.php から検索。
48. Usunier, J., & Lee, J. A. (2005). *Marketing across cultures*. Harlow, England: Prentice Hall, Pearson Education Ltd.
49. Levi's adaptable standards: knowing where and when one size fits all. (2005). *Strategic Direction Journal*, *21*(6), 14-15; Vrontis, D., & Vronti, P. (2004). Levi Strauss: An international marketing investigation. *Journal of Fashion Marketing and Management*, *8*(4), 389-398.

国ほど重宝されない米国や欧州のような地域でも,はたしてこの飲料は成功できるだろうか。

同様に,アラブ首長国連邦(UAE)の乳製品市場では,ラクダの乳製品(チーズ,風味をつけた飲料,アイスクリーム)の需要が増えている[51]。ラクダ乳は牛乳に比べて栄養的に優れているといわれているが,この製品をこうした特徴だけで他国の市場に投入して成功させるには十分な要素ではないだろう。これらは例外的な事例ではなく,すでにグローバルと見なされ世界中で商品化されている製品でも同じことが起こり得る。例えばNestléは,市場ごとの味の嗜好の違いに対応するために,世界各国で200種類以上のNescaféのブレンドを販売している[52]。同じことがCoca-Colaでも行われている。

▶スタイルおよびデザイン,色,品質

グローバル・マーケティングにおいては,製品のデザイン,スタイル,色,サイズ,品質を変えていることが多い[53]。

デザインは,技術革新と市場革新を結びつけることができるため,重要な役割を持たせられることが多い。マネジャーには,創造的であるだけでなく,創造性を活用して市場の需要を満たす能力が求められる。製品の多くは,その製品に固有のデザインやスタイルによって購入される。例えば,デンマークの家具やイタリアのファッションはその典型である。

しかし,デザインの好みは国によって大きく異なる。Yamaki & Kanehisa (1995)[54] は,製品のデザインを決める基本要件について,各国の消費者

---

50. www.itoen.co.jp から検索。
51. Van de Weyer, C. (2007). Emerging food and drinks markets: Growth opportunities in Brazil, Russia, India, China and the UAE. *Business Insights Ltd.*, 102.
52. Salvatore, D. (9 November 2006), *Globalization, international competitiveness, and European regions*. General Assembly of the Assembly of European Regions (AER), Palma de Mallorea. www.aer.eu/fileadmin/user_upload/Governing Bodies/General Assembly/Events/AG2006/speeches/Dominick-Salvatore.doc から検索。
53. Vianelli, D. (2001). *Il posizionamento del prodotto nei mercati internazionali*. Milano: Franco Angeli.
54. Yamaki, T., & Kanehisa, T. (16-19 May 1995). International comparison of images for basic design patterns. *Proceedings of the 24th Annual Conference of the European*

の好みを調査した。調査対象は米国，フランス，韓国，中国，日本，英国，タイである。調査の結果，日本と韓国，また米国とフランスが，それぞれの間で好みが非常に似ていることが分かった。また米国と中国の間にも著しい類似性があることが指摘されている。タイは，デザインのある部分ではフランスや英国と非常に似ていること，その他の点では日本と韓国に近いことが分かった。

いうまでもなく，あらゆる製品は，それ自体がデザイン作成の事例になる。企業にとっての課題は，現地のニーズや技術要件に応じて製品を上手く適合させながら，開発コストを最小限に抑えることである。

製品の最終価格を，最終消費者の手が届く価格に抑えるために，設計変更が必要になることが多い。インドでは，オートバイ会社が，燃費をよくするために速度を犠牲にし，多数の消費者にこうしたモデルを低価格で売るためにバイクの設計を見直している。Bharadwaj et al.（2005）[55] の指摘するとおり，「デザイン・トゥ・コスト」というアプローチにより，消費者の使用感に影響を及ぼすことなく製品コストを 30% 減らすことができる。現地の消費者は，性能と価格のトレードオフを前向きに受け入れる。一方，企業はコストの面でゆとりが持たせられる。

もう1つの非常に重要な要素は**色**である。消費者による色の解釈は国によって異なり，その例は数多くある。コートジボワールでは，濃い赤色は死や魔術を連想させる[56]。多くの国で純粋のシンボルとされる白色は，アジア諸国の一部では死や不運を表す色である[57]。メキシコでは，黄色い花は死や無礼を表す（Cateora & Graham, 1998）[58]。Jacobs et al.（1991）[59] は，さま

Marketing Academy. Cergy-Pontoise, France.
55. Bharadwaj, V. T., Swaroop, G. M., & Vittal, I. (September 2005). Winning the Indian consumer. *The McKinsey Quarterly*, 42-51.
56. Kahler, R. (1983). *International marketing*. Mason, OH: South-Western Publishing Co.
57. Keegan, W. J., & Green, M. C. (2008). *Global marketing* (5th ed.), 388. Upper Saddle River, NJ: Pearson International.
58. Cateora, P. R., & Graham, J. L. (1998). *International marketing*. Burr Ridge, IL: Irwin, Inc.
59. Jacobs, L., Keown, C., Worthley, R., & Ghymn, K. (1991, Fall). Cross-cultural colour comparisons: Global marketers beware! *International Marketing Review*, 8(3), 21-30.

ざまな国の消費者が色から連想する意味について徹底的な調査を行った。彼らは，色は非常に象徴的な意味を持つため，色と選択したポジショニングとが一致するように慎重な分析が必要と断言する。例えば，中国と韓国では，灰色には低コストの製品というイメージがあり，紫色には高価な製品というイメージがある。一方，米国の消費者は，これら2色に対してそれぞれ反対の意味を連想する。

特に重要な要素は**品質**である[60]。ある国では高品質とみなされる製品も，別の国では，たとえ購買行動や消費者特性が類似していても，低品質とみなされる場合がある[61]。このことは，国際マーケティング戦略の策定，製品やサービスの開発，流通，価格決定，コミュニケーションにとって重要な意味を持つ。イタリアの Merloni グループがフランスで販売している白物家電がよい例である。同グループの Ariston ブランドは，イタリア国内では中級から上級市場に位置づけられていたが，フランスでは，Ariston は「イタリア製」という理由で低品質と認識されていた。そのため，イタリアのメーカーはフランスでは，同国の競合他社よりも 10 〜 30% 低い価格で製品を提供しなくてはならなかった。一方，ドイツ製の家電は高品質と認識されており，フランス製品に比べ最低でも 20% は高い価格で販売できた。このイタリア・メーカーにとっては，低価格の位置づけに矛盾しないマーケティング・プランを策定することが，フランス市場で成功するための唯一の戦略であったが，この戦略は，イタリア人マネジャーにとっては容易に受容できるものではなかった[62]はずだ。

サービスの場合，品質に対する認識はさらに重要になる。米国，インド，フィリピンの3か国の金融部門を対象に実施された最近の調査 (Malhotra et al., 2005)[63] では，サービスの質については，先進国と発展途上国の間に

---

60. Vernon-Wortzel, H., & Wortzel, L. H. (1990). *Global strategic management*. New York, NY: John Wiley & Sons.
61. Cateora, P. R., & Graham, J. L. (1998). *International marketing*. Burr Ridge, IL: Irwin.
62. Barre, C. (1983). Merloni Group. *Harvard Business School, Case* No. 9-383-152.
63. Malhotra, N. K., Ulgado, F. M., Agarwal, J., Shainesh, G., & Wu, L. (2005). Dimensions of service quality in developed and developing economies: Multi-country cross-cultural comparisons. *International Marketing Review, 22*(3), 256-278.

系統的な違いがあることが強調され，先進国と発展途上国の両方に共通のマーケティング戦略を適用することがいかに適切でないか指摘された。

例えば，発展途上国では，品質の認識は中核となるサービスに左右されるため，普通預金口座や当座預金口座などを重視すべきである。一方，先進国では，銀行はクレジット・カード・サービスや，インターネット・バンキングなど，無形の拡張サービスをより重視する必要がある。Bank of America は，マニラでは競争力のある金利や銀行営業時間の延長に力を入れ，米国ではオンラインでの口座利用や取引などの機能を提供している。また，サービス提供に対する期待や評価にも大きな違いがある。発展途上国では，顧客は非効率的なサービスに対する寛容度が高く，サービスの質に対する期待も低い傾向があるが，先進国では，サービスの不備は得意客の喪失につながるおそれがある。信頼を築くには，技術レベル，「画期的」サービス，タイムリーな対応，継続的改善の追求，前向きな取り組み，が非常に重要である。

品質という概念が，いかに製品特性の知覚と強く結びついているかを明確にすることが重要である。つまり，製品と直結した変数（例えばパッケージやブランド，生産国など）だけでなく，マーケティング・ミックス変数も重要な役割を担っている。企業の価格政策や流通政策も同様に重要である。

パッケージ

パッケージ（packaging）の役割は，製品イノベーションにとって何より重要である。2004〜2007年の期間に世界で発売された革新的なソフト・ドリンクのうち，70.8%が配合の革新性，13.2%がパッケージ効果による革新性があった[64]。また2004〜2006年の期間に発売された革新的なお菓子の4分の1にパッケージ効果があった[65]。パッケージは製品保護の一形態であると同時に，マーケティング手段，コミュニケーション手段としても不可欠で

---

64. Horton, N. (2008). Next generation soft drinks: Innovation in natural, functional and premium beverages. *Business Insights Ltd.*
65. Lewis, H. (2007). Growth opportunities in confectionery: Emerging flavors and new added value segments. *Business Insights Ltd.*

重要な要素である。パッケージはスーパーマーケットの棚で製品を差別化する。さらにパッケージは，製品の倫理的立場や持続可能性に対する立場の表明も担う。

パッケージ分析には4つの要素がある[66]。

- ■表示
- ■パッケージのスタイルとデザイン
- ■パッケージのサイズ
- ■機能的な特徴

これらの要素を精査して，パッケージが外国の基準と一致しているかどうかを評価するだけでなく，最優先事項として，パッケージがコンセプトや企業の製品価値を最終消費者に伝えているかどうか。そして，それが企業の選択したポジショニングと一致しているかどうかを評価する必要がある。パッケージの標準化によって得られるメリットはゼロではないものの（例えば生産コストや流通コストが安くなるなど），国際レベルでの製品パッケージの標準化による成功は非常に限定的である。

一般に**表示**は，製品を販売する国ごとに変える必要がある。言語が違うことに加え，大抵の場合，各国の規制によって具体的な情報・説明の記載が必要になるためである。国によっては，2か国語での表示が求められる。例えばカナダはフランス語と英語が公用語であり，ベルギーはフランス語とフラマン語，フィンランドはフィンランド語とスウェーデン語の表示が必要になる[67]。パッケージは販売促進面でも重要な役割を果たすため，パッケージがどう見えるかの考慮が重要である。色やスタイル，デザイン，サイズなどの選択を間違えると，製品に対する消費者の認識を歪める危険性がある。

多くの場合，缶のサイズや，さまざまな製品の容器やボトルの使用は法律により規制される[68]。それ以外に大幅な変更を強いるのは消費者の認識であ

---

66. Vianelli, D. (2011). *Il posizionamento del prodotto nei mercati internazionali.* Milano: Franco Angeli.
67. Czinkota, M. R., Ronkainen, I. A., & Tarrant, J. J. (1995). *The global marketing imperative.* Lincolnwood, IL: NTC Business Book.
68. Onkvisit, S., & Shaw, J. J. (2004). *International marketing: Analysis and strategy* (4th ed.). London, UK: Routledge.

り，その国の文化を特徴づけるシンボルに関係する。例えば，日本では，消費者製品の中には一般的な4個パックではなく3個パックで販売されているものがある。日本語では番号の4の発音が，「死」という言葉を連想させ不吉とされるためである[69]。あるいは，文化による製品使用の違いが，その特徴にも影響することがある。高品質のチョコレートと菓子製品の北米大手メーカーである Hershey の世界市場戦略の選択肢を分析するとき，チョコレートが主に贈答品として利用されている中国のような国では，Hershey の VI（ヴィジュアル・アイデンティティ）である伝統的な茶色と銀色のパッケージでは成功しないだろうと指摘されている。実際に，Hershey のチョコレートは，おやつとして食べるものと認識されている。中国で市場を拡大するには使用目的を根本的に見直し，見た目をより豪華に，上品に，洗練されたものにする必要がある[70]。

さらに，国を特徴づける文化や歴史の違いが，企業の選択に大きな影響を及ぼすこともある。ギリシャのアテネに拠点を置く，ブランド構築とデザインを専門とする Brandexcel のマネジャーは，欧米諸国とルーマニアやブルガリア，ロシアなどの新興市場とでは文化の違いが非常に大きいため，欧米の流行，特に食品産業の流行モデルはそのままでは通用しないと述べている。欧米諸国で好まれる現代的でミニマルなパッケージや，レトロで懐かしいモチーフは，東欧では通用しない。彼らが目にしたいのは現実的なもの，過去を思い出させないコンテンポラリーなものなのである[71]。

国の教育水準も検討すべき要素である。ケニアやマレーシア，シンガポールでは，製品は標準サイズのボトルや缶で販売されている。それは，価格を比較しやすくし，サイズの違いによる混乱を避けるためである[72]。Hermann & Heitmann（2006）[73] は最近の論文で，製品の多様性に伴うコストと効果

---

69. Czinkota, M. R. & Ronkainen, I. A. (2007). *International marketing*. Mason, OH: Thomson South-Western.
70. Frost, R. (2007). Hershey's chocolate dips into foreign markets. www.brandchannel.com/print_page.asp?ar_id=397&section=main から検索。
71. de Mesa, A. (2007). Europe: A branding dichotomy. Brandchannel.com. www.brandchannel.com/print_page.asp?ar_id =384&section=main から検索。
72. Mühlbacher, H., Leihs, H., & Dahringer, L. (2006). *International marketing: A global perspective*. London: Thomson Learning.

は国によって大きく異なるようだ，と指摘している。個人主義的文化の消費者は選択や多様性を高く評価するが，集団主義的文化では異なる。

流通経路の種類もまた製品のパッケージに影響を及ぼす[74]。流通経路の距離が非常に長く，商品を生産者から販売業者へ運ぶのに長時間を要する場合，パッケージは保護レベルを上げ，保存可能期間もより長くする必要がある。気候が製品の保存方法に影響する国でも同様である。

最後に，製品パッケージのバリエーションも，国の経済的発展のレベルによって異なる。これは例えばパッケージなし，1個入りパッケージ，複数単位など，製品の購入スタイルにも影響する。

いずれの場合も，パッケージの変更によるコスト増が発生する場合には，企業は製品の最終価格を引き上げる決断ができる。一方，特に購買力が限られた国では，企業は価格政策を変えない代わりに，よりシンプルな製品を海外市場に投入することで生産コストを下げる場合が多い。

▶ブランド構築

ブランドは製品／サービスのメーカーや売り手を特定する。ブランドは，名前や言葉，略号，シンボル，デザイン，あるいはこれらの組み合わせによって構築できる[75]。国際マーケティング戦略における**ブランド構築**の役割は，このテーマを扱う多くの文献で強調されている[76]。一般に，製品のポジショニング戦略に感情に訴える側面がある場合，ブランド構築はさらに重要になる。

ブランド構築を担当するマネジャーは難しい決断を迫られるが，こういっ

---

73. Hermann, A., & Heitmann, M. (2006). Providing more or providing less? Accounting for cultural differences in consumers' preference for variety. *International Marketing Review, 23*(1), 7-24.
74. Paliwoda, S. J. (1992). *International marketing*. Portsmouth, NH: Heinemann Professional Publishing.
75. Kotler. P., Wong, V., Saunders, J., & Armstrong, G. (2005). *Principles of marketing* (4th European ed.). Harlow, England: Pearson.
76. Whitelock, J., & Fastoso, F. (2007). Understanding international branding: Defining the domain and reviewing the literature. *International Marketing Review, 24*(3), 252-270.

た決断は，世界市場を相手にする場合，さらに重要かつ複雑になる。国際的な状況で最も重要な決断は次の3つである。

- ブランド戦略（グローバル・ブランドかローカル・ブランドか）
- ブランドのポジショニング
- ブランドの選択（名前とロゴ）

ブランド戦略

　ブランドは，事業において非常に重要な地位を占めており，それは付加価値をもたらすことができる企業の無形の知識価値の根幹ともいえる。企業の**ブランド価値**は，実際の収益を上回ることもある。例えば，Interbrandのブランド・ランキングによれば[77]，2009年のCoca-Colaのブランド価値は704億ドルだったのに対し，同年の同社の収益は310億ドルであった。Microsoftのブランド価値は609億ドルだったのに対し，収益は600億ドルであった。反対に，IBMのブランド価値は647億ドルであったが，同社の収益は960億ドルだった。このように強力なブランド価値を獲得してきた企業は，**グローバル・ブランドの構築**を通じて，この強みを生かそうとするより強い傾向を持つ。実際，こうした企業は，ブランドによるハイ・レベルな知覚品質が世界規模で保証されることで，市場における自社製品の立場を守りやすく，同時に海外における財務実績も向上させられる[78]。これらが可能になるのは，ブランドの独自性ゆえに採用できる，その他のマーケティング活動（特にコミュニケーション）の標準化戦略のおかげでもある。ブランド価値がその収益よりもはるかに低いIBMのような企業は，自社のブランド・イメージを強化する活動への投資を増やす必要がある。

　一方で企業には，製品を販売する国／地域ごとに異なる**ローカル・ブランド**を展開させる動機も存在する。製品をターゲット市場のニーズに適応させた場合，統一されたブランド戦略は深刻な限界に直面するかもしれない。外

---

77. Best Global Brands 2010. (2010). *Interbrand*. www.interbrand.com/en/best-global-brands/best-global-brands-2008/best-global-brands-2010.aspx から検索。
78. Wong, H. Y., & Merrilees, B. (2007). Multiple roles for branding in international marketing. *International Marketing Review, 24*(4), 384–408.

国におけるライバル企業がその国の現地企業であり,消費者について熟知しており,消費者ニーズへの適応に優れている場合は特に注意が必要である。この場合,企業は国際レベルでの市場参入を考えるなら,単一のグローバル・ブランドではなく,ローカル・ブランドの展開を考える方が望ましい[79]。

ローカル・ブランドを選択することには,その他にも利点がある。まず,ローカル・ブランドとして展開することで,否定的なイメージをもたれるリスクをなくせる。同じブランドで事業展開した場合,企業がある国で犯してしまった失敗は,別の国でもその影響を受けてしまうからである。

最後に,企業がグローバル・レベルで均一に品質保証することが難しい場合がある。品質管理を一元化していない場合は特にである。こうした場合は,ローカル・ブランドでの展開を検討すべきである。さもなくば消費者はその製品を,本来とは異なる競争力のない製品と認識してしまうリスクを生む。

要するに,複数のローカル・ブランドを活用することで,個々の市場で強い魅力を生むマーケティングのカスタマイズが促進されるのである。一方で,単一のグローバル・ブランドの採用は,標準化戦略を可能にする。実際には,ターゲットとする各セグメントで市場シェアを最大化する製品ポートフォリオ,つまりグローバル・ブランドとローカル・ブランドの両方を兼ね備えた製品ポートフォリオの開発によって市場のリーダーシップは獲得される。典型的な事例として,Carlsbergグループのロシアにおけるブランド・ポートフォリオを挙げることができる(図10-6)。

どの国でもそうであるように,これだけ多くのブランドの裏にはさまざまなスポンサーが存在する。認識できる選択肢としては,以下のものがある。

- メーカーの独自ブランド:製品/サービスの生産者がブランドを所有する場合である。Dove, San Pellegrino, Armaniといったブランドがこれに該当する。
- プライベート・ブランド:ブランド所有者が小売業者となる場合であ

---

79. Onkvisit, S., & Shaw, J. J. (1989). The international dimension of branding: Strategic considerations and decisions. *International Marketing Review*, 6(3), 22-34.

る。H&M,Carrefour,Zara,Amazon.com,Toys 'R' Us などは小売ブランドである。メーカー側としては,多くの国において,特定の現地小売業者またはグローバルな小売業者向けに製品を製造し,その流通を通じて輸出することができる。

- コ・ブランドまたは成分ブランド：2つの異なる企業の,有名なブランド名を同一製品に使用すること。2つのブランドのうち1つが,最終製品の成分または部品になる場合,成分ブランドとなる。ブランド提携の最近の例として,Martini と Dolce & Gabbana が開発したアルコール飲料である Martini Gold がある。

一方,Intel Core を搭載した Dell Computer は,Intel プロセッサがラップトップ・コンピュータの部品であることから,成分ブランドであるといえる。

- ライセンス・ブランド：ある企業がブランド所有者に,合意の下で料金

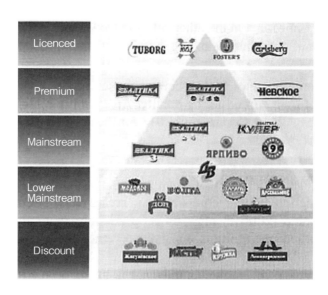

図 10-6 Carlsberg グループ：
　　　　　　ロシアのブランド・ポートフォリオ
出典：www.carlsberg.com. Carlsberg から許可を得て転載。

／ロイヤルティを支払い，そのブランド名を使用する場合をいう。Benetton は，この種のブランドの例である。Allison グループは 2013 年まで，同社のブランド名を使用して眼鏡類を生産し，世界的に販売するライセンシングを受けていた。

グローバル・ブランドの位置づけ

　企業がグローバル・ブランドのポジショニングにより，いかに価値を創造できるかを定義するのは容易ではない。Interbrand（2006）[80] は，グローバル・ブランドの成功に不可欠な 6 つの基準を提案している。その基準とは，認知，一貫性，感情，独自性，適応性，経営者である。

　「認知」は有名ブランドの特色であり，新たな市場への急速な浸透を可能にするほどの強い認識を基本とする。例としては BMW の自動車が挙げられる。BMW は，工学・設計における「性能」のシンボルであり，BMW の所有者は「高い経歴」の持ち主とみなされる。

　「一貫性」は，ブランドが世界中で一貫した顧客経験を提供し，しばしば国際的なマーケティング投資を行うことで，国境を越えた視覚的，言語的，聴覚的，触覚的アイデンティティを形成した際に達成される。McDonald's がその例である。McDonald's は世界的なメッセージの発信だけでなく，同時に，現地の消費者を満足させるために，店舗の外観やメニューを適切に変えている。

　「感情」的側面は，人間の価値観や憧れといったものと強く結びついており，文化の違いにかかわらず，共通の魅力を持たなくてはならない。例として Nike が挙げられる。Nike は，さまざまなスポーツに対する情熱を軸に，世界中の大衆市場をターゲットとすることに成功した。

　偉大な世界的ブランドであるためには，製品の特徴のみならず，コミュニケーションを通じてもブランドの「独自性」を表現する必要がある。Apple は，イノベーションという概念を中心に，全世界でそのブランドの独自性を確立し，日常生活で使用できる技術のシンボルとなった。

---

80. Lessons learned from global brands (4 July 2008). *Interbrand*. www.brandchannel.com/papers_review.asp?sp_id=1260 から検索。

「適応性」は，グローバル・ブランドが，現地のニーズ，要望，好みを満たせることを示し，「グローバルな」強みを伝えられた場合に達成される。例としては「世界の地域ブランド」である HSBC グループが挙げられる。同グループは，グローバルな使命を果たしながら，同時に地域への適応化を追求している。

最後に，グローバル・ブランドの成功は，「経営者」のコミットメントなくしては達成し得ない。つまり，経営者は常に，ブランドをあらゆる活動の中心に置くという社風の実現に関与しなくてはならない。

ブランドのポジショニングを難しくするもう1つの理由は，市場のセグメンテーションが徐々に進行していることである。このことは，特に多国籍企業にとって重要な要素となっている。というのも，市場のセグメンテーションに伴い，多国籍企業は広域または世界的なレベルで，重要な水平方向の顧客セグメントを特定する必要に迫られるからだ。企業は標準化された方法で製品を提供できるが，同時に，消費者が製品から連想するイメージには，国ごとに象徴的な違いがあることを念頭に置く必要がある。これが，なぜブランドが重要かという理由だからだ。ブランドは，製品イメージの独自性を表し，よって国境を越えた特定の顧客セグメントにおける企業のポジショニングを調整し，同時に製品や流通，コミュニケーションの国ごとの違いも尊重するが，こうした違いの大小によらず，現地消費者の選択プロセスにおいて決定的な役割を演じる。同時に現地のライバル企業に対する差別化の要素にもなる。米国や英国，中東などの市場で販売されている，インドのデザイナー・ブランドである Ritu Kumar Designer Wear は，マーケティング・ミックスの実施に際して国ごとの違いを考慮しつつ，独自のスタイルで製品のポジショニングを展開する，ボーダーレスなブランドとして注目されている。

最後に，企業はグローバル・ブランドの強力でポジティブなイメージによって，上述した目標を達成できるだけではなく，外国製品に対する現地の否定的な態度を克服し，むしろ製品と関連する国のプラス要素を強調することができる。このことについては，後に「生産国」のセクションで詳述する。

ブランドのイメージは，強く感情に訴える側面を持った製品だけでなく，その逆のハイテク製品においても基本的に機能する。ハイテク製品の場合，消費者は製品の複雑な特徴を十分に評価できず，そのような場合にはブランドだけが頼りになる。実際，ブランドは，ハイテク製品にとって競合他社との比較優位性となる機能的特徴・性能についての知覚を共有させられる。トヨタはその一例である。同社の最新モデルの1つである Prius のおかげで，トヨタは自社のブランド・イメージを強化し，環境に優しく低燃費な自動車のメーカーという認識を，その他のモデルにも拡張して与えることができた[81]。

ブランド名とロゴの選択

　ブランド名と**ロゴ**は，会社の製品から切り離せない部分である。ブランド名とロゴは，ターゲットとなる顧客層に対するコミュニケーション戦略の一部であり，その妥当性は重要である。したがって，かつては多くがそうであったが，ブランド名とロゴを無計画に選択してはならない。シンボルとしてはもちろんのこと，法的な取り扱いを誤ると，ときに取り返しがつかないダメージにつながることもあるため，慎重に選択する必要がある[82]。例えば，Apple が最近世界規模で行った選択に，ブランド名の重要性を学ぶことができる。iPod などのコンピュータ以外の製品で世界的な成功を収めていた Apple Computers が，「メディアをよく理解しているデバイス企業」へと変容したことをより正確に反映した訴求のため，よりシンプルに「Apple」と社名変更したのは最近のことである[83]。

---

81. Kiley, D. (29 January 2007). How the hybrid race went to the swift. *Business Week*, 58.
82. There are numerous examples of mistakes in the translation of brand names or simply of their application in a foreign market. Ricks (1983) provides a vast review in Ricks, D.A. (1983). *Big business blunders: Mistakes in multinational marketing*. Homewood, IL: Dow Jones-Irwin. To analyze more in-depth the legal implications, see Onkvist, S., & Shaw, J. J. (Fall 1987). Standardized international advertising: A review and critical evaluation of the theoretical and empirical evidence. *Columbia Journal of World Business*, 22, 43-55.
83. Fujii, R. (2007). Steve Jobs introduces iPhone. TV at weeklong Macworld. *Knight Ridder Tribune Business News*. Proquest（16 September 2008）から検索。

企業が海外で製品を販売するためにブランド名とロゴを決定する際，検討すべき主な事項は次の2つである。

- 潜在的なすべての海外市場で同一のブランド名を使用できるか。
- 会社のロゴは国際レベルで標準化できるか。

ブランド名とロゴに関してはさまざまな選択肢がある[84]。選択肢の1つとして，元のブランド名をそのまま使用して市場に参入することが考えられる。強力なイメージを持つ輸入製品の場合，この戦略は成功するかもしれない。例えば，インドに参入している高級ブランドやファッション・ブランドを考えてみよう。インドですでに確立されている高級ブランドとして，Hugo Boss, Chanel, Louis Vuitton, Versace, Salvatore Ferragamo, Bulgari, Christian Dior, Cartier, Piaget, Tiffany, Moschino, Tag Heuer, Dolce & Gabbana などが挙げられる。また，French Connection (FCUK) や La Perla, Tommy Hilfiger, Calvin Klein (CK) などのファッション・ブランドも，インドでの存在感を確立している[85]。こうしたブランド名はすべて，ときに発音の違いはあるにせよ，国際レベルでのステイタス・シンボルとして統一されている。

別の選択肢としては，完全に異なるブランド名を使用する方法が考えられる。この戦略は，ローカル・ブランドの獲得によって海外市場に参入した多国籍企業がよく使用する。こうした企業は，各国で自社のブランド・イメージを標準化するために，しばしば異なるブランド名を1つのロゴと結びつけ，グローバル・レベルで製品を知ってもらおうとする。Unilever のアイス・クリームにはさまざまなブランド名が使用されているが，それらはすべて，有名なハート型のロゴでつながっている（表10-2）。

---

84. Mühlbacher, H., Leihs, H., & Dahringer, L. (2006). *International marketing: A global perspective*. London: Thomson Learning; Hong, F. C., Pecotich, A., & Schultz, C. J. (2002). Brand name translation: Language constraints, product attributes, and consumer perceptions in East and Southeast Asia. *Journal of International Marketing, 10*(2), 29.

85. Srivastava, S. (25 September 2007). Indians in the lap of luxury. *Asia Times Online*; The underwear market in India. (2010). www.export.by/en/?act=s_docs&mode=view&id=6706&type=by_country&country_id=48&mode2=archive&doc=64 から検索。

表 10-2　Uniliver のハートブランド・アイスクリーム：
1 つのロゴを複数のブランド名で使用

ブランド名	国
Algida	セルビア，ギリシャ，イタリア，ポーランド，スロバキア共和国，トルコ，ハンガリー，チェコ共和国，ルーマニア
Bresler	チリ，ボリビア
Eskimo	クロアチア，オーストリア，スロベニア
Frigo	スペイン
Frisko	デンマーク
GB Glace	フィンランド，スウェーデン
Good Humor	米国
Holanda	メキシコ
Kibon	ブラジル
Kwality Wall's	インド，中国
Langnese	ドイツ
Lusso	スイス
Miko	フランス
Ola	ベルギー，南アフリカ，オランダ
Olá	ポルトガル
Pingüino	エクアドル，コロンビア
Selecta	フィリピン
Streets	オーストラリア，ニュージーランド
Tio Rico	ベネズエラ
Walls	アイルランド，英国

出典：Uniliver の各国サイトに基づき筆者が作成。

　Coca-Cola は，さまざまな地域の言語で発音通りに翻訳されているブランド名の例である。Coca-Cola は Coca-Cola，Coke，可口可乐などと翻訳されるが，どれも必ず Coca-Cola ブランドとして認識できる。一方，それらは必ずしも翻訳を必要としない。イタリアでは，Nike，Levi's，Adidas，Colgate などの海外ブランドの発音は異なるが，それ自体は製品のイメージにマイナスの影響を与えない。この場合，ブランド名の変更はまったくの無駄に終わる。

　別の例として，各国でブランド名が別の意味を持ってしまう場合は，最終

第 10 章　グローバルな製品およびブランドを開発する　335

消費者に統一した意味を伝えるための翻訳が必要になる場合がある。例えばDanone の低カロリー製品を考えてみよう。Vitalinea, Vitasnella, Taille-fine, Silhouette はすべて，同一製品について同じ意味を伝えるブランド名の翻訳である。

　もしブランド名が違っていたとしても，ほとんどの場合，ロゴだけは標準化できる可能性がある[86]。研究の結果，国の文化が違ってもロゴのデザインには同じような反応を示すことが証明されている[87]。さらに，Henderson et al. (2003)[88] が強調するように，ロゴは常に視覚的に認識されやすいため，特に言語の違いによって社名を理解されにくい企業にとって，ロゴの活用は興味深い効果を発揮することができる。写真は言葉よりも早く認識される。ほんの一瞬見ただけで，何らかのメッセージを伝えることもできる。たとえ写真と，そこに添えられた言葉が無関係でも，写真があればブランド名に対する記憶は強く残る。どんな写真であっても，伝えたい言葉を連想させられる可能性がある。Volkswagen は，何十年にもわたりグローバルなネーミング戦略を推進しており，時として賛否両論を呼ぶブランド名を考案する。その1つが「Bora（ボラ）」というブランド名である。Bora はアドリア海を北北東に吹く強風を示す。ディーラーからは，Bora という名前は「boring（退屈な）」に発音が似ているので不適切だと苦情の訴えがあり，同社は最終的に，米国でのブランド名を「Jetta」に変えた（「Jet Stream（ジェット気流）」に由来）。また，Ford の最新モデル「Fiesta」については，同社の重役たち全員が賛同したわけではなかった。フォーカス・グループにインタビューをしたところ，「Fiesta」という名前は安っぽく聞こえるという回答があった。幾人かの重役は，モーター・ショーで使用した「Verve」という名前を気に入っていた。しかし，CEO である Alan R. Mulally と，マーケ

---

86. Kapferer, J. (1992). *Strategic brand management: New approaches to creating and evaluating brand equity*. London: Kogan Page.
87. Pittard, N., Ewing, M., & Jevons, C. (2007). Aesthetic theory and logo design: Examining consumer response to proportion across cultures. *International Marketing Review*, 24(4), 457-473.
88. Henderson, P. W., Cote, J. A., Leong, S. M., & Schmitt, B. (2003). Building strong brands in Asia: Selecting the visual components of image to maximize brand strength. *International Journal of Research in Marketing*, 20, 297-313.

ティング部長の James D. Farley が最終的な決定を下した。彼らは意見の相違は認識していたが,それでも「Fiesta」が道理に適っていると判断した。「ブランド名のもつ大きな資産価値に背を向けるのはばかげている」と Mulally は述べている[89]。

生産国

生産国(contry of origin),つまり「**メイド・イン**」**効果**は,特定の国に対する認識がその国の製品／ブランドに拡張されることを指す。消費者は,製品の製造国によってさまざまな反応を示すからだ。一般に,メイド・イン表示に対する反応は,その国の代表的な製品に対する認識や,その国の歴史的,社会経済的,政治的,文化的特徴と結び付いている。あるいは,もっと具体的に,その国で製造される製品の品質に対する一般的な認識と結び付いている。

1970年代以降,生産国に対する認識が消費者の評価プロセスに及ぼす影響について,数多くの研究が行われている[90]。その頃すでに,Reierson (1966)[91] は米国人消費者の製品に対する認識が,生産国によって異なることを明らかにしていた。彼は後に,このような認識は,消費者の記憶に強く根づいてさえいなければ,適切なコミュニケーション・キャンペーンによって新たに影響を与え,修正できると指摘している[92]。このことは,多くの国が,自国製品に対する評価を下げ,ひいてはその経済を弱体化させる可能性のある否定的な認識を克服するために,あるいは,時としてまだ定着させら

---

89. Kiley, D. (24 March 2008). One world, one care, one name. *Business Week*. http://www.businessweek.com/magazine/content/08_12/b4076063825013.htm.
90. Chattalas, M., Kramer, T., Takada, H. (2008). The impact of national stereotypes on the country of origin effect: A conceptual framework. *International Marketing Review*, 25(1), 54-74.
91. Reierson, C. (Fall 1966). Are foreign products seen as national stereotypes? *Journal of Retailing*, 42, 33-40.
92. Reierson, C. (November 1967). Attitude changes toward foreign products. *Journal of Marketing Research*, 4, 385, 387.

れていないイメージの強化のために,これまでも,そして今もなお挑戦していることである。多くの国が慎重に,自国のイメージを否定的なものから肯定的なものに,あるいは少なくとも中立的なイメージに変えようと努力している。この戦略の実施は決して容易なことではない。調査の結果,生産国のイメージは,個々人の価値観による部分が大きいことが分かっており,このような価値観は企業の支配の及ばない領域であり,簡単に変えることはできない[93]。台湾を拠点とするAcerグループは当初,舞台裏,すなわち相手先ブランド供給業者(OEM)として立ち上げられたが,品質の良さとグローバル化とを象徴するブランドの構築に成功している。しかし同社は,世界2大PC市場である米国と日本においては,その地位を確立することができないでいる。当初は一定の成功は収めたが,その後,競争の激しい米国と日本の市場はあきらめ,現在では高品質のOEM事業会社に位置づけを変えている。同社が次に参入しようとしたのは中国市場である。この試みは,2000年に台湾と中国間の政治的紛争が過熱し,国家的な対立が激化したために当初は失敗も危ぶまれたが,米国や日本への進出に比べ,より大きな成功を収めた。Acerの創設者であるStan Shihは,同社がアイデンティティの確立に手こずった主要因は,「"メイド・イン台湾"への固定観念」であったと確信している[94]。

生産国分析の重要な側面の1つに,自国中心主義という現象がある。現地産の製品は輸入品に比べてより価値が高い,という認識である。自国中心主義は多くの研究者が認めるものであり,そのような認識の分析は,各国の民族構成の変化を考えると,今後はさらに重要で複雑になると考えられる[95]。例えば,Suh & Kwon (2002)[96]は,消費者の自国中心主義は,消費者が外

---

93. Balabanis. G., Mueller, R., & Melewar, T. C. (2002). The human values lenses of country of origin images. *International Marketing Review*, 19(6), 582-610.
94. Amine, L. S., Chao, M. C. H., & Arnold, M. J. (2005). Executive insights: Exploring the practical effects of country of origin, animosity, and price-quality issues: Two case studies of Taiwan and Acer in China. *Journal of International Marketing*, 13(2), 114-150.
95. Vida, I., Dmitrović, T., & Obadia, C. (2008). The role of ethnic affiliation in consumer ethnocentrism. *European Journal of Marketing*, 42(3/4), 327-343.
96. Suh, T., & Kwon, I. G. (2002). Globalization and reluctant buyers. *International Mar-*

国製品を避けたがる傾向に影響を及ぼすと断言しており，このように消費者は，たとえ大規模なグローバル化現象にさらされたとしても，外国製品は買い渋るかもしれないことが明らかになっている。しかし，こうした自国主義的傾向は必ずしもすべてに当てはまるわけではなかった。というのも，導き出される結論は，製品の種類，分析対象となる国の特徴，マーケティング戦略における他の変数との相互作用，採用する分析方法などの影響を強く受けることが多いからである[97]。

　一般化のリスクの高さについて認識しておくことは重要である。「メイド・イン効果」がどのように作用するか（好ましい効果かそうでないか）を明らかにすると同時に，企業は海外市場参入を計画するたびに，その効果を評価する必要がある。

　製品の国籍に対する認識に影響を及ぼす要素として，次のものがある（Usunier & Lee, 2005）[98]。

- ■輸入品／国際品に対する国内製品のイメージ
- ■ノンブランド製品から連想される原産国：ヨーグルトといえばバルカン諸国を連想し，香水といえばフランス，ジーンズといえば米国，パスタといえばイタリアを連想するなど。
- ■製造会社のある国のイメージ
- ■ブランド名によって広がったイメージ
- ■国際貿易で表示が義務づけられている，製造元を示す「メイド・イン」のイメージ

「メイド・イン」という概念のこれらの側面すべてが製品のイメージを決定づけるため，企業はそれを中心にしてマーケティング・ミックスを構築しなくてはならない。これは簡単な作業ではない。グローバル化が進む中，ハ

---

keting Review, *19*(6), 663-680.

97. Thorelli, H. B., Lim. J. S., & Ye, J. (1989). Relative importance of country-of-origin, warranty and retail store image on product evaluations. *International Marketing Review*, *6*(1), 35-46; Al-Sulaiti, K. I., & Baker, M. J. (1998). Country of origin effects: A literature review. *Marketing Intelligence & Planning*, *16*, 150-199.
98. Usunier, J., & Lee, J. A. (2005). *Marketing across cultures*. Harlow, England: Prentice Hall, Pearson Education Ltd.

イブリッド製品を目にすることも多くなった。ハイブリッド製品とは、2か国以上の生産国で作られている製品である。

　企業は場合によっては、「メイド・イン」のマイナス・イメージを埋め合わせられる、ベストなマーケティングを判断しなくてはならない。前述したAcerの例は、こうしたプロセスが必ずしも望み通りの結果をもたらすとは限らず、いかに複雑なプロセスを課すかを証明している。大抵の場合、外国で製造された製品は知覚リスクを伴なう。特にその会社のイメージが世界的に確立されていない場合には、このリスクは顕著になる。外国製品を避けがちな消費者を取り込み、ブランド・イメージを強化するための理想的な方法には次のものがある。

- 製品が独立したメーカーによって保証されていること
- 製品が外部の試験機関による検査を受けていること[99]
- 製品に保証をつけること[100]
- 一流の販売業者と提携すること

　ポジショニングにおいては、製品のこうした側面を強調し、否定的な認識を打ち消せなくてはならない。通常これは、生産国で採用している選択とは異なる選択の展開を意味する。

　例えば、生産国のマイナス効果は、消費者の注意をメーカーから販売業者へとシフトさせることで、減らすか無しにできる。このため、企業が外国の販売業者と契約する際には、慎重な業者の選択が必要である。なぜなら、特定の種類の製品についてはどこで販売するかが、消費者の選択に大きく影響する一要素であるためだ。

　別の例では、企業は国のプラス・イメージを競合優位性にできる。Louis Vuitton（LVMH）の場合、フランスという国のプラス・イメージは、同社が海外の高級ファッション業界に参入する際の決め手になっている。

　しかし、Barillaの場合はどうか。一体誰が、外国市場でイタリア企業よ

---

99. Bilkey, W. J., & Nes, E. (Spring/Summer 1982). Country-of-origin effects on product evaluations. *Journal of International Business Studies*, *13*(1), 89–99.
100. Schooler, R. D., Wildt, A. R., & Jones. J. M. (Fall/Winter 1987). Strategy development for manufactured product of third world countries to developed countries. *Journal of Global Marketing*, *1*(1/2), 53–68.

りも上手くパスタを販売できるなどと考えただろう。この高級セグメントでの国際化は，それほど分かりやすくも，簡単でもない。その理由は，意外にもパスタという製品に伴う「メイド・イン・イタリア」の認識であった。

▶サービス属性

サービス属性（service attributes）は，製品の品質評価にとってきわめて重要になる場合がある。サービスには設置，アフターサービス，保証，修理・保守，予備部品，返品，取扱説明書などがある。適切なアフター・サービスが保証されない場合，製品のイメージは深刻なダメージを受ける可能性がある[101]。このことは，最終消費者の目に映る企業や製品のイメージについてだけでなく（企業・消費者間セグメント），企業間セグメントに携わる企業についてもいえる。

消費財市場のマーケティングにおいては，アフター・サービスにおける保証は，購入後に製品が故障した場合にも重要であるが，販売前の段階でも，消費者が外国製品を避けがちな傾向を減らす上で重要である。特に，製品評価が難しかったり不完全な場合，あるいはマイナスの「メイド・イン」イメージがある場合には重要である。この現象は，このテーマを扱った多くの研究で指摘されているように[102]，グローバル化が進行してもなくなることはない。例えば Tan & Leong（1999）[103] は，製品購入の知覚リスクは，マイナスの「メイド・イン」イメージによる影響を受ける場合でも，適正な質の保証やサポート・サービスを提供する企業である，という評判によって部分的に軽減させられると説明している。

---

101. Czinkota, M. R., & Ronkainen, I. A. (1993). *International marketing*. Chicago: Dryden Press; Terpstra, V., & Sarathy, R. (1999). *International marketing*. Chicago: Dryden Press.
102. 多くの著者が，顧客を安心させるツールとして，保証とアフターサービスの重要性を指摘している。例えば Ahmed & d'Astous（1995）は，家電製品については，保証はブランドや生産国よりもさらに重要となる場合がある，と指摘している。Ahmed, S. A., & d'Astous, A. (1995). Comparison of country of origin effects on household and organizational buyers' product perceptions. *European Journal of Marketing*, 29(3), 35–51.
103. Tan, S., & Leong, W. (1999). Warranty strategy: A solution to hybrid product woes? *International Marketing Review*, 16(1).

同様に，Tan et al.（2001）[104] による研究の結果から，保証の評判が良ければ，ハイブリッド製品に対する消費者の評価は好意的になり，結果として消費者の知覚リスクは低くなることが分かっている。世界レベルで企業イメージをまだ確立していない「マーケット・フォロワー」である企業ほど，より充実した保証と最高のアフター・サービスを提供する傾向があることは偶然ではない[105]。

一方，いつでも保証の延長ができるわけではない。なかには消費者文化に欠ける国もあり，消費者行動が企業の予想から外れることがある。Mahajan et al.（2000）[106] が指摘するように，そのような例として，Domino's Pizza や Amway などの企業が行った試みが挙げられる。これらの企業は，米国で提供しているのと同じサービスを他国でも提供した。ある中南米の国では，Domino's Pizza の 30 分以内の配達という保証サービスを悪用して，わざと配達を遅らせるような複雑で紛らわしい住所から注文し，無料でピザを手に入れようとする顧客がいた。Amway Worldwide が提供する返金保証サービスも，中国では上手く機能しなかった。同社は，もし顧客が満足しなければ，たとえ製品を全部使い切った後でも，何の質問もせずに製品を返品でき，全額返金を謳っていた。同社は，間もなく，1 日当たりの返金額が 10 万ドルに達することに気づき，この返金制度を廃止しなくてはならなくなった。

産業財の B to B 市場で事業展開する企業の場合，顧客に提供するサービスの評価はより複雑であり，標準化のレベルと，生産国とそれ以外の国で提供する保証の種類と合わせて検討する必要がある。

メーカー側にとっては，標準化したサービスの提供によって得られる具体的なメリットはない。しかし，その取引先は，国際レベルで標準化されたアフター・サービスや保証制度を利用できることを望む。これはさまざまな要

---

104. Tan, S. J., Lee, K. S., & Lim, G. H. (2001). Warranty and warrantor reputations as signals of hybrid product quality, *European Journal of Marketing*, 35(1/2), 110-132.
105. Vianelli, D. (2001). *Il posizionamento del prodotto nei mercati internazionali*, Milano: Franco Angeli.
106. Mahajan, V., Pratini De Moraes, M. V., & Wind, J. (Winter 2000). The invisible global market, *Marketing Management*, 30-35.

因による[107]。第一に，サービスの差を正当化する理由が必要である（例えば気候上の理由や政治的理由，あるいは使用条件の違いなど）。そうでないと，同じ会社の異なる支店で，同じ製品を使いながら，支店の所在地次第で受けられる保証やアフターサービスが違ってしまうことになる。第二に，ある国の子会社が購入した製品を，他の国にある別の子会社に移動するようなケースがしばしば生まれるが，そうした場合，統一の保証がなければ，製品のサポート・サービスは紛らわしく，困難になる。最後に，生命の危険を伴う製品の場合は，標準化が義務化されているのが普通である。例えば，エレベーターや航空機，薬などの製品である。この種の製品については，保証内容が一律でないと，その会社の評判や信頼を損なうおそれがある[108]。

それでもなお，特に消費財のB to C市場の場合は，アフター・サービスの標準化がすべての国で妥当とは限らないことへの留意が重要である。国によっては「日常の保守」と「特別な保守」という概念の違いが皆無のところもあり，あるいはそうしたサービスの提供スタッフがいないこともある。かつてサービスは，特定の製品について新規参入障壁として重要な役割を果たしていた側面がある。Bartlett & Ghoshal（1989）[109]は，あるセクターのグローバル化は，現地サポートの必要性や重要性を徐々に減少させることで促進できると指摘している。したがって，保守自体が最小限であまり重要でなくなるように，商品の故障の発生リスクを最小限にしなくてはならない（Cateora & Graham, 1998）[110]。今日では，特にエレクトロニクス業界においては，新しい部品や製造工程の利用により，製品の信頼性を向上させ，アフター・サービスの必要性を減らし，ひいては専門スタッフの必要性も減らすことができるようになった。

---

107. Terpstra, V., & Sarathy, R. (1999). *International Marketing*. Chicago, IL: Dryden Press.
108. Vianelli, D. (2001). *Il posizionamento del prodotto nei mercati internazionali*. Milano: Franco Angeli.
109. Bartlett, C. A., & Ghoshal, S. (1989). *Managing across borders: the transnational solution*. Boston, MA: Harvard Business School Press.
110. Cateora, P. R., & Graham, J. L. (1998). *International marketing*. Burr Ridge, IL: Irwin.

国際市場における製品戦略

　消費者の特徴や企業戦略における競争の違いによって，企業がそのマーケティング戦略を国際レベルで再現できるか，あるいは適応化を選択すべきかが決まる。最初からグローバル市場向けに新製品を作って発売するような場合には，このような選択肢は無視してよい。このような選択肢のメリットとデメリットについては，すでに検討した通りである。戦略的観点からすると，適応化か標準化かという問題がマーケティング・ミックスのあらゆる変数に影響するとしても，製品とそのコミュニケーションに関連する決定が最も重要であることを理解しておくべきである。Keegan（1969）およびKeegan & Green（2008）が指摘するように[111]，企業には次の5つの戦略的選択肢がある。

- 戦略1：製品とコミュニケーションの拡張（二重拡張）
- 戦略2：製品の拡張とコミュニケーションの適応化
- 戦略3：製品の適応化とコミュニケーションの拡張
- 戦略4：製品とコミュニケーションの適応化（二重適応化）
- 戦略5：製品の開発

　戦略1の二重拡張は，企業がさまざまな国で同一製品を同一コミュニケーションで販売する場合の戦略である。一般に，この戦略は，消費財よりも産業財で実施しやすい。消費財は現地の文化的特徴とのつながりが非常に強いため，製品とコミュニケーションの総合的な拡張が難しい。

　例えば，McDonald's の戦略を見てみよう。同社のハンバーガーは世界中で販売されており（場合によっては内容を変更したり，メニューを追加したりしている），コミュニケーションでは，家族に優しいブランドであることを強調し，あらゆる国で実質的に好評を博している。これは二重拡張の例ではあるが，純粋な二重拡張のパターンではない。実際，McDonald's の家族

---

111. Keegan, W. J. (January 1969). Multinational product planning: Strategic alternatives. *Journal of Marketing*, 33, 58–62; Keegan, W. J., & Green, M. C. (2008). *Global marketing* (5th ed.), 388, Upper Saddle River, NJ: Pearson international Edition.

主義的価値観は，同社の世界的販売キャンペーンの基盤となっているが，同社のポジショニングは国によってさまざまである。同社のポジショニングは例えば米国では「利便性」かもしれないし，インドでは「支出に見合う価値」，ロシアでは「米国ならではの経験」，アジアでは「若者や流行の先端を行く人たちの一体感」であるかもしれない[112]。

　二重拡張というアプローチがすべての市場で機能するわけではないことを，代償とともに学んだ企業もある。世界的な小売業者である Walmart は最近，ドイツ市場からの撤退を余儀なくされた。新たな市場でも一貫して使用してきた同社の標準的小売モデルが，ドイツ市場では機能しなかったのだ。「Walmart cheer」という掛け声や，購入商品をパッキングする係をレジに置くなど，チーム作りと顧客サービスのために行っている Walmart の伝統的な習慣は，ドイツの社員や顧客にはまったく受け入れられなかった。また，低価格のリーダー企業という Walmart の標準化された世界的なポジショニングは，ドイツでは，すでに確立されたディスカウント店の業態と同社を十分に差別化できるものではなかった。価格戦争が確実になり，評判が傷ついたことから，この世界的な大企業は，最終的に残りの 85 店舗を別の世界的小売チェーンである Metro に売却することにした[113]。

　2つ目の，製品の拡張とコミュニケーションの適応化という戦略は，企業が機能を統一した製品を販売する際に，製品の品質・価値に対する消費者の認識が一様でない場合や，消費者が製品を他の目的に使用し，別のニーズを満足させる異なる効用を求めている場合に推進できる戦略である。De'Longhi がこれに該当する。De'Longhi はイタリアのグループであり，ポータブルの暖房・空調・空気処理などの装置市場の世界的リーダーである。同社の目標は，調理器具，アイロン，床掃除器具の欧州リーダーの地位を獲得することである。グループ収益 14 億 9100 万ユーロ，グループの売上の 77％ が国際市場での売上に拠る同社は，この2，3年の間に大きく成長し

---

112. Fielding, M. (1 September 2006). Walk the line: Global brands need balance of identity, cultural respect. *Marketing News*, 8-10.
113. Wiesmann, G. (29 July 2006). Why Wal-Mart decided to pack its bags in Germany. *The Financial Times*, 21.

た。特にこの成長に貢献したのが，消費者の製品認知と期待される効果を考慮した，コミュニケーションの適応化である。実際，同社は欧州と米国で同じ製品を，異なるコミュニケーションによって販売している。欧州では，De'Longhi のフライ鍋の製品価値は主に，技術的美的な特性，細部へのこだわりにある。きめ細やかさを象徴する女性の手を連想させるキャッチフレーズ「自分たちが何をしているか本当に分かっている人間が巧妙に作る製品」を，欧州全体で使用している。このポジショニングは，イタリアの技術と結びついた「メイド・イン」のマイナス・イメージを打ち消すためにも必要である。米国では，最も重要な特徴は製品の使いやすさである。よって米国で同社は，「電源を入れたら分かるはず」という謳い文句とともに自社を売り込んでいる。このようなキャッチフレーズで，製品の使い方の簡便さを強調している。

3つ目の製品の適応化とコミュニケーションの拡張という戦略は，コミュニケーションは同じでよいが，製品は現地のニーズや習慣，特徴に応じた適応化が必要な市場が対象となる。製品の適応化とコミュニケーションの拡張は，オンライン・ビジネスではより容易で自然かもしれない。例えば，人気のソーシャル・ネットワーキング・サイトとして世界的に広がっていた MySpace は，オーストラリアからアイルランドまでの市場では，共同創設者である Tom Anderson の名前が，同サイトの新規登録者にとって必ず最初に「友達番号1」として表示されていた。しかし，MySpace は日本市場に参入するとき，知恵を働かせて「友達番号1」を日本人の名前である Ozzie Inoue に変えることで製品を適応化させた。この，単に言語を翻訳するだけではなく，他国に固有のサイトに合わせてコンテンツ戦略をローカライズするというやり方には，参入が難しいことで有名な日本市場で MySpace をより文化的に適合させようとする意図があった[114]。

4つ目の，製品とコミュニケーションの適応化は，市場ニーズを満足させる製品，対象となる顧客にメッセージを効率的に伝えるコミュニケーション

---

114. Hempel, J. (4 December 2006). Japan's friend no. 1. *Business Week*, 14; Angwin, J., & Alabaster, J. (8 November 2006). MySpace adds a friend in Japan. *The Wall Street Journal*. http://online.wsj.com/article/SB116290234314615478.html から検索。

の両方が全く異なる市場に参入する企業が必ず選択しなくてはならない戦略である。例えば，大手携帯電話会社であるNokiaは，無線電話が最も急成長している市場であるインドで弾みをつけるために，二重適応化戦略をとっていた。同社は，ほこりの多い，舗装されていない道路が一般的なインドの暑い地方でも電話が使用できるように，防塵キー・パッドなどの新技術を採用した。また，同社は製品の広告や販売の手法も変えていた。インドの何万もの小規模ベンダーを通じて自社の携帯電話を販売することでマーケティングや広告のコントロールが利かなくなることがないように，同社はNokiaの商標のついたトラックやミニバンを多数借りて，市の立つ日や祭りの日には，販売員を国中の辺境の村々へと向かわせた。Nokiaの担当者自らがこうしたトラックで国中を走りながら，顧客に製品について宣伝し，その場で直接製品を買ってもらう。「自転車であろうと人力車であろうと，人々と接触するためには現地の手段を使わなくてはならない。」そう話すのは，Nokiaの取締役副社長兼携帯電話担当部長であるKai Oistamo[115]である。

　一方で，製品やコミュニケーションの適応化という選択肢が，海外市場で成長するためには十分ではない場合もある。新興市場に参入する際は，多くの場合，世界の他の地域にまだ存在していないニーズを満足させるために，まったく違うやり方で参入する必要がある。したがって，5つ目の新製品のコンセプト開発（製品開発）は，大衆の手が届くレベルの市場価格に設定された製品によって，既存ニーズを充足させていることと関連していることが多い。しかし，先進工業国の場合，製品はライフサイクルの成熟期にあり，競争は激しく，成長の余地はやすやすとは与えられず，企業の発展は，新製品の発売に基づく。IntelやOLPC，Fordが追求するような革新的なアイデアが生まれるのは，こうした視点においてである。

　事実，マイクロ・プロセッサの大手企業であるIntelも，非営利プロジェクトである「1人の子どもに1台のノートPCを（OLPC：One Laptop Per Child）」も，第三世界で販売できる簡素化された，安価なポータブル電子機器を開発している。OLPCは，100ドルで販売できる特異なアーキテクチャ

---

115. Ewing, J. (4 May 2007). First mover in mobile: How Nokia is selling cell phones to the developing world. *Business Week*.

とインタフェースを持つノートPCの開発に注目している。これに対し，Intelはあらゆる種類とサイズの電子機器と互換性のあるマイクロ・チップの開発にエネルギーを注いでいる。こうしたマイクロ・チップを開発することで，携帯端末や携帯電話，PCなどあらゆるデバイスあらゆる地域で使えるように同一機能をフル装備し，インターネットにアクセスできるようになる[116]。

Fordの場合は違う。競争圧力や財政難，また消費者動向に導かれ，世界的な小型車プロジェクトを進めている。就任以来，CEOのAlan Mulallyは同プロジェクトを強力に支持してきた。同氏は最近，いくつかの遠隔拠点にある開発チームを単一のグローバル・プロジェクト・チームに統合し，欧州，米国，アジアの市場で販売する製品を開発するというタスクを課した。Fordは，マツダの開発したプラットフォームを使用した自動車を，これら3つの市場で発売することを計画している[117]。プロジェクトのエンジニア側は不必要な構造上の変更をなくし，コストやチーム・メンバー数を減らすことを望んでいるが，設計チームは，世界中の顧客の心に響く世界的なデザイン・テーマを生み出そうとしている。Ford Motor Groupの設計担当副社長であるJ. Maysによると，達成には7年ほどかかるかもしれないが，「世界のどこで飛行機を降りても，『ほら，あそこにFordがある』と言われるようになること」が最終目標だという[118]。

■ 経営者の姿勢

多くの場合，経営者の姿勢（自国中心主義か地球中心主義か）は，標準化

---

116. Kirkpatrick, D. (11 May 2007). Intel on $100 laptops, smartphones and the Net. *Fast Forward* [newsletter]. http://money.cnn.com/2007/05/11/technology/fastforward_inteltiny.fortune/index.htm?postversion=2007051112 から検索。
117. Wilson, A. (12 March 2007). Ford will have 1 team for global small car. *Automotive News*, 8.
118. Wilson, A. (22 January 2007). Ford brand plans a global design theme. *Automotive News*, 4.

か適応化かという選択の違いを生む。Lenovoの例を見てみよう。同社は1984年に創設された中国初の準民間企業であり，今日ではHPやDellなど海外のライバル企業や，方正社や同方社といった国内のライバル企業を抜き，世界第4位，中国では第1位のPC会社となった。Lenovoはグローバル／ローカル企業の完璧な例であり，同社は固定された本社機能を持たず，リーダー会議はある月にはパリ，翌月にはカンボジアというように場所を固定せずに行われる。マーケティングの判断はバンガロール（インド），設計は北京（中国），ローリー（ノース・カロライナ州），大和市（日本）で行われる。このようなグローバルな文化を持つ同社のマネジャーは，標準化によるコスト・メリットを認識しているが，同時に，特にインドやロシア，ブラジル，トルコなど，同社が注目し，急成長しているが低所得でもある市場の現地ニーズを理解し，適応化にも前向きである[119]。

　一方で，まったく異なる文化を見せる企業もある。例えば，やや名の知れたブランドの下着や水着を製造するイタリアの会社の場合がそのケースであった。同社は積極的に輸出に携わっていたが，決して現地のニーズに製品を適応させることをしなかった。例えば，ドイツでは販売業者と小売業者が，女性の水着について，クラシックなビキニだけでなくセクシーなビキニを，そして1号から6号までのサイズを作ってほしいと頼んでいた。セクシーなビキニに関しては，同社は決して全サイズを作ることに合意しなかった。「挑発的な」水着は1号から3号のサイズだけを提供するべきであるというイタリア的なスタイルと矛盾するから，というのがその主張だ。同社は最近になって倒産し，国際的なファッション・グループに買収された。同グループは，ブランドは維持しつつも，元の企業の文化を変え，自国中心主義的な考えをやめた。そしてマネジャーたちにはこう教育している。確かに各国間には共通点はあるが，特に欧米企業にとっての未来を左右するような急成長途上の新興市場を考える時には，現実の各国には「違いがある」ということを忘れるなと。

---

119. Buckman, R. (2008). Not East or West. Forbes, 182(13), 50-52.

まとめ

- 製品は，マーケティング・プログラムの中で最も重要な要素である。グローバル・マーケターは，自社の一貫したグローバル製品戦略を策定するという課題に直面する。
- 製品戦略の策定に際しては，その企業の既存市場と提案市場における基本的なニーズや使用条件を評価する必要がある。
- マーケティング戦略を決定する際，各国で，その製品がライフサイクルのどの段階にあるかを考慮しなくてはならない。
- 製品の市場可能性は，製品の飽和レベル，国の所得水準，技術基準，文化的条件などさまざまな要因によって決まる。
- マーケターは，さまざまな市場における各製品のチャンスを見極めるために，参入しようとする国ごとに，製品の最適な標準化レベルや適応化レベルを判断できなくてはならない。また，世界市場向けの製品をデザインする際は，製品の使用，製品の認識と期待される効用，製品属性の適応化／標準化，経営者の姿勢という4つの要素を考慮しなくてはならない。
- 企業が自社製品の市場を世界に拡大したいと考えるとき，そのポジショニング戦略として5種類の選択肢がある。それは，製品とコミュニケーションの拡張，製品の拡張とコミュニケーションの適応化，製品の適応化とコミュニケーションの拡張，製品とコミュニケーションの適応化，製品の開発，である。世界的な市場拡大のための戦略は，各市場で製品の利益率を最も高める要素を分析することによって選択する必要がある。

ディスカッションテーマ

1. グローバルな製品／サービスとは，どのように定義できるか。現地製品

とグローバルな製品の例を挙げて検討せよ。
2. 製品の主な特徴を列挙し，簡単に説明せよ。自国の代表的な製品で海外でも販売されているものについて，その製品が自国と外国でPLCのどの段階にあるかを見極め，標準化しているか，適応化しているかを検討せよ。どの特徴が標準化され，どの特徴が適応化されているだろうか。
3. マネジャーが国際市場で行うべき最も重要なブランド構築の決断は何か。
4. 企業は生産国に対する否定的な認識をどのように管理できるか。生産国のプラス・イメージはどのようなチャンスをもたらすか。自国においてマイナス・イメージを持つ生産国とプラスのイメージを持つ生産国の例を挙げて検討せよ。
5. 製品の各種拡大戦略のメリットとデメリットは何か。

実践的課題

1. ソニーのPlayStation 3，そしてライバルであるMicrosoftのXbox 360や任天堂のWiiの競合について語るNPR（米国の公共ラジオ放送制作会社）の「Video Game Pioneer Kutaragi Leaves Sony（ビデオゲームのパイオニア久夛良木氏，ソニーを去る）」を視聴せよ（www.npr.org/templates/story/story.php?storyId=9884088）。
   a. この製品の発売にあたり，高価格の他に，ソニーが犯した最大の失敗は何か，若いゲーマーのコメントに基づいて考えよ。
   b. ソニーは最初に米国市場でつまずいたが，そこから立ち直ることができるだろうか。だとすれば，ソニーはどのような措置を講ずるべきと考えるか。
2. 日々の生活で，非常に便利だが価格が100ドルを超える製品を1つ挙げよ。その利便性を損なわずに，貧困国でも現実的で手が届く価格にするためのデザインや生産方法，機能上の変更を検討せよ。第三世界のターゲット市場を選び，この製品のマーケティング戦略を策定せよ。

■ キーワード

色	p.322	対人コミュニケーション	p.299
基準	p.318	適応化	p.303
規制	p.318	デザイン	p.321
期待される効用	p.315	導入期	p.297
口コミ	p.299	パッケージ	p.324
グローバル・ブランドの構築	p.328	表示	p.325
研究および製品開発段階	p.297	標準化	p.303
サービス属性	p.341	品質	p.323
衰退期	p.298	ブランド価値	p.328
生産国	p.337	ブランド構築	p.327
成熟期	p.298	ブランドのポジショニング	p.331
成長期	p.297	ブランド名	p.333
製品使用	p.312	「メイド・イン」効果	p.337
製品属性	p.317	離陸点	p.299
製品パーセプション（知覚）	p.315	ローカル・ブランド	p.328
製品ライフ・サイクル	p.297	ロゴ	p.333

第11章

グローバルな価格を設定する

我々はブランドが持つ資産価値や製品品質への投資を増やしている。今日我々は，こうすることで，市場競争力を維持しながらコスト増を転嫁するために必要な価格決定力を得ることができている。

Unilever，最高財務責任者，
Jim Lawrence[1]

学習の目的

本章を読むことで，次のことが期待される。
- 国際マーケティング・ミックスにおける価格設定の重要性を理解すること。
- 価格決定に影響を及ぼす主な競争要因，消費者要因，製品要因，国の要因を特定すること。
- 目標や戦略，価格政策の定め方を理解すること。
- コスト・ベースの価格設定手法と市場ベースの価格設定手法を区別すること。
- 新たな価格設定の管理手法を習得すること。
- 標準化，適応化という選択肢を議論すること。
- 価格戦略の類型を見分けること。
- 移転価格の管理のしかたを理解すること。
- 支払条件や支払方法について説明すること。
- 見返り貿易という概念を理解すること。

難しい決断

　価格戦略や価格政策を考えるとき，企業は難しい決断をしなくてはならない。検討すべき要因は数えきれない。その多くは企業戦略や製品原価といった社内的な変数だけでなく，ターゲット市場の特徴，グローバルまたはローカルの競合相手，国の経済構造や立法構造といった外的要因にも左右される。メーカーの価格政策は，流通チャネルにおける販売業者の相対的な力の影響も受ける。工業製品輸出業者45社を対象とした調査[2]では，経営幹部

---

1. 「2008 Consumer Analyst Group of New York (CAGNY)」会議（2008年2月20日），Unilever，最高財務責任者 Jim Lawrence による発表から引用。www.unilever.com/Images/ir_CAGNY_Conference_2008_Speech_tcm13-120416.pdf から検索。
2. Stottinger, B. (2001). Strategic export pricing: A long and winding road. *Journal of International Marketing*, 9(1), 40-63.

の監督の下で，価格決定が一元的かつ選好的に行われていることが明らかになったのは偶然ではない。これは主に，海外で金銭的な成功を収める上で，国際的な価格設定が重要であるという認識と関係していると思われる。

　価格は，他のマーケティング・ミックスの変数と並んで，消費者が競合製品についても検討し，その会社の製品に支払ってもいいと考える価値を反映していなくてはならない。

　多くの消費者にとって価格は，製品の品質を評価する指標となる。Ferrari North America の前社長兼 CEO である Gianluigi Buitoni が指摘するように，汎用製品／サービスを販売する場合には，価格は売上高を左右する。顧客の多くは，従来の小売業者だけでなく，インターネットを通じて少しでも安いものを探すため，競争力のある価格を設定しなくてはならない。コストを削減できなければ，その企業は倒産することになる。今日では，たとえぜいたく品であっても法外な価格は設定できないため，企業は効率的でなくてはならないのだ[3]。

　価格とは，製品や流通，コミュニケーションに関する決定を通じて生じる，提供物の有形的な価値である。よって価格決定は，他のマーケティング・ミックス変数と本質的に結び付いている。例えば任天堂はかつて，消費者に興味を失われつつあるブランドであった。しかし，Wii というコンソール（体を動かすというリアルなインタフェース）の発売が，DS シリーズと相まって，消費者の関心に火をつけた。同社は「ゲームの楽しみ」というテーマを通じて競合他社との差別化を図り，10 代の男性顧客層だけでなく，ゲームを楽しむすべての人を新たな消費者として魅了すべくブランドをポジショニングし直した。Wii の売上は予想を上回るものだった。発売当初，店の外には行列ができることも珍しくなく，eBay では Wii コンソールは小売価格の 2 倍で販売された[4]。

　グローバルな事業の場合，製品の市場価格がその製品の将来を決定するこ

---

3. Gian Luigi Buitoni explains his theory of "Dreamketing," HSM global.com, http://us.hsmglobal.com/notas/36000-gain-luigi-buitoni-explains-his-theory-of-dreamketing.
4. Interbrand. (2007). *Best Global Brands 2007*. www.interbrad.com/surveys.asp から検索。検索日：2009 年 3 月 2 日。

とも少なくない。低所得国では、価格は消費者の購買力に見合ったものでなくてはならない。企業はまず、消費者がその製品に支払ってもよいと思える価格を判断する必要がある。そうすることで初めて、最適な製品特性や流通政策、コミュニケーション政策を決定できる。

P&Gを例に取ってみよう。同社は中国市場で価格競争力を維持するために、より低い製造コストの新製品を発売した。この製品にはしみ取り効果や香りなどの効果はなく、最新ではない洗浄酵素を使用して製造した。同社のTide Triple Actionという別の洗濯用洗剤の価格が350g入りで0.33ドルであったのに対し、このTide Clean Whiteは320g入りが0.23ドルで販売された[5]。

また別の例としてMicrosoftが挙げられよう。同社は新興国の政府と連携し、新興市場に適したやり方でソフトウェアの価格を設定している。特に自社製品の価格を、環太平洋地域の企業にとって現実的な額にするという選択は、消費者の購買力が低いという理由でこうした地域では十分に正当化される。しかし、北米や西欧といった既存市場の顧客に対して、この価格戦略をどう説明するのか。各国や各地域を通じて価格戦略を調整することで、売上と利益の損失を避け、同時に、同社とそのブランドのイメージを損なわないようにすることがそのソリューションとなる[6]。

本章では、国際市場において価格決定をする際に向き合わなくてはならない主な課題について検討する。さまざまな影響要因を分析した後、価格戦略や価格政策について議論する。そして、価格上昇、移転価格、支払条件、見返り貿易など、グローバル企業が対処すべき具体的ないくつかの問題に注目する。

---

5. Madden, N., & Neff, J. (23 February 2004). P&G adapts attitude toward local markets. *Advertising Age*, 75(8), 28.
6. www.infoworld.com/article/04/03/01/HNrethinks_1.html.

価格決定に影響を及ぼす要因

国際的な**価格決定**に影響を及ぼす要因は，次の4種類に分類できる。
- 競争要因
- 消費者要因
- 製品要因と流通チャネル
- 国の要因

また，企業要因も，特に戦略的レベルで検討すべき重要な要素である。したがってその役割の重要性についても，国際的な価格戦略と目標を検討する際に触れる。

▶ 競争要因

競争の構造や度合いは国によって大きく異なり，価格戦略にも影響する。例えば，Unilever は多くの新興市場でも有名だが，インドにおいては Nirma というブランドと競合している。このローカル・ブランドは35年前に，欧米の競合他社の3分の1の価格で粉石けんの販売を開始したが，現在はインド市場を支配しており，その市場シェアは35％である[7]。同様の積極的な価格戦略が Arvind にも見られる。Arvind は，Lee や Wrangler，Arrow，Tommy Hilfiger といった，欧米では60ドル以上で販売されているブランドのデニム・ジーンズを製造しているインド企業である。この現地企業は，インドで最も売れているジーンズ・ブランド，Ruff & Tuff の所有者でもある。このブランドの製品は，仕立屋による「サイズ調整」込みでたった6ドルという価格で販売されている[8]。状況は小売の分野でも変わらない。例えば，中国では海外の小売業者は，現地のライバル企業との熾烈な価格競

---

7. www.equitymaster.com/research-it/compare_comp.asp?symbol=NRMA-HLL &value=compare-NIRMA-LTD-HIND-UNILEVER; Jordan, M. (11 December 1997). Indian soap maker steps up battle with big firms. *The New York Times*. www.nytimes.com/1997/12/11/business/worldbusiness/11iht-nirma.t.html から検索。
8. The bottom of the pyramid is where the real gold is hidden. (8 February 2007). *Marketing Week, 18*. Proquest から検索。検索日：2008年8月8日。

争に直面する。中国の小売業者は頻繁に大幅な値引きをするだけでなく，社員を送り込み数の限られたプロモーション用の特別価格の製品をライバル企業から買い占めるなど，他にも大胆な方法で，新参者よりも安く商品を販売しようとする[9]。

こうした要素すべてが，価格決定に強く影響する競争圧力のレベルを決める。McKinseyがグローバル企業の重役を対象に行った調査によれば，競争の激しさが増すほど，個々の企業にとって競争力のある価格をつけることが難しくなるという。この意見により強く同意したのは，価格設定にまだいくぶん柔軟性のある中国やインドなどの急成長市場の企業の重役たちではなく，北米や欧州などの競争の激しい市場の重役達であった[10]。

価格決定力は，企業がさまざまなマーケティング・ミックス変数を通じて生み出すことができる価値と，強く連関することへの理解が重要である。競合他社に比べブランド・イメージの弱い企業は，価格圧力の影響を受けやすい。これは，アパレル産業で最も有名なブランドの1つであるGapにも起こったことである。

▶消費者要因

価格政策に影響する，消費者に関連した要因は非常に複雑である。企業の視点では，製品の単価は明確に定められた数値であるが，消費者の視点では，知覚価格という概念が関係する。知覚価格についての2つの側面，すなわち金銭的価格と非金銭的価格を区別することが重要である。**金銭的価格**において，消費者が製品の価格について持つ「高い」や「安い」といった考えは，多くの場合，消費者の過去の経験や，消費者が過去にアクセスした情報，競合製品に左右される（Monroe, 1990）[11]。**非金銭的価格**は，消費者が製品を購入する際に払う犠牲，例えば購入に必要な時間，使い方を学ぶために必要な労力，購入に伴うリスクなどを指す[12]。非金銭的価格に対する認識

---

9. Ready for warfare in the aisle. (5 August 2006). *The Economist*, 60.
10. McKinsey global survey of business executives: Inflation and pricing. (April 2007). *McKinsey Quarterly*. www.mckinseyquarterly.com/article_page.aspx?ar= 1999 から検索.
11. Monroe, K. B. (1990). *Pricing. Making profitable decisions*. London: McGraw-Hill.

は，国によって大きく異なる。例えば，時間経済が重要でない文化もあるが，時間経済が重要な文化では，それは「時間の節約」と定義される。あるいは，非金銭的価格は，消費者が製品にどのくらいウェイトを置くか，消費者がその製品を入手するためにどの程度の労力を払ってもよいと考えるかに左右される。したがって，最終価格の認識は，コスト（金銭的／非金銭的コスト）と効用（製品／サービスの購入によって得られる利点）を慎重に評価することで判断される。最終的には，機能的効果などで認識される製品効用と，取得コスト，内部コスト（新製品の使い方を学ぶこと，損失時間，古い製品の廃棄に伴うコストなど），購入のリスク（財務リスク，社会的リスク，物理的リスク）のバランス評価ということになる[13]。

　文化的要因が価格と品質の関係にいかに影響を及ぼすかを示す研究は多く行われている[14]。例えば，Tellis & Gaeth（1990）[15]は，消費者が不確実性の下で用いる選択戦略として，最適価値，価格重視，価格回避の3つを挙げている。「最適価値」戦略は，消費者が合理的な判断により，最適な価値を持つブランドあるいは総予想費用が最も低いブランドを選択することである。しかし，購入者は価格が高ければ品質も高いと考えることがあるため，結果として，彼らは客観的な品質情報を無視し，「価格重視」をとる傾向がある。一方で，消費者は不確実性に押し切られ，「価格回避」をとることもある。最も安いブランドを選択することで差し当たっての損失を最小限にするというやり方だ。企業は，価格戦略を決定するためだけでなく，具体的な運営方針を明確にするためにも，こうした違いを考慮しなくてはならない。

---

12. de Chernatony, L., Harris, F., & Dall'Olmo, R. F. (2000). Added value: Its nature, roles and sustainability. *European Journal of Marketing, 34*(1/2); Gronroos, C. (1997). Value driven relational marketing: From products to resources and competences. *Journal of Marketing Management, 13*, 407-419; Zeithaml, V. A. (July 1988). Consumer perception of price, quality and value: A means end model and synthesis of evidence. *Journal of Marketing, 52*, 2-22.
13. Blythe, J. (2006). *Principles and practice of marketing*. London: Thomson Learning.
14. Usunier, J., & Lee, J. A. (2005). *Marketing across cultures*. Harlow, England: Prentice Hall, Pearson Education.
15. Tellis, G. J., & Gaeth, G. J. (April 1990). Best value, price-seeking, and price aversion: The impact of information and learning on consumer choices. *Journal of Marketing, 54*(2), 34-45.

ロー・コンテクスト文化（欧米諸国）とハイ・コンテクスト文化（非欧米諸国）における心理的価格設定に関する研究から，0や5で終わる小売価格（端数でない価格）と，9で終わる小売価格（端数価格）に対する認識が一様ではないことが分かっている。非欧米文化は安さ，すなわち端数価格に騙されにくい傾向がある。場合によっては，誰かが自分を「担ごうとしているのではないか」という警戒感さえ感じる[16]。

グローバル化が進んだ今でもなお，特定の地域の中でさえ消費者の認識は定まっていない。例えば，Kotabe & Jiang（2006）[17]の行った研究では，一般的に西洋の多国籍企業が，いかに日本，韓国，中国の市場をひとくくりにする傾向があるかを強調している。彼らは，アジアの消費者は好みが類似しており，所得水準の差によって多少の違いがある程度だと考えているのだ。実際にはそれは真実からは程遠く，特に価格と品質の関係に関しては各国間には大きな差がある。

▶価格とインターネット

インターネットの利用増大は，消費者の合理的選択を確実に後押ししている。実際，インターネットの登場により，買い物客は類似製品の価格を世界規模で比較しやすくなった。NexTag.com（米国サイト以外にドイツ版，フランス版，英国版がある）などのサイトを使えば，消費者はオムツからオンライン教育まであらゆるものの価格を比較できるだけでなく，過去の価格チャートや製品レビュー，ベンダーの評価といったツールも利用できる。

このような消費者の合理的な購買決定を助けるツールはあるが，社会的な状況や習慣の影響は今なお非常に大きい。このことは，一部の企業が過去数年間にさまざまな文化的状況で実施している「言い値」戦略の結果からも明らかである。

---

16. Nguyen, A., Heeler, R. M., & Taran, Z. (2007). High-low context cultures and price-ending practices. *Journal of Product & Brand Management*, 16(3), 206-214.
17. Kotabe, M., & Jiang, C. (March/April 2006). Three Dimensional: The Markets of Japan, Korea, and China are Far from Homogeneous. *Marketing Management*, 15(2), 39-43.

▶製品要因と流通チャネル

　価格決定において検討すべき重要な変数の1つに，製品の各国における製品ライフ・サイクル（PLC）の段階がある。10章で説明したとおり，それぞれの段階で，国ごとの価格選択を含む異なるマーケティング・ミックス政策の管理が必要である[18]。

　さらに検討すべき一側面として，製品の本当の品質を伝える企業の能力があるが，その産業における競争が，差別化戦略ではなく価格変数に左右される場合には，実施が必ずしも容易ではない目標となる。製品の価値をターゲットの顧客に伝えることを目的として，国際レベルで認識されている製品や企業の属性を活用した適切なコミュニケーションで，価格を裏づけることが重要になるのは，まさにこうした状況である。例えば，企業を相手に高級セラミック・タイルを扱うイタリアの GranitiFiandre がある。同社はプレミアム価格という位置づけによって頭角を現している。同社は，自社のタイルを高級店やオフィスなどで使用している顧客のイメージを通じて，自社製品の価値を国際的に伝えている。同社の顧客には Ferrari や Armani, Benetton, Givenchy, Porsche などがあり，こうした企業のブランドや評判は，GranitiFiandre の国際的な見込み客にもよく知られている。同社は，高価格と矛盾しない高品質の認識を確立することに成功している。価値の創造が同社のコミュニケーションの焦点であり，そのことは，最近の広告キャンペーンのスローガン，"Valore è anche la capacità di trasformare la materia in un sogno（価値は原材料を夢に変える能力でもある）"からも見てとれる（図 11-1）。

　グローバル・マーケティングにおいて製品の最終価格を決定する際には，製品を適応化し，製造し，販売するコストだけではなく，輸出関連のコストや利益もすべて検討事項に含めるべきである。その際考慮すべきコストを以下に挙げる[19]。

---

18. Theodosiou, M., & Katsikeas, C. S. (2001). Factors influencing the degree of international pricing strategy standardization of multinational corporations. *Journal of International Marketing, 9*(3), 1-18.
19. Demers, J. (June/July 2003). Enhanced export pricing strategies. *CMA Management*,

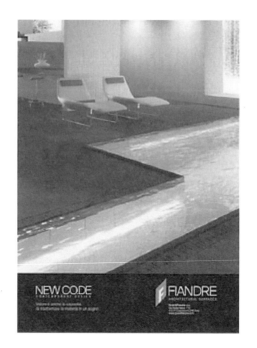

図 11-1 GranitiFiandre：B-to-B の国際市場という文脈におけるて価値創造の例
出典：広告。GranitiFiandre から許可を得て転載。

- 変動費（原材料費，人件費，エネルギー費，代理手数料など）
- マーケティング費（分析，販売促進，製品管理）
- 財務費用
- 銀行手数料（通貨業務，為替レートのリスクなど）
- 輸出関連手数料（翻訳，表示，生産国表示，輸出梱包，コンテナ詰め，文書作成，輸送手数料，通関手数料など）

さて，価格決定の支配者は誰か。価格決定は，新興市場を検討する場合には特に重要である。Nokia の上級マーケティング担当者 Keith Pardy が指摘するように，「500 ユーロの電話の構築・設計も大事だが，50, 60 ユーロで Nokia と同じ信用，信頼性，品質，接続性を約束するには，真に革新的な発

想が求められる」[20]。

輸出に伴うオペレーション費用は，流通チャネルの長さ（中間業者の数）やその特徴とも強く関連している。こうしたチャネルの特徴が，国内価格とくらべて輸出品がどの程度割高になるかを決定する場合がある[21]。この**価格上昇**という現象を表11-1に示す。ここでは，2種類の輸出シナリオを典型的な国内の状況と比較している。最初の例（イタリア）では，小売業者以外は流通チャネルに存在しないため，この企業はマージンを上げることができる（50%ではなく70%に）。2番目のシナリオ（米国）では，海外の輸入業者の存在によって流通チャネルが長くなっている。3番目のシナリオにはさらに卸売業者が加わる。たとえ米国とロシアのメーカー・レベルでのマージンは低くても，価格上昇はそれぞれ40.34%，82.35%と大きい。

最終価格が高すぎて売れなくなるリスクを避けるために，企業は価格上昇を避けるか，または制限する代替案を実施しなくてはならない[22]。最初の代替案は，流通チャネルを短くすることである。Nokiaのケースがこれに該当する。あまりにも細分化され過ぎていることが問題視されるインドの小売市場の再調査後，Nokiaの経営陣は小売業者も販売業者も使用しないことに決め，特徴的な特別装備のバンを使用して，自社の電話を消費者に直接販売し始めた[23]。別の代替案としては，費用のかかる機能を省くことで，あるいは製品や一部の部品の生産拠点を低コストの国に移転することで，メーカーの卸値を下げることができる。最終的に価格上昇を抑えることができるかどうかは，各ターゲット国の流通チャネルを構成する業者のマージンを下げ最終価格を支配できるかという企業の能力に大きく左右されることは明らかである。

Chaco Footwearは，高級サンダルを28か国に輸出している米国メーカー

---

20. Knudsen, T. R. (May 2007). Confronting proliferation... in mobile communications: An interview with Nokia's senior marketer. *The McKinsey Quarterly Web exclusive*, 1-9.
21. Becker, H. (1980). Pricing: An international marketing challenge. In H. B. Thorelli & H. Becker (Eds.). *International marketing strategy*. Elmsford, NY: Pergamon Press.
22. Cavusgil, T. S. (1988). Unravelling the mystique of export pricing. *Business Horizons*, *31*(3), 54-63.
23. Ewing, J. (4 May 2007). First mover in mobile: How Nokia is selling cell phones to the developing world. *Business Week*.

表11-1　輸出品の価格上昇：小売チャネル（経路）におけるコーヒーの例

	イタリア 国内流通経路： 国内小売業者 （メーカーの マージン： +70%）	米国 海外流通経路： 輸入業者, 小売業者 （メーカーの マージン： +50%）	ロシア 海外流通経路： 輸入業者, 卸売業者, 小売業者 （メーカーの マージン： +50%）
メーカーコスト	5.00	5.00	5.00
メーカーのマージン（%）	+70%	+50%	+50%
メーカーのマージン（ドル）	3.5	2.5	2.5
=メーカー価格	8.50	7.50	7.50
+保険料と輸送費（2%）	—	0.15	0.15
=陸揚げ費	—	7.65	7.65
+関税（20%）	—	1.53	1.53
=輸入業者コスト	—	9.18	9.18
+輸入業者マージン（コストの30%）	—	2.75	2.75
=卸売業者コスト	—	—	11.93
=卸売業者マージン（コストの30%）	—	—	3.58
=小売業者コスト	8.50	11.93	15.51
+小売業者マージン（コストの40%）	3.40	4.77	6.20
=消費者コスト（=小売価格）	11.90	16.70	21.70
国内価格に対する価格上昇（%）		+40.34%	+82.35%

であるが，同社は別の価格アプローチを採用している。日本のように，スタッフが現地語に堪能ではない市場では，同社は最終価格の設定を販売業者に任せている。カナダなど他の国では，Chaco Footwearは独自の販売網を持ち，価格について購入者と直接交渉し，小売戦略やマーケティング戦略を支配している[24]。

Myers & Harvey（2001）[25]が説明するように，流通チャネルでの価格決

---

24. Kolodny, L. (February 2005). The price might be wrong. *Inc.* http://www.inc.com/magazine/20050201/going-global.html から検索。
25. Myers, M. B., & Harvey, M. (2001). The value of pricing control in export channels:

定の支配は，グローバル・マーケティングにおいては特に重要である。輸出業者が海外市場で望ましい価格を設定すべく，ディストリビューターの行動に影響を与えられる場合，あるいは輸出業者が自身の権限で直接価格を設定できる場合，支配力は行使される。流通チャネルを通じて効果的に価格を監視し，管理し，規制するには，相当量の情報に加え，財源と人材も必要とするが，その結果は投下した資源に見合い，有益である。第一に，企業は各国を通じて価格調整し，グレイ・マーケットのリスクを減らすことができる[26]。第二に，価格と品質の関係も管理，保護される。最後に，メーカーは個々の製品に関係する基本的な生産コストを確実に埋め合わせできる。

▶ 国の要因

国の社会経済的・政治的特徴は，企業の価格戦略および価格政策に影響を及ぼし得る要素である。こうした要因は企業が支配できるものではなく，企業が自社製品を特定の国に販売する際には，その国の状況に適応しなくてはならない。例えば，グローバル企業が新興経済国に参入し，少数の比較的裕福な消費者だけではなく，大衆市場を対象にしたいと考えるなら，1人当たりの所得は考慮すべき重要な要因である。高級ブランドを所有する多くの企業が，東欧や中東，アジアの低価格市場に参入するために，第2のブランドや製品ラインを導入するという戦略をとっている。このような場合，既存ブランドの売上を減らさないよう，あるいはブランドの品位を落とさないよう注意を払う必要がある。2層の価格戦略をとった場合の成功例として，3Mが挙げられる。同社は事務用品市場において，東欧ではPost-itブランドよりも低価格のTartaneというブランドを展開する，2ブランド戦略を採用している。この戦略により，3Mはその価格帯と製品ポートフォリオを拡大し，さまざまな最終消費者のニーズに応えることができている[27]。

A governance perspective. *Journal of International Marketing*, 9(4), 1-29.
26. 灰色市場あるいは並行輸入とは，メーカーの厳しい支配下にない，低価格市場の流通経路を構成する業者が，そのメーカーの製品を，他の市場ではるかに高い価格で再販することである。
27. The price is right? (January 2005/December 2004). *Brand Strategy*, 32.

通貨に関する事項

　国際貿易における重要な要素の1つに，送り状に使用する**通貨**がある。為替レートのリスクは，購入者が輸出業者の用いる通貨での支払いに合意すれば，購入者側に移転できる。しかし，多くの取引では貿易習慣が基準となるため，そこに選択の余地はない。例えば，原油の取引は米ドルでしか行われない。中小企業は，自国の通貨以外では輸入品の支払いを拒むことが非常に多い。この行動は，為替レートの変動が激し過ぎることや，それに伴うリスクと関係している。国際通貨制度には，各国が為替レート価格の予想の基準とするアンカーを設定するための取り決めがいくつか存在する（IMF, 2006）[28]。通常の為替レートでは，各国政府は，Bretton Woods体制時代のように，目標金利を基準レートの最大±1%という狭い範囲内に維持することに専心している。この取り決めが安定していれば，もはや海外市場における価格設定は問題ではなくなる。たとえ為替変動幅が大きくなっても，最大利益（損失）を容易に計算できるからだ。例えば，デンマークはユーロを導入していないが，デンマーク通貨のクローネは，EUの為替相場メカニズムであるERM II においてユーロと連動している。収斂度が高いことから，デンマークは欧州中央銀行と±2.25%という狭い変動幅の契約を結んでいるが，実際の変動幅は2002年以降1%を超えていない。このため，価格設定はクローネ建てでもユーロ建てでもほぼ同じである。

　信頼できる変動為替相場は，国際貿易にとっての脅威とはなり得ない。このフレームワークでは，通貨は一定の割合で定期的に少量調整されるか，あるいは主な貿易相手に対する過去のインフレ格差，すなわちインフレ率目標と主要な貿易相手の予想インフレ率の差といった選択的数値指標の変化に応じて調整される。変動相場が分かっていれば，海外市場での価格設定は容易である。1990年代，いくつかの中南米諸国は自国の通貨を米ドルに固定したが，米国と比較してインフレ格差が大きかったため，現地通貨を大幅に切り下げる必要があった。急激な通貨切り下げは不安定な状況を招くため，より適切な為替レートに向けて現地通貨はゆっくりと切り下げられた。

---

28. IMF (2006). *De Facto Classification of Exchange Rate Regimes and Monetary Policy Framework*. www.imf.org/external/np/mfd/er/2006/eng/0706.htm.

しかし，新興国では概して財政危機や通貨危機が頻発するものである。ドル／ユーロや円／ドルといった為替レートは変動しやすく，短期的にも予想することが難しいため，しばしば名目アンカーの不在が起こる。さらに，変動為替相場は，貨幣供給，価格水準，経常収支に対して過剰に変動しやすいと考えられ，金融資産価格も同じように変動しがちである[29]。このような場合，通貨の選択は，誰が通貨危機を負担するかという選択に等しい。為替レートの変動が，企業の競争力を変え，結果として国際的な価格戦略にも影響を及ぼす。

国内通貨が弱まると，輸出が刺激され，新たな市場機会が生み出される可能性がある。2000年代初頭にドル安が始まったとき，ヨットの帆を扱う米国のある小規模メーカーはこれを，価格優位性により競争の激しい欧州市場に参入する新たなチャンスと考えた。Neil Pryde Sails Internationalは，14％の関税に阻まれ，この大市場で競合できずにいた。しかし，ドルの価値がユーロに対してほぼ25％下がったことで，同社の製品は欧州のライバル企業の製品よりも約10％安くなり，この地域の売上をほぼ2倍増にできた[30]。

購買力平価（PPP: purchasing power parity）の理論は，為替レートの動きに光を当てる。この理論は，同じ商品あるいは同じバスケットの貿易財は，共通の通貨で測定した場合に，取引費用も考慮して同じ価格で販売されるべきであるという考えである。*Economist*誌のビッグマック指数は，実際的な例である（表11-2）。

この場合のバスケットは，約120か国で生産される同一製品，ビッグマックである。表11-2によれば，中国の生産者には競争上の強みがある。というのも，ニューヨークでのビッグマックの価格が3.57ドルであるのに対し，彼らは6.83という実際の為替レートにより，ビッグマックを12.5元つまり1.83ドルで販売できるからである（12.5元／6.83 = 1.83ドル）。購買力平価

---

29. MacDonald, R. (1988). *Floating exchange rates: Theories and evidence*. London: Unwin-Hyman.
30. Wahlgren, E. (November 2003). Trade winds. *Inc.* www.inc.com/magazine/20031101/casestudy.html から検索。

を適用した場合(つまり米国のビッグマックと同価格),元は 3.50(12.5 元 / 3.57 ドル)に変更すべきであり,実際の為替レートより 49%([6.83 − 3.50] /6.83)低くなる。中国から米国への輸出は,需要と供給により,元の米ドルに対する価値を評価して,両方の現地価格を変えることになる。実際,中国の現地価格には,元の 49% の過小評価と米ドルの過大評価が伴う[31]。

しかし,実験的分析により,購買力平価の理論の不出来も指摘されている。為替レートの変動は,長期的な均衡水準に向かう傾向がほとんどないか,または皆無であることが証明されている[32]。さらに,Meese & Rogoff (1983)[33] および Mark (1995)[34] は,開放経済モデルは,単純なランダム・ウォーク・モデルを超えられないことを発見した。よって,将来の為替レートの最善の予測は直物相場である。売り手が通貨危機のリスクを負いたくなければ,ヘッジ取引が必要である。ヘッジ取引により,企業は実際の取引時

表 11-2　*Economist* 誌のビッグマック指数:一部の例

	ビッグマック価格		ドルの PPP	実際の為 替レート	ドルに対する 過小 (−) / 過大 (+) 評 価 (%)
	現地通貨	ドル			
米国	3.57 ドル	3.57			
中国	12.5 元	1.83	3.50	6.83	−49
ノルウェー	40.0 クローネ	7.88	11.2	5.08	+121
ロシア	59.0 ルーブル	2.54	16.5	23.2	−29

注:PPP =購買力平価(Purchasing Power Parity)。
出典:Sandwiched. (24 July 2008). *The Economist* より作成。

---

31. The Big Mac Index. (24 July 2008). *The Economist*. www.economist.com/markets/bigmac/about.cfm から検索。
32. De Grauwe, P. (1989). *International money: Pat war trends and theories*. Oxford: Oxford University Press.
33. Meese, R. A., & Rogoff, K. S. (February 1983). Empirical exchange rate models of the seventies: Do they fit out of sample? *Journal of International Economics, 14*, 3-24.
34. Mark, N. C. (March 1995). Exchange rates and fundamentals: Evidence on long-horizon predictability. *American Economic Review, 85*, 201-218.

の通貨為替レートに関する当て推量を排除し，外貨での取引リスクの一部またはすべてを回避できる。大企業は多くの取引を外貨で行う際，社内ヘッジを行うことができる。

あるカナダ企業が，翌年，毎月月末に10回の分割で5万ユーロを回収し，6か月後に100万ユーロの支払いを予定していると想定しよう。まとめて考えると，実際のキャッシュ・フローの差分だけをカバーできればよい。危険がないとして利息を無視しても，為替レートの変動は未知数であり，やはりこの会社の利益に影響し得る。このようなリスクに対処するため，このカナダ企業は，将来の特定の日付の通貨換算レートを基本的に固定する為替予約あるいはオプションを取得できる。先物為替相場は，先物について，一般的には30日，60日，90日から，1年またはそれ以上の先物について，現時点で価格を約定する。通常，こうした相場は商業銀行によって決められ，所定の料金で支払期日の個々の交渉ができる。6か月先の受け渡し時の為替レートが1ポンド当たり1.5カナダドルの場合，6か月後の100万ユーロの支払いに対する確実なコストは150万カナダドル（プラス手数料）である。このカナダ企業が6か月以内に払わなくてはならない外貨を購入し，相殺分の外貨に対する義務を負う状態を「クローズド」と呼び，いずれの取引においてもリスクはない。同様に，同社は将来の10回の輸出に伴うリスクを相殺できる。しかし，為替レートが自由に変動する場合，契約時と同じレートが支払期日に有効になる可能性はきわめて低いが，銀行がそのリスクを負うことになる。

インフレと価格決定

価格設定に際しては，**インフレ**についても考慮すべきである。課題は，各国のインフレ率を管理しながら価格のポジションを維持することである。Mühlbacher et al.（2006）[35] が指摘するように，生産国でインフレが高い場合，企業はコストの高騰をカバーするために，必要に応じた価格の調整ができないかもしれない。付加コストの吸収を余儀なくされ，利益の低下を招く

---

35. Mühlbacher, H., Leihs, H., & Dahringer, L. (2006). *International marketing: A global perspective*. London: Thomson Learning.

おそれもある。一方，顧客側の国のインフレが高い場合，顧客の反応や政府の支配，価格の変化に伴うオペレーション費用（値札の更新やレジの再プログラミングに伴うコストなど）を考慮した価格の上乗せが必要かもしれない。価格交渉においては，顧客がインフレ市場にいる場合，支払われる実際の価格が低くなるため，支払遅延のリスクを担保しなくてはならない。

政府規制（government regulations），関税（tariffs），税金（taxes），規制数量（quotas），各種非関税障壁（non-tariff barriers）

　政府規制，関税，税金，規制数量，各種非関税障壁も，企業が考慮しなくてはならない要素である。貿易収支を維持し，国内産業を育成し，現地の雇用と国の安全を守ることを目的とした政府介入に対処しなくてはならないのはごく当然のことである。政治的理由による市場介入の場合もある。2005年，ベネズエラのコーヒー商達は，挽きたてコーヒーの価格について政府から厳重な規制を受けた。その結果，彼らは政府の規制を受けない，香りの良い，風味づけしたコーヒーなど，より高額なコーヒーだけを提供した。彼らの行動によって一部のコーヒー製品が著しく不足しただけでなく，特用価格のコーヒーも劇的に値上がりし，店舗では，政府の設定した価格よりも86% 近い高価格で売られることになった[36]。

　課税もまた，現地の産業を守るツールであり，輸入品の国内価格を釣り上げるために使用される。例えばメルコスール地域は，中南米で事業を展開しようとする多くの企業に，強制的に直接投資を選ばせるような高い税を輸入品に課した。自由貿易を約束し，競争を促す公正な協定を定める取り組みが国際レベルで行われているにもかかわらず，それを回避しようとする試みが後を絶たない。中国の自動車産業に新たに導入された「環境税」は分かりやすい例である。中国は，外国の自動車メーカーに対して，より多くの中国国内のサプライヤーからの調達を拡大させ，輸入を減らす目的で，新車の輸入に課される通常の関税25% に加え，自動車部品の輸入にも特別に25% の関税を課した。この関税はWTO によって排除されたが，1 か月と経たないう

---

36. Coffee——Venezuela: Market insight. (7 July 2006). *Euromonitor International* [industry report].

ちに,中国はエンジン排気量が4.1リットルを超える自動車の販売に,新たに40%の税金をかけることにした。表向きの目的は,燃料の消費を減らし公害を低減することであったが,4.1リットルという排気量が外車特有の特徴であることは偶然ではないだろう[37]。

一般に,政府補助金は,現地価格を下げ,国内企業の地域競争力または国際競争力を高めるために導入される。例えば,中国政府が鉄鋼産業へのエネルギー助成金を増やした後,この国の現地生産と輸出は大幅に増加した。場合によっては,政府助成品の輸出は,輸入国においてダンピングの一形態とみなされることがある[38]。

しかし,政府助成金が,価格競争力を持つために企業に製品の戦略的変更を強いることもある。例えば欧州のFordとGeneral MotorsのSaab(スウェーデンの航空機・軍需品メーカー)部門は,スウェーデンが2001年にエタノール燃料に助成金を給付し始めたことを受け,スウェーデン市場向けの自動車の一部をE85燃料(85%のエタノールと15%のガソリンの混合)を使用する設計に直ちに改良した[39]。米国政府がエタノール燃料1ガロン当たり1ドルの助成金を提供すると,自動車メーカーや石油会社もこの分野に取り組み始めた。

目標,戦略,価格政策

国際価格戦略を策定する際,国や企業の目標の違いを考慮する必要がある。したがって,戦略の決定は,短期的/長期的国際化目標,参入方法,競争戦略,利益要因と費用要因といった変数の影響を受ける。企業の目標により適していると考えられる具体的な戦略を効率的に選択,追求する能力は,

---

37. Taking another road. (21 August 2008). *The Economist*. www.economist.com/node/11967001 から検索。
38. ダンピングとは,外国の市場シェアを獲得する目的で,他国の市場において原価よりも低い,あるいは国内価格よりも低い価格で製品を販売することである。
39. Edmondson, G. (27 April 2007). Europe looks beyond ethanol. *Business Week*. www.businessweek.com/print/globalbiz/content/apr2007/gb20070427_164153.htm から検索。

最終的な製品価格を支配できるかどうかに強く左右される。価格支配のレベルには，内部の組織要因との間に正の相関がある。Cavusgil（1996）[40]が指摘するように，国際的価格設定において意思決定を一元化すると，最終価格や各国間の最終価格調整に対する支配力が高まる。そしてその他の組織変数，例えば国際経験や規模，チャネル依存度，取引関係におけるメーカーの資産の特殊性などが，輸出価格を支配する上で重要になる[41]。より経験豊富な企業は，海外事業の複雑さを理解しており，価格決定を自在に取り込むことを好む。より規模の大きな企業は，海外のディストリビューターを支援し，価格をモニタリングし，輸出に伴う流通チャネルにおいて，価格を支配するために必要な情報を得るための人材と財源を持っている。チャネル依存度は，価格の支配に影響を与えるもう1つの関連変数である。最後に，輸出国における資産の特定性（すなわち，特定の海外市場における流通機能を支援するための専門的な投資）は，価格支配の度合いを高める。実際，そのような専門的な投資はメーカーへのディストリビューターの依存度を高めるため，メーカーは相手のご都合主義的な行動を減じ，影響力を発揮して，価格設定での高い支配力を行使できる。

　輸出者として利益を上げられるかどうかは，ある特定の価格戦略によるのではなく，上述した戦略の組み合わせができるか否かによる。重要なことは，企業が海外市場で拡大する際の企業目標に合った，合理的で一貫した戦略を持つことである[42]。例えば，米国の製造業部門の中規模輸出業者400社以上を対象とした調査で[43]著者らは，一元化した意思決定と製品標準化戦略を伴うコスト・ベースの価格設定法が，今もなお支配的であることを見出した。しかし，利益率の観点で，この方法とほぼ差がないのが，価格設定に際して分散化，市場情報の重視に特色のある市場志向のアプローチであった。

---

40. Cavusgil, T. S. (Winter 1996). Pricing for global markets. *Columbia Journal of World Business, 31,* 67-78.
41. Myers, M. B., Cavusgil, T. S., & Diamantopoulos, A. (2002). Antecedents and actions of export pricing strategy. *European Journal of Marketing, 36*(1-2), 159-188.
42. *Ibid.*
43. Cavusgil, S. T., Chan, K. & Zhang, C. (2003). Strategic orientations in export pricing: A clustering approach to create firm taxonomies. *Journal of International Marketing, 11*(1), 47-72.

チャネル，地域，ブランドにまたがって価格や価格戦略が展開されることによって，問題が引き起こされることもある。場合によっては消費財を扱う企業は，毎年2000万もの統一小売価格を扱わなくてはならない。産業財市場にて照明機器を販売しているあるメーカーは，直販営業担当，キー・アカウント管理チーム，第三者代理店を通して10のブランドを国際的に販売していたが，同社が国際的に販売する10ブランドに関するSKU数（在庫管理単位）は，45万以上と推定された[44]。こうした例のいずれにおいても，利益が見込める価格設定の実現は，最も統制のとれた企業にとってさえ難しい課題であることに間違いない。

国際価格を設定するための戦略的手法には，さまざまな選択肢がある。
- コスト・ベースのアプローチと市場ベースのアプローチ
- 新たな製品価格設定：上澄吸収価格設定と市場浸透価格設定
- 標準化アプローチと適応化アプローチ
- 一元化アプローチと分散化アプローチ
- 国際化と産業グローバル化に対する備え：価格戦略の類型

▶ コスト・ベースのアプローチ vs. 市場ベースのアプローチ

コスト・ベース法は，製品コストに対して利益幅を固定することで価格を設定するため，利益が安定し，予測しやすい。ただしこの手法は「コスト＋マージン＝価格」という方程式に基づいており，海外市場における需要や競争を無視しているという点では深刻な弱点がある。

一方，**市場ベース法**（market-based method）は，競争や顧客の需要を考慮した，よりダイナミックなアプローチが必要である。最近行われた研究から[45]，競争の激しい世界市場の環境を考えると，輸出企業にとって市場ベースのアプローチの方がはるかに適した手法であることが分かっている。

---

44. Bright, J. K., Kiewell, D., & Kincheloe, A. H. (August 2006). Pricing in a proliferating world. *The McKinsey Quarterly* [web exclusive]. www.mckinseyquaterly.com/article_page.aspx?ar=1841 から検索。
45. Cavusgil, S. T., Chan, K., & Zhang, C. (2003). Strategic orientations in export pricing: A clustering approach to create firm taxonomies. *Journal of International Marketing, 11*(1), 47-72.

コスト・ベース法には，3つの選択肢がある[46]。
- ■ フル・コストによる価格設定
- ■ 増分コストによる価格設定
- ■ 貢献利益による価格設定

フル・コストによる価格設定（full-cost pricing）は，製品の総単位原価（直接製造費，直接販売費，配賦製造間接費，その他の間接費）の合計に利益幅をプラスする。この価格設定は非常に容易であり，売買取引が成立するごとに確実に利益が出る。しかし，間接費の配賦は任意である。さらに，この手法は需要や競争を無視しており，価格の売上高に及ぼす影響を考慮していない。その結果，価格が生産量，そして総単位原価に及ぼす影響を考慮できていない。最終的に，決定した価格に競争力がなければ利益幅は縮小され，結果的に売上はフル・コストを下回ることになる。

増分コストによる価格設定（incremental-cost pricing）は，変動費と固定費を区別する価格設定法である。このアプローチは，変動費と固定費を区別することで，輸出に伴う製造費と販売費を考慮している。最終価格は，増分の製造費と販売費プラス利益幅で決まる。この手法によって，それ以上下げると損失を出す最低価格が決定する。

貢献利益による価格設定（profit-contribution pricing）は，需要の弾力性を考慮している。海外における需要曲線の形状や需要の弾力性は，購入者の好みや購買行動，競合相手の違いによって国内市場とは大きく異なる場合がある。企業は，総売上高が価格の変化に応じてどう変動するかを判断しなくてはならない。貢献利益は，海外のターゲット市場への輸出に伴う増分収益と増分費用の差分である。最適価格は，最大の貢献利益が生み出される価格である（表11-3）。

市場ベースの価格設定は，ターゲット市場の特徴，特に競争価格を考慮している。したがって，この手法は海外市場ですでに知られ，存在している製品に対しては利用できる。自動車産業を例に考えてみよう。Fiatは，BMWの高級価格戦略を真似て，欧州で新モデルFiat 500を発売する。同社は実

---

46. Root, F. R. (1994). *Entry strategies for international markets.* San Francisco, CA: Jossey-Bass.

表11-3 貢献利益による価格設定：
ドイツ食品市場におけるフランス企業のワインの例

価格 (ユーロ／ リットル)	販売量予測 (リットル)	増分収益 (千ユーロ)	増分費用 (千ユーロ)	貢献利益 (千ユーロ)
8.00	0	0	0	0
7.50	220.000	1,650.00	990.00	660.00
6.60	380.000	2,508.00	1,635.00	873.00
6.25	400.000	2,500.00	1,700.00	800.00

際，Fiat 500がその際立った特徴により，BMWのMiniのように高い価格で売れると確信している。ある調査によると，レトロ調のノスタルジックな小型車の市場があり，顧客はこうした小型車にプレミアム価格を支払ってもよいと考えているという[47]。つまり，価格決定においてFiatを動かしているのは，市場と競争相手である。

この手法は，「購入可能な単価 − マージン = 目標コスト」という方程式に基づいている。このように，市場の需要から，適切な利益幅を判断することで逆算できる。例えば，あるベルギーのメーカーは，ポーランド人消費者にとって手頃な単価がボトルあたり3ユーロであると判断した。輸入業者や小売業者のマージンを考慮すると，同メーカーの出荷価格はボトルあたり1ユーロとすべきである。同社のマージンは55%であったため，目標コストは0.64ユーロを超えてはならない。そうでなければ，ポーランド市場では利益が出ないからだ。

▶ 新たな製品価格戦略：上澄吸収価格戦略 vs. 市場浸透価格戦略

上澄吸収価格戦略（skimming pricing）は，一部の消費者層には，より高い製品価格を請求できるという概念に基づいている。「クリーム」に相当す

---

47. Fiat charges premium price for new 500. (5 July 2007). *Automotive News*. www.egmcartech.com/2007/07/05/fiat-copies-bmw-charges-premium-price-for-new-500/ から検索。

る市場の高級志向の消費者（すなわち，より多く支払うことを惜しまない消費者）から始まり，その他の消費者層まで価格を徐々に下げ，異なる各消費者層から最大限の利益を得ようとする戦略である。この戦略では高いマージンを得られるが，同時にさまざまなリスクを伴う。高い製品価格は際立った特徴によってその価格を正当化されなくてはならず，同時に競合他社が積極的でないことが条件となる。さらに，他の競合品によって容易に征服されてしまう市場を作るというリスクもとることになる。最終的に，国内市場の価格がより低いという状況は，並行輸入（グレイ・マーケット）を助長するおそれもある[48]。ソニーの例は，上述したリスクの一部はこの戦略固有のものであると同時に，管理が容易ではないことも示している。実際，ソニーはビデオ・ゲーム・コンソール PlayStation 3 （PS3）を発売したとき，米国市場では 600 ドル，欧州市場では 800 ドル以上の店頭表示価格をつけた。この価格は，競合する Microsoft や任天堂のコンソール，Xbox 360 や Wii の販売価格がそれぞれ約 400 ドル，150 ドルであったのに比べ，はるかに高額であった。しかし，ソニーの上澄吸収価格戦略は裏目に出た。PS3 はその優れた技術や特徴にもかかわらず，すぐにより低価格の Wii に米国の市場シェアを取られることになった。この失敗にはさまざまな要因が関係していたが，最初に高い価格を設定したことが決定的要因であった。というのも，PS3 の最も忠実なファンのうち，この上澄吸収価格を支払ってもよいと考えたのはたった 100 万人しかいなかったのだ[49]。

　一方，**市場浸透価格戦略**（penltration pricing）は，海外市場に参入するために新製品の価格を低く設定する戦略で，その製品のコミュニケーション・キャンペーンを同じ戦略で行うことが多い。市場浸透価格を用いることで，企業は市場にすばやく浸透し，大きな市場シェアを獲得できるため，市

---

48. 灰色市場あるいは並行輸入とは，メーカーの厳しい支配下にない，低価格市場の流通経路を構成する業者が，そのメーカーの製品を，他の市場ではるかに高い価格で再販することである。
49. Taylor, C. (27 April 2007). Where Sony went wrong. *Business 2.0* [Future Boy e-newsletter]. http://money.cnn.com/2007/04/27/magazines/business2/sony_playstation.biz2/index.htm から検索 ; Palmer, M. (29 March 2007). European fans help Sony PS3 to a record-breaking launch. *Financial Times*, 1.

場での認知度を上げるとともに，生産や流通に伴う規模の経済を得られる。

　この戦略は，消費者が価格に敏感な場合に効果的であり，企業は競合他社に対して競争優位性を獲得できる。市場浸透価格の魅力を評価する際には，市場シェア獲得のための戦略として評価するだけでなく，それがどのくらい企業のグローバル・ビジネス戦略全体に影響を及ぼすかも含めて検討する必要がある。例えば，Google は PayPal を相手に，損益分岐点価格あるいは損失価格で Google Checkout というサービスを提供することで，オンライン支払処理の分野で顧客を獲得し，市場シェアを拡大しようとした。同社はこの戦略を，「独立した事業ではなく Google ネットワークの推進力」と考えた[50]。

▶ 標準化 vs. 適応化

　海外市場に参入するとき，企業は各市場で同じ価格を設定することもできるし，現地の市況に応じて価格戦略を適応化することもできる。

　価格の標準化（price standardization）は，異なる市場においても同じ価格戦略を取ることを意味する。Theodosiou & Katsikeas（2001）[51]が指摘するように，価格の標準化レベルに影響を及ぼし得る重要な要因には，経済的・法的環境，流通インフラ，顧客の特徴と行動，製品ライフサイクルの段階などがある。基本的に，標準化戦略が可能になるのは，企業がグローバルな部門で事業を行っている場合である。グローバルに展開する小売業者に製品を販売する場合，しばしば標準化戦略が必要になる。こうした小売業者は，製品が各国で同一価格で提供されることを期待する。でなければ，彼らはその製品の価格が最も安い国でしか購入しなくなるだろう。例えば，ある多国籍企業は，自社で取り扱う最重要ブランドの消臭剤の販売価格が，スイスとポルトガルで 80% も違うこと，そして欧州の小売業者がその製品をポルトガルで購入し，それを他の国で販売していることに気づいた。同社は，この価格差を最大でも 20% に減らすことですぐに対応した。20% という価

---

50. A battle at the checkout. (5 May 2007). *The Economist*, 87.
51. Theodosiou, M., & Katsikeas, C. S. (2001). Factors influencing the degree of international pricing strategy standardization of multinational corporations. *Journal of International Marketing*, *9*(3), 1-18.

格差であれば，ご都合主義的な行動ができない。このレベルの価格優位性は，輸送費が高くなることで打ち消されるからだ。一般には，供給業者と顧客間でグローバルな価格設定の契約を交渉する必要がある。

価格の適応化（price adaptation）は，消費者の好みの違いや製品認識，競争の激しさ，生産国の影響などのために，異なる価格戦略の採用を要する場合に選択される。IBMやCoca-Colaといった世界の大企業は，世界中の販売業者に対して一貫した価格設定の維持にこだわっている。しかし，先進国の販売業者には非常に残念なことであるが，こうした企業も含め，多くの大企業が，インドや中国など，低所得の新興市場においてその戦略を変更している[52]。

適応化は，最終的な定価との関連で評価できるだけでなく，取引全体に照らして評価できる。取引価格の管理とは，個々の取引にどの割引，手当，支払条件，特典などを適用すべきか判断することを意味する（表11-4）[53]。

ダンピング

適応化に伴い，輸入業者の国よりも低い価格での輸出が必要となる場合，**ダンピング**（price dumping）となるおそれがある。ダンピングとは，外国で市場シェアを獲得するために，他国の市場で原価や国内価格よりも低価格で製品を販売することと定義される[54]。ダンピングは，国レベルで制定された規則（現地企業をダンピングから守るための規則）や国際的に制定された規則など，多くの規則によって規制されている。1995年にWTOが設立されて以降，ダンピング活動は確実に減少している（図11-2）。しかし，反ダンピング調査は，中国を最大の対象として多く行われている。

---

52. The price is wrong. (23 May 2002). *The Economist.* www.economist.com/node/1143622から検索。
53. Marn, M. V., Roegner, E. V., & Zawada, C. C. (2003). The power of pricing. *The McKinsey Quarterly*, (1), 27-36.
54. Mühlbacher, H., Leihs, H., & Dahringer, L. (2006). *International marketing: A global perspective.* London: Thomson Learning.

表11-4　ポケットの穴：売価やマージンの減額につながる項目

年間売上特典	あらかじめ設定した購入量に達したら，顧客に支払う年末のボーナス特典。
現金割引	注文に対する早期支払い，多くの場合は15日以内の支払いの場合，請求書／明詳書の価格から一定額を差し引くこと。
委託費	供給業者が委託在庫を卸売業者や小売業者に提供する際の資金コスト。
共同広告	小売業者や卸売業者による，メーカーのローカルなブランド・広告を支援するために支払われる手当。
最終顧客割引	特定の顧客（多くの場合は大口顧客または国）に対して割引価格で製品を販売した場合に，小売業者に支払われるリベート。
輸送運賃	顧客に商品を輸送する費用。
市場開発資金	市場の特定セグメントの売上拡大を促進するための割引。
請求（書）から減額されるプロモーション	特定の販促期間の売上に対して小売業者にリベートを支払うなどの，マーケティング・インセンティブ。
オンライン注文割引	インターネットまたはイントラネットで注文した顧客に提供する割引。
パフォーマンス・ペナルティ	品質レベルや配達時間などの目標を達成できない場合に，売り手が買い手に提供することを約束した割引。
売掛金繰り越し費用	インボイスを送ってから支払いを受け取るまでの資金コスト。
スロッティング・アローワンス	一定量の棚スペースを確保するために小売業者に支払われる手当。
在庫手当	季節的に需要が増大する前に，在庫として大量購入した卸売業者または小売業者に支払う割引。

出典：Marn, M, V., Roegner, E. V., & Zawada, C. C. (2003). The power of pricing. *The McKinsey Quarterly*, (1), 27-36 より抜粋。www.mckinseyquartely.com から検索。無断複写・複製・転載を禁ず。McKinsey & Company より許可を得て転載。

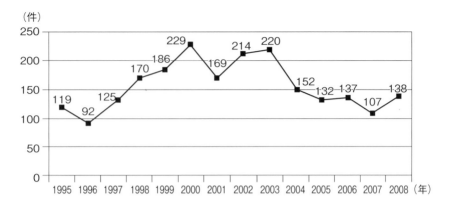

図 11-2　世界の反ダンピング調査件数（1995 − 2008 年）
出典：データは WTO Secretarial reports increase in new anti-dumping investigations. (7 May 2009). *World Trade Organization* より。

グレイ・マーケット取引と並行輸入

　市場間の価格差を減らす標準価格戦略は，企業が**グレイ・マーケット取引**（gray marketing）や**並行輸入**（paralled imports）のリスクを最小限にしたいと考える場合に望ましい[55]。並行輸入は，メーカーの厳しい支配下にない，低価格市場の流通チャネルを構成する業者が，そのメーカーの製品を，他の市場ではるかに高い価格で再販することである[56]。企業が，ある製品を自国市場と海外市場の両方で製造するという，別の種類のグレイ・マーケット取引もある。このシナリオでは，海外の関係会社が海外で販売するために製造した製品を，海外の販売業者が不正流通業者に販売し，この業者が製品をメーカーの自国市場に持ち込み，国内産の製品と競合させる。いずれの場合も，到来する市場機会を生かすには，グレイ・マーケット商品を，正規の販売業者が販売する商品や国内産の商品よりも低い価格に設定しなくてはならない[57]。

---

55. Myers, M. B., Cavusgil, T. S., & Diamantopoulos, A. (2002). Antecedents and actions of export pricing strategy. *European Journal of Marketing, 36*(1-2), 159-188.
56. Mühlbacher, H., Leihs, H., & Dahringer, L. (2006). *International marketing: A global perspective* (3rd ed.). London: Thomson Learning.
57. Tedeschi, B. (3 July 2006). A gray market in furniture spawns a feud in Europe. *The New York Times*. www.nytimes.com/2006/07/03/technology/03ecom.html?pagewanted=all から検索。

iPhoneの発売は，グレイ・マーケットがどのように生まれるか，Appleのような企業でさえこれに対処することがどれほど難しいかを示す例である。

EUの医薬品市場にも例がある。この市場では，同一の医薬品の価格が，ドイツ，フランス，イタリアと比較して，ハンガリー，ポーランド，チェコではるかに安くなる。実際，ある調査によると，東欧と西欧間では並行輸入が38億ドルを占め，東側から西側への流入が最も大きいという。一部の国際的な医薬品会社は，卸売業者に制限を課すことでこの問題を解決しようとし，また他の企業はEUを通じて製品の価格差を縮めようとし，さらにScheringなどの別の企業は，この地域に一貫した価格政策を適用した。しかし，最も効果的な措置は，EUで進行中の市場統合かもしれない。ここでは，価格や通貨，規制の変動が，ゆっくりではあるがすべて姿を消しつつある[58]。

▶ 一元化 vs. 分散化

国際的な価格設定における意思決定を一元化（centralization）するか，分散化（decentralization）するかは，企業の戦略における重要な課題といえる。多国籍企業の場合は特に重要である。多国籍企業を価格設定の一元化あるいは分散化に向かわせる条件はさまざまである。一元化を支持する理由を以下にまとめる[59]。

- グローバル化が進むと，異なる市場で価格の標準化が求められる。標準化しなければ，規制が難しい並行輸入が蔓延するリスクが生じるからである。このことは小売業者のグローバル化にも当てはまり，より価格の低い別の国で製品を購入する，ご都合主義的な行動を促進させる。

---

58. New EU countries represent both market and manufacturing opportunities. (March 2005). *Pharmaceutical Business Strategies* [online newsletter]. www.pbsmag.com/Article.cfm?ID=181 から検索。
59. Cavusgil, T. S. (Winter 1996). Pricing for global markets. *Columbia Journal of World Business, 31*, 67-78; Bertoli, G., & Valdani, E. (2010). *Mercati internazionali e marketing.* Egea, Milano; Hollensen, S. (2010). *Global marketing* (5th ed.). Essex, UK: Pearson Education Limited.

- 競争の国際化と競争構造の均一化により，競争戦略の国際的調整が必要となる。
- 多くの場合，価格決定は生産量の計画，生産能力，規模の経済などと密接に関連している。そのため，一元的に価格を指示することで，世界規模の年間収益が予測しやすくなり，この活動は企業レベルで行われる。
- 最後に，価格の位置づけはブランド・イメージの重要な要素である。グローバルな位置づけの場合，価格の統一が必要であり，その調整は企業本社が一元的に行うとより上手くいく。

同様に，企業に分散化戦略を選ばせる理由も多く存在する[60]。

- 異なる国で異なる価格セグメントを対象とする場合，あるいは競争構造が異なる場合，ローカル価格の設定が必須である。特にその企業が価格追随者である場合，場合によっては，有力な競合品の価格変更に応じてローカル価格を設定しなくてはならない。
- 最終消費者の特徴（低所得など）や価格感応度，消費者の好みが大きく異なる場合，分散化が必要である。
- 付加税や製品の適応化に伴う費用，輸送費の違い，現地の経済状況や財政状況（例えば金利やインフレなど）といった具体的な要因によって，企業に標準指針から逸脱させるような状況が生まれる場合，柔軟なローカル価格の設定が求められる。
- 価格設定の分散は，小売店との力関係に拠ることがある。小売店との関係から，現地のマネジャーは販売価格の引き下げを迫られる場合がある。一方，国ごとの条件の違いによって，価格の分散化が余儀なくされることもある。

ここではっきりと浮かび上がってくるのは，こうした要因の一部が，標準化か適応化かという選択と強く結びついているということである。標準化，適応化の場合と同様，最終的な決断は，一元化と分散化のバランスのとれた

---

60. Cavusgil, T. S. (Winter 1996). Pricing for global markets. *Columbia Journal of World Business, 31*, 67-78; Bertoli, G., & Valdani, E. (2010). *Mercati internazionali e marketing*, Egea, Milano; Hollensen, S. (2010). *Global marketing* (5th ed.). Essex, UK; Pearson Education Limited.

アプローチである。

▶ 価格設定の分類

企業の価格戦略は、企業がビジネスを行う産業の影響、企業自身の国際的な販売の経験値に影響を受ける。4種類に**価格設定の分類**ができるとする研究者もいる[61]。

- ローカル価格追随者
- グローバル価格追随者
- マルチ・ローカル価格設定者
- グローバル価格先導者

著者らが指摘するように、マルチ・ドメスティック産業で輸出業者の国際化に対する準備が整っていないとき、輸出業者は「ローカル価格追随者」となる。この場合、輸出業者は外国市場の状況についてほとんど知識がなく、情報は現地の代理店や販売業者から得る。この情報は、個人的な利益の追求目的で改ざんされることがあり、現地に対する洞察や市場の知識を欠いたものであることも多い。このため、輸出業者は現地のコストや競合品の価格に基づいて価格を設定するようになり、結果として、各海外市場においても異なる価格を設定する。

「グローバル価格追随者」は、国際経験が限られているが、主にグローバル価格先導者が設定する各国共通の標準価格を特徴とした、よりグローバル化が進んだ産業で事業を展開する。彼らは、特殊なニッチ市場をターゲットにして、高い品質に対して高い価格を設定できる場合もある。しかし、彼らは現地の販売業者や競合する世界的ブランドの価格戦略から絶えずプレッシャーを受ける。

3番目の分類は、「マルチ・ローカル価格設定者」である。こうした企業は、国際的な経験から、販売業者を支配し、販売業者から十分なフィード・バックを得て、現地の要件や各国の市況に応じて価格戦略を適応化すること

---

61. Solberg, C. A., Stöttinger, B., & Yaprak, A. (2006). A taxonomy of the pricing practices of exporting firms: evidence from Austria, Norway, and the United States. *Journal of International Marketing, 14*(1), 23-48.

ができる。こうした企業は価格先導者である場合が多く，価格の意思決定を現地子会社のマネジャーに一任することで，マルチ・ローカル戦略を実現する。しかし，グレイ・マーケットの輸入を退けるために，各子会社間で価格を調整することが多い。

「グローバル価格先導者」は，その産業における，国際レベルの主要「チェス・プレイヤー」と考えることができる[62]。彼らはしばしば，価格が統一された，国境を越えたセグメントをターゲットとし，これを支配する。彼らの設定する価格水準は概して高めであり，そのため，国内の消費者や販売業者のニーズにより適応したマルチ・ローカルな競合他社に比べ，市場浸透度が低い。

移転価格

移転価格（transfer pricing）とは，同じ組織の部門間で出荷される製品について設定され，支払われる価格である。部門とは事業部，海外子会社，または合弁事業などである。こうした価格は関税当局や税務当局に関連する関税や税金を決定するだけでなく，企業内交換に関わる事業部の収益性にも影響する。後者は，海外の部門が仲介となる場合は特に重要な意味を持つ。その財務実績が移転価格水準に大きく依存するからである。

移転価格を決定する方法にはさまざまなものがある。
- 原価加算方式の価格設定
- 市場ベースの移転価格設定
- 交渉による移転価格設定
- 独立企業間移転価格設定

「原価加算方式の価格設定」は，製品原価を最終価格の決定の根拠とする方法である。

「市場ベースの移転価格設定」は社内で移転される商品，サービス，また

---

62. Solberg, C. A. (1997). A framework for analysis of strategy development in globalizing markets. *Journal of International Marketing*, 5(1), 9-30.

はノウハウの市場価格に基づき決定する方法である。このため移転価格は，現地の市場価格から，子会社がコスト分として取得するマージンを引いた価格となる[63]。

「交渉による移転価格設定」は，市場価格が頻繁に変わる場合に適用される[64]。この場合，子会社間に一定の内部価格が必要となる。

「独立企業間移転価格設定」は，独立した取引先との交渉を仮定した価格である。この方法の適用にはさまざまな限界がある。データの取得が極めて難しいだけでなく，ほとんどの場合，代替品が存在しない，あるいは同種の製品／サービスがあっても質が異なるため，公開市場における適正な市場価格を判断することが非常に難しい。加えて，サプライヤーのコスト構造が大きく異なるため，代替品の比較ができない。

実際，親会社から海外の子会社へ引き渡す製品の移転価格は，その企業が国内市場の利益を最大化することが有益だと考える場合，独立企業間価格よりも高くなる。その理由には，例えば次のものがある[65]。

- 親会社の国よりも外国のほうが法人税が高い
- 国有化や高利益を上げている海外企業の没収という政治的リスクが大きい
- その国の政治が不安定，あるいはインフレ率が高い
- 親会社が海外の利益性を隠し，競合他社を市場から締め出したい

支払条件と支払方法

支払方法は，商品／サービスの交換に直接または間接的に関わるすべての当事者間の商取引関係を支配する。輸出業者，輸入業者，そして輸出入業者

---

63. Mühlbacher, H., Leihs, H., & Dahringer, L. (2006). *International marketing: A global perspective* (3rd ed.). London: Thomson Learning.
64. Keegan, W. J., & Green, M. C. (2008). *Global marketing* (5th ed.). Upper Saddle River, NJ: Pearson International Edition.
65. Bradley, F. (2002). *International marketing strategy* (4th ed.). Essex, UK: Pearson Education Limited.

の銀行などは取引に直接かかわる。同時に，資金調達にかかわるそれ以外の銀行や金融業者といった第三者も，間接的に取引にかかわっている。

支払方法にはそれぞれのリスク・レベルがある。そのため，輸出注文については常に不払いに備えて保険をかけることが望ましい。以下に，利用できる支払方法について最も安全なものから順に説明する[66]。

前払い：銀行振替で行えるこの支払方法は，商品が出荷される前に決済され，リスクの高い国や顧客の信頼性が低い場合に利用される。長期にわたり損失のリスクを負えない中小企業もこの方法を好む。支払い途中での改ざんを避けるため，通常，売り手と買い手の銀行間が直接つながっていることが好ましい。

信用状（L/C）：この方法は，支払方法というより，保証と考えることができる。実際，信用状は，銀行がサプライヤー（売り手）に，取引証明書の提示に基づいて支払いを約束することである。この方法の主な利点は，輸出業者には保証となることである。逆に，輸出業者が銀行に書類を送付すると，銀行は支払いの処理を進める。輸入業者もまた，輸出業者または売り手に対し，確実に売買契約の内容を履行させるために，信用状を開設することができる。ただし，信用状の主な欠点として，銀行手数料により追加費用が発生することが挙げられる。

荷為替手形取り立て：これは，輸出入業務を促進するために用意された支払方法である。商品を顧客に出荷した後，輸出業者は関連する船積み書類（買い手が商品を手に入れ，税関を通るために必要な書類）を銀行に送付する。銀行は支払処理を完了し，輸出業者の支払要求を充足する。銀行はその後，買い手から支払いを受け取った後（手形支払書類渡し），または売り手の発行する為替手形を受け取った後（手形引受書類渡し）に，船積み書類を買い手に送付する。

掛け売り：この支払方法は，支払いの前に商品を出荷するため，最も危険

---

66. Johnson, T. E., & Bade, D. L. (2010). *Export import procedures and documentations.* New York: Amacom; SITPRO Ltd. (2007). International trade guides: Getting started in international trade. www.sitpro.org.uk/trade/getstarted.htmlから検索 ; Corradini, G. (2001). *L'impresa globale.* Milan, Italy: Giuffré editore.

度の高い支払方法である。したがって，上記の方法のいずれにも適さない場合，あるいは輸出業者と輸入業者の間に完全な信頼関係がある場合にのみ推奨される。掛け売りでは，決まった期日の将来に支払ってもらうことになるが，この期間は 30 日でも，60 日でも，それ以上でもよい。この方法は危険度が高いため，買い手の与信調査を行うことが推奨される。

見返り貿易

　見返り貿易（counter trade）とは，通貨を使用しない商品／サービスの取引または交換を含む包括的な用語である。合意する価値の，商品と商品の単純な交換（物々交換）からより複雑な輸出取引まで，さまざまな取引が含まれる。コンゴ民主共和国と，中国の国有企業である China Railway Engineering 間で最近行われた取引は，物々交換の一例である。中国が天然資源の見返りとして，アフリカの社会インフラを整備する取引である。コンゴ共和国は，60 億ドルのインフラという恩恵を受けると思われる（2400 マイルの道路，2000 マイルの鉄道，32 の病院，145 の医療センター，2 つの大学）。その見返りとして，中国は国の産業にとって重要な天然資源（1000 万トンの銅と 40 万トンのコバルト）を受け取る。「これは物々交換であり，中国側は好んで「双方にメリットがある取引」と呼ぶ。西洋列強が過去コンゴ共和国に与えていたような紐づき援助ではなく，純粋なビジネスである」[67]。

　見返り貿易に関する組織，（LCR：London Countertrade Roundtable）によれば，見返り貿易の習慣は，現地の規制や要件，輸出される商品の性質，取引に関与する当事者の現在の優先事項に応じてさまざまであるという[68]。

　マーケティング視点で見ると，見返り貿易の主なメリットには次のものがある。

- ■余剰能力と変質する非生産的な資産を利益の出る取引に活用でき，国内

---

67. $9 billion barter deal. (19 April 2008). *Barter News*. www.barternews.com/9_billion_dollar_barter_deal.htm から検索。
68. www.londoncountertrade.org/index.html.

表11-5 見返り貿易の種類

物々交換 (barter)
物々交換は，商品／サービスの直接的な交換であり，最も簡単なケースでは，現金取引を伴わない。1つの契約で，輸入市場からの流れと輸出市場からの流れの両方が発生するが，輸出業者は，交換品を販売して現金を得てからでないと製品を供給しないのが普通である。 物々交換は，貿易の最初の形態であり，今日に至っても多くの製品がコモディティの場合，発展途上国においては主要な取引手段である。先進国市場においても，提供する企業や国がこの方法を使用することもある。
見返り購入 (counter purchase)
その性質上，一般にこの方法が提案されるのは，輸出を刺激する目的がある場合，あるいは国際収支の赤字を調整する目的がある場合である。 見返り購入契約では，2つの契約を結ぶ。1つは商品の輸入に関連する供給契約である。もう1つは，海外のサプライヤーが結ぶ契約で，見返りとして他方から製品／サービスの購入を約束するものである。交換内容の価値が同等でない場合，現金の授受が伴う。契約内容は様々で，一般的な意思表示である場合もあれば，供給される製品やサービス，それを販売できる市場，契約不履行時の罰則など具体的な内容を含む拘束力のある契約の場合もある。
相 殺 (offset)
相殺は，軍需産業で航空機などの高額な製品を購入する場合や，製造プラントに投資する場合に政府が頻繁に利用している。軍需品を購入する場合，輸入代替を促進するだけでなく，軍事費の増大に伴う国際収支の赤字を減らし，現地生産を促進しなくてはならない。しかし，他の部門もこの見返り貿易契約を採用している。 相殺には，直接的な相殺と間接的な相殺がある。軍需産業や航空宇宙産業では直接相殺が一般的であるが，民需産業では間接的な相殺も頻繁に行われる。直接相殺では，買い手が買い手国の原材料や部品，部分組立品を使用することを供給業者に要求し，場合によっては，現地生産を要求する。間接的な相殺では，一般に買い手がサプライヤーに，長期的な産業協力や産業投資を要求するが，これらは供給契約とはつながっていない。
買い戻し (求償契約／求償貿易) (buyback)
買い戻し契約では，一方の当事者が，他方の当事者が製品を生産するために必要な技術や装置，資本設備などを供給する。その見返りとして，他方の当事者から生産品の一部により払い戻しを受ける。この方法は加工プラントや採掘設備の輸出などでよく利用されるが，他の部門でも見られ，見返り購入や物々交換取引よりも大きな額で，より頻繁に適用される。

清算協定 (clearing agreement)
両方の当事者，一般には2つの政府が同時に取引することができない場合，清算勘定を開設し，取引のために預金を預け入れたり，引き出したりできる。こうした取引は（例えばコーヒーや酒など），主要な通貨（米ドルなど）で見積ることが普通であり，勘定の額が購買力を表す。この契約では，当事者は製品やサービスを指定額で購入する計画を立てることができる。この勘定は個々の取引では不均衡になる可能性はあるが，長期的には均衡が保たれる。
スイッチ貿易 (switch trading)
スイッチ貿易は，清算勘定に柔軟性を与えるために使用され，製品の書類と送り先を切り替えることができる。実際，二者間貿易契約の長期の不均衡により，一方の国や当事者に黒字が蓄積されることがある。これを他の国や当事者に販売または譲渡できる。例えば，A国がB国に対する高額な黒字がある場合，A国はC国からの輸入の代金を，B国の商品のC国への販売という形で支払うことができる。
債務スワップ (bebt swaps)
債務者が支払いをできない場合，債務保有者は負債を他の何かと交換できる。ある債権者が保有する貸付けを，別の債権者が保有する貸付けと交換することは，「負債と負債の交換」の例であり，最も普及している。「負債と資産の交換」は，負債をある国内企業の外国株式に変換し，外国直接投資に変換するといった取引である。「負債と製品の交換」は，リスクの高い負債を，債権者の事業に必要な製品やサービスに変える交換である。さらに「負債と社会的目的の交換」も存在する。例えば，発展途上国の対外債務を現地通貨に変換し，自然保護や教育といった社会的目的のための準備金とする場合などである。
トーリング (tolling)
トーリング取引では，ある当事者（サプライヤー）がメーカーに対して，加工して最終製品を得るために必要な材料を提供する。この工程を通じて，サプライヤーが原材料の所有権を維持し，供給業者は最終顧客がこのメーカーの製品を購入し，サプライヤーに現金を支払うことで初めて払い戻しを受ける。この契約は，メーカーが原材料を購入する外貨の不足により，生産工程が制限されるおそれがある場合に利用できる。

出典：London Countertrade Roundtable. (2007) より作成。www.londoncountertrade.org/countertradefaq.htm から検索；Czinkota, M. R., Ronkainen, I.A., & Tarrant, J. J. (1995). *The global marketing imperative: positioning your company for the new world of business.* Lincolnwood, IL: NTC Business Books; Online Business Dictionary. www.businessdictionary.com.

産業が新たな海外市場を見つける手助けになる
- 例えば，商業上の信用がない，あるいは通貨の交換ができないなどの理由で，輸入に対する支払いができない市場間の取引を刺激できる

見返り貿易として最も一般的な形態を表11-5に示す。しかし，LCRが指摘する通り，取引は特定の1つのカテゴリーに収まるのではなく，多くの場合いくつかの見返り貿易の取り決めを伴う。例えば，ある企業は，長期の買い戻しに加え，内金として見返り購入をすることがある。

まとめ

- 価格は，グローバル・マーケティング・プログラムの中でも難しい決断の1つである。適切なグローバル価格戦略の決定は，長期的な成功にとって重要である。
- 価格は消費者がその会社の製品に対して支払ってもよいと考える額を反映しなくてはならない。
- グローバル価格決定に影響を及ぼす要因は，競争要因，消費者要因，製品要因，流通チャネル要因，企業要因，国の要因に分類できる。
- グローバル価格を設定する際，検討すべき戦略やアプローチにはいくつかの選択肢がある。ここでいう選択肢とは，コスト・ベースと市場ベース，新たな製品価格設定，標準化と適応化，一元化と分散化，価格戦略の類型である。
- 同じ組織内の部門間で出荷される製品に対して設定され，支払われる価格は移転価格と定義され，さまざまな方法で決定される。
- 見返り貿易とは，通貨を使用しない製品やサービスの取引または交換のことである。見返り貿易の種類には，物々交換，見返り購入，相殺，買い戻し，清算協定，スイッチ貿易，債務スワップ，トーリングなどがある。

ディスカッションテーマ

1. 国際的な価格決定に影響を及ぼす要因は何か。自国で販売されている海外ブランドを例に取って考えよ。価格決定の際，どんな現地要因を考慮する必要があるか。
2. インターネットを使って価格を比較するとき，インターネットの情報を購入プロセスでどのように使用するか。
3. 価格の位置付けが異なる2つの類似する製品を比較せよ（例えば，2つ

のブランドのジーンズやオートバイなど）。価値の創出に影響する要因は何か。
4. コスト・ベースのアプローチと市場ベースのアプローチのメリットとデメリットは何か。
5. ある企業が新製品を海外で発売するとき，上澄吸収価格政策と浸透価格政策にはどのようなメリットとデメリットがあるか。
6. どの部門でグレイ・マーケット取引がより頻繁に行われているか。その理由は何か。いくつか例を挙げよ。

実践的課題

1. Mattel は，中国のように価格に敏感な市場でどのように Barbie 人形の価格を管理しているか。NPR（米国の公共ラジオ放送制作会社）の動画 "Mattel hopes Shanghai is a Barbie World（Mattel，上海がバービーワールドになることを期待）"（http://www.npr.org/templates/story/story.php?storyId=101479810）を視聴し，その上澄吸収価格戦略を支持するマーケティング戦略について説明せよ。彼らは安いコピー品にいかに対抗できるか。なお，2 年後の 2011 年 3 月，バービー人形の主力店舗が閉店となった（http://www.bbc.co.uk/news/business-12670950）。同社が犯した主な誤ちを指摘せよ。
2. 自国の製品と新興国を 1 つ選び，その国における価格戦略を策定せよ。その国際的な価格決定に影響するのはどの要因か（競争要因か，消費者要因か，製品要因か，流通チャネル要因か，国の要因か）を指摘せよ。

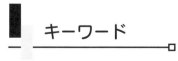

| 移転価格 | p.384 | 上澄吸収価格戦略 | p.375 |
| インフレ | p.369 | 価格決定 | p.357 |

価格上昇	p.363	支払方法	p.385
価格設定の分類	p.383	増分コストによる価格設定	
価格の適応化	p.378		p.374
価格の標準化	p.377	ダンピング	p.378
金銭的価格	p.358	通貨	p.366
グレイ・マーケット取引	p.380	非金銭的価格	p.358
貢献利益による価格設定	p.374	フル・コストによる価格設定	
コスト・ベース法	p.373		p.374
市場浸透価格戦略	p.376	並行輸入	p.380
市場ベース法	p.373	見返り貿易	p.387

第12章

グローバルな流通チャネルおよびロジスティクス

我々は,顧客や流通システムに対し,目に見える改善を目指している。主要な市場におけるさまざまな販売形態は,新たな顧客要件に応じて適応化される。毎日がサービスを改善し,より利用しやすくするチャンスである。

Allianz グループ,役員会会長,
Michael Diekmann[1]

学習の目的

本章を読むことで，次のことが期待される。
- グローバル・マーケティング・ミックスにおける流通の役割を理解すること。
- 流通の決定に影響を及ぼす主な内的要因と外的要因を特定すること。
- グローバルな配置と国際的な流通チャネルの管理の仕方を理解すること。
- 各種のチャネル中間業者を評価すること。
- 各国の小売システムにさまざまな違いがあることを認識すること。
- チャネルを構成する業者を選択するフレームワークを作成すること。
- チャネルを構成する業者を管理し，コントロールすることの重要性を理解すること。
- 物流に関連する主な活動について説明すること。

流通の力

鮮魚ほど早く価値を失なう製品はない。また，本マグロほど短期間に大きな価値や人気を得た製品もほとんどない。本マグロは，世界をとりこにしている日本の寿司で最も好まれる魚である。Sasha Issenbergは自身の著書 *The Sushi Economy* で，寿司が世界中で人気を博していることが，文化や好みのグローバル化の最も端的な例の1つであり，また技術と流通チャネルの近代化がいかにそれを可能にしてきたかを論証している。寿司が世界的に有名になり始めたのは1970年代のことである。当時，日本航空のある職員が，航空機でカメラや繊維，電子機器を北米に運んだ後，帰国時に同じ航空機で運ぶ価値のある貨物を探していた。そして，速度と効率性に優れたジェット機輸送が，カナダの沿海州で釣り上げられ，日本市場で販売される

---

1. Annual Report 2007, Letter to the Shareholder, 3にて引用。www.allianz.com/static-resources/en/investor_relations/reports_and_financial_data/annual_report/artchive/az_group_e_2007.pdf から検索。

マグロの新たな流通チャネルを開いた。しかし，流通チャネルのイノベーションは，これだけでは終わらなかった。衛星電話を装備した漁師達は，自分達の漁獲を早めに連絡することが可能になり，漁船のオーナーは自分の漁獲が東京の魚市場でいくらになるかを Fax で知ることができた。マグロは窒素を充てんした冷凍冷蔵庫のおかげで，-70℃で冷凍した状態のまま，スペインの海岸や北太平洋の養殖場，あるいはケープ・コッドの海岸から，現地のレストランに運ぶことができるようになった。

　日本人が米国のファスト・フード・レストランのモデルを採用し，回転寿司という形式で手軽に寿司を食べられるようにしたことで，寿司のグローバル化が進んだ。回転寿司とは，セルフ・サービスのレストランで，小さな寿司皿がベルト・コンベヤーで店内を回転するシステムである。次に，ワシントン州シアトルに拠点を置くある回転寿司レストラン・グループが，別の新たな方法を導入し，作りたての寿司だけを顧客に提供することで時間的な効率を改善させた。このレストランは，ベルト・コンベヤー上の皿の底に無線ICタグを付けることで，どの皿が，最長で90分と決めた提供許容時間まで，ベルト・コンベヤーで店内を回ったかを追跡できるようにした。この新システムの導入により，同レストランは，在庫管理の改善と顧客満足度向上という2つの目標達成に成功している。一方，Taj Hotels Chain も，差別化の方法として寿司を選んだ。同ホテル・チェーンは，インドで寿司カウンターを展開している。Martin（2007）は最近行われたインタビューで，寿司をグローバル化のシンボルにした，こうした新たな流通チャネルの役割や，現代的な技術，グローバル・マーケティングについて触れ，次のように結論づけた。「"寿司経済" は，現代の技術や金融のある種の革命なくしては存在し得なかった，本質的にグローバルな産業である」[2]。

　寿司の例は，グローバルな市場浸透では流通チャネルがいかに影響力を持

---

2. Martin, D. B. (June 2007). Fishy expedition. *Fast Company*, 54; Ryssdal, K. (30 May 2007). Interview wtih Sasha Issenberg. *Marketplace, National Public Radio*; Malone, R. (23 May 2007). Tracking sushi. *Forbes*. www.forbes.com/logistics/2007/05/23/logistics-restaurants-biz-logistics-ex_rm_0523sushi.html から検索 ; Issenberg, S. (24 May 2007). As the conveyor belt turns. *FC Experts Blog*. http://blog.fastcompany.com/experts/sissenberg/ から検索。

つかを示している。実際，海外市場への参入を検討している企業にとって，適切な参入方法の決定に続いて重要となるのが，製品を最終顧客に届ける組織や代理店，卸売業者，小売業者などを含めた流通チャネルの決定である。他国へ輸出する製品の輸送，梱包，在庫管理，保管といったロジスティクス活動を伴う物流体制も重要である。効率的な国際流通網の設計・管理は，最終顧客に製品情報を提供し，製品を入手可能にすること，採算の取れる流通取引関係の維持，企業のグローバル・マーケティング戦略の強化を中心に行う必要がある。しかし，そこには難しい課題がある。国際的な流通網を設計する際，どのような影響要因を考慮すべきか。マクロな環境の違いか，競争構造か，流通システムか。どの管理要因がチャネルの決定やロジスティクスの決定に関係するのか。小売業者は国際化プロセスにどの程度関与するか。本章ではこうした課題について検討し，また企業のグローバル・マーケティング戦略における流通に関わる決定の重要性について考慮する。

国際的な流通の決定に影響する要因

外国市場への参入戦略を決定した後，構造，管理，コントロールの観点から最も適切な流通チャネルを検討しなくてはならない。グローバル市場で目標とするポジショニングを構築・展開しようと計画するとき，いくつかの内的要因と外的要因を検討する必要がある。内的要因には次のようなものがある。

- 一定の参入戦略および企業が目指すコントロールのレベルを含む，グローバル・マーケティング戦略
- 流通戦略，主に市場浸透の目標，競争構造，企業の経済力の影響
- 製品の複雑さ
- 企業のマーケティング，販売機能の規模と発達の程度

一方，外的要因には次のものがある。

- 流通システムの特徴

- ■ 現地の規制
- ■ 製品のライフサイクルの段階
- ■ 消費者の購買習慣と市場規模
- ■ 競合環境

▶ 内的要因

　外国市場における流通に関する決定を下す上で考慮すべき主な要素として，参入方法と，企業がその市場で目指すコントロールのレベルがある。実際，リスクの低い参入方法を選択すると，グローバル・マーケティング戦略を完全にコントロールすることができず（例えば間接輸出など），多くの場合，流通に関する選択を海外の取引先に任せなくてはならない。この場合，海外の取引先がその国における製品の流通を独自に管理することになる。中間的な参入方法，例えば戦略的提携，フランチャイズ契約，合弁事業，あるいはグリーン・フィールド投資などを選ぶことで，企業は海外の販売活動を常時コントロール可能な直販の流通チャネルまたは短い流通チャネルを構築することができる[3]。

　もう1つの重要な要素は，流通戦略の決定である。企業が目指すのは開放的戦略（intensive）か，選択的戦略（selective）か，独占的戦略（exclusive）かということである。**開放的流通戦略**（intensive distribution strategy）は，生産者ができるだけ多くの販路を使用する戦略である。例えば，フランスを拠点とするMichelin Groupは，そのMichelin Truck Pro，Tyre Plusという提携でロシアに参入する際，開放的戦略を採用することにした。同社は2006年に，人口15万人以上のロシア各都市にその販売網を拡大し，この広大な国を十分に網羅することに決めた時点で，すでに61都市に82の支店を置いていた[4]。開放的戦略は，大手多国籍企業が自社ブランドを人口のあらゆる層に浸透させることを目指して，動きの速い商品に対して使用するのが一般的である。

---

3. 参入方法の分析については第8章を参照。
4. Michelin Group 2006 Annual Report, "Highlights: Specialties", 10. www.michelin.com/corporate/finance/documents から検索。

アパレル部門の Armani Group などは，**選択的流通戦略**（selective distribution strategy）を用いる。選択的流通戦略は，少数の，しかし精選された中間業者の利用が基本である。Armani は，その高品質な製品を独自の店舗を通じて流通させる（独占的アプローチ）だけでなく，国によっては，主要都市の一流衣料品店を通じて浸透させている。最後に，**独占的流通戦略**（exclusive distribution strategy）では，生産者が，限られた数の小売業者だけに，それぞれの地域において製品を販売する権利を与える。通常は，交換条件として，小売業者は競合品を販売しないことが求められる。完全な独占的流通戦略の例が，スペインの Inditex Group のブランドである Zara だ。世界中に 1361 店舗という小売販売網を展開する Zara は，同社のブランドだけを販売するチェーン・ストアを通じて海外市場に浸透している。こうした店舗は，Inditex が株式資本のすべて，あるいは大部分を保有している企業によって直接管理されている（店舗の 88%）。ただし，一部の国，主にアジア太平洋地域の国々は例外であり，小売販売はフランチャイズ方式で行っている（店舗の 12%）[5]。こうした選択は，企業の市場浸透の目標，競争構造，企業の経済力によって左右される。例えば，高い浸透率を目標とする場合，Michelin Group のケースのように，強力な財政投資の準備がないかぎり追求できない集約的戦略の選択が必ず必要となる。

製品の複雑さも，検討すべきもう 1 つの要素である。製品の複雑さにはさまざまなレベルがあることを考えると，輸出業者は中間業者との関係を区別する必要がある。というのも，複雑な製品になると，例えば製品の納品や設置，アフター・サービスに関連する機能的な問題を解決するために，幅広い情報交換や相互の交流が必要になるからだ[6]。場合によっては，製品がきわめて複雑なために，経営陣が直接関わる場合もある。

最後に，企業の流通に関する選択に影響を及ぼす重要な要素として，輸出部門の内部組織の特徴が挙げられる。ここでいう組織は，その部門のマネ

---

5. Inditex 2007 Annual Report. www.indiiex.com/en/shareholders_and_investors/investor_relations/annual_reports から検索。
6. Solberg, C. A. (2008). Product complexity and cultural distance effects on managing international distributor relationships: A contingency approach. *Journal of International Marketing, 16*(3), 57-83.

ジャー数,彼らの国際的経歴,マーケティング能力,運営予算によって定義される。輸出部門が非常に簡素化した企業は,多様な海外市場を直接管理することができず,そのために,現地の中間業者を使い,すべての流通機能を委託するという間接流通を選ぶ傾向がある。この場合,目標市場に対する支配力は低くなる。

▶ 外的要因

　いくつかの外的要因(external factors)が,国際流通にかかわる決定において重要な役割を果たす。企業は,流通に関する決定に影響を及ぼすだけでなく,製品や価格の決定にも影響を及ぼすロジスティクス,輸送インフラ,**流通システム**の違いを受け入れなくてはならない。例えば,ロジスティクスや輸送インフラの効率が悪い場合,起こりうる問題に対処できる現地の中間業者が必要になる。同時に,多くの中間業者の使用は,最終市場に対する支配が弱まることを意味し,価格上昇を招き,製品が売れなくなる可能性も高める[7]。同様に例えば,流通システムの違いにより,企業もその販売網も経験したことのない別のチャネルを使用しなくてはならないこともある。

　一般用医薬品業界を例に取ってみよう。グローバルな製薬会社は,流通が大幅に異なる国々で製品を販売しなくてはならない。例えばフランスでは,薬局やドラッグ・ストアが,国の一般用医薬品市場の取引総額の65.7%を販売しており,これに対しスーパーマーケットとハイパーマーケットの販売はわずか8.3%である。米国などの市場では,スーパーマーケットとハイパーマーケットが一般用医薬品の28.8%を占め,ドラッグ・ストアが49.1%を販売する(Datamonitor, 2008)[8]。米国のような状況では,他の国では限定的な役割しか持たない,現代的な流通システムとやりとりすることに特化した販売網を作る必要がある。

　もう1つの例はビール市場である。表12-1からは,ドイツなど一部の国

---

7. 価格上昇の問題については,第11章を参照。
8. Datamonitor. (2008). OTC pharmaceuticals in France. www.datamonitor.com から検索;Datamonitor. (2008). OTC pharmaceuticals in United States. www.datamonitor.com から検索。

表 12-1 ビールの世界の流通（容量による割合）

(%)

チャネル	ブラジル	インド	アイルランド	シンガポール	ドイツ	ロシア
専門小売店	48.60	56.60	7.60	6.80	7.30	30.20
スーパーマーケット／ハイパーマーケット	29.70	0.20	—	17.80	61.30	48.10
オントレード（レストランなど）	14.90	43.10	78.70	63.80	22.90	8.80
その他	6.80	<0.1	13.80	11.60	8.50	12.90
合計	100.00	100.00	100.00	100.00	100.00	100.00

出典：各種レポートのデータを基に算出。Datamonitor. (2008). Beer in Brazil; Beer in India; Beer in Ireland; Beer in Singapore; Beer in Germany; Beer in Russia. www.datamonitor.com から検索。

では流通がスーパーマーケットやハイパーマーケットに支配され，アイルランドやシンガポールなどでは業務用市場のいわゆるオン・トレード[9]が主流であることが分かる。インドの例は興味深く，ビール販売の半分以上が専門小売店による販売である。

ここで強調した違いは，さまざまな要因によって生じる。その一つが現地の規制である。中国では，法律の変更によって，Mary Kay，Amway，Avon といった企業がネットワーク販売に携わることができなくなった。こうした企業は売上の 50% を失い，新たな規制に適合しなくてはならなくなった。販売員に，現地当局の管理する試験に合格させなくてはならなくなったのだ[10]。

流通システムの違いは，製品ライフサイクルの段階とも関連する場合がある。導入期では，市場浸透度・普及率が低い。成長期には選択的流通が推奨され，成熟期には通常，開放的流通が求められる。

---

9. オントレードは，ホテル(hotel)，レストラン(restaurant)，カフェ(café)から取った Horeca 経路として知られる。
10. Ambler, T., & Witzel, M. (2004). *Doing business in China* (2nd ed.). New York: Routledge Curzon.

検討すべきその他の要素は，消費者の購買（purchasing）行動，**買物 (shopping) 行動**，そして購買場所の好みである。これは，その国の文化に深く根差した行動であり，変えることは難しい。Maruyama & Trung (2007)[11] が最近行ったベトナムの小売形態についての調査報告によれば，スーパーマーケットがこの国に登場してから10年後の2005年でさえ，現代の流通チャネルを通じて販売されたのは全製品のたった10%で，残りの90%は，組織化された公式／非公式の市場，零細店舗など従来のチャネルで販売されていた。ベトナムでは，公式の市場とは関連当局が承認した市場であり，大抵は込み合い，雑然としてカラフルであるが，不衛生で，製品基準や商標などはない。非公式の市場（"Cho Coc" と呼ばれる）は，ベトナム政府が承認していない市場で，政府はこれを排除しようとしているが，今のところ効果を上げていない。小売業者は固定あるいは移動型の露店商で，彼らは通常，野菜や卵，肉，魚を販売する。最後に，伝統的な零細店舗は，家族経営の小さな店舗で，食品や飲料，玩具，日常品などを販売する。互いに数百メートル離れた通りに，200〜500もの似たような零細店舗が存在することもある。消費者はなぜ，従来方式の販売店で買い物をし続けるのだろうか。それについては多くの理由が考えられるが，長い伝統を持つ購買習慣は変えるのが難しいという事実と深く関連しているようだ。

　検討する価値のあるその他の外的要因として，市場規模，国内の消費者分布がある。Procter & Gamble（P&G）は，中国農村部をターゲットとした流通戦略を行った。このケースでは，農村人口が広く分布する巨大な市場をターゲットとする流通戦略を展開できたことが，他社をしのぐ同社の成功の決め手となったことを示している。

　流通戦略は，特定のチャネルを使用してその国の販売戦略の道を開いてきた競合他社の影響も受ける。さらに，競合他社が現地の小売業者や卸売業者と独占契約を結び，他のサプライヤーを一部の重要な経路から締め出すような参入障壁を作り出している可能性もある。あるいは，競合他社が独自の販

---

11. Maruyama, M., & Trung, L. V. (2007). Traditional bazaars or supermarkets: A probit analysis of affluent consumer perception in Hanoi. *International Review of Retail, Distribution and Consumer Research, 17*(3), 233-252.

図 12-1　資生堂の店舗（日本）
出典：SHISEIDO©CO., LTD. から許可を得て転載。

路を持ち，現地市場と非常に密接であることも考えられる。資生堂が日本，そして最近では中国にオープンしたチェーン店は，個々の顧客の要求に応える高品質なカウンセリングとサービスを提供するコンタクト・ポイントであり，スキンケアやメイク・アップに関する顧客のニーズを常に満足させる。資生堂は流通チャネルを直接支配することで，社員に高いサービス・スキルと高い技術，「おもてなし」の精神（顧客と製品の交流を通じて人々の心を豊かにする精神）を習得させ，顧客のニーズに応えることができている[12]（図 12-1）。

国際流通チャネルを管理する

　流通チャネルの**構造**（channel structure）は，その国の経済発展の影響を強く受ける。国の経済が発展することで，より効率的なチャネルの必要性が生じる[13]。成長過程にある経済では，小売業者や卸売業者がより大きく専門

---

12. www.shiseido.co.jp/e/ir/acc/ir_e0804acc/img/brf_08041.pdf; www.shiseido.co.jp/e/ir/annual/index.htm.
13. Mallen, B. (1996). Marketing channels and economic development: A literature over-

的になり,一方で,市場には効率の悪い中間業者が存在すると考えられる[14]。中国市場に着目した最近のある調査から(Yi & Jaffe, 2007)[15],チャネル構造は経済発展の度合いで決まること,また一部には,この経済発展を後押しする政府の政策によって決まることが分かっている。例えば中国では,政府が「開放政策」を推進し,海外企業や現地企業が市場にアクセスできるようになった。さらに,メーカーから小売業者に商品を直接販売することが認められ,一部の国有の中間業者が余剰となった。

企業の視点では,流通チャネルを管理するには,各選択肢のメリットとデメリットを評価した上で判断していくことが求められる。

1. 直接販売か間接販売か
2. 伝統的な流通チャネルか垂直的マーケティング・システム(VMS:vertical marketing system)か
3. 各種中間業者(代理店,卸売御者,小売業者)の評価と選択

▶ 直接販売 vs. 間接販売

直接流通チャネルでは,メーカーが最終顧客に直接販売する。1つ以上の中間業者(代理店,卸売業者,小売業者)が取引に関与し,さまざまな種類を通した販売を行うときには,間接販売となる。直接戦略と間接戦略はまったく違うが,1つの国で両方が選択されることは珍しくない。図12-1は,上述した選択肢を示している。選択肢1と2は**直接販売**の例であり,選択肢3〜7は**間接販売**の例である。

流通チャネルの構造は,その長さと幅で説明することができる。流通チャネルの長さは,製品を最終消費者に届けるために何らかの作業を行う中間業者の,レベルと種類の数によって決まる。例えば,図12-2では,選択肢7は選択肢3より長いが,その理由は,より多くの種類の中間業者が取引に関

---

view. *International Journal of Physical Distribution & Logistic Management, 26*(5), 42-57.
14. Olsen, J., & Grazin, K. (1990, Fall). Economic development and channel structure: A multinational study. *Journal of Marketing, 10*, 61-77.
15. Yi L., & Jaffe, E. (2007). Economic development and channel evolution in The People's Republic of China. *Asia Pacific Journal of Marketing, 19*(1), 22-39.

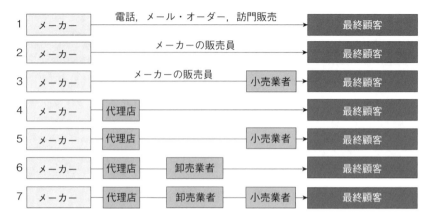

図 12-2　国際流通チャネルの選択肢

わっているためである。長いチャネルになると，同じ種類でも異なるレベルの中間業者が存在することがある。例えば，第一の卸売業者の他に，中間卸売業者と最終卸売業者が存在するといった具合だ。チャネルの幅は，チャネル構成員の種類ごとに評価され，そのチャネルにかかわる同じ種類の中間業者の数によって決まる。例えば，チャネルの幅が大きくなるのは，小売りの細分化が進んでいる場合であり（例えば，Coca-Cola は世界中の膨大な数の小売業者に販売される），チャネルの幅が小さくなるのは，販売が集中している場合である（例えば，Dolce & Gabbana のコレクションは限定された店舗数で販売される）。

直接販売 (direct channels)

　顧客数が限られている場合，専門の社内販売員，あるいはクライアントと密接に連携するグローバルなキー・アカウント（上得意先）担当部門を通じて，市場に直接対応できる。一般に，直接販売が推奨されるのは，技術製品やサービスを，質の高い社内スタッフが顧客や産業財顧客に提供する場合である。企業による直接販売は産業財に典型的なものであり，その場合，製品を生産工程で使用する企業とメーカー（その販売員）との企業間取引となる。製品が複雑な場合，企業はそれを顧客に直接提供し，説明しなくてはな

らない。重要顧客の場合は，上層部のマネジャーが交渉に当たる場合もある。検討すべき重要な側面の1つは，求められるサービスの水準である。高水準のサービスが求められる場合，企業は顧客と直接取引し，顧客の要求に直接かつ迅速に対応し，販売後に発生するかもしれない問題を解決するために必要な技術的なスキルをすべて提供しなくてはならない。

仕入についても同様のことがいえる。小売業であれば，購買センターと呼ばれる企業内の組織を通じて購買機能を直接管理する傾向がある。国際的な小売業者の場合，購買センターを関与レベルの高い主要国に置くのが普通である。

数年前までは直接販売の手法としては，販売員以外には訪問販売，メール・オーダー，電話販売しかなかった。今日では，インターネット販売の増大により直接販売は拡大している。Nielsenが欧州からアジア太平洋，北米，中東までの48か国を対象に行ったある調査から，Eコマース（電子商取引）が驚異的に増大していることが分かっている。世界のEコマース（電子商取引）利用者は2005年の10%から，2010年には約84%に増大している[16]。よって，多くの企業がインターネットをコミュニケーション・ツールとしてだけでなく，売上を生み出すツールと認識していることも容易に理解できる。このことを裏づけるように，2万7000人のインターネット・ユーザーを対象に行った世界規模の研究でも[17]，かつては書籍や航空券といった製品だけに限られていたオンライン購入が，今日では衣料品や電子機器といった他のカテゴリにも拡大していると指摘されている。

間接販売（indirect channels）

間接販売の場合，メーカーと最終消費者との間に，代理店や卸売業者，小

---

16. The Nielsen Company (2008). Trends in online shopping: A global Nielsen consumer report. http://th.nielsen.com/site/doccuments/GlobalOnlineShoppingReportFeb08.pdf から検索 ; The Nielsen Company (June 2010). Global trends in online shopping: A Nielsen global consumer report. http://at.nielsen.com/site/documents/Q12010GOS-Online-ShoppingTrendsJune2010.pdf から検索。
17. The Nielsen Company (June 2010). *Global trends in online shopping: A Nielsen global consumer report*. http://at.nielsen.com/site/documents/Q12010GOS-OnlineShoppingTrendsJune2010.pdf から検索。

売業者など,在庫の確保や資金調達,販売や販売促進,アフター・サービスの管理といったさまざまな機能を遂行する中間業者が存在する。

　チャネルの長さは,その企業が使用する中間業者の数に応じて伸縮する。企業が多くの海外顧客を抱える場合,こうした中間業者の役割が,やりとりの数を減らし,文化の壁を克服し,販売工程を簡素化するために重要となる。一方,間接販売を使用することは,製品の物理的な流れに対するコントロールを失うリスク,チャネルの各段階での価格政策や在庫の支払い,販促政策を決定する能力を失うリスクを伴う。

▶ 伝統的流通チャネル vs. 垂直的マーケティング・システム

　チャネル組織とは,**伝統的流通チャネル**を使用するか,**垂直的マーケティング・システム**(VMS:vertical marketing systems)を使用するかを考慮する際のテーマである。伝統的流通チャネルでは中間業者は独立しており,それぞれに別々の業務を行っているように行動する。垂直的マーケティング・システムでは,各中間業者は協力しやすく相乗効果の得やすいユニークな統合システムでつながっている。図12-3に示すように,メーカー(ケース3)は,卸売機能(商品を分類し,組み立て,倉庫に保管する工程)と小売機能(例えば直営店の管理など)の両方をコントロールできる。卸売業者も同じことを行える。つまり,卸売業者は独自の商品を製造し,さらに小売機能を果たせ(ケース2),小売業者も同様に行える(ケース1)。統合は,ケース4〜7に示すとおり,2〜3つの機能に限られる場合もある。いずれ

完全な垂直統合			機能	部分的な垂直統合			
R	W	M	メーカー(M)	M	W	M	M
R	W	M	卸売業者(W)	M	W	W	R
R	W	M	小売業者(R)	R	R	W	R
ケース1	2	3		4	5	6	7

図12-3　完全な垂直統合と部分的な垂直統合の例

のケースも，企業型VMS，契約型VMS，管理型VMSという3つの形態でコントロールを実現できる。企業型VMSでは，コントロールは企業の所有によって決まる（直営店など）。契約型VMSでは，コントロールは独立した企業との，さまざまなレベルの生産および流通に関する契約を通じて実現する（フランチャイズがこれに該当）。最後に，管理型VMSの場合，一方の当事者の規模とパワーによって生産と流通は調整，コントロールされる。

一般に，垂直的マーケティング・システムは，製品が複雑で，販売時と販売後の両方で管理すべき場合に必要となる。この他にも，企業が信頼できるチャネル・パートナーを見つけられない場合や，チャネル・パートナーの利幅が非常に高く，最終価格が高くなりすぎる場合などが考えられる。このような場合，メーカーは，流通機能を統合することで販売プロセスに対するコントロールを高めることを検討する。海外市場の規模が投資を正当化するものであれば，多くのメーカーが卸売機能を遂行するための営業支店や営業所を開設することになる。最終的には，彼らが本社の製品を直接小売業者や産業財ユーザーに販売する[18]。

さらに，外国で利用できる小売形態が商品に適さない場合，企業は直営店またはフランチャイズを通じて川下統合することを選択できる。高級ブランドの所有企業が，特に成長の可能性のある市場や，一定の品質イメージと独占権を維持したい市場で独自の店舗をオープンすることはよく知られている。

▶マルチ・チャネル戦略

海外市場の特徴に応じて，企業は通常，マルチ・チャネル，すなわち複数のチャネル（直接販売およびさまざまな種類の中間業者を含む間接販売）を定め，より適したチャネル構造（従来の経路か垂直的マーケティング・システムか）を選択し，差別化した商品やブランドを提案する。例えば，25の

---

18. メーカーが海外に立ち上げる営業支店は，卸売業者とはみなされない。しかし実際には，彼らは卸売機能を行うため，国の統計局には卸売業者として分類される。営業所と営業支店の違いは，営業所が在庫を抱えないという点である。参入戦略についての議論は，第8章を参照。

ブランドを世界130か国に展開する大手化粧品会社のL'Oréalは，幅広い流通チャネルを利用する唯一の化粧品グループである（表12-2）。L'Oréalの流通チャネルには，プロ仕様の製品を扱う美容院，消費財を扱う大衆市場（食品，薬品），高級品を扱う化粧品店などの専門店およびデパート，そして，アクティブ・コスメティックスを扱う薬局や調剤医師などが含まれる[19]。

L'Oréalは，2006年，エシカル（環境や社会貢献を意識した）化粧品を販売するThe Body Shopの買収に代表される垂直的マーケティング・システムも活用している。この買収により，L'Oréalは小売市場の開発が遅れている各国に参入するための重要な基盤を得ることができた。最後に，L'Oréalは，Lancôme e-shopやLe Club des Créateurs de Beautéなどの電子商取引やカタログ販売といった直販チャネルも展開している。

マルチ・チャネル戦略の主な課題の1つとして，最終消費者に同じメッ

表12-2　L'Oréalの流通チャネル

流通経路	ブランド
美容院	L'Oréal, Kérastase, Redken, Matrix, Mizani, Pureology
大衆市場	L'Oréal, Garnier, Maybelline, Softsheen-Carson
化粧品店などの専門店およびデパート	Lancôme, Biotherm, Helena Rubinstein, Diesel, Giorgio Armani, Kiehl's, Guy Laroche, Ralph Lauren, Cacharel, Shu Uemura, Victor Rolf, Paloma Picasso, Yue Sai
薬局	Vichy, La Roche-Posay, SkinCeuticals, Sanoflore, Inneov
自営店	The Body Shop
eコマースおよびカタログ販売	Lancôme e-shop, Le Club des Créateurs de Beauté

出典：www.careernomics.com/Loreal0709/can/excelling.php; www.loreal.com/_en/_ww/index.aspx; http://www.ccbparis.fr/index.aspx; Dudson, D. (7 March 2008). L'Oréal has been on a spending spree in recent years to build up its ethical credentials, explore alternative distribution channels and lessen its dependence on Western Europe. *Cosmetics International*, 6 (1) より作成。

---

19. www.careernomics.com/Loreal0709/can/excelling.phpから検索。検索日：2009年3月3日。

セージを伝えるために調整が必要になる点が挙げられる。米国とカナダの保険産業で事業を展開し，約1万4900の専属代理店と外交員を持つAllstateは，技術の恩恵も手伝い，このような調整に成功している企業の例である。

▶ 中間業者の種類

基本的に，中間業者（intermediaries）には代理店，卸売業者，小売業者という3種類が存在する。**代理店**（agents）は代理する企業名で事業を行うが，販売商品の所有権は持たない。**卸売業者**（wholesalers）は商品の所有権を持ち，これを再販目的または業務用に購入する顧客に販売する。**小売業者**（retailers）はメーカーと消費者の最終的なつながりを管理する。こうした中間業者は戦略に応じてそれぞれに特徴があり，例えば，一部の卸売業者は川下統合し，小売機能まで管理している。同様に，小売業者も川上統合し，通常は卸売業者が行う機能を遂行する場合がある。また，代理店，卸売業者，小売業者というそれぞれのカテゴリの中にも，さまざまな種類の中間業者が存在する。これについては以降の節で説明する。

業務の面では一般的に，主体としての企業は提供されるサービスやその産業への依存度が高く，その結果，企業は各海外市場でこうした中間業者や契約を組み合わせて使用することが多くなる。

▶ 代理店と卸売業者

代理店はメーカーが所有する製品を，主に小売業者や卸売業者に販売するが，商品の所有権は持たず，代理する企業（以下「プリンシパル」とする）の名前で事業を行う。代理店が提供するサービスは限られており，手数料を得るのが普通である。一般に，代理店は繊維製品，衣料品，履き物といった製品の販売に使用される。

卸売業者は，他の企業が供給する商品を小売業者に販売するか，特定地域の産業財顧客，商用顧客などの最終ユーザーに直接販売する。卸売業者は販売する商品の所有権を持つという意味で，他の中間業者とは区別される。卸売業者の行う機能はさまざまであり，商品の分類，組み立て，倉庫保管の他に，梱包，表示，新規顧客との接触，交渉，販売などのサービスの提供が含

まれる。

この種の中間業者の機能を分析すると,「フル・サービス卸売業者」と「限定サービス卸売業者」に区別できる。前者はあらゆるサービスを提供し,後者は限られたサービスだけを提供する。卸売業者は,メーカーや顧客との関係に応じて,あるいは流通方法に応じて,役割や呼び方が変わってくる。

特に発展途上国の市場においては,卸売業者は需要と供給の差を埋める上で重要な役割を担っている。地方に市場が散在するような状況で,かつ消費者の所得が限られ,現地の小売業者もさまざまな製品をきわめて限られた量でしか買えないような場合,幅広い低価格の製品を扱うことができる卸売業者なら参入が可能だ[20]。

付加価値サービスを提供する上で卸売業者の役割は重要だが,その構造は,主に市場の経済発展により,国ごとに大きく異なる場合がある。検討すべき重要な側面の1つに,卸売機能の権力の集中がある。一部の国では,全国規模で事業展開し,購買において規模の経済の恩恵を受けている数少ない企業にパワーが集中している。日本はその一例であり,総売上の66%以上が,全販売店のわずか10%を占めるに過ぎない大型の卸売店の売上に拠る。

グローバルに事業展開する卸売業者は,製品を世界市場に流通させることができる。その影響力は,対象国に参入したいと考える外国企業にも及ぶ。製品を流通させることができるかどうか,その運命はこうした卸売業者の手に委ねられているからだ。

卸売業者のパワーについて理解するために,世界最大手の販売業者の収益を検討しよう。

表12-3は,世界有数の卸売業者の収益を示している。この収益が,彼らにチャネル上の大きなパワーを与えている。しかし全ての市場やカテゴリーにおいて,パワーが集中しているというわけではない。より規模の小さい卸売業者であっても,1つの製品やブランドに特化して,その国で輸入品を販売する独占権を得られることもある[21]。

---

20. Samli, A. C., & El-Ansary, A. I. (2007). The role of wholesalers in developing countries. *International Review of Retail, Distribution and Consumer Research, 17*(4), 353-358.

表12-3 大手グローバル販売業者（2010年）

会社	産業	収益（100万ドル）	国
McKesson Corporation	医薬品	112,084	米国
Genuine Parts Company	自動車	11,207	米国
China Resources Enterprise	小売，飲料，食品加工，他	11,188	香港
Inchcape	自動車	9,570.1	英国

出典：各企業の年次報告書（2010）。http://www.mckesson.com; http://www.genpt.com; http://www.cre.com.hk; http://www.inchcape.com/ から検索。

垂直統合の度合いもまた，海外の販売業者のパワーを決定する。中国のホールディング・グループ，China Resources Enterprise を例にとってみよう。主に中国本土と香港で事業展開する同グループは，製造まで川上統合し，流通および小売を川下統合している。

▶小売業者

小売業者は，最終消費者に直接販売する中間業者である。小売業者が行うさまざまな機能には，商品の発注，分類，品揃え，魅力的なディスプレイ，梱包，資金調達，アフター・サービスの提供などがある。

小売の形態には，現地の購買習慣，ライフスタイル，経済発展，現地の規制により，国ごとに大きな違いがある場合がある。Walmart は世界28か国で60のロゴにより9667以上の小売店を展開する世界最大の小売業者であるが，この会社がディスカウント・ストア，巨大ショッピング・センター，Sam's Club など，さまざまな形態で小売店を展開しているのは偶然ではない[22]。しかし，欧州市場だけを見ても，食料品の小売形態の多様さは印象的である。例えばフランスでは，小売形態の54%がハイパーマーケット（衣

---

21. Johansson, J. K. (2000). *Global marketing: Foreign entry, local marketing and global marketing* (2nd. ed.). New York: McGraw-Hill.
22. Sam's Club は，食料品やそれ以外の商品を提供する会員制の卸売クラブであり，600近い場所に4700万人の会員を持つ。個人も法人も対象としている。http://walmartstores.com/AboutUs/; http://www3.samsclub.com/NewsRoom/AboutUs/History から検索。

食住全てを扱う郊外立地の倉庫型スーパー）であり，これに大型／小型スーパーマーケット（それぞれ23%, 19%）が続き，残り4%がこれ以外の形態（専門店など）である。英国でも似たような状況が認められるが，これ以外の国では異なる。スペインはハイパーマーケットが32%，大型／小型スーパーマーケットがそれぞれ28%と19%，その他の形態が21%である。イタリアではさらに状況が異なる。この国では，ハイパーマーケットはすべての小売店の25%にとどまり，専門店などの店舗が食料品の小売形態の32%を占める[23]。

小売形態の違いが現地の法律に拠る場合もある。例えば，インドの買い物客のうち，欧米風のスーパーマーケットやハイパーマーケットを使用するのはたった3%であるが，これに対し中国は20%, インドネシアは30%, タイは40%である。このような違いは，多くのインド人家族の生計維持手段の一部である，何百万もの小さな家族経営の食料品店を守るために，インド市場が海外の食料品小売業者の参入を閉ざしているという状況に起因するのかもしれない。ただし今日では，状況は徐々に変わりつつあるようにも見える。2006年には，違法な商売をしていたことで，ニュー・デリーだけでも3万あまりの小規模店が閉店した[24]。

メーカーは，自社製品を最終消費者に販売するための選択肢を多数持つ。まず，海外市場で使用できる多様で独立した小売中間業者を検討し，自社製品に最適な業者を選ぶことができる。中には，重点的に海外発展に投資するグローバルな小売業者との強力な関係を活用するメーカーも存る。例えば，UnileverはCarrefour, Walmart, Ahold, Tescoといったグローバルな小売業者と強力な関係を構築し，継続的な国際化プロセスを通じて国際市場での事業を拡大している。すでに市場に存在する独立した小売業者を選択することで，製品販売に役立つ新機軸を導入するという選択肢がなくなるわけで

---

23. The Nielsen Company (2008). What in the world is happening: A global overview of economic and shopping trends. *Consumer Insights*. http://en-us.nielsen.com/content/dam/nielsen/en_us/documents/pdf/Consumer%20Insight/Consumer%20Insight%20Magazine%20Issue%208.pdf から検索。
24. Giridharadas, A., & Rai, S. (28 November 2006). Wal-Mart's superstores gain entry into India. *The New York Times*, C3.

はない。Nivea，La Prairie，Juvena，Eucerin といったブランドを販売するドイツ企業 Beiersdorf が好例である。同社は，小売形態を中心に新機軸の導入に取り組んでいる。従来からの販売店，スーパーマーケット，ドラッグ・ストアにおいて，同社は青いパッケージが特徴の Nivea 製品だけを集めたコーナーとして「ブルー・ウォール」を立ち上げた。同社は，主要な市場であるドイツだけでなく（ドイツでは，最初の成功に続き，100余りのショップ・イン・ショップを開設する計画），多くの成熟した東欧市場と西欧市場を通じて国際的にこのブルー・ウォールのコンセプトを展開する計画である[25]。

しかし，メーカーは自社ブランドの販売促進と販売に，より適した直営店やフランチャイズ・ネットワークを展開しなくてはならない場合もある。例えば，Bulgari の小売販売網は，293の高級 Bulgari 店で構成され，173店舗が直営店，54店舗がフランチャイズ店，49店舗が旅行者を対象とした小売店または卸売店である。また，Bulgari は，独立した時計の小売業者を通じて，また厳選された香水店やデパートを通じて製品を販売している（図12-4）[26]。

図 12-4　ローマとパリの Bulgari 店舗
出典：Bulgari SpA から許可を得て転載。

---

25. Euromonitor International. (June 2007). Beiersdorf AG: Cosmetics and toiletries-World. *Global Company Profile*.
26. http://ir.bulgari.com/~/media/Files/B/Bulgari-IR-2010/presentations/2008/fy_result.pdf；www.bulgari.com から検索。

グローバルな小売事業

小売産業のグローバル化は，大規模な小売業者だけでなく小規模な小売業者も巻き込んで広がりつつある現象である。グローバルなネットワーク構築の前提条件は，海外の消費者によって認識されるブランド価値の創造である。しかし，価値創造のモデルは，すべての小売業者で同じというわけではない。Walmart, H&M, Dior を例にとってみよう。Walmart は大衆消費者を対象として，デザインと雰囲気で「Walmart」ブランドのイメージを世界中に伝える店舗環境を通じ，さまざまなブランドの「金額に見合う価値」の製品を幅広く提供している。H&M はこれとは違うアプローチを採用している。同社のアプローチは，ファッション性と高い品質を消費者に最良価格で提供するという方針を軸に，自社ブランド構築に重点を置く。この方針は顧客の購買経験により強化され，スウェーデンから韓国，中国まで世界中の 2200 以上の店舗を通じて消費者に届けられる。H&M と対照的に，Dior はまず生産者であり，小売業は二次的なものである。このため，小売モデルへのアプローチも違ったものとなっている。このブランドは，独立した小売業者，フランチャイズ加盟店，直営店を通じて世界中で販売されている。しかし，主体はあくまでブランドであって，店舗ではない（図12-5）。

グローバルな小売業者が向き合わなくてはならない主な事柄の1つが，標準化か適応化かの判断である。消費財のグローバル化の高まりは，標準化を徐々に後押しする変数の1つと考えられる。これに反して，ほとんどの場合は形態の適応化（つまり，店舗のスタイルやデザイン，レイアウト，品揃えの適応化）が必要であると主張する研究者もいる[27]。国の文化に適応することの必要性を，小売形態はもちろん，現地提供品の品揃え，販売促進，販売方法をまったく標準化していないグローバルな小売業者は強く感じている。

---

27. De Mooij, M., & Hofstede, G. (2002). Convergence and divergence in consumer behavior: Implications for international retailing. *Journal of Retailing*, 78(1), 61-69; Goldman, A. (2001). The transfer of the retail formats into developing countries: The example of China. *Journal of Retailing*, 77, 221-242; White, D. W., & Absher, K. (2007). Positioning of retail stores in Central and Eastern European accession states: Standardization versus adaptation. *European Journal of Marketing*, 41(3/4), 292-306.

図 12-5　中国の Dior ブティック

　Tesco を例にとってみよう。同社が国際的に成功を収めている理由の1つは，同社が現地の現実に適応化し，現地のニーズや購買行動を理解し，形態も品揃えも適応化することができる能力にある。

　グローバルな小売業者は，その国際化の過程で熾烈な競争環境に直面する。新興国においてさえ国内競争が激しい。多くの新興国では，現地の小売業者が，海外の小売業者が国内に参入してくる前に自社の存在感を強めようと拡大計画を加速させ，販売方法や製品，ノウハウの改善に努めている。このため多くの場合，グローバルな小売業者は現地の業者と戦略的提携を結ぶことが求められる。例えばインドでは，米国を拠点とする Walmart が，インドの大手携帯電話プロバイダーである Bharti と契約を結び，国中に何百という大型スーパーをオープンしている[28]。

　世界の小売産業を見るとき，グローバルには全体の価値の 6.9% を生み出しているインターネットとカタログのカテゴリーについても，この議論に含める必要がある[29]。インターネット販売の道を開いた企業の1つとして間違いなく Amazon があげられる。実店舗での書籍販売という古いモデルが行

---

28. Kearney, A. T. (2008). *Emerging opportunities for global retailers: The 2008 A. T. Kearney Global Retail Development Index*. www.atkearney.de/contnt/misc/wrapper.php/name/pdf_atkearney_bip_grdi_2008_1212762749d09c.pdf から検索。
29. Datamonitor (2008). *Global retailing: Industry profile*. www.datamonitor.com から検索。

き詰まる中，Amazonはインターネットを活用して顧客層を拡大することによってその市場シェアを確立するのに奔走していた。低コストのインターネット活用によって，Amazonはかなりの割引と幅広い品揃えを提供することができた。さらに重要なことは，Amazonがそのオンライン・モデルによって，同社の早期の成功に欠かせない2種類の異なるサービスを提供することができたという点である。そのサービスとは，顧客のブラウジングや購買のパターンを追跡することで，個々の顧客にふさわしい商品を推奨すること，そして，興味を同じくする人達からの連帯感を感じさせるレビューである[30]。Amazonは，いくつかの国際市場でこのモデルを再現することに成功し，2006年には，そうした市場が売上の45%を占めるに至った[31]。これとほぼ時を同じくして，オンラインでの小売が登場し始め，この形態が今日では，小売業者が適応していかなくてはならない最大の市場変化となっている[32]。

▶チャネル構成員の選択

流通における取引先候補を評価する際，契約と関係の構築の内容を明確にすることが重要である。**取引先の選択**は長いプロセスであり，取引先の評価から最終審査に至る各段階を慎重に行う必要がある。国際化のプロセスに直面しているある企業の計画例を図12-6に示す。

一般に，販売業者を選択する際に評価すべき最も重要な属性は，その会社の強み，財務基盤，マーケティング，販売能力，そしてコミットメントである。

例えば，ある会社の特徴や財務基盤を検討する際，その取引先候補の提供する情報の真偽を確かめることが重要である。信頼できる情報源（例えば

---

30. Flavián, C. & Guinalíu, M. (2005). The influence of virtual communities on distribution strategies in the Internet. *International Journal of Retail & Distribution Management, 33*(6), 405-425.
31. Bezos, J. P. (2006). Letter to Shareholders. *Amazon.com 2006 Annual Report*. http://media.corporate-ir.net/media_files/irol/97/97664/2006AnnualReport.pdf から検索．
32. Hot topic: Web can pay off for traditional retailers. (23 December 2006). *The Wall Street Journal*, A7.

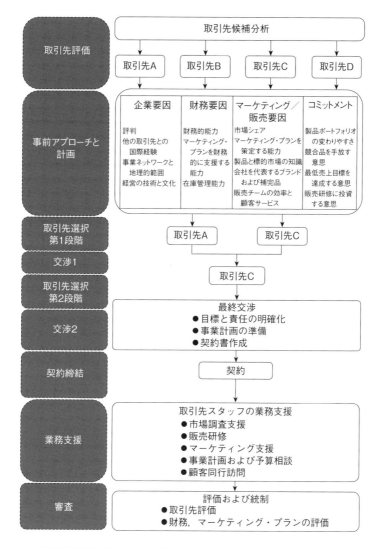

図 12-6　取引先選択プロセスの例

出典：Varis, J., Kuivalainen, O., & Saarenketo, S. (2005). Partner selection for international marketing and distribution in corporate new ventures. *Jourrnal of International Entrepreneurship, 3*, 19-36; Cavusgil, S. T., Yeoh, P., & Mitri, M. (1995). Selecting foreign distributors: An expert systems approach. *Industrial Marketing Management, 24*, 297-304; Hollensen, S. (2010). *Marketing management: A relationship approach*. Harlow, Express, England: Pearson Educated Limited.

Dun & Bradstreet といった会社がこうした情報ニーズに対し具体的な製品やサービスを提供してくれる）を活用したり，その会社の現在の顧客に意見を求めたりすることで確かめられる。このことは，財政的な視点からも重要であると同時に，イメージやポジショニング，マーケティング戦略という点で，メーカーと販売業者との適合性を確認するためにも大切である。

　さらに，他の輸出業者との取引経験や，国際協力に対する前向きな経営体質といった促進的要因を基に，メーカーと海外の取引先の間にある文化的，社会的，地理的な距離を縮める能力が判断できる。

　マーケティング，販売能力は，海外で製品だけでなくブランド・イメージも管理しなくてはならない場合に，特に重要となる。これが，メーカーが，チャネル構成員（channel members）の持っている製品知識や今まで扱ってきた補完品や競合品を評価するだけでなく，代理店となっていたブランドについても評価しなくてはならない理由である。マーケティングの能力を検討する際は，その販売業者が市場をどの程度カバーしているか（地理的な範囲と市場セグメントの両方），そしてそのマーケティング・チャネルにおけるパワーを評価することが重要となる。マーケティングの能力は，その販売業者の取引関係者，現地市場において販売促進活動，販売支援，アフター・サービスを行う能力を確認することで評価できる。

　コミットメントは，海外の販売業者と長期的な関係を築こうとする場合，きわめて重要である。実際，利益を生む関係を維持するには，その中間業者が要求する手数料やマージンだけでは必ずしも十分ではない。

　文化的差異の大きい国が関与するため，中間業者の選択は，確かに簡単な作業ではない。選択プロセスは難しく，発生するコストを慎重に評価することが重要である。中間業者が要求する手数料やマージンを考慮するだけでは十分ではなく，販売契約を定め，販売促進費を支援し，取引関係を維持するために必要なコスト（例えば販売業者を訪問する際の交通費など）すべてを考慮する必要がある。経験と手法が，こうした評価のすべてにおいて失敗するリスクを最小限にするのに役に立つ。

チャネルの管理とコントロール

　海外市場において製品やブランドのポジショニングや実績をコントロールする必要がある場合，関係性の管理が特に重要になる。企業は販売業者に自社製品の販売に必要な知識を与えることで，彼らから最大のコミットメントを得て，彼らをできる限り**コントロール**したいと思う。そのためには，可能な限り独占権を保証し，情報技術や財政，マーケティング面での支援を提供することが必要である。中間業者との連携を強化することで，売上の増大だけでなく，良い関係を築いたり，長期的に流通成果を高めたりするための基礎となる信頼性の向上というプラスの結果がもたらされる[33]。

　Michelin Group のケースは，そのような関係性の象徴的な例である。Michelin Group は，タイヤ販売目的で米国の農業市場に参入したとき，最初に販売業者のための講習会を開き，彼らに価格ではなく価値に基づいて農業用のタイヤを販売する方法を共有した。それまでは，同社の販売業者は，競合品に対抗するためには，競合品よりも5～10%高い Michelin のタイヤを値引きしなくてはならないと考えていた。しかし Michelin Group は，販売業者に新型のタイヤとその優れた性能に基づく販売促進方法を教えることで，この市場の売上を 35% 増大させただけでなく，販売網との関係を強化することができた[34]。

　チャネルの管理を成功させるためには，次の4点をベースにすることが求められる[35]。

- ■業績管理
- ■範囲の管理
- ■能力構築プログラム

---

33. Obadia, C. (2008). Cross-border interfirm cooperation: The influence of the performance context. *International Marketing Review, 25*(6), 634-650.
34. Huls, R. (June 2006). Michelin's value-innovation strategy. *Corporate Event.* www.exhibitoronline.com/corpevent/article.asp?ID=1034 から検索。
35. Bellin, H. (2006). Best practice channel management: The channel management framework. *Journal of Marketing Channels, 14*(1-2), 117-127.

■動機づけプログラム

　業績管理では，役割や責任，測定可能な業績目標を定めることで，業績改善の活動を特定する。範囲の管理では，チャネル構造の効率とターゲット市場との調整に着目する。能力構築には，チャネル構成員の業務を助けるすべての活動が含まれる。例えば，メーカーが，現地語で書かれた販促資料を用意するなど，マーケティングと販売の支援を提供することなどが考えられる。また，メーカーが取引先の販売員をトレーニングし，顧客訪問に同行し，事業計画を策定し，取引先の販売活動の効率性と有効性を高めるための技術支援を提供することもできる。最後に，取引先を動機づけし，その意欲を高めるには，金銭的利益（例えば手数料を上げるなど）の他に，透明性の高い関係を築く，製品や市場，会社の動向について頻繁に最新情報を提供する，取引先を定期的に本社に招く，といった関係強化プログラムを実施する方法もある[36]。

　こうしたチャネル管理プログラムを実施するには，第1に効率的な組織構造の必要性を強調しなくてはならない。中間業者との関係を管理する場合，その会社の営業部門のスタッフだけでなく，製造部門，ロジスティクス部門，情報技術部門，サービス部門のスタッフが関係する。それぞれの行動を調整し，整合性をとり，チャネル関係をうまく機能させる必要がある。グローバルな顧客を管理する場合は，関係の機能をモニタリングするために，キー・アカウント・マネジャーの役割を一元化して，各国で統一した取り扱いを実施する必要がある。特に国際的なクライアントの取り扱いが標準から外れることを避けるには，その役割が重要である。関係がうまくいくか，またその関係がどのくらい継続するかは，主に中間業者が契約で決められた目標や実績の達成という点で，メーカーの期待にどの程度応えられるかどうかと関連する。

　国際的な代理店や販売業者との関係において難しい課題の1つが，実績の評価である。海外の販売業者を正しく評価することが難しい理由は，販売契

---

36. Bradley, F. (2002). *International marketing strategy* (4th ed.). Upper Saddle River, NJ: Prentice Hall.

約自体の曖昧さからきている。メーカーと販売業者間の関係のような動的関係では，その関係の中で起こり得るあらゆる状況を想定した，包括的な契約書の作成は不可能である。このため，契約条件が遵守されていないこと（業績の不振）を確認することは難しい。また，メーカーと代理店の間の物理的な距離や，異文化間のコミュニケーションが，評価プロセスをさらに複雑にする。このため，販売業者との関係をコントロールする2種類の方法が登場した。第1の方法は，コストを優先する方法である。この方法は管理ベースであり，ご都合主義的な行動を回避させるべく海外の販売業者の決定に働きかけ，かつその行動についてチェックするという方法である。第2の方法は，信頼やコミットメント，柔軟性といった共通の価値観の確立を重視する規範ベースの方法である。これらの管理方法はともに，海外市場の代理店や販売業者の実績に影響を及ぼすことが分かった。しかし，メーカーが販売業者を支援し，かかわり合いを持つ規範ベースの管理ではその影響は2倍になり，代理店の市場実績が向上し，メーカーの業者との関係に対する満足度も高まった。規範ベースの管理による効果は，不確実性の高い不安定な市場ではより明白であった[37]。

　実際には，メーカーと中間業者がどれだけその関係をうまく管理しようと努力しても，そのような契約は時に終了するものである。関係性構築プロセスについて行われた最近の研究から，合法的な終了手続きを開始させる2つの主要因が認められた。事前対応と事後対応である。事前対応とは，メーカーが社内の決断により販売契約から手を引く場合の契約終了である。理由として，所有権の変更，海外に販売会社を立ち上げることに伴うチャネル統合の必要性，あるいは，より適切な販売業者との関係を築くという決断などがある。事後対応は，一方の当事者が他方の当事者を非協力的または日和見主義であると判断した場合の契約終了である。販売契約の終了を伴う最近の訴訟事例として，特に，販売業者による偽造品販売が発覚したケース，より

---

37. Gencturk, E. F., & Aulakh, P. S. (2007). Norms- and control-based governance of international manufacturer-distributor relational exchanges. *Journal of International Marketing, 15*(1), 92-126; Zhang, C., Griffith, D. A., & Cavusgil, S. T. (2006). The litigated dissolution of international distribution relationships: A process framework and propositions. *Journal of International Marketing, 14*(2), 85-115.

有利な値引きを他の業者に与えていたことが発覚したケースが挙げられる[38]。

ロジスティクス

　ロジスティクスの主な目的は，完成品の企業から顧客への移動を管理することである。効率性とサービスの質は，ハンドリング・スキル，輸送，在庫管理，ラベリング，保管，在庫管理システムなど**ロジスティック活動**の効率的な調整により保証される。こうした活動はすべて，主に，商業送り状，領事送り状，原産地証明書，輸送・銀行関連書類，政府関連書類などの各種輸出関連書類によって形式化される。

　国によっては，政府から必要な書類を取得することが難しいことや，官僚的な組織手続という障害が強力な参入障壁となり，外国企業はロジスティクスを支援する現地の取引先と提携しない限り，この障壁を克服できないことも珍しくない。

　輸送に関する決定も大きな課題である。ロジスティクスの基準が十分に整備されていない場合，外国企業は非効率と向き合わなくてはならず，これがコストに大きく影響することもある（図12-7）。

　中国とインドでは，田園地方はもちろん，急成長を遂げている都市部でも依然として輸送が困難である。最近行った中国のロジスティクス・流通産業の分析によれば，（鉄道輸送，道路輸送，内水輸送，航空輸送，倉庫保管を含む）企業の総支出はほぼ4900億ドルに達すると見積もられ，この額は中国のGDPの20%に相当する。この数字に対し，米国ではロジスティクスの支出はGDPのたった9%である[39]。アジアを中心とした新興国においては，外国企業の存在感が増すことで，物流を管理するロジスティクスがいかに改

---

38. Zhang, C., Griffith, D. A., & Cavusgil, S. T. (2006). The litigated dissolution of international distribution relationships: A process framework and propositions. *Journal of International Marketing, 14*(2), 85-115.
39. Feuling, B. A. (September/October 2008). China supply chain development. http://chinabusinessreview.com から検索。

図 12-7　北京の商品輸送
出典：Francesco Venier から許可を得て転載。

善されるかを強調することが重要である。例えば，McDonald's や KFC などのファストフード・チェーンは，低温流通体系を確立し，中国国内の 200 近い販売店に対応している[40]。

　国際レベルで事業を行う企業の大部分が，物流の効率性アップの為のロジスティック改善の必要性を感じている。コスト管理が重要性を増す一方で，製品を迅速に顧客に届け，高品質のサービスを保証する必要性も高まっている。例えば，Unilever はロシアにおいて，在庫を 1 日で確実に入手できるように，柔軟かつ迅速なサプライ・チェーンを実現するために，12 の地域流通センターを設置した[41]。

　ロジスティクスを企業方針にしている企業も存在する。Zara で有名なス

---

40. Gain Report (2005). China, peoples republic of food processing ingredients. Sector food processing. *GAIN Report Number: CH5607*, USDA Foreign Agricultural Service.
41. Unilever in Russia (16 May 2008). JP Morgan Investor Conference, Moscow. www.unilever.com/images/ir_Unilever-in-Russia-Field-Trip-Presentation_tcm13-125538.pdf から検索。

ペインの Inditex がそのような企業の1つであることは間違いない。同グループは,「店がいつでもロジスティクスを自由に使える」を信条に,つねに物流の効率を成功の主要要因だと考えている。店舗のオープンと改装への投資とともに,ロジスティクスと情報技術への投資も,事業成長のための重要な側面と考えられ,同グループにとって最も重要なものの1つである。実際,物流施設の面積は100万平方メートルを超え,そこでは4000人以上の従業員が働いている。Inditex では,コンピュータ化されたロジスティクス・システムを使用して,流通センターでの受注から,店舗への商品配達までの工程を管理している。このシステムが,欧州内の店舗であれば平均24時間の納品,米国やアジアの店舗であれば40時間以内の納品を可能にしている。Inditex ロジスティクスは,スペインの8つの流通センターで行われており,製品はここから定期的に,世界中の全店舗に配送されている。顧客の要求への対応に必要なスピードを実現し,また国際的な成長を吸収するために必要な能力を実現するためには,ロジスティクス・システムの絶え間ない改善が必要不可欠な条件である[42]。

まとめ

- 企業がグローバル市場において目標とするポジションを確立しようと考えるとき,構造,管理,コントロールという点で最適な流通チャネルを明確にしなくてはならない。
- グローバル市場における流通にかかわる事項を決定する際,いくつかの内的要因,外的要因を考慮する必要がある。内的要因には,企業のグローバル・マーケティング戦略,そのマーケティング,販売機能の規模と発達の程度,経済力,製品の複雑さなどがある。一方,外的要因には,流通システムの特徴,現地の規制,PLC の段階,消費者の購買習慣,競争環境などがある。

---

42. Inditex 2007 annual report. www:inditex.es/en/downloads/Annual_Report_INDITEX_07.pdf から検索。

- 流通チャネルの構造は，その国の経済発展の影響を強く受ける。国の経済が発展することで，より効率的なチャネルの必要性が生まれる。
- 流通チャネルの管理には，さまざまな選択肢，すなわち直接販売チャネルと間接販売チャネル，伝統的流通チャネルと垂直的マーケティング・システム（VMS：vertical marketing systems）のメリットとデメリットを評価した上で，さまざまな決断が求められる。
- 海外市場に参入する際，企業はさまざまな種類の中間業者（代理店，卸売業者，小売業者）から，より適切と思われる業者を選択しなくてはならない。国際的な状況では多様な代理店や卸売業者が存在する。
- 小売形態には，現地の購買習慣やライフスタイル，経済発展，現地の規制などにより，国ごとに大きな違いがある。小売産業の国際化という現象が拡大しつつある。
- 流通における取引先候補を検討する際は，契約や関係の構築について明確にすることが重要である。一般に，販売業者の選択時に評価すべき最も重要な属性は，財源，企業の強さ，製品要因，マーケティングの能力，コミットメントである。
- チャネル管理を成功させるには，4つの側面，すなわち業績管理，範囲の管理，能力構築プログラム，動機づけプログラムに基づく管理が必要である。
- ロジスティクスにかかわる決定も重要な課題である。ロジスティクスの基準が整備されていない場合，外国企業は効率の悪さと向き合わなくてはならず，このことがコストに大きく影響することもある。

ディスカッションテーマ

1. 国際的な流通の決定に影響を及ぼす外的要因は何か。自国で販売されている外国ブランドを例にとり，流通チャネルを決める際，他の国と比較してどのような現地要因を考慮すべきか考えよ。
2. 直接販売チャネルと間接販売チャネルのメリットとデメリットは何か。2種類のチャネルのうちいずれか一方または両方を利用するブランドの例

を挙げ，議論せよ。
3. 垂直的マーケティング・システム（VMS：vertical marketing system）の展開を成功させるにはどうすればよいか。主なリスクは何か。VMSをうまく実践しているグローバル企業の例を挙げ，議論せよ（InditexのZaraやMcDonald'sなど）。
4. マルチ・チャネル戦略におけるブランド・イメージの調整の問題について議論せよ。
5. 外国市場への参入に代理店を使うことのメリットとデメリットを議論せよ。
6. 外国市場への参入に卸売業者を利用することのメリットとデメリットを議論せよ。
7. 自国で事業を行う2つのグローバルな小売業者を挙げて比較し，それぞれの競争上の優位について説明せよ。
8. 流通の取引先候補を検討する際，評価すべき最も重要な属性は何か。さまざまな製品カテゴリーについて，それぞれの重要性を議論せよ。

実践的課題

1. 若い層をターゲットとする米国を拠点とする大手アパレル企業のマーケティング担当者として，EU市場への参入のためのオンライン・マーケティング戦略を策定するというタスクを任されたとする。主なライバルは，すでにオンラインストアを持っているZara，H&M，Mangoである。調査の過程で次のことが分かった。
    - 欧州の消費者78%がオンラインで買い物をし，6か月の間に平均で10アイテムを購入し，その合計額は750ユーロである。
    - 欧州において顧客転換率（製品をオンラインで調べて購入する消費者）の最も高い製品カテゴリは，イベントのチケット（75%），旅行チケット（72%），書籍（71%），衣料品（70%）である。
    - 英国および北欧諸国のオンライン・ユーザーが最も積極的である。

- オランダ，ドイツ，フランスの買い物客は，比較購買の大部分をインターネットで行う。
- オークション・サイトが最も普及しているのは，ドイツと英国である[43]。

こうした状況を想定し，比較分析を行い，自社ブランドを欧州の消費者にとって妥当かつ魅力的に見せるチャネル戦略を提案せよ。製品や価格設定，販促，流通に関する提言を含めて戦略を検討せよ。

キーワード

卸売業者	p.409	代理店	p.409
開放的流通戦略	p.397	チャネルの構造	p.402
買物行動	p.401	直接販売	p.403
間接販売	p.403	伝統的流通チャネル	p.406
小売業者	p.409	独占的流通戦略	p.398
コントロール	p.419	取引先の選択	p.416
垂直的マーケティング・システム（VMS）	p.406	流通システム	p.399
		ロジスティクス	p.422
選択的流通戦略	p.398	ロジスティック活動	p.422

---

43. Harwood, S. (March 2007). Brits and Scandinavians top web shoppers. *Revolution*, 27.

第13章

グローバルなコミュニケーションおよび広告を展開する

> コミュニケーションによって行動を変えたいなら，それは受け手の望みや関心に基づくものでなければならない。
>
> Aristotle（アリストテレス）

学習の目的

本章を読むことで，次のことが期待される。

- 何がグローバル・プロモーション戦略を作り上げているか，どのようなマーケティング活動がその中に含まれているかを説明すること。
- デジタル・マーケティング・チャネルが登場して以来，マーケターが世界規模で直面している課題とチャンスのいくつかを議論すること。
- グローバルなブランドやマーケティング・コミュニケーションと，現地化されたブランドやマーケティング・コミュニケーションの違いを定義すること。
- 文化がどのように広告の好みに影響するかを理解すること。
- 広告担当の重役が世界中で直面する可能性のある規制問題の例を挙げ，なぜそれが必要かを説明すること。

　1847年にコペンハーゲンで創設されたCarlsberg Breweriesは，1世紀以上にわたり，欧州のビール産業の主役であった。過去数十年，同社は東欧からロシア，中国の市場に進出するために全力を注いできた。その一方で，Carlsbergは新市場への参入に伴う一般的な課題への対応に加え，既存市場のシェアを維持しながら世界規模で新市場を獲得するという作業を難しくしている産業の変化にも対応していた。人口の高齢化，禁煙法，健康的な生活といった傾向，またワインや炭酸飲料など新たな競合品の登場によって同社の中核市場は少しずつ削り取られ，同社は事業改革や，マーケティング・広告の見直し・強化も求められている。

　Carlsbergの西欧担当シニア・バイスプレジデントであり，元グループ販売・マーケティング担当シニア・バイスプレジデントのAlex Myersは，同社のマーケティング・コミュニケーションについて次のように述べている。「例えば現在アジアや東欧でブランド認知を確立したいと考えるとき，我々はスポンサーシップや文化的なイベントといった種の活動を利用します。ロイヤルティを強化し高めようと考えるとき，我々はテレビなど，メッセージ

をより効果的に伝えられるメディアに資源を投下します。その後は，店舗でブランドの活性化を図り，レストランやパブでの露出度を高めるのです。このような変化は測定することが非常に難しく，それこそが，我々がマーケティング・ミックス，セールス・ミックスを構成するさまざまな要素を評価するコマーシャル・エクセレンス・プログラムを開始し，グループにとってのベスト・プラクティスを確立するアプローチを展開しようとしている主な理由です」[1]。

ブランドが「トップ・オブ・マインド」（最初に想起されるブランド）という地位と市場シェアを獲得・維持するには，市場とコミュニケーションを取り続ける必要がある。ブランドがグローバル化すればするほど，コミュニケーションはより複雑になる。言語や文化の壁から，広告媒体の選択や組織構造まで，世界的ブランドのコミュニケーション戦略は調整が難しい場合が多い。それは多種多様な外的要因，内的要因によるためである。

グローバル・プロモーション戦略

すべてのマーケティング・コミュニケーションの圧倒的大部分がマーケティング・ミックスの4番目の「P」，つまりプロモーション（promotion）の下で行われている。**プロモーション活動**は大別して，広告，販売促進，広報活動，人的販売の4つに分類される。スポンサー活動，プロダクト・プレイスメント，イベント，ダイレクト・マーケティングなど，他の活動もプロモーション・ミックスの一部であるが，これらは分類が難しい。

ソーシャル・メディア・マーケティングや，ブランドと顧客間の「双方向」コミュニケーションが登場したことで，「コミュニケーション」と「販売促進のコミュニケーション」の境界が曖昧になってきている。これまでマーケティング・コミュニケーションとは，単にマーケターがブランドのメッセージを，広告，電話，広告板など，「一方通行」のマスコミを通じて

---

1. Knudsen, T. R. (May 2007), Confronting proliferation... in beer: An interview with Carlsberg's Alex Myers. *McKinsey Quarterly* [web exclusive].

繰り返し発信することを意味していた。インターネット，特に Web 2.0 の登場により，顧客はブランドについて意見を伝えるための独自のメディア・プラットフォームを作り始めた。消費者たちはブログやフォーラム，掲示板，wiki，ビデオ，ウェブサイトなどを通じて，他の消費者やブランドと意見やブランド経験を共有するようになった。マーケターは，こうした1対1の個別のコミュニケーションの重要性を認識し始め，次第にそういったコミュニケーションを自社のコミュニケーション計画に取り入れるようになってきている。

　こうしたことのすべては，グローバル・マーケターにとって何を意味するのだろうか。ブランドの本質を世界規模で伝えることは決して容易なことではない。今日の人と人との関係を強めるデジタル世界において，一貫した，効果的かつ効率的なグローバル・キャンペーン実施は，新たな課題を生んでいる。そのいくつかを以下に挙げる。

- マーケターにとって，世界の隅々にまで数多くの新しいチャネルが現れている。衛星ネットワーク，インターネット網，マルチメディア対応携帯電話，さらに，Facebook や YouTube, MySpace, Flickr, ブログといった人気のソーシャル・ネットワーク・ツールなどである。このことは，テレビや印刷広告などの従来のチャネルが一部の市場ではもはや機能しないということではなく，世界的な販売促進キャンペーンはこうした新たなチャネルを取り込み，それに応じて計画しなくてはならないことを意味する。

- デジタル技術が，グローバル・コミュニケーションとローカル・コミュニケーションの差をほとんどなくしてしまった。今日，YouTube にプロモーション・ビデオを掲載すれば，それが本来どのような消費者を対象にしているかとは関係なく，「急速に広まり」，毎月20か国以上2000万人の視聴者がアクセスできるようになる。これによって，確かにマーケティング・コスト1ドルあたりのリーチ（到達範囲）は大きくなるが，同時に，文化や言語の違いによる誤った解釈も増える。

- ブランド・コミュニケーションを，企業からも消費者からも発信できる。このため，マーケターはキャンペーンに対するコントロールを一部

放棄し，評判のマネジメントなどの新たなスキルを習得し，今日の消費者により高く評価される本物の率直なコミュニケーションを目指すことを余儀なくされている。
- ■ターゲットとなる消費者の追跡，顧客転換率など，デジタル販促キャンペーンを通じて得られる測定値が，マーケターの説明責任の水準を上げている。つまりマーケターはこれまで以上に，自身の行うキャンペーンの投資利益率を明確に提示することが求められているのである。

こうした課題に対処するために，グローバル・マーケターの多くが，**統合的マーケティング・コミュニケーション**（IMC：integrated marketing communications）戦略を拠り所とするようになっている。企業のコミュニケーション戦略の各要素を慎重に調整するだけでなく，そのような要素が全体として市場に及ぼす影響も考慮する必要があるというのがIMCというアプローチの最新の考え方である。現在，マーケティング・ミックスのモデル化が，個々のコミュニケーション要素，プロモーション要素の成果を特定するのに使用されているが，ここではこうした要素間の相互作用やその全体としての効果，あるいはマーケティング・プログラムの他の要素の効果は考慮していない[2]。IMCの「全体的影響」というアプローチは，マーケティング・コミュニケーションを機能横断的に評価することを推奨するが，このような考え方は，企業のグローバル・プロモーション戦略にとって特に意味がある。

IBMでは，IMC戦略が長年定着した慣行となっている。この世界の大手ICT企業は，同社が世界中で展開するコミュニケーション・キャンペーンの成果を測定し，伝達することを専門とする独立したIMC部門を持っている。そのようなキャンペーンに対する何億ドルもの投資が，確実に効果を生むようにするためである。このIMC部門は，広告や販売促進からイベントやスポンサー活動に至るあらゆる種類のコミュニケーションを追跡する。この部門では長い年月をかけて，IBMのグローバル・マーケティング・コミュニケーションについて実践的な見識が得られる，高度かつ効果的な測定・研

---

2. Shultz, D. E. (15 February 2006). Measure IMC's whole — not just each part. *Marketing News*, 8.

究手法を確立している[3]。

　Levi Strauss は，こうした新しい環境においてグローバル・マーケティングに取り組んでいる企業の1つである。同社はこれまで，世界の地域ごとに異なる Levi's Jeans のポジショニングを考慮した，別個のキャンペーン（多くは現地で考案，制作された）を通じて自社のブランドと製品を販売していた。例えば，Levi's は欧州では高級なジーンズと見なされ，価格もそれに応じて設定されているが，米国では，伝統的な米国の価値観を代表する普段着として販売されている[4]。

　2008 年，同社は本当の意味でのグローバルな製品の発売と，それに合ったグローバルな販売促進キャンペーンを行うという大胆な手段を講じた。世界統一スタイルで販売される，新たにデザインされた Levi's 501 を中心としたキャンペーンのテーマは "Live Unbuttoned（ボタンを開けて自由に生きる）"。このテーマには，「表現と開放」がもたらす自由というメッセージが込められている。この世界的なキャンペーンは，数多くの宣伝・広告活動を盛り込み，例えばバイラル CM，印刷広告，テレビ広告，限定版のボタンカバー，世界中の新進気鋭のタレントを使ったデジタル・キャンペーンを使用したり，さらに米国の市場では屋外広告を使用したりしている[5]。広告で使用するエッジの効いたメッセージ，挑発的なイメージ，大胆さゆえに，個人主義に重きを置いたこのキャンペーンは，たとえ現地の消費者に似たキャラクターを使用した広告であっても，一部の外国人消費者の心には響いていないと言うアナリストもいる[6]。しかし Levi Strauss は，"Live Unbuttoned" キャンペーンが対象としている世界の若者たちが，最終的に，ミュージック・スターやポップカルチャーを受け入れてきたのと同じように，この統一

---

3. Powers, T. M., & Menon, A. (2008). Practical measurement of advertising impact: The IBM experience, In R. A. Kerin & R. O'Regan (Eds.), *Marketing mix decisions: New perspectives and practices*, 77-109, Chicago: AMA.
4. Smith, R. A. (18 July 2008). Levi's marketers hope one size fits all. *Wall Street Journal Online*.
5. "Live unbuttoned" with global launch of new, innovative Levi's 501 marketing campaign. (21 July 2008), *PR Newswire* [press release].
6. Smith, R. A. (18 July 2008). Levi's markers hope one size fits all. *Wall Street Journal Online*.

メッセージとグローバルな製品を受け入れるだろうと確信している[7]。「これは前進であり，グローバル・リーダーになる道です。」そう話すのはLevi Straussの社長兼CEOのJohn Andersonである。「世界110か国以上で販売されるLevi'sというブランドを持つ我々は，世界ナンバー・ワンのジーンズ会社です。我々はこのキャンペーンによって，世界中の新しい世代のジーンズ消費者に，本来の，典型的な501ジーンズが，現代的で，彼らのライフスタイルに適していることを知ってもらう，またとないチャンスを得ることができました。他のジーンズ・ブランドにはできないことです」[8]。

同社の財務実績が，Andersonの発言を裏づけている。キャンペーン開始後の4半期，同社のグローバルでの売上，純利益は上昇した[9]。しかし，一部の批評家たちは，このキャンペーンの効果について懐疑的である。ブランド構築を専門とするWolff OlinsのNeil Parkerは，今日のブランド構築は，その独自性を守りながら「地域の違いに適応できるように柔軟」でなければならないと主張する。彼はまた，個々のファッション・スタイルが個人のスタイルと誇りの表現の問題となる世界で，単一のスタイルのジーンズだけを宣伝することは，むしろ難しい販売アプローチであるという[10]。

▶ コミュニケーションのグローバル化 vs. ローカル化

"Managing Brands in Global Markets"の中で，Day & Reibstein（2004）は，企業やブランドのグローバル化が話題になっているが，ブランド戦略を本当の意味でグローバル化している企業はまだ数えるほどしか存在しない，という考えを示している。著者らは，大部分のブランドが，「世界共通のポジション」と「地域アイデンティティの集合」という両極の間にあると考えている（表13-1）。

---

7. Morrissey, B. (11 August 2008). EVB "unbuttons" bunch of Levi's next-gen celebs. *AdWeek.com*.
8. "Live unbuttoned" with global launch of new, innovative Levi's 501 marketing campaign. (21 July 2008). *PR Newswire* [press release].
9. Levi Strauss & Co. announces third-quarter 2008 financial results. (2 October 2008). *Business Wire* [press release].
10. Smith, R. A. (18 July 2008). Levi's marketers hope one size fits all. *Wall Street Journal Online*.

表 13-1 現地化のロードマップ

ブランドの種類	プレステージ	マスター	スーパー	グローカル
カテゴリーの性質	ぜいたく品 例： Rolex Ferrari Louis Vuitton Mercedes Gucci	ファッション 例： Pierre Cardin Benetton Donna Karan LaCoste	家庭用サービス パーソナルケア 例： Colgate-Palmolive Unileverの家庭用品 Procter & Gambleの美容関連品	食品／小売 例： Nestlé Danone McDonald's Jollibee （フィリピン） Kentucky Fried Chicken
憧れの度合い	高	高―中	中―低	低
現地文化の性質	グローバル	グローバル	ローカル	ローカル

──────求められる現地化の程度──────▶

著者らによれば，本当にグローバルなブランドを構成する最も重要な5つの属性[11]は次のとおりである。

1. すべての市場で一貫した，発音しやすい名前
2. 主要な市場がなく，売上が世界に均等に分散している
3. すべての市場，文化において，ブランドの本質とポジショニングを維持している
4. 同じ顧客ニーズに対するソリューションを提供している，あるいはどこでも同じ標的市場を対象にしている
5. すべての市場でブランドのパッケージ，価格設定，広告などが一貫している

企業が世界の消費者とどうコミュニケーションするかにはこれら5つの条

---

11. Day, G. S., & Reibstein, D. J. (2004) Managing brands in global markets. *The INSEAD-Wharton Alliance on Globalizing: Strategies for Building Successful Global Businesses*, 192. New York: Cambridge Press.

件のうち少なくとも3つが，直接関係している。効果的で強固な，グローバル・コミュニケーション戦略を策定することが，グローバル・マーケティングのリーダーが向き合うべき最重要タスクの1つであることには間違いない。

Research International Observer（RIO）という研究では，次の4つの主な要因を基にブランドのグローバル化とローカル化を選択することの合理性を示唆している[12]。

1. 「ブランドの種類」：この研究では，具体的な特徴を示す4種類のグローバル・ブランドが提示された。

   プレステージ（prestige）・ブランド（Chanel, BMW, Gucci, Mercedes）は，生産国，企業創設者，あるいはその企業が開発した象徴的な技術と関連した，具体的な神話性に基づく強力な魅力を持つブランドである。時計に具現化されるスイスの精巧さ，フェラーリが象徴するイタリアのデザインを考えてみるとよい。プレステージ・ブランドは，ステータスに対する願望や強い憧れを表し，また，生来の近寄りがたさを維持するために現地化を拒んでいる。

   マスター（master）・ブランド（Nike, Sony, Coca-Cola, Nokia）は，「自立」「つながり」「友情」「品質」「個人主義」といった普遍的な観念や物語と結びつけられるようになったブランドである。こうしたブランドは，その国籍を越えて本当の意味でグローバルな，強力な魅力を確立している。この種のブランドは，戦略的な理由から生来の状態を維持し，現地化に抵抗しなくてはならない。

   スーパー（super）・ブランド（Procter & Gamble, Colgate-Palmolive, Dove, Philips）は，特定カテゴリのブランドであり，マスター・ブランドのような神話性よりも，信頼性で知られている。こうしたブランドは，製品を現地化することが多く，それぞれの市場のニーズ合うように適応し，革新し続けている。

---

12. Baker, M., Sterenberg, G., & Taylor, E. (2003). Managing global brands to meet consumer expectations. *ESOMAR Global Cross-Industry Forum, Miami.* www.warc.com から検索。

グローカル（glocal）・ブランド（Nestlé, Danone, Jollibee）は，世界中に流通しているが，現地の文化や市場に溶け込むように素性を「隠している」。こうしたブランドは，消費者に対して親しみやすさや安心感を築くことが肝要であり，できる限りの現地化を志向する。この種のブランドは食品などのカテゴリに多く見られるが，消費者社会が登場し始めた発展途上国においては，憧れの対象となることもある。

2. 「カテゴリーの性質」：カテゴリーの表示価値が高いほど，あるいはブランドのカテゴリー内の憧れの対象としてのポジショニングが高いほど，そのブランドの現地化の可能性は低くなる。先述したように，食品や家庭用品，洗浄剤，パーソナル・ケア製品などは表示価値が低く，こうした製品は最も現地化されやすい。

3. 「憧れの度合い」：トヨタは表示価値の高いカテゴリーのブランドであるが，このブランドは敢えて，現地の文化や価値観に溶け込むために，カテゴリー中のロー・エンドに位置づけられる。逆にNikeは，ハンガリーのブダペスト・マラソンなどローカル・イベントのスポンサー活動で知られているが，このブランドは，Michael JordanやTiger Woodsなど注目を引くスポークスマンと提携することで，憧れの対象として高い価値を示している。

4. 「ローカル・カルチャーの性質」：ある文化のブランドに対する姿勢は，個人主義あるいは集団主義の程度，ローカル重視あるいはグローバル重視の程度によって決まることもあるが，そうした価値観は，必ずしも第3章，第4章で述べたような従来の定義と一致するとは限らない。例えば日本は，Hofstedeのフレームワークによれば非常に集団主義的な社会と定義されるが，ブランドに関しては非常に個人主義的である。日本はドイツ，ベルギー，イタリア，スウェーデンと並んで，特に「世界的個人主義（Global Individualists）」というカテゴリーの代表である。フランス，米国，英国，オーストリア，ロシア，スペインなどは「文化的個人主義（Cultural Individualists）」の国に分類され，特に，個人的な好みや価値観を反映した，より現地化された製品を求める。さらに，グローバル／ローカルの度合いを表す軸は，「文化的センシティ

ブ（Cultural Sensitives）」と「グローバル・センシティブ（Global Sensitives）」を区別する。これらのカテゴリーはともに集団主義の市場に代表されるが，前者（中国，トルコ，インド，インドネシア，ハンガリー）は，グローバル・ブランドが現地の文化を尊重し，これに適応することを期待するが，後者（ブラジル，韓国，ケニア，チリ，コロンビア）はグローバル・ブランドにより寛容であり，一定の現地化しか求めない。ただし，グローバル・センシティブの国は，ブランドの原産地，また個々の製品がどこの国で製造されるかを意識する。

同研究の著者らは，これら4つの主要な要因に基づき，マーケティング担当マネジャーが自社のグローバル・コミュニケーション・プランにおいて現地化戦略を追求すべきか，より標準化した戦略を追求すべきかを決定するプロセスの指針となるロード・マップを作成した（図13-1）。ブランドは，一度知覚された評価をそのまま維持できるとは限らないため，マーケターは特定の市場で期待されるポジショニングを達成するために，定期的に自らのアプローチを調整する必要があるという点に留意しなくてはならない。

広告は，あらゆるグローバル・コミュニケーション戦略の中でも，最も目立つ部分である。したがって，本章の残りの部分では，グローバルな広告に着目し，これに関連する課題をグローバル・コミュニケーションに照らして検討する。

標準化広告

標準化（スタンダード）広告の昔ながらの定義は，ある1つの広告が言語の翻訳以外は何も変わらないことというものであった。長い年月をかけて，こうした厳密なパラメータがいくぶん緩和され，今日では一般に，広告は世界中で同じテーマを維持している限り，それは標準化されていると考えられるようになった[13]。

世界規模で標準化されたマーケティングと広告の魅力は，今では十分理解

---

13. Onkvisit, S., & Shaw, J. J. (2004). *International marketing: Analysis and strategy*, 455. New York: Routledge.

されるようになっている。それは節約，一貫性，コントロール，強いブランドの認知，複数の市場にまたがって製品やノウハウを活用できることといったメリットを提供してくれる。

しかし，こうしたメリットを完全に享受できているブランドは数えるほどしかない。Day & Reibstein（2004）は，最もグローバル化したブランドとして，British Airways, GE, Heineken, IBM, Intel, Marlboro, Prozac, Siemens, Starbucks, Tagamet, Viagra などのブランドを挙げている[14]。

標準化広告に適した製品：「Intel のような企業にとって，グローバル・ブランドの確立ははるかに容易である」と Day はいう。「Intel は（他のグロー

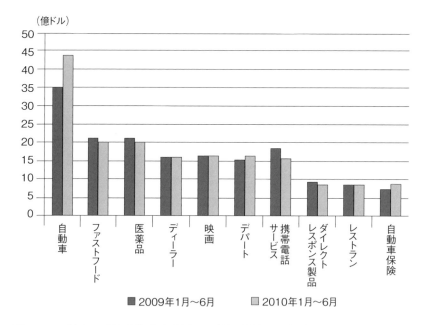

図 13-1　グローバル広告支出額カテゴリー別トップ 10
出典：AdAge.com; The Nielsen Company より作成。

---

14. Day, G. S., & Reibstein, D. J. (2004). Managing brands in global markets. *The INSEAD-Wharton Alliance on Globalizing: Strategies for building successful global businesses*, 194. New York: Cambridge Press.

バル企業に比べ）購入者の数が少なく，彼らはすべて同じ目的でコンピュータ・チップを使用している。また，同社の競合企業はすべてグローバル企業である。Intel は，特段の現地適応化がないグローバル・ブランドである」[15]。

Intel などの工業品ブランドや，（図 13-1 に示すような）ぜいたく品，ハイテク，ファッション，自動車のカテゴリのプレステージ・ブランドやマスター・ブランドの広告キャンペーンは，例えば食品やパーソナル・ケア製品のキャンペーンに比べ標準化が容易である。前者が顧客の野心や，高級感への欲求，つまり，より普遍的な感情に訴えることを目指すのに対し，後者は，あらゆる市場の文化的景観の一部になること，消費者の個人的な日常の一部になることが目標である。

高性能フィットネス装置のメーカーである Life Fitness は，自社製品の魅力を，従来からの本格的なフィットネス愛好家だけでなく，定期的にジムに通う人や健康的なライフスタイルの実践者にまで拡大することを目指す，標準化したグローバル・キャンペーンを新たに立ち上げ，それなりに成功していた（図 13-2）。同社は売上の 45% が海外での売上であり，世界的に健康全般への関心が高まっていることに気づき，すべての人を対象に，フィットネスによる日常的な効果に着目した新たな広告をデザインした。同社の以前の広告キャンペーンは，ボディ・ビルダーのような筋肉隆々のモデルを使い，マシンの技術的な特徴や性能を強調していた。新しいキャッチ・フレーズ "What We Live For（私たちの生きがい）" は，マウンテン・バイクやハイキング，サーフィンなどのよくあるレクリエーションを楽しむ健康的で壮健な人たちを使ったイメージやメッセージにより強調されている。この新しい販売キャンペーンの 90% が，Life Fitness の顧客の大部分を占める世界中のジムなどの運動施設に配布されている。しかし，同社はそれでもまだ，現地の文化的習慣を考慮し，世界的に標準化したメッセージとイメージを微調整する必要があった。具体的には，ドバイのライン・アップからは，ビキニ姿でシュノーケリングを行うモデルを使った広告は削除し，他方では，イタ

---

15. Managing brands in global markets: One size doesn't fit all. (1 June 2005). *Knowledge@Wharton*. http://kowledge.wharton.upenn.edu/article.cfm?articleid=1206 から検索。

図 13-2　Life Fitness の新たな販売キャンペーン
出典：Life Fitness から許可を得て転載。

リアとスペインの広告には，現地の好みに合わせて性的魅力を助長するようなプラス・アルファの工夫が必要となった[16]。

　標準化広告のメリットは認識されているが，それにもかかわらず，それをうまく実行するための課題はまだ多く残されている。イメージに対する文化的な嗜好の違いに加え，メッセージの有効性もこうした課題の1つである。Marieke de Mooj（2005）が指摘するように，世界の人々は標準化した製品を積極的に購入するかもしれないが，彼らはおそらく，各々まったく違う理由でそれらの製品を購入している。Levi'sのジーンズは，ある人にとってはステイタス，あるいは米国のライフスタイルの象徴かもしれないし，別の人

---

16. Borden, J. (15 September 2008). Fitness for the everyday consumer. *Marketing News*, 17-19.

にとっては，単純に普段着かもしれない。「標準化した製品を購入する動機が国／地域によって異なるなら，どうしたらすべての国で標準化した広告キャンペーンに同じ効果を持たせることができるだろうか」[17]。

適応化広告

その名前が示唆するように，**適応化（現地化）広告**（adapted advertising）によるコミュニケーションは，各市場の文化的，社会的状況を反映している。適応化広告のねらいは，広告するブランドや製品の認知度や支持を高めることである。現地の文化的価値観や好みに応じてブランドを提示することで，より多くの人がそのブランドに共感するようになり，親近感が増し，結果として売上も伸びるという理論である。

例えばパキスタンでは，P&G がスーパー・ヒーローの"Commander Safeguard"というアクション・フィギュアを使用したローカル・キャンペーンで大きな成功を収めている。その地域の物語を話すという伝統を称賛し，またさまざまなチャネルを通じて子供たちに訴えることで（Commander Safeguard はテレビ番組，ラジオ番組，ウェブサイト，DVD，音楽ビデオで展開されている），P&G は衛生面の習慣を変えるだけでなく，ブランドの認知度や売上を大幅に高めることができた。P&G のキャンペーンを制作した代理店である Saatchi & Saatchi によれば，Safeguard はパキスタンでは最も高価なブランドの石けんであるが，この国では家庭用として最も多く購入されているという[18]。

P&G がこのキャンペーンで宣伝した石けんが，パーソナル・ケア製品というスーパー・ブランドのカテゴリであることは偶然ではない。研究プログラム RIO によれば，パーソナル・ケア製品は最も現地化しやすい家庭用品である。

製品の種類に加え，他の要因も広告を現地化するという選択に影響するこ

---

17. De Mooij, M. (2005). *Global marketing and advertising* (2nd ed.), 8. London: Sage.
18. Lindstrom, M. (21 May 2007). P&G cleans up in Pakistan. *AdAge.com* [*BrandFlash: Martin Lindstrom's Weekly Reports*]. http://adage.com/article?article_id=115637 から検索。

とが分かっている。例えば，ある調査から，世界的ブランドに対する親しみが，そのブランドの広告に対する現地消費者の知覚に影響することが分かっている。消費者がある世界的ブランドを知っている場合，彼らは標準化された広告のメッセージを受け入れる可能性が高くなる。一方，消費者がそのブランドに対してあまり親しみがなければ，彼らはそのブランドの広告が現地化されることで好意的に反応する可能性が高くなる[19]。

製品を世界的に販売する場合とは対照的に，サービスの販売は，広告を現地化すると効果が高まる傾向がある。サービスは顧客が個人的に経験するため，現地の文化的思考や言語，社会規範に従うことが，サービス提供者にとってより重要となる理由は容易に分かる。サービスに標準化広告を使用する上でのもう1つの障害は，大部分の国でサービスが政府の規制を強く受けるという点であり，そのような規制によって，ある国の市場から別の国の市場に広告をそのまま移転することが妨げられている[20]。

文化的タブーや文化的認識が，メッセージを現地化するマーケターに課題を突きつける場合もある。例えば，L'Oreal や Avon，Ponds といった世界的な化粧品会社の多くは，欧米の人々にとっては驚きかもしれないが，インド，中国，韓国，日本の女性に美白クリームを大量に販売している。欧米の人々は，このような習慣は悪い固定観念や先入観を強めるものだと考える。Hindustan Lever のスキンケア部門の部長である Ashok Venkatramani は，この見解に反論する。彼によれば，特定の製品に思想的な理由で反対することは，「非常に西洋的なものの見方」であるという。「欧米の定義では，美といえばアンチ・エイジングである」であるが，「アジアでは，美とは肌を2トーン明るくすることである」と彼は続ける。インドでは，美白製品は，すでに急成長している化粧品市場において最も人気の高いカテゴリーである[21]。

---

19. Pae, J. H., Samiee, S., & Tai, S. (2002). Global advertising strategy: The moderating role of brand familiarity and execution style. *International Marketing Review*, 19(2/3), 176.
20. Kanso, A., & Kitchen, P. J. (2004). Marketing consumer services internationally: Localisation and standardisation revisited. *Marketing Intelligence & Planning*, 22(2/3), 201.

マーケティング・コミュニケーションで現地化戦略を選択する際、キャンペーンの効率向上を求めると、コストと複雑さの増大により、その妥協点を見つけなくてはならない。特に技術に関しては、マーケティングの環境は絶えず進化しており、このことが複雑さを増大させる。McDonald's の最高グローバル・マーケティング責任者である Mary Dillon は最近、「テクノロジーによってボーダレスになるにつれ、グローバル・ブランドにとって、親密な絆と全世界のつながりを同時に築かなくてはならない課題が増大する。」と述べている。彼女はマーケターに対し、「自分たちの顧客がどのように生活し、自分たちのブランドが顧客の生活にどのように価値を与えるか」を知るよう助言しつつ、共通のニーズや願望を中心に据えたコミュニケーションの現地化の力について言及している[22]。

　実際、広告業界の最高の栄誉である Global Effie 賞を獲得した広告キャンペーンが、長い年月をかけて、現実的で妥当な言語やイメージを使用して完全に「ローカル」なものになった普遍的な考えや理想が、グローバルなマーケターにとっての必勝法であることを証明している。2007 年の Global Effie 賞の後、審査員の何人かは「素晴らしい」グローバル・キャンペーンを、「大きな計画、明確な焦点、そして真のユーザー・インサイトに基づく画期的なコミュニケーション」「広範囲に広がってもなお現地消費者の感情に届く、十分に大きく象徴的なメッセージ」「現地の違いや文化も考慮した大きく、広範で、柔軟な、総合的なコンセプト」「創造的な品質、ユーザー・インサイト、グローバルな人間の真実に基づくユニークでストレートなアイディア」[23]と定義している。

---

21. Timmons, H. (30 May 2007). Telling India's modern women they have power, even over their skin tone. *The New York Times*,C5.
22. McDonald's CMO: Erase borders and create bonds. (15 October 2008). *Marketing News*, 20.
23. Langton, C. (4 June 2007). What wins Effies? Simple ideas. *Advertising Age, 78*(23), 32.

グローバル広告戦略

　全体として，2008年のグローバル広告の支出は6650億米ドルと見積もられ，世界市場は米国の広告市場よりもわずかながら速いペースで成長している[24]。しかし，そのような金銭の流れは，産業によって大きく異なる。世界中のマーケティング担当上級幹部を対象に最近行ったある調査から[25]，回答者のうち3分の1がマーケティング戦略は全国レベルで展開することがベストであると考えていること，4分の1が地域レベルのマーケティング戦略を好むこと，グローバルなマーケティング戦略の展開を支持するのはたった19%であることが分かった。ICT産業のマーケティング担当上級幹部が，グローバル・マーケティング戦略を好む傾向が最も高く，このことは，ハイテクを扱う企業間取引部門が最もグローバル化の傾向が高いという，以前の調査結果とも一致する。

　この調査では，すべてのマーケターがメディアと広告を最優先事項として挙げ，特にICT産業，金融・保険産業，電気通信産業ではこの傾向が顕著であった。こうした産業のマーケターは，自社の新たなポジショニングや翌年の新製品の発売を顧客に伝えることを望んでいると考えられる。

　そのような，新たなメッセージによる強力で集中的な広告キャンペーンが功を奏したのが，Kraftのクリームチーズ・ブランド，Philadelphiaである。Kraftの長年にわたるグローバル・キャンペーン，"Philadelphia ―A Little Taste of Heaven（フィラデルフィア―天国の味見）"は，Phillyという天使が天国で軽く優しいクリームチーズを食べる，というコンセプトで35か国以上を（カスタマイズしながら）カバーしている。2000年，ライバル会社のParmalatが独自ブランドのクリームチーズをカナダで発売し，挑戦的な価格設定，広告，インストア・マーチャンダイジングにより，特にフランス

---

24. Interpublic unit sees '08 global ad spending up. (26 June 2007). *Reuters*. http://today.reuters.com/news/articleinvesting.aspx?type=comktNews&rpc=33&storyid=2007-06-26T134448Z_01_WEN8979_RTRIDST_0_UNIVERSALMCCANN-FORECAST-URGENT.XMLから検索。
25. Gritten, A. (July 2008). Inside the marketing department. *Research*, 29.

語圏のケベック州では，Philadelphia ブランドを押さえてまたたく間に大きな市場シェアを獲得した。Kraft は，新しいキャラクターを加え，製品の魅力を広げて新たに自社キャンペーンをすることですぐに対応した。これに加え，ケベック州では天使の表情に，より共感を呼ぶような魅力を与えた。この計画は功を奏した。Philadelphia ブランドのクリームチーズの売上は，新たな広告キャンペーンを開始した最初の年に 8.5% 増を記録し，特にケベック州では優れた成果を上げた。Kraft は，特定の現地市場に少し余分に注意を払っただけで，広告キャンペーンと売上を活気づけ，市場シェアを深刻な脅威から守ることができた[26]。

グローバル広告戦略は，単独でデザインあるいは実行してはならないという点を忘れてはならない。グローバル広告戦略は，一貫したプロモーション戦略やマーケティング・ミックス全体と一体でなければならない。しかし残念ながら，世界的な状況におけるマーケティング・ミックスの決定は複雑であり，市場や国への資源の割り当てについて，ベスト・プラクティスを確立するための研究はほとんど行われていない。一部の研究は，マーケターは自らの意思決定を現地の市況に基づいて行うだけでなく，国際競争，市場の学習，普及がいかに反応に影響するかを考慮する必要があると指摘する。また，市場参入のタイミングをずらし，後発参入した国ではキャンペーンにより多くのマーケティング・コストを費すことで，マーケティングの効果が向上すると指摘する研究もある[27]。

近年，Samsung Electronics が，強力でかつ十分に統合・研究された戦略により企業のグローバル・マーケティングの成果が大きく改善されることを証明している。同社は 10 ドル億のマーケティング予算を 200 か国，14 製品カテゴリーにどのように費しているかを徹底的に調べ，広告予算をロシアと北米で 10% 減らし，欧州と中国で 11% 増やすことで，マーケティング・コストの有効性を改善できることに気づいた。その結果，Samsung はいくつ

---

26. Anonymous (18 November 2002). Philadelphia cream cheese. *Marketing Magazine*, *107*(46), C14. ProQuest.
27. Shankar, V. (2008). Strategic allocation of marketing resources: Methods and insights. In R. A. Kerin and R. O'Regan (Eds.), *Marketing Mix Decisions: New Perspectives and Practices*, 154-183. Chicago: AMA.

かの製品カテゴリーで市場シェアと売上を大幅に伸ばし,そのグローバル・ブランド・バリューを30%も増大させた[28]。

▶グローバル・キャンペーンとそのメディア・ミックス

パーソナル・ケア製品や自動車といった特定の製品カテゴリーの企業は,他の企業に比べより多く広告に支出している（表13-2を参照）。しかし,新たな広告チャネルの普及に伴い,マーケターにとっては,限られた広告予算をどこに使うかを決定する仕事がよりいっそう難しくなってきている。その主な理由は,デジタル化である。ブログやポッドキャスト,オンライン・ビデオ,バイラル・メールなどの技術が,現地化かグローバル化かという議論を超え,共通の関心を通じてオンラインで互いにつながっている,特定の,しかしグローバルな消費者グループを対象にカスタマイズした広告メッセージを発信するという,前例のないチャンスを作り出している。マーケター

表13-2 グローバルな広告主トップ10

順位 2007年	広告主	本社	世界の広告支出（ドル） 2006年
1	Procter & Gamble	シンシナティ	9,358
2	Unilever	ロンドン／ロッテルダム	5,295
3	L'Oréal	デトロイト	3,345
4	General Motors Corp.	クリシー（フランス）	3,426
5	トヨタ	豊田（日本）	3,202
6	Ford Motor Co.	ディアボーン（ミシガン州）	2,902
7	Johnson & Johnson	ニューブルンズウィック（ニュージャージー州）	2,361
8	Nestlé	ブベー（スイス）	2,181
9	Coca-Cola Co.	アトランタ（ジョージア州）	2,177
10	ホンダ	東京	2,047

出典：データは Top 100 global marketers by media spending. (19 November 2007) より。*Global Marketers. Advertising Age* より作成。

---

28. *Ibid.*

は，うまくやれば，そのようなメッセージによってこうしたグループに的確に狙いを定め，消費者からすぐに反応を得ることができる。ただし，ここで「うまくやる」ということは，周りの広告の雑音の中でも失われない，効果的で，説得力のある，的を射たメッセージによって消費者を引き込むことを意味する。

　このように新しく，より高い基準によって，マーケターの多くが自身の役割と戦略を見直すことを余儀なくされている。「今ではRSSやwiki，ポッドキャスト，ビデオ放送が使えるようになりました。その影響で，マーケターは身動きできなくなるかもしれません。かつては機能していたことが機能しない，話している内容が証明されていない，そういう場合，どこへ行けばいいのでしょう。」そう話すのはZócaloグループ社長兼CEOのPaul Randである。「ルールは日々更新されます。そして勝者，敗者，過去の存在というまったく新しいマーケターのフレームワークが作り出されるのです。そのことは刺激になります。」[29]

　ソーシャル・コンピューティングのような，消費者に力を与えるメディア・チャネルや技術は，消費者が製品やブランドについて自分の意見を広めることができる新しいツールのほんの一部でしかない。こうしたツールは，企業が行う公式なキャンペーンと同じくらいの関心を生む可能性もある。その過程で，消費者は容易にブランドの評判を世界規模で高めたり落としたりすることができる。

　人々が広告をどう認識し，これにどう反応するかには，文化が重要な役割を果たす。長年にわたり行われてきた多くの研究から，広告は，それが好ましければ好ましいほど，それだけの効果があるということが確認されている。アジア諸国で好まれるコマーシャルにはどのような属性が含まれているのか，また，それらは欧米市場の場合の属性とどう違うか，特にX世代の消費者の場合どう違うか，を調べるために，最近，ある研究が行われた。この研究から，アジア人が最も好む広告は「面白さ」を描き出した広告であり，これに「優しさ」「穏やかな売り込み」「強力／独特／セクシー」「自分

---

29. Fielding, M. (15 March 2007). Eliminate waste: Determine which media channels truly engage customers. *Marketing News*, 10-12.

表13-3 各国に固有の広告スタイル

国	広告スタイル
中国	教育的，品質重視，伝統，地位，敬意
フランス	象徴性，官能性，ユーモア
ドイツ	ロジック，証言広告，伝統，金額に見合う価値，権威
イタリア	感情に訴える，ライフスタイル，有名人の起用，演劇風
日本	間接的アピール，穏やかな売り込み，面白さ，雰囲気，象徴性
スペイン	間接的アピール，理想主義的，快活
オランダ	面白さ，現実的，上品さ
英国	表象的，ユーモア，繊細さ，証言広告，階級的格差
米国	講釈，直接的アピール，押し売り，理屈っぽさ

出典：De Mooij, M. (1997). *Global marketing and advertising: Understanding cultural paradoxes*, 272-283. Thousand Oaks, CA: Sage より作成。

に関連がある」「流行／近代的／スタイリッシュ」「ステイタス訴求」が続く，ということが分かった。この結果は，欧米の結果に非常によく似ていた。この2地域でもやはり，「面白さ」「優しさ」「自分に関連がある」が広告にとって最も好ましい性質であると見なされた。ただし，「穏やかな売り込み」「強力／独特／セクシー」「流行／近代的／スタイリッシュ」「ステイタス訴求」など，他のいくつかの属性は，明らかにアジアに特有であった[30]。

広告のスタイルにおける文化的違いの果たす役割は，Marieke de Mooij が長い間扱ってきた研究テーマである。同氏がまとめた各国に固有の広告スタイルを表13-3に示す。

グローバル広告に対する規制

グローバル・マーケティング戦略を計画するとき，マーケターは各国，各

---

30. Fam, K. (September 2008). Attributes of likeable television commercials in Asia. *Journal of Advertising Research*, 48(3), 418-432.

管轄区域の広告産業を管理する無数の基準，規制，法律を考慮しなくてはならない。広告を監視，コントロールする規制機関が，特に一般からの苦情に対応し，広告主の主張が正確であることを保証し，また広告する製品が合法であることを保証するために設立されている。消費者保護が重要な特定の製品カテゴリー，例えば医薬品やアルコール，たばこ，ギャンブルなどのカテゴリーには，こうした監視が特に関係してくる。

　広告規制の環境は，国または地域の関連当局ごとに細分化されるだけでなく，場合によっては広告媒体ごとに細分化されることもある。例えば英国では，広告慣行委員会（CAP：Committee of Advertising Practice）が印刷広告，新しいメディア，映画広告に加え，販売促進，直接販売，メール・オーダーの商品配達を規制している。一方，放送広告慣行委員会（BCAP：Broadcast Committee of Advertising Practice）は，テレビとラジオのコマーシャルや，双方向テレビ・サービス，テレビ・ショッピング，文字多重放送サービスを担当する。両委員会は独立しており，英国広告標準局（ASA：British Advertising Standards Authority）の管理下にある。

　例えば北京では，ある大規模な「都市再編成活動」によって，都市中心部の広告板がすべて取り払われ，広告主と広告代理店を混乱させた。「屋外広告は，Mercedes-Benz，Chrysler，Jeep，Dodgeの中国におけるマーケティング・ミックスの一部です。」そう嘆くのはDaimler-Chryslerのあるスポークスマンだ。北京で看板広告が禁止されると，多くの企業が都市のビジネス街の中心にある屋外のビデオ・スクリーン広告に群がった。そのようなスクリーンを10万台所有するある会社では，その結果として四半期の収益が75%増大した[31]。サンパウロやモスクワなど，他の都市も広告について同様の禁止を検討している[32]。図13-3に，単なる広告板を超えた，気の利いた屋外広告の例を示す。

---

31. Leow, J. (25 June 2007). Beijing mystery: What's happening to the billboards? *The Wall Street Journal*, A1.
32. *Ibid.*

図 13-3　革新的な屋外広告
この広告柱はカナダ，バンクーバーの結婚相談所の広告である。
出典：Executive Search Dating Trap, Rethink Canada から許可を得て転載。

グローバルな広告代理店

　課題の多いグローバル市場においては，多くの企業がマーケティングで競争力を得ようと，グローバルな広告代理店のサポートを活用している。代理店が企業のマーケティング機能にどの程度組み込まれるかは，企業の規模，戦略的マーケティングの焦点，リーダーシップ，産業や市場，他にもさまざまな要因によって異なる。しかし多国籍企業では多くの場合，複数の広告代理店やネットワークとの関係が，グローバル・マーケティング戦略における重要な側面として精査される。

　大規模なグローバル広告主の中には，参入する市場ごとに現地の広告代理店を使うことを好むところもあれば，自国の代理店を使いたいところもあ

表13-4　Omnicomグループ

	BBDO	DDB Worldwide	TBWA/Worldwide
従業員数	15,000	—	11,000
役員数	287	200	267
国の数	79	90	77

る。さらには，世界中に事務所を構えた大手代理店を利用する，あるいはLeo Burnett Worldwide, Y&R, McCann Ericksonといった世界規模のネットワークの一つと提携しようと考える広告主も存在する。こうした代理店の多くは，最大の多国籍広告代理店であるWPPグループの一員である。WPPグループは，本社をアイルランドに置き，2010年の売上は約60億ポンド，107か国に2400の事務所を構え，14万6000人の従業員を抱える。次に規模が大きいのがOmnicomグループである（表13-4）。前述の通り，多国籍企業の多くが，具体的なキャンペーンの目的や目標に応じてさまざまな代理店との関係を維持している。例えばVisaは，カリフォルニアを拠点とするTBWA/Chiat/DayをVisaというブランドの公式代理店として維持しながら，ワールドカップ・サッカーの後援には，ロンドンを拠点とするWieden & Kennedyという独立した代理店を選んでいる[33]。

　企業がグローバル・マーケティング上のニーズを満たすために広告代理店を選ぶ理由はたくさんある。以下にその一部を挙げる。

- 「費用対効果」：企業が国際的に拡大するにつれ，社内のマーケティングや創造的サービスの担当部門を拡大してグローバル・マーケティングのニーズをすべて満足させることが，財政には非生産的となることが考えられる。適切な市場の範囲をカバーしている代理店を選ぶことで，企業は資源を節約すると同時に，意思決定を一元化できる。加えて，代理店は報道機関との好ましい関係により，メディア・バイイング（広告枠の仕入れ）コストの削減を果たす。

---

33. Cuneo, A. Z. (28 June 2007). Visa teams with Wieden for soccer sponsorship. *Advertising Age*. http://adage.com/abstract.php?article_id=118886 から検索。

- 「市場知識」：企業は世界中に事務所を構えるグローバルな代理店1社を使用することで，あるいは各ターゲット市場の現地代理店を何社も使用することで，自社の広告キャンペーンの現地消費者に対する効果を高めてくれる専門知識を購入していると考えられる。
- 「優れた創造的作品」

広告代理店は，才能のある，経験豊かな専門家による，独自の，洗練された，創造的な広告の制作を専門とする。多くの企業にとって，そのような創造的視点や専門知識を社内で構築・保有することは難しい。

- 「専門的サービス」

代理店の中には，媒体計画や媒体購入，デジタル・マーケティングのような特徴的な能力を持つ代理店もある。また，代理店は他にも専門的なサービスを提供する。例えば，危機報道，市場調査など，しばしば社内リソースの限られた企業が求める支援サービスなどを提供する。

企業は代理店との関係を検討する際，戦略的な提携先，代理店の評判や規模，特化した業界といった追加的要因を考慮する。多くの場合，社内の変更，代理店側の変更，あるいは両方の変更によって方向転換が求められる。Coca-Colaは，1990年代の大部分，Edge Creativeという独自の代理店を持っていたが，2000年の戦略変更に伴い，WPPグループのRed Cell／Berlin Cameronや英国のMotherといった外部の代理店のサービスも利用しつつ，グローバルな広告代理店としてInterpublicを指名した。2005年にはさらに変化があった。この年，同社は北米のClassic Cokeのアカウントをさらに別の代理店，Wieden & Kennedyに渡した[34]。トヨタも同様に，2005年，高級ブランドであるLexusの日本（同社の母国）での発売準備に際して，社内の広告会社の他に，日本の大手広告代理店である電通と，さらにいくつかの日本の代理店を選択した[35]。表13-5に，企業が代理店を選ぶ理由，変える理由，代理店の見方を列挙した。

いうまでもなく，代理店とクライアントの関係は，クライアント企業のビ

---

34. Coca-Cola: Brand Profile. (March 2007). http://WARC.com から検索。
35. Madden, N. (15 August 2005). Home-field advantage? Toyota readies Lexus for its debut in Japan. *Advertising Age*.

表 13-5 広告代理店の選択と契約終了を決定する要因

クライアントから見た広告代理店を選ぶ要因	順位	クライアントから見た広告代理店を変える要因	順位	代理店から見たクライアントを失う要因	順位
社員の資質	1	不満足	1	クライアント企業の規模が変わる	1
クライアントの広告戦略と合っている	2	目標の不一致	2	コミュニケーション不足，業績不振	2
国際的な団体のメンバーである	3	上級社員による配慮の不足	3	人事異動	3
代理店の規模	4	変革の時	4	クライアントの戦略変更	4
過去の実績	5	売上，利益の減少	5	方針の変更	5
代理店の能力	6	広告の効果が分からない	6	売上の減少	6
推薦	7	重要な社員が代理店を退社	7	クライアントによる非現実的な要求	7
広告賞の受賞	8	—	8	報酬についての衝突	8
評判	9	—	9	利害関係の衝突	9
	10				

出典：Yuksel, U., & Sutton-Brady, C. (January 2007). From selection to termination: An investigation of advertising agency/client relationships. *Journal of Business & Economic Research*, 5(1), 31-39 より作成。

ジネスにとって重要である。代理店とクライアントの関係が，戦略的マーケティングの方向性に変化をもたらしたり，イメージ・チェンジを成功させたり，売上に直接影響したりする場合もある。韓国のコングロマリットである LG Electronics が，同社のグローバル・マーケティング・コミュニケーションの戦略的かつ創造的な展開のために，ロンドンに拠点を置く Bartle, Bogle, Hegarty (BBH) を指名したとき，同社のグローバル・ブランド・マーケティングを担当する重役は，「1 つの強力な LG ブランド」を構築したいという同社の希望を挙げた[36]。 IKEA の代理店である Mediaedge:cia は，

---

36. Anonymous (3 December 2007). LG appoints new global advertising agency. Cellular-news.com. www.cellular-news.com/story/27823.php から検索。

ポーランドではこの家具小売店のイメージが良くないこと，成長が停滞していることに着目した。この代理店はこれまでにない新しいキャンペーンをデザインし，これによってポーランド市場は店舗来訪者の数が22%伸び，このカテゴリではIKEAの世界中の店舗の中でもトップ・クラスになった。さらに，このキャンペーンによって，ポーランドのIKEAウェブサイトへのアクセスが45%増大した[37]。

こうした例から明らかなように，クライアントと代理店のパートナーシップにはさまざまな形式や力学がある。ただし，クライアントと代理店のパートナーシップの成功の基本的要因としては以下が挙げられる。それは，社内のスキルの集合体と外部の事業範囲が一致して形成される信頼，信用，効果的なコミュニケーション，マーケティング・ビジョンや目標全体を達成する為の戦略的な提携である。

まとめ

- ソーシャル・メディアは，グローバルな広告とコミュニケーション・ミックスにおいて，その重要性が増している。
- デジタル技術が，グローバル広告とローカル広告のギャップを埋めている。こうした技術により，広告主はメッセージを国ごとにではなく，世界に広めることができる。
- 統合的マーケティング・コミュニケーション（IMC）戦略が，多国籍企業の間で重要性を増している。この戦略によって，企業はコミュニケーションを地域単位あるいは世界規模で計画することができるだけでなく，成果を即座に追跡することができる。
- 広告メッセージが現地化される一方で，世界的メディアの利用が増大している。
- 広告キャンペーンのグローバル化が適した製品を特定することが重要で

---

37. Hall, E. (3 March 2008). Global media agency network of the year: Mediaedge:cia. Advertising Age.

ある。
- グローバルな広告代理店は，キャンペーンを複数の国にまたがり調整する上で果たす役割がますます大きくなっている。

ディスカッションテーマ

1. 統合的マーケティング・コミュニケーション（IMC）戦略と，従来のマーケティング・コミュニケーションとの違いは何か。
2. ソーシャル・メディアはグローバルな販売促進のコミュニケーションにどのように影響しているか。具体的な例を挙げよ。
3. Day & Reibstein によれば，グローバル・ブランドの属性とはどのようなものか。本当に世界的なブランドは数えるほどしか存在しないという彼らの見解に賛成するか。
4. マーケターは，グローバルな広告やコミュニケーションを標準化するか現地に適応化するかを決定する際，どのような妥協点を見つける必要があるか。
5. 文化が広告の好みに影響を及ぼすことを念頭に，自国の文化的な期待に合わない，最近目にしたコマーシャルまたは広告を挙げよ。
6. グローバルな広告代理店がグローバルな企業に提供するメリットをいくつか挙げよ。

実践的課題

1. 世界の18～34歳を対象とする消費財の製品を選び，そのデジタル広告キャンペーンの概要を作成せよ。なお，次の内容を盛り込むこと。
   - 選択した地域市場とその国または地域を選んだ理由
   - それらの国や地域ごとに提案するウェブサイトとその提案理由
   - 提案する宣伝方法とその提案理由

- ■ 提案するフリークエンシー（頻度）とその提案理由
- ■ 提案する投資収益率の指標

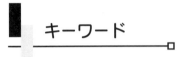
キーワード

適応化（現地化）広告　　p.443
統合的マーケティング・コミュニケーション（IMC）　p.433
標準化（スタンダード）広告　p.439
プロモーション活動　　p.431

パート IV

グローバル・マーケティングの新たな動向

14 グローバル・マーケティングにソーシャル・メディアを使用する
15 グローバル・マーケティング・システムを設計・管理する
16 グローバル市場における倫理観と企業の社会的責任を定義する

第14章

グローバル・マーケティングにソーシャル・メディアを使用する

現在，ある会話が進行中である。……その会話では昔からの顧客が元社員と話しているが，一方では投資家や新規の見込み客が，この会話をチェックして，次に何をすべきかについて「十分な情報を集めた上で」決断するのに役立てている。あなたはその会話に参加しているだろうか。

Das Global Media

学習の目的

本章を読むことで，次のことが期待される。
- ソーシャル・マーケティングとはどういうものか，またそのグローバルな利用について理解すること。
- 主なソーシャル・メディア・ネットワークを特定すること。
- グローバルなマーケティング・ネットワークをどのように販売促進ツールとして利用できるかを理解すること。
- グローバルなソーシャル・ネットワークをどのように現地化できるかを議論すること。
- ソーシャル・メディアによる広告と従来の広告との違いを説明すること。
- ソーシャル・ネットワークの利用に伴うプライバシーの問題について議論すること。

ともに主婦で友人同士の Elaine と Rose は，Elaine が量販店の Best Buy で見た新型の冷蔵庫について Facebook を通じて話をしている。特に 2 人は，その冷蔵庫に 3 ドア構造などさまざまな機能が搭載されている点が気に入っている。2 日後，2 人はその冷蔵庫を実際に購入した人やその冷蔵庫について意見を聞いたことがある人など約 20 人による Facebook 上の会話に参加した。特にそのうちの 1 人は，その意見が高く評価されている親友であった。話し合いの結果，Elaine はこの冷蔵庫をインターネットか小売店で買うよう説得され，購入について再度検討しようと決めた。

このシナリオのような動向は，世界中で起こっている。Facebook や Twitter，LinkedIn といった**ソーシャル・メディア**は，同じ興味などを持つ人同士をつなぐ。マーケターは，こうしたメディアを通じてメッセージを見込み客に伝えることができ，逆に自社の製品やサービスが消費者の目にどう映っているかを知ることができる。この双方向のコミュニケーションがソーシャル・メディアの本質であり，重要な点である。

ソーシャル・マーケティング概論

　Kotler & Zaltman（1971）は，ソーシャル・マーケティングを次のように初めて定義した。ソーシャル・マーケティングとは，「社会的思想の容認性に影響を及ぼすことを意図したプログラムの設計，実施，管理であり，商品企画，価格設定，コミュニケーション，流通，市場調査の考察を伴うものである」[1]。後に Kotler は，**ソーシャル・マーケティング**を次のように定義した。ソーシャル・マーケティングとは，「ターゲット市場のニーズ（欲求），ウォンツ（欲するもの），興味を見極め，期待される満足を競争相手より効果的かつ効率的に，消費者や社会の幸福を守り，高める方法で提供すること」[2]である。Social Marketing Institute もこれと似た定義を提案している。同組織の定義はこうである。「商業マーケティングの概念を利用して社会的変化をもたらすことを意図したプログラムの計画と実施」である[3]。政府機関や慈善団体，教育機関（大学や学校），環境保護団体といった非営利機関は，現代のマーケティング手法を改良することで，ソーシャル・マーケティングの目的を推進している。

　後にソーシャル・マーケティングは，コーズ・リレーテッド・マーケティング（CRM：cause-related marketing）と呼ばれるものに進化した。CRM とは，大義（例えばロンドンの子ども博物館といった慈善機関など）と営利目的の会社（例えば，3M）とを結びつけるものである。これは，大義のために資金を集め，同時に会社の製品の販売を促進するような二者間の相乗効果を作り出すという考えである。最も注目すべきキャンペーンの１つに，1983 年に行われたニューヨークの「自由の女神の修復」と American Express（AMEX）の「クレジットカードとの連係」がある。American Ex-

---

1. Kotler, P., & Zaltman, G. (1971). Social marketing: An approach to planned social change. *Journal of Marketing, 35*, 3-12.
2. Kotler, P., Roberto, N., & Lee, N. (2002). *Social Marketing* (2nd ed.). Thousand Oaks, CA: Sage.
3. The Social Marketing Institute の所在地：1825 Connecticut Avenue NW, Suite S-852 Washington, DC 20009.

pressのカードで買い物するたびに，AMEXが当該事業に1ペニーを寄付し，新たにカードが発行されると1ドル寄付するというものだ。キャンペーンを行った3か月間で，修復資金が170万ドル集まり，AMEXカードによる売上は27%増加した。しかし，ソーシャル・マーケティングとCRMの大きな違いは，二者間に継続的な関係がないことである。CRMキャンペーンの場合，関係の継続が一定期間に限られるが，ソーシャル・マーケティング・ネットワークでは長く続く。Kaplan & Haenlein（2010）[4]は，ソーシャル・マーケティング・ネットワークを次のように定義している。ソーシャル・マーケティング・ネットワークとは，「ユーザー自身がコンテンツを作成し，交換できるWeb 2.0の観念と技術を基礎とする，インターネットによる一連のアプリケーション」である。

▶ソーシャル・マーケティング・ネットワーク

　ソーシャル・マーケティング・ネットワークは，インターネットによるマーケティングと同義である。インターネットによるマーケティングは，ブログやプレス・リリース，ソーシャル・ネットワークのウェブサイトなどを通じて行われる。特にソーシャル・ネットワークは，インターネットの利用を激変させた。インターネットは今や単に情報を探すためのツールではなく，興味や趣味の似た他者とつながるためのツールになっている。この他者とのつながりは，FacebookやTwitter，Google＋，Instagram，LinkedIn，Pinterestといったソーシャル・ネットワーク・メディアを通じて行われる。人々は狭い地域だけに限らず，より広い地域で，あるいはグローバルに他者とつながることができる。例えば，Facebookは，友人を探す人が使用する。LinkedIn（米国）は専門家のネットワークである。一方，World Economic Leaders Community（WELCOM）は世界の政治的指導者や経済的指導者が世界的あるいは地域的な議題，産業関連の議題について議論することを目的に立ち上げられ，専門家や企業との連絡に使用されている。FacebookやLinkedInが知り合いを探すために使用されるのに対し，Twit-

---

4. Kaplan, A., & Haenlein, M. (2010). Users of the world unite! The challenges and opportunities of social media. *Business Horizons*, 53(1), 59-68.

表 14-1　ソーシャル・ネットワーク・ウェブサイトの上位ランキング

	第1位	第2位	第3位	第4位	第5位
オーストラリア	Facebook	Google+	LinkedIn	Twitter	Instagram
カナダ	Facebook	Twitter	Instagram	Google+	LinkedIn
フランス	Facebook	Google+	Twitter	Instagram	LinkedIn
ドイツ	Facebook	Google+	Instagram	Twitter	Pinterest
イタリア	Facebook	Google+	Twitter	Instagram	LinkedIn
ロシア	VK	Odnoklassniki	Facebook	Google+	Instagram
スペイン	Facebook	Twitter	Google+	Instagram	LinkedIn
イギリス	Facebook	Twitter	Instagram	Google+	LinkedIn
アメリカ	Facebook	Twitter	Pinterest	Instagram	Google+
ブラジル	Facebook	Google+	Instagram	Twitter	LinkedIn
中国	QZone	Sina Weibo	Baidu Tieba	Tencent Weibo	Renren
インド	Facebook	Google+	Twitter	LinkedIn	Instagram
日本	Facebook	Twitter	mixi	Ameblo	Instagram

出典：データはWe are Social Singapore. (January 2017). http://www.slideshare.net/weareso cialsg/digital-in-2016 より。

terは知り合いではないが興味が同じ人を探すために使用される。

　表14-1に示す各国のうちロシアと中国を除くすべての国で，Facebookは第1位のソーシャル・ネットワークであり，Google+は6か国，そしてTwitterは5か国で第2位に位置づけられている。世界のインターネット人口の3分の2が何らかのソーシャル・ネットワークまたはブログサイトに接続しており，現在ではこの部門は，インターネットの全使用時間のほぼ10%を占めている。Smith（2010）[5]は，ソーシャル・ネットワークによる

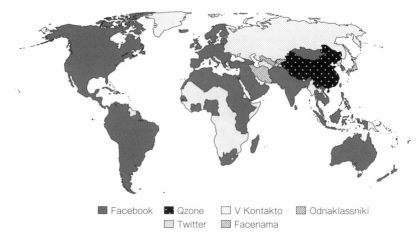

図 14-1　世界のソーシャル・ネットワーク（2017 年 1 月）
出典：データは VINCOS Blog. (January 2017). http://vincos.it/world-map-of-social.networks/ より。

デジタル・コミュニケーションが，直接顔を合わせるコミュニケーションを上回っていることを発見した。同氏の報告によれば，米国では直接顔を合わせるネットワークの平均人数が 21.4 人であるのに対して，オンラインによるソーシャル・ネットワークの平均人数は 49.3 人であるという。

　図 14-1 は，こうした人気のソーシャル・ネットワークの世界的な広がりを示している。Facebook は北米，南米，欧州のすべて，南米の大部分をカバーしている。

▶ネットワークの行動学的意味

　ネットワーク分析（ソーシャル・ネットワーク理論）とは，人やグループ，組織を取り巻く関係の社会的構造が，信念や行動にどう影響するかを探る研究である。ネットワーク・アナリストたちは，個人がどう生きるかは，その個人がより大きな社会的つながりとどのように結びついているかに大きく依存すると考えている。ソーシャル・ネットワーキングはしばしば，特定

---

5. Tom Smith, http://globalwebindex.net/thinking.

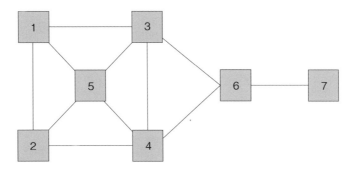

図14-2　ソーシャル・ネットワーク
注：□ノード（行為者），―リンク（関係・流れ）。

の個人や組織を一つに統合する。もちろん，ソーシャル・ネットワーキングは，例えば事業所やクラブ，教会といった場所で直接顔を合わせるコミュニケーションによって行うことも可能だ。しかし，対面によるやりとりは特定のグループに限られ，そのネットワークは大抵は静的である。インターネットは，これよりはるかに大きなグループとやりとりする機会を提供する。しかも，このグループは時間とともに拡大することもある。特定の興味を扱うソーシャル・ネットワーキングのウェブサイトが多数存在する一方，そうではないウェブサイトも存在する。例えばLinkedInは，主に専門家や事業家を対象としている。前述したとおり，世界経済フォーラムの代表者を対象とした，参加者がより限定されたネットワーク（WELCOM）も創設されている。

　ネットワークは，図14-2のノードで表す行為者で構成され，ノード間の関係はリンクで表される。リンクはノード間の関係または流れを示す。「六次の隔たり」の概念（地球上の誰とでも，わずか5人を介在させることでつながりができるという考え）によると，ソーシャル・ネットワーキングは相互につながったインターネットの世界を作り出す。各ノードが人という仮定である。この図から，どの2人が互いに関係するか，またどの人，あるいはどの人たちがリーダーであるか（複数の人とつながっている人）が分かる。この場合のリーダーは5番の人である。5番の人はネットワークの中心におり，この人は他のノードの行動に最も強い影響力がある。6番の人は5番の人より持っているつながりが少ないが，1番，2番，5番の人とつながった

3番と4番の人との仲介の役割を果たす。

　ソーシャル・ネットワークの隠された意味の1つは，人々は自分たちの属する社会的集団の中の他者がどのように行動するかを直接観察することで行動の選択肢について知るだけでなく，自分たちの友人や仲間がネットワーク外の誰とつながっているか，そして実際にどのように行動したかを直接のネットワークに戻すということである。

　マーケターにとってのソーシャル・ネットワークの隠された意味とは何であろうか。Christakis & Fowler（2009）は，世界は彼らが「三次の影響」と呼んでいるものによって支配されていると提言している。つまり，友達の友達の友達，たぶん知りもしない誰かが自分の行動や感情に間接的に影響を及ぼしているという[6]。何を買うべきか，どのレストランに通うべきか，どの娯楽施設に行くべきか，どの電子もしくは活字媒体を見たり読んだりすべきかということについてネットワーク参加者間で行われる議論は，大いにインターネット網の影響を受けるのである。

ソーシャル・ネットワークを使用する動機

　人々はどのような動機でソーシャル・ネットワークを使用するのか。この質問に対する部分的な回答は，Global Web Index から得ることができる[7]。この指標は，アジア，欧州，南米，米国のグローバル・ソーシャル・メディアのユーザー2万9000人あまりを対象にした調査に基づいている。ユーザーは年齢，行動（例えば冒険する人，スリルを求める人，複数の国と関係を持つ人など），総合的な国の指数によって細分化されている。表14-2は，動機の総合指数に基づいて BRICs 諸国を比較したものである。ブラジルとロシアでは，ソーシャル・メディアを使用する最も重要な動機は「最新のニュース／できごとを知る」ことであった（それぞれ全回答者の69%，53%）。インドでは，最も重要な動機は「職探し」であり（全回答者の61%），中国では「友人と連絡を取り合う」ことであった（全回答者の

---

6. Christakis, N., & Fowler, J. (2009). *Connected: The Surprising Power of Our Social Networks and How They Shape Our Lives*. New York: Little, Brown.
7. http://GlobalWebIndex.net.

表14-2　ソーシャル・メディアを使用する動機

動機	肯定する割合（%）			
	ブラジル	ロシア	インド	中国
購入する製品を探す調査	61	46	50	40
何かの宣伝	27	11	32	16
音楽を探す	48	33	38	36
最新のニュース／できごとを知る	69	53	58	40
インスピレーションを得る／新しいアイディアを得る	50	30	50	32
自己表現	28	15	37	27

出典：データはGlobalWebIndex.net. Global State of Social Media in 2010 より。

51%）。また，多くの人が，購入する製品を探すためにソーシャル・メディアを利用している。「購入する製品を探すためにソーシャル・メディアを使用する」と答えた人の割合は，ブラジルが61%，インドが50%，ロシアが46%，中国が40%である。表14-2から，ソーシャル・メディアの用途が国によって異なることが分かる。ソーシャル・ネットワークを活用したグローバル広告を計画する際は，ソーシャル・ネットワークの情報源または影響の源としての相対的な重要性が国ごとに違うということを考慮しなくてはならない。

上記の動機と関連して，R. Craig Lefebvre（2009）[8]は次のソーシャル・マーケティング戦略を提案している。

1. ネットワーク内の**つながりを多くもつ人に着目する**（コネクター，影響力の大きい人またはオピニオン・リーダー）
2. 橋わたし役を増やす，あるいはグループのメンバーの直接のネットワーク外での社会的つながりを増やすことで，リスク行動が集中しがち

---

[8] http://lefebvres_social2009/10/social_models_for_marketing_social_networks.html. から検索。検索日：2010年11月28日。

なネットワークの密度を低くする
3. ネットワーク内で最も他者に気を配り，反応が早いメンバー（より影響を受けやすい，あるいは説得されやすいメンバー）を明確にし，彼らに採用させないための防御行動や代替行動を用意する
4. 望ましい行動の実践者を，模倣やモデル化を誘発するような方法で位置づけ，「外集団」（ポジティブな逸脱者）としての特徴や魅力を強調する

企業のネットワーク化：企業によるソーシャル・ネットワークの使用

　ソーシャル・ネットワークは主として一般消費者によって使用されると考えられがちであるが，企業による使用も増加している。McKinsey & Company が行ったある調査[9]によって，企業がソーシャル・ネットワーキングのアプリケーションを使用することでメリットを得ていることが明らかにされている。このメリットは3つのカテゴリに分類される。社内的なメリット，顧客に関連するメリット，外部のサプライヤーなど取引先との連携に関するメリットである。社内的メリットおよび社外の取引先に関するメリットには，知識へのアクセススピードの向上，通信費の削減，社員の満足度向上，サプライヤーや取引先，外部の専門家の満足度向上などがある。こうしたアプリケーションの中には，それを使用することで経営者がどの社員同士が互いに連絡を取り合っているか，また彼らが何について議論しているかを知ることができるものもある。顧客に関連するメリットには，マーケティング効果の拡大，顧客の満足度向上，マーケティング費用の削減などがある。これら3つのアプリケーションのうち1つを重視する企業もある一方，調査対象企業の中の3%の企業は完全にネットワーク化し，3つのアプリケーションすべてを使用していた。商社の大部分が専用の Web 2.0 にネットワー

---

9. www.mckinseyquarterly.com/article_print.aspx?L2=18&L3 から検索。検索日：2010年12月16日。

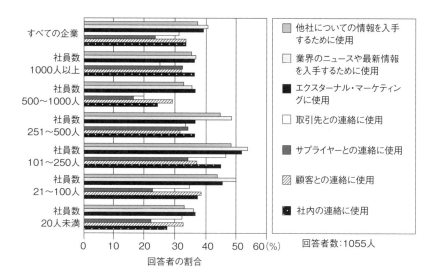

図 14-3　企業によるソーシャル・ネットワーキングの使用

出典：Top business uses of social networking: Information gathering and marketing ranked above collaboration. (14 May 2009). *TMC.net News.*

ク接続している。範囲は Facebook と同じであるが，パブリック・ドメインとはつながっておらず，企業の Firewall に守られている。セキュリティの強化は，こうしたネットワークの特徴の1つである。消費者ベースのネットワークも企業ベースのネットワークも，社内外の情報収集に使用されるため，プライバシーの問題を考慮しなくてはならない。これについては，以降のセクションで検討する。

　TMC.net の Communications and Technology Industry Research（通信技術産業調査）による1000人の重役を対象に行ったグローバル・リサーチから，全体的にソーシャル・ネットワークの用途として最も多いのは，他社の最新情報を得ることであることが分かった（図14-3を参照）。エクスターナル・マーケティングは，ネットワークの用途として3番目に挙げられている。マーケティングに続き，顧客と社員に接触する手段として社内外の連絡に使用されていた。Online Social Networking や TopRank といった多くの調査から，企業が利用するソーシャル・ネットワークとしては，Facebook, LinkedIn, Twitter の順で多いことが分かった。

　バーチャルオフィスやバーチャル会議室の世界的プロバイダーであるRegusが, ソーシャル・ネットワークの使用によるエクスターナル・マーケティングの一例である。同社は, FacebookやTwitterなどのソーシャル・メディアを組み合わせて使用することで, ニューヨークでの売上を拡大した。このキャンペーンにより, 収益は前年同期と比較して114%増大した[10]。キャンペーンの責任者は次のように述べている。

　「ソーシャル・メディアを利用することで, 企業は対象となる顧客と直接関わることができる。こうした顧客は, オンラインで自ら特定の話題, テーマ, 製品, サービスなどに興味があると公言する……。この種の注目は, 見込み客獲得の格好の材料であり, 企業間取引におけるマーケティングの収益を押し上げるものである。」[11]

　ソーシャル・メディアの使用による消費者との接触は, 決して容易ではない。それは, マーケターがメディア上で消費者の対話に対応する, リレーションシップ・マーケティングに似ている。これには, ソーシャル・メディアをモニタリングして, その会社の製品やサービスによって消費者が体験したことを調査する専門のマンパワーが必要である。この消費者とマーケター間の対話は双方向である。特定ブランドの経験を消費者が述べ, マーケターが同じソーシャル・メディアを通じて対応する。この消費者とマーケター間の双方向のコミュニケーションを行うには, 従来からの広告戦略を変える必要がある。上手くやれば, その見返りは大きい。米国最大の広告主であるP&Gは, 同社のブランドであるOld SpiceをYouTubeに投稿するキャンペーンで成功を収め, その後2010年末には昼のテレビ番組（いわゆる連続ドラマ）の広告を止めることを決定した。このキャンペーンは, 100万人を超えるFacebookファンも生み出した。

---

10. www.mashable.com/2010/11/04/b2b-social-marketing-strategies/.
11. *Ibid.*

▶世界的なソーシャル・マーケティング広告の増大

　広告と販売促進も，ソーシャル・ネットワークを通して展開される。世界のソーシャル・マーケティング広告は 2010 年の数字で 33 億ドルと推定されており，2016 年には 29.9 億ドルに達した模様である（図 14-4）。グローバル・メディアによる広告費は毎年平均 40% 強の割合で増大している。米国は，世界のソーシャル・メディアへの支出の約半分を占めているが，欧州やアジアなど他の地域が，割合を増大させると予想される。

　BRICs 諸国の中にさえ，ソーシャル・メディアに高い広告費を使う国もある。例えば，2010 年，ブラジルではソーシャル・ネットワーク／ブログのカテゴリーが積極的なインターネット・ユーザーの利用形態の中で 86% に達し，他方では，中国のソーシャル・ネットワークのユーザー数は，2016 年には 6 億 5000 万人に達した。

　ソーシャル・マーケティングはまさにグローバルである。2016 年末までに，Facebook，YouTube，Twitter を含む上位 9 つのソーシャル・ネットワークの月間利用者数はほぼ 23 億人に上った。Facebook は米国以外の地域で急速に成長している。We are Social によれば，2016 年の時点で，北米，南米，ヨーロッパに加え，インド，日本などにおいて Facebook はマーケット・シェア第 1 位であった。最も利用者の多い年齢層は 20 歳代であ

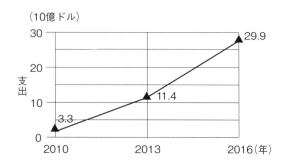

図 14-4　世界のソーシャル・ネットワーク
　　　　　広告費（2009 － 2016 年）
出典：*The eMarketer.*

表 14-3　世界の Facebook 利用者数

	Face-book 利用者数（万人）	13～19歳(%)	20～29歳(%)	30～39歳(%)	40～49歳(%)	50～59歳(%)	60歳以上(%)
オーストラリア	1,400	12	29	22	16	12	11
カナダ	2,100	8	27	20	16	13	12
フランス	3,200	14	29	12	15	10	8
ドイツ	2,900	13	32	22	16	10	6
イタリア	2,800	10	26	23	21	13	8
ロシア	1,000	10	33	31	15	8	5
スペイン	2,200	6	25	26	12	13	7
イギリス	3,800	11	28	12	17	12	10
アメリカ	19,200	8	28	21	16	13	13
ブラジル	10,300	18	36	23	13	7	4
インド	13,600	25	51	16	5	2	1
日本	2,400	6	33	28	20	9	4

出典：データは We are Social Singapore. (January 2017). http://www.slideshare.net/wearesocialsg/digital-in-2016 より。

る。オーストラリア，カナダ，イギリス，アメリカでは 60 歳以上の利用者も全体の 10 ％を超えている。

　ソーシャル・ネットワークは中国でも増加傾向にある。We are Social によれば，2016 年のソーシャル・ネットワークのユーザー数は，6.5 億人であったという。中国のインターネット・ユーザー数は 6.8 億人であるので，そのほとんどがソーシャル・ネットワークを利用していることがうかがえる。

ソーシャル・マーケティング・キャンペーンのケース・スタディ

▶ Starbucks のファンページ

　Starbucks は，Facebook に「Starbucks ファンページ」と呼ばれるソーシャル・ネットワークを構築している。主に米国人を対象としているが，海外市場向けにローカライズもしている。その結果，Starbucks のファンページは，米国のファン数 600 万人以上となり，これより少ないものの米国以外にもファンを抱える，Facebook 上最大規模のページとなった。プロモーションやメッセージは個々の市場に合わせて現地化されている。このアプローチの主なメリットの 1 つは，Starbucks が広告を世界に向けて発信できるだけでなく，広告の効果を各目標市場にまたがり測定できることである。

▶ 「いいね」ボタンを現実世界に：Coca-Cola（Israel）

　Coca-Cola Village は，イスラエルで実施される夏の特別な体験型イベントである。毎年 Coca-Cola（Israel）は，Facebook で運営されるそのヴィレッジに 1 万人のティーンエージャーを招待する。ティーンエージャーは，1 人につき Coca-Cola のカップを 10 個集め，やはりカップを 10 個集めた友達を 8 人集め，そうすることで Facebook を通じてオンライン登録し，エントリーできる。Coca-Cola Village に到着すると，彼らは特別なリストバンドを付ける。このリストバンドにはそれぞれの Facebook のログインとパスワードが保持されており，活動開始時に無線自動識別装置（RFID）を通るようになっている。この装置は目につく場所（プール，食堂）に設置されている。参加者は，付けているリストバンドを RFID 装置にかざして，その施設を「いいね」する。リストバンドを装置にかざすことで，自動的に Facebook のメッセージが投稿され，友達は彼らの行動について最新情報を知ることができる。カメラマンがスナップ写真を撮り，この写真も Facebook のページに載せられる。このヴィレッジには 1 日 650 人あまりが参加し，投稿数は 3 万 5000 件，3 日間のイベントを通じて，投稿数は 10 万件を超えた。

このように，Coca-Cola Village の Facebook ページはイスラエルで最も「いいね」の多い Facebook ページとなり，当然の結果として，何十万ものソーシャル・メディアによるやりとりを生み出した。

▶ Kraft Foods の Aladdin チョコレート・ボックス

Aladdin（アラディン）チョコレートは，スウェーデンで 70 年にわたり販売されており，クリスマスの贈り物として人気がある。2009 年のクリスマス，Kraft は新しいプラリネ・チョコレートをギフト・ボックスに入れることにした。Aladdin は新製品を宣伝する代わりに，新しいチョコレートのスペースを確保するためにどのプラリネをなくすべきかを参加者が決める投票を行うことにした（図 14-5）。

Aladdin は，クリスマスの 4 週間前に，消費者がお気に入りのチョコレートに投票できるデジタルの投票所を設けた。スウェーデン最大の新聞である *Aftonbladet* 紙は，このキャンペーンを大々的に報じた。キャンペーンの主催者は Facebook 上に，参加者がそれぞれのお気に入りのプラリネ・チョコ

図 14-5　Aladdin チョコレートの投票広告

レートから自身の性格を診断できる「性格テスト」を作成した。約1万4000人がこのテストを受けた。キャンペーンでは40万票以上が集まったが，この数字は，2009年欧州議会代表を選ぶスウェーデン選挙で最も多く票を集めた政治家よりも多い票数であった。このキャンペーンにより，同社の売上が伸び（26.5％増），マーケット・シェアも拡大した（2.8％増）。

▶ソーシャル・マーケティングの法的側面：プライバシーの問題

　個人情報への不当なアクセスは，ウェブを利用する誰にとっても心配の種である。第三者がソーシャル・ネットワークのプラットフォームに保存された情報にアクセスする場合，特に問題となる。また，大部分の社員が個人のソーシャル・メディア・サイトのページを私的に閲覧する。社員はこうしたサイトに掲載された個人情報に，その雇い主や同僚がアクセスできるかもしれないことに気づいていないことが多い。組織が社員によるソーシャル・メディアの使用を監視するのであれば，そのことを社員に知らせる必要がある。

　プライバシーの問題となる情報の例として，顧客の閲覧パターンや購買パターン，ブランドや特定企業や特定製品に対する否定的な意見，個人的な経験などがある。ソーシャル・ネットワーク・ユーザーはプライバシーの問題について認識しているのだろうか。ひとくくりに論じることはできないが，世界中で多くのユーザーがこの問題を完全には認識していないという徴候が見られる。例えば，ノルウェー消費者委員会（Norwegian Consumer Council）の行ったある調査によって，ノルウェーのインターネット・ユーザーの66％がソーシャル・ネットワークを使用しており，回答者のほぼ全員（94％）が，オンラインで提供する個人情報の管理が重要であると答えたことが分かっている。それにもかかわらず，ユーザーは自分たちのプライバシーや自分たちがソーシャル・ネットワーキングのサイトで共有するコンテンツをコントロールしている諸条件を読むことはめったにない[13]。

---

13. http://forbrukerportaler.no./Artikler/2009/social_network-sites-grossly-undermines-users-privacy から検索。

あるカナダの調査報告によれば，ソーシャル・ネットワーキングのサイトを利用すると答えた回答者の大多数である86%が，パスワードを変えるなど「基本的なセキュリティ対策を定期的に行っておらず」，65%が，「まれにしか，あるいはまったくプライバシー設定を調整していない」と回答し，57%が，まれにしか，あるいはまったく「ソーシャル・ネットワークの管理者にセキュリティの問題を報告していない」と回答したという[14]。一方，米国のソーシャル・マーケティング・ネットワークの使用についてPew Research Centerが行った調査では，ユーザーの3分の2が，自身のプロフィールのプライバシー設定を変えて，オンラインで他者と共有する情報を制限していると回答している。自身のオンライン上の情報を他者が利用できることを懸念するユーザーのうち，77%が自身のプライバシー設定を変えている。一般的には，情報について懸念していない人でさえ，この点については比較的積極的であり，あまり懸念していない人の59%が，自身のプライバシー設定を調整している[15]。

プライバシーの問題とソーシャル・ネットワーキングのメリットのバランスを保つことは容易ではない。ソーシャル・ネットワーキングの価値は，その大部分が他者の「世間に発信されるソーシャル・ネットワーク」を見ることができるソーシャル・ブラウジングにある。プロフィールの閲覧が制限されるほど，そのソーシャル・ネットワーク・サイトはユーザーにとって価値がなくなる。それにもかかわらず，ユーザーの大部分が，もっとプライバシーのオプションがあればよいと考えている。つまり，彼らは他者の情報は見たいが，必ずしも他者が自分の情報を見ることができることを望ましく思っていないのだ[16]。

---

14. Bhandari, B. (2009). Internet users: Be aware of the dangers of social networking and community sites. http://gosecure.wordpress.com から検索。
15. www.PewInternet.org/Reports/2020/Reputation-Management/Methodology/About.aspx から検索。検索日：2011年1月8日。
16. Recuero, R. (2010). Privacy and social media sites: A growing global concern. www.dmlcentral.net/blog/raquel-recuero/privacy-and-social-media-sites-growing-concern から検索。

まとめ

- ソーシャル・メディアは世界中に広がり，先進国市場と新興成長市場の両方に浸透している。世界のインターネット人口の3分の2が，ソーシャル・ネットワーキングのサイトまたはブログサイトにアクセスしており，こうしたサイトへのアクセスが，インターネットの使用時間の10％近くを占めている。
- ソーシャル・メディア・ネットワークは，消費者市場と産業財市場の両方をターゲットにしている。21世紀に成功する企業は，顧客と深く有意義な関係を構築することに積極的な社会的企業だと考えられる。ソーシャル・メディアの使用は，テレビ広告など従来からのマーケティング・メディアに挑戦状を突きつける。
- Fortune Global 500の大手100社のうち79％が，Twitter, Facebook, YouTube, 企業ブログという最も人気の高いソーシャル・メディア・プラットフォームのうち1つ以上を使用している。
- 米国に拠点を置く企業と欧州に拠点を置く企業は，企業ブログを持つよりも，TwitterまたはFacebookを使用する傾向が高く，一方アジア太平洋地域の企業は，企業ブログを他のソーシャル・メディアよりも多く使用する傾向が高い。
- プライバシーは，ソーシャル・メディアのユーザーが自身がウェブ上に載せる情報について抱く，情報保護に関する重要な問題になってきている。ソーシャル・ネットワークのユーザーは，自身のプライバシー設定を更新することで安全対策の強化に努めている。

ディスカッションテーマ

1. 調理器具のメーカーは，ソーシャル・メディアをどのように最大限活用できるか。

2. ソーシャル・メディアによるマーケティングとコーズ・リレーテッド・マーケティング（CRM）の違いは何か。
3. ソーシャル・メディアは人々の「作る」「共有する」「発見する」「参加する」ニーズがその原動力となっているという意見について自身の見解を述べよ。

実践的課題

1. ソーシャル・メディアの重要性が報告されているが，その効果はどのように測定することができるか。利用できる情報源を活用し，どのような測定ツールがあるかを調べよ。
2. Facebook 上の2つのファンページを選び，比較せよ。両者の戦略を分析せよ。また，それぞれの手法の類似点，相違点は何か。

キーワード

ソーシャル・マーケティング　　p.463
ソーシャル・メディア　　　　　p.462

第15章

グローバル・マーケティング・システムを設計・管理する

> ビジネス環境でどう成功するかは，改革のしかたによる。すなわち，技術の改革，戦略の改革，ビジネスモデルの改革である。
>
> IBM, CEO
> Samuel Palmisano

学習の目的

本章を読むことで，次のことが期待される。
- グローバル企業に最適な組織構造を選択することの重要性を理解すること。
- 各種組織構造の違いを識別すること。
- 企業の組織構造を，国際化プロセスに応じてどのように適合させるべきかを議論すること。
- 企業の国内組織のニーズと国際組織のニーズを区別すること。
- グローバリゼーションが企業の組織構造にどう影響するかを理解すること。
- 形式的管理機構と非形式的管理機構の違いを説明すること。

Nortel，経営再建に最高マーケティング責任者を採用

　Lauren Flaherty は大学卒業後，25年間 IBM に勤めていた。彼女は IBM ブランドを再生させたチームでの功績が認められていた。これこそが，Nortel が彼女に同社の最高マーケティング責任者（CMO：Chief Marketing Officer）のポストを提案した際に探していたものである。2006年5月，このトロントに本社を置く世界の大手電気通信装置会社は苦境に陥っていた。同社の苦難は，ドットコム・バブルの崩壊と，それに続く電気通信産業の低迷とともに始まり，衝撃的な不正会計スキャンダルがこれに拍車を掛けた。このスキャンダルは，Nortel と株主間の25億ドルの和解契約で幕を閉じた。その一方，Cisco や Lucent といった同社の競争相手は，Nortel の失態をだしにマーケット・シェア拡大を積極的に進めていた。

　Lauren が Nortel で新しいポストに就き最初にしたことは，包括的なブランド監査を立ち上げることであった。これは Nortel の強みと弱みを知り，徹底的なセグメンテーション分析を行うという，SWOT 分析に似た考え方である。その主な目的は，Nortel のブランド価値を高め，収益を増大させ

ることであった。同プロセスにおける自身の主な役割を考慮し，また世界で最もメトリックス（指標）主導型の企業の1つ（IBM）で25年間マーケティングに携わってきた経験から，Flahertyは従来のセグメンテーション手法を，さまざまなセグメントにおいて顧客を獲得する確率を特定するアルゴリズムと融合させた。この監査から導き出される意味を理解するまでに，彼女は2～3年を要した。Flahertyがとった最も重要なステップの1つは，その教訓を各地方の営業チームと共有することであった。「私たちは，実行を求められる全員の支持を得なくてはなりません。」Nortelは，ロンドン，シンガポール，シカゴ，メキシコシティという4つの主要な市場でこの新しい戦略を試すことを決定し，各地域の具体的な目標と目的を設定した。

　この新たな戦略は，まずNortelのネットワーク事業で2つの販売キャンペーンの成功をもたらした。このキャンペーンでは，テレビ広告や印刷広告，オンライン広告，さらにはブログなどのソーシャル・メディアなどさまざまなメディアを使い，省エネというタイムリーな話題に着目し，その分野で同社の最大の競合相手であったCiscoと比較して，Nortelの製品がいかにしてエネルギー・コストを最大50%削減できるかを，企業の重役たちに示した。このキャンペーンにより，有望な見込み客が4倍増加し，顧客転換率が3～5倍となり，パイプラインの売上が20%増大した。また，2012年のロンドン・オリンピックにおいて同社がネットワーク・インフラのオフィシャル・パートナーとなることが2008年7月に発表されたことも，Nortelブランドの追い風となった。Lauren Flahertyは，Nortelでの著しい経営再建の功績が評価され，*BtoB*誌の2008年トップ・マーケターにその名を連ねた[1]。

　NortelのFlahertyのように，グローバルなマーケティング組織のリーダーとして成功している人たちは，多くの場合，本章で検討する「組織」「管理」「リーダーシップ」という3つの機能を巧みに操る能力に秀でている。こうしたCMOたちは，マーケティング組織をより大きな会社というフ

---

1. *BtoB* magazine, Nortel Corporate website (www.nortel.com/corporate/exec/flaherty.html); www.b2bmarketing.net/node/1225; Carter, S. (2009). *The new language of marketing 2.0: How to use ANGELS to energize your market*. Cambridge, UK: IBM Press.

レームで形成し，成功のために配置する。彼らは管理機構を開発し，成果を系統的に追求する。彼らは戦略的ビジョンを打ち立て，それを実行するリーダーシップにあふれており，スタッフのやる気を引き出し，また顧客の擁護者となることでグローバル組織全体の成功に貢献する。Forrester Research のシニア・アナリストである Steve Noble によれば，CMO は新たな組織変更の時代に突入しているという。それは再編成によってコストを最小限に抑え，最大限の柔軟性を発揮し，デジタル・メディアやソーシャル・メディアをそのグローバル戦略の中心に据えるような展開である。実際，マーケティング責任者の 75% が，現在マーケティング組織の再編成を行っているか，もしくは 2011 年末までに再編成を行う予定であるということが Forrester Research の新たな調査から分かっている[2]。

多くの企業において，国際市場への進出が進むにつれ，グローバル・マーケティング機能が組織的に進化する。グローバル・マーケティングは，最初は輸出部門の一機能か，あるいは大きな組織であれば，国際部門の一機能であるかもしれない。しかし，会社と，そのグローバルなマーケティング組織（GMO：global marketing organization）が成長し，進化するにつれ，重役が時間を割いて確固とした戦略，リーダーシップ，文化をけん引していくしくみを計画し，確立することが重要になってくる。最近行われた調査から，これら 3 つの構成要素を持つことで，より自然で効率的な組織構造を実現するだけでなく，マーケティングの成果や財務実績に好ましい影響を及ぼすことが確認されている。著者らが指摘するように，「GMO の上層指導者がグローバル戦略を策定し，組織文化を築くことは賢明であり，これによって構造的な問題や組織ルーチンに取り組む下地が作られるのだ」[3]。

従来から，マーケティング組織は，地域単位の組織形態，機能単位の組織形態，製品ベースの組織形態，マトリクス組織形態など，既に確立された組織形態のいずれか 1 つをとっている。以降のセクションでは，こうした形態

---

2. How to create an adaptive global marketing organization. (26 November 2010). *Advertising Age*.
3. Hult, G., Cavusgil, S., Kiyak, T., Deligonul, S., & Lagerstrom, K. (2007). What drives performance in globally focused marketing organizations? A three-country study. *Journal of International Marketing, 15*(2), 58-85.

それぞれについて検討し，グローバルなマーケティング組織の未来を大きく変えるかもしれない新たな組織形態を紹介する。

製品ベースの組織形態

多国籍企業，特に消費財を販売する多国籍企業や非常に多様なエンドユーザー市場を対象とする多国籍企業は，製品をベースにしたグローバル戦略事業単位を構成していることが多い（図15-1を参照）。各単位が特定の製品ラインのマーケティングを全世界にわたり担当するため，製品の継続的な改革や改善に重点的に取り組み，世界規模で競争力を維持することが可能である。**製品ベースの組織形態**（product-based organizational structure）に世界中に配した効率的な製造業務と流通業務を組み合わせることで，企業は変化する市場のニーズや競争圧力に迅速に対応する柔軟性を得ることができる。

しかし，製品ラインに基づく組織には欠点がある。この組織形態では，異なる製品チーム間で資源や労力が重複することが多い。また，この組織形態では，共通の市場や製品の設計課題について，あるいは協力や連携によって組織全体に長期的な恩恵がもたらされるかもしれない領域について，共有知識の蓄積ができない場合がある。特にマーケティングは，ノウハウの共有によるプラスの影響が非常に大きいとされる。調査結果から，市場や業界の情

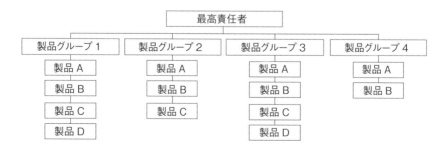

図15-1　グローバルな製品ライン構造

報を異なる事業単位間で共有したり、またはスタッフを統合せずとも意思決定プロセスを一元化することにより、マーケティング機能を統合することが出来るようになり、非常に大きなメリットを得られることが確認されている[4]。

地域単位の組織形態

Economist Intelligence Unit が CMO を対象に行った最近の調査では、調査対象者の3分の1近くが、マーケティング組織については現地化よりも中央集権化が進むであろうと考えていることが分かった。同報告の著者らの考えによれば、この傾向はおそらく、インターネットや強力なビジネス・インテリジェンス・ツール、分析ツールのおかげで、地域や世界の動向をより正確に把握できるようになり、その情報に応じてマーケティング戦略を策定できるようになったグローバル・マーケティング担当重役の自信の表れであるという[5]。

地理的領域を組織形態のベースとしている企業では、本社が戦略的計画、管理、連携のハブとなるのが一般的である（図15-2を参照）。この場合、最も多く使われる地域は北米、中南米、欧州、中東、アフリカ、アジア太平洋である。しかし、共通言語や、EU や NAFTA といった同じ貿易圏に属するかどうかなどの基準によって地域が分けられることもある。

特定の地域に集中することで、マーケティングに有利に働く。地域ごとの市況や文化的嗜好の知識が、製品設計や販売促進における標準化の機会を発見するのに役立ち、規模の経済を生み出すかもしれない。一方で、地域内の個々の市場は、状況やユーザー・ニーズの変化に応じて特別な対応をタイムリーに受けられる。

---

4. Kim, K., Park. J. H., & Prescott, J. E. (2003). The global integration of business functions: A study of multinational businesses in integrated global industries. *Journal of International Business Studies, 34*, 327-344.
5. Economist Intelligence Unit. (2008, September). *Future Tense: The Global CMO*.

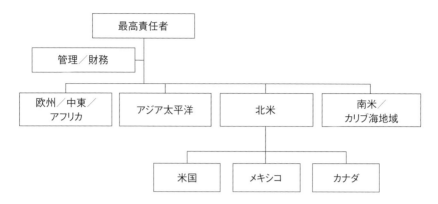

図15-2　グローバルな地域単位の形態

　地域単位の組織形態（regional organizational formats）が最も良く機能するのは，製品の数が限られ，世界中で市場セグメントが似ている企業である。この形態では，必然的に，差別化要因としてマーケティング，価格，製品設計をより重視する必要が出てくる。

　地域単位の組織のデメリットの1つは，拡張が難しいことである。たとえ製品を拡大し，多様化することを決めても，製品ラインの調整や地域単位，国単位の調整が煩雑となり，コストが高くつくおそれがある。また，地域単位の部門はそれぞれの活動に集中しすぎて，部門間の協力や知識の移行を妨げたり，不必要な対抗意識や労力の重複に拍車をかけたりすることが多い。

機能単位の組織形態

　典型的な組織形態の1つが，機能単位の組織である。これは，組織が行うプロセス，例えばオペレーションや，財務，マーケティング，人事などに基づく構造であり，それぞれの部門長，例えば財務担当部長，マーケティング担当部長などに対して報告がなされ，非常に専門性の高いチームを構築する（図15-3を参照）。このシンプルで，把握・操縦しやすい構造は，伝達やタスク管理の系統が明瞭であり，部門内における事業連携が容易である。

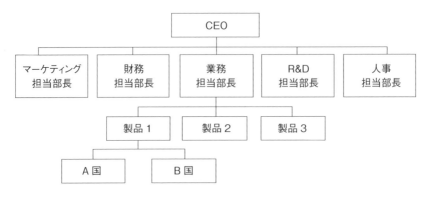

図 15-3　グローバルな機能単位の形態

　一方，機能単位の組織は，部門間のやりとりを妨げ，部門内に「当部門 vs. 他部門」という空気を作り出す「縦割の構造（サイロ）」を作りやすい。このような部門形態は，今日の機能横断型ソリューションがしばしば求められるペースの速い競争環境においては，意思決定を遅らせ，問題解決を妨害しかねない。機能単位の組織形態（functional organizational format）には限界があるため，企業は各種製品や顧客がクリティカル・マスに達すると，この組織形態を放棄することが多い。

マトリクス組織形態

　中には，前述した形態の欠点を回避するために，マトリクス形態（図 15-4 を参照）に注目する組織も存在する。**マトリクス組織形態**（matrix organizations）は，製品ベースの形態や地域単位あるいは機能単位の形態のうち 2 つ以上の側面を持つ。例えば，製品ベースの構造を主要地域，あるいは機能単位の部門や地域単位の部門と組み合わせる。このようなハイブリッドの形態で得られるメリットとして，意思疎通やチームワークの改善，おそらくグローバルな視点と地域の視点の両方が組み込まれた市場カバレッジの拡大などが考えられる。マトリクス組織は，多次元のグローバル事業環

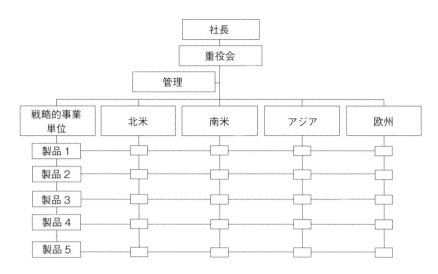

図 15-4　グローバルなマトリクス形態

境に適応しようとするものである。

　しかし，この形態はその二重性のため，問題を引き起こすこともある。マネジャーの多くが異なる2系統に報告することが難しいと感じており，対立や混乱が起こることも珍しくない。異なる目的や優先事項が衝突し，部門の重複がしばしば縄張り争いとなるため，意思決定の遅れが生じる。このような問題により，結果的に多国籍企業はマトリクス組織から徐々に離れていく傾向にある。

新たな組織の方向性

　前述した組織形態やその派生形態の枠の中でグローバル・マーケティング戦略を実行するのは，容易なことではない。世界中の事業単位と本社の統合の度合い，あるいは各地方，地域の子会社間の統合の度合いが，グローバルな販売キャンペーンを成功に導くか，失敗に導くかを決める重要な役割を果たす。

最近行われたある調査では，いくつかの一般的なマーケティング戦略と，その戦略が展開される組織形態との関係を分類しようという試みがなされた。この調査によると，標準化されたマーケティング戦略に頼る多国籍企業，いわゆる「グローバル・マーケター」は，世界中に分散した機能的に制限のある子会社が，本社に対してだけでなく互いに依存し合う組織形態によりよくなじむという。著者らが「インフラ的ミニマリスト（最小限主義者）」と呼ぶ別の種類のマーケターは，ブランド名やチャネルといった要素を標準化し，広告や販売キャンペーンなどを現地化する企業である。この種の戦略は，本社や互いへの依存度が高いが，地理的な範囲が狭い組織によりなじむ。最後に，「戦術的コーディネーター（調整者）」と呼ばれるマーケターは，その戦略を現地化する場合がほとんどで，したがって，個々の子会社が広い地理的範囲を任され，自主性を認められ，また本社による管理が少ない組織に最もよくなじむ[6]。 これとは別の調査からも，本社と子会社の関係の強さが，マーケティング戦略の策定において重要な役割を果たすことが示唆されている[7]。

　マーケティング・リーダーは，戦略が組織全体に適合するかという心配に加え，常にマーケティング組織自体の進化という課題に直面している。組織の進化を加速させるには2つの大きな要素がある。それは顧客の力の高まりと絶え間ない競争の激化である。

顧客中心の組織

　マーケティングは，顧客に有利な力関係の変化による影響を最初に受ける組織機能の1つであり，より顧客中心の組織設計へシフトしていくことでこの変化に対応しなくてはならない。そのような設計は，従来の組織形態の限

---

6. Lim, L. K. S., Actio, F., & Rusetski, A. (2006). Development of archetypes of international marketing strategy. *Journal of International Business Studies, 37*, 499-524.
7. Hewett, K., Roth, M. S., & Roth, K. (2003). Conditions influencing headquarters and foreign subsidiary roles in marketing activities and their effects on performance. *Journal of International Business Studies, 34*, 567-585.

界の多くを回避するための手段として,また市場のニーズに対する理解を深めることで企業の競争力を高めるための手段として歓迎される。調査から分かるように,この長く複雑な遷移のプロセスには,経営管理の具体的な役割(例えば,顧客,地域,製品の責任者の役割)を変えることが伴う。また組織がより機能横断的で顧客中心の考え方に適合しようとするのに伴い,マーケティング活動は組織内でますます分散化が進むといった状況の中,マーケティング機能そのものを変えることも必要である[8]。

　最近では,Dellの産業財市場の部門が,地理的なカバレッジではなくさまざまな顧客層に一層の重点を置こうと,大規模な再編成を行った。Dellの産業財市場部門は,現在では主に3種類の法人顧客を中心に構成されている。3種類の企業顧客とは,大企業顧客,公共部門顧客(政府,教育,医療,環境),中小企業顧客である。このような顧客ベースのセグメント化は,DellのGlobal Consumerグループで最初に導入され,同社のCEOであるMichael Dellによれば,このセグメント化の導入により「事業単位を統合することでより敏捷に動き,変わり続ける顧客ニーズに対応するイノベーションを解き放つことができる」ことが証明されたという。興味深いことに,Dellは時を同じくしてマーケティング・リーダーの交代を発表している。退任が決まっているCMOのMark Jarvisは,「新たなレベルのマーケティング効果と効率」による同社のブランドとマーケティング組織の変革を完了させた後,引退する予定であるという。新しくCMOに就任するErin Nelsonは,Dellの欧州/中東/アフリカ地域のマーケティング担当部長として務めた後,新しい役割を担うことになる[9]。

---

8. Homburg, C., Workman, J. P., & Jensen, O. (Fall 2000). Fundamental changes in marketing organization: The movement toward a customer-focused organizational structure. *Journal of the Academy of Marketing Science*, 459-478.
9. Dell Globalizes Business Groups Around Major Customer Segments. (31 December 2008). Press release.

グローバル・マーケティング・チーム

　機能横断と顧客中心は，激化する国際競争への対応策とも考えらえている。一部の研究者によれば，多国籍企業はグローバルなタスクチーム，特にグローバルなマーケティングチーム（GMT：global marketing team）を次々と作ることで，新たな現実に適合しようとしているという。GMT は「かつてはトップ・マネジメント・チームのテーマであった戦略的な次元での決定を行なっている。GMT は，重要な意思決定者の機能を果たしており，複数市場において競争上の優位性を確立するための手段を見つけ出し，実行している」[10]。

ボーン・グローバル企業

　近年，多数の国際部門とスタッフを抱える大手多国籍企業がグローバル市場の主役であるという考えに意義を唱える，まったく新しいタイプのグローバル企業が出現してきた。**ボーン・グローバル企業**はダイナミックかつ急成長する国際組織であり，歴史が浅いこと，規模が小さいこと，資源が限られていること，企業家志向であることが特徴である。ボーン・グローバル企業には大きな組織に見られる階層構造がなく，このため変化に容易に順応する柔軟性がある。この順応性が，ボーン・グローバル企業が一般的に設立から最初の3年以内に世界的に拡大することに成功する理由である。世界的に拡大するために，こうした企業は技術，革新的戦略や製品，海外の流通網に強く依存する。マーケターにとって最も重要なことは，こうした企業が強力なグローバル・マーケティング志向と能力を持ち合わせており，そのため彼らは新市場ごとの顧客ニーズに焦点を合わせ，高品質な独自の製品を提供することができるということである。

---

10. Kiessling, T. S., Marino, L. D., & Richey, R. G. (2006). Global marketing teams: A strategic option for multinationals. *Organizational Dynamics*, 35(3), 237-250.

世界中でボーン・グローバル企業が急成長を遂げていることは，企業の規模や年齢，国籍はもはや国際的に成功するための決定要因ではなはないという，グローバル・ビジネスの分野における新たな進化傾向の証である。むしろ，フラットな組織形態，イノベーション，強固な結びつき，深い市場知識こそが，世界市場における成功の予兆である。

　要約すると，グローバル企業のマーケティング組織では，次の4点を調和させることが求められる[11]。

1. **ローカル適応性 vs. グローバル一貫性**：分権的組織形態により意思決定力を現地のマーケティング・チームに与えることで，より充実した適応化と現地の状況への対応が可能となる。ただし，この構造はブランドの一貫性の欠如，地域ごとのマーケティング品質のばらつき，本来不必要な手直しなどを招くおそれがある。
2. **予算編成—グローバルな優先順位付け vs. 現地の利益責任**：一元的な予算編成には，最も高い市場機会に重点を置くことができるというメリットがある。一方，地域単位の予算編成では，地域レベルの利益の最大化を果たすことができる。
3. **柔軟性 vs. 継続性および専門性**：多くの組織が，新たな優先事項や変化する戦略に対応するためにある程度の柔軟性を必要とする。極端な例では，優先事項の変化に応じてチームを作ったり解散させたりするプロジェクト・ベースの組織が構築される。それに対して，役割や責任が継続する構造の場合，深い組織的な知識と専門性が得られる。
4. **協働的意思決定 vs. 組織形態の単純さ**：マトリクス構造では，良くも悪くも複数の利害関係者が意思決定に関与する。組織においては，指揮命令系統が増えることのメリットが，柔軟性の喪失と調整費用の発生といったデメリットに勝ることを確認する必要がある。

---

11. Lynch-Klarup, E. (2010). Striking a balance in global marketing structure. *Marketing Leadership Council*. www.mlcwideangleexbdblogs.com/tag/organizational management/ から検索。

管理機構

　企業は今日，多くのさまざまなレベルで監視されている。株主，規制当局，顧客，アナリスト，サプライヤー，一般市民は，簡単なインターネット検索や専門の情報データベースへのアクセスなどにより，特定の企業を評価することができる。これらはどれも，実際にすぐ利用できるツールである。透明性向上のニーズに応じて，多くの企業もそのすべての事業単位や管理階層に対し，強力な管理を実施している。マーケティングにおいては，こうした傾向への対応として，計画の策定，具体的な目標の設定やプロセスの確立，またマーケティングが企業全体の利益に及ぼす影響を証明するための指標の策定をより一層重視してきた。

　グローバル・マーケティング組織においては，**管理機構**（control mechanisms）は一層重要である。Court（2007）が指摘する通り，「企業とそのCMOは，対象とする国や顧客セグメント，メディア，流通チャネルの数が増える中，複雑さと闘っている」。同氏はその例として，大手消費財企業を挙げている。こうした企業は，複数のチャネル，市場，セグメントで事業を行う場合に，年間2000万もの製品の小売価格について意思決定をしなくてはならないケースもある。そのような膨大なデータを考えると，マーケティング担当重役は，意思決定の一部を広域レベルや地域レベルの管理者に委ねつつ，同時に異なる地域，セグメント，流通チャネルを通じて企業ブランドの一貫性を管理しなければならないことは明らかである[12]。この中央集権的な管理と各地域の自主性を両立させることは，グローバル・マーケティング担当重役にとって主要課題の1つである。

---

12. Court, D. (August 2007). The evolving role of the CMO. *The McKinsey Quarterly*.

公式的管理機構

　具体的な長期計画，短期計画，業績基準，報告体制を定めることで，リーダーはグローバルなマーケティング組織を，一貫した，測定可能な活動に向けて団結させることができる。その機構が，計画，予算編成，報告である。

▶計画

　戦略的業務計画は，マーケティングを成功させるために必要なタスクをなぜ，どのように，いつ，だれが行うかを説明するロードマップでしかない。効果を期待するには，計画のプロセスにおいて企業全体の目標と目的，そして広域または地域の視点を考慮する必要がある。マーケティング組織のあらゆるレベル間の意思疎通が，計画実現の責任者全員に最終目標や業績指標，期限に関して同意してもらう上で非常に重要である。

　試験装置，測定装置，監視装置の世界的メーカーである Tektronix では，新任の CMO がマーケティング組織の混乱という問題に直面していた。マーケティング戦略，特にそのうちの 4000 あまりが，同社の（しかも数多くの）戦略目標と連携なく，業績指標も持たず，また営業部門と関係なく実行されていた。同氏の「回復計画」は，すべての戦略目標を大幅に簡素化し，企業目標と売上目標を統合させるためのマーケティング活動を再編し，さらに既存の職務等級を 10 等級から 3 等級にするというマーケティング組織の徹底した簡素化が含まれていた。CMO の Martyn Etherington は，こうした「痛みを伴う対策」が，Tektronix の継続的な収益増と利益に責任を持つ文化の根拠であると考えている[13]。

▶予算編成

　予算は，計画段階で輪郭が明らかとなった「いつ」「どのように」という質問に対するより具体的な回答である。一般に，予算編成は毎年行われ，決

---

13. Economical Intelligence Unit. (September 2008). *Future Tense: The Global CMO*.

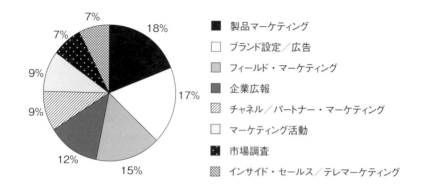

図15-5 産業財マーケターのマーケティング予算配分（2008年）
出典：データは *B-to-B Marketing in 2008: Trends in Strategies and Spending.* MarketingProfs. com in conjunction with Forrester Research より。

められた予算をもとに資金がマーケティング組織に割り当てられる。どのくらいの資金を地域オフィスや広告代理店などのサービス・プロバイダーに割り当てるか，どのくらいの資金を特別なキャンペーン，スポンサー契約といったマーケティング戦略に投じるかを決定する。予算は，マーケティング組織とそれを構成するユニットの業績を判断するツールの1つでもある。Economist Intelligence Unit によるある最近の調査報告によれば，CMO の60%近くがマーケティングおよび広告予算を一元管理しているが，一方で支出や予算配分の分権化を認めているという[14]。図15-5 に，世界の産業財マーケターがどのように予算を使っているかを示す。

▶ 報告

組織にとってのマーケティングの価値の証明は，以前から議論の分かれるテーマである。そのため，マーケティングの成果指標を定め，その成果を定期的に報告することが，今日のマーケティング・リーダーにとって最重要課題の1つとなっている。

マーケティング投資回収率を知るために何をどのように測定すべきかは，

---

14. *Ibid.*

常にマーケターを悩ませている問題である。マーケティング予算の使い方が（Web 2.0やモバイル・マーケティングなどの登場に伴い）増え続ける一方で，新たなマーケティング・ミックスのモデルや成果を測定する各種分析ツールが登場している。市場占有率や認知率といった従来の指標だけでは不十分であることは明らかであり，かつてP&Gのグローバル・マーケティングの責任者であったJim Stengelが，次のように断言したほどである。「今日のマーケティング・モデルは壊れています。私たちは時代遅れの考えや業務システムを，新しい可能性の世界に当てはめているのです。」[15]

　ブランドではなく顧客に焦点を合わせることが，最近のマーケティングの考え方である。カスタマー・エクイティという指標で数値化される顧客生涯価値（CLV：customer lifetime value）という概念が，マーケティング戦略や予算を動かすべきものであると現代の学者や実務家の多くが述べている。CLVは，マーケティング投資の全体的な効果を測定できる指標である（図15-6を参照）。CLVとカスタマー・エクイティの最も有名なフレームワークの著者らが要約するとおり，カスタマー・エクイティは企業の長期的な利益を最大化することを目的にしており，情報に基づいた，顧客主導型の，競争相手を意識した，財務的にも説明可能な戦略的アプローチである[16]。

　新しいツールの多くが，マーケティング・プログラムの成果を解析する為のより優れた，簡単な方法を提供することでこの問題に対応している。パワフルな統計ソフトが登場し，いわゆる「マーケティング・ダッシュボード」を作成できるようになった。マーケティング・ダッシュボードによって，データをリアルタイムで追跡でき，マーケターはキャンペーンを展開しながら調整するという，これまでになかったパワーを獲得することができた（特にデジタルの領域）。そのようなデータを利用できること，また管理の選択肢があることは，利益実績を報告しなくてはならないマーケターにとって非常に魅力的である。予想に違わず，Forrester Researchが行った調査から，マーケティング技術への投資の増加が今後も続くであろうということが分

---

15. Auletta, K. (28 March 2005). The new pitch. *New Yorker*.
16. Rust, R. T., Lemon, K. N., & Zeithaml, V. A., (January 2004). Return on marketing: Using customer equity to focus marketing strategy. *Journal of Marketing, 68*, 109-127.

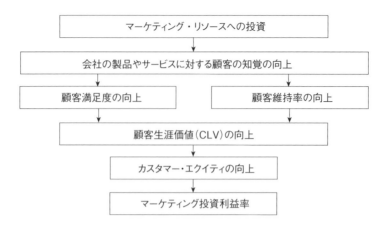

図 15-6　マーケティング投資利益率の指標としての顧客生涯価値

表 15-1　マーケターの大部分が業績に基づき予算決定を行う

業績指標	%
・マーケティングへの支出増大を，収益，顧客増加，市場占有率などの営業成果と比較する	81
・プログラムの実績と過去の支出に基づき予算を決定する	78
・マーケティング・ミックス・モデルが効果的な予算計画を促進する	75
・マーケティング戦術の効果について収集したデータに基づき予算を決定する	74
・投資利益率の報告から戦術が期待する目標を達成していないと判断された場合に，決定したマーケティング予算を迅速かつ容易に変更できる	71
・キャンペーンやプログラムの支出を追跡しているため，予算を効果的に計画できる	70

出典：データは *B-to-B Marketing in 2008: Trends in Strategies and Spending* at MarkctingProfs.com in conjunction with Forrester Research より。

かっている[17]。実際，マーケティング担当重役を対象に最近行われた調査では，調査対象の70%以上がマーケティングの成果を企業の中の事業全体に関する目標との対比として追跡すると回答している（表15-1を参照）。

　しかし中には，財務指標を全面的に信頼してマーケティング成果を評価することに警鐘を鳴らすマーケターもいる。*ROI for Marketing: Balancing Accountability with Long-Term Needs* の著者である Rob Duboff は，今もこの分野では直観が何らかの役割を果たすべきだと述べている。マーケターは，「大体正しく」あろうとするとき，数量化ツールだけを使用することで「正確に間違える」ことがある。このようなアプローチには，分析ツールのメリットをすべて利用しつつ，広告や広報活動，スポンサー契約といった直観を働かせるマーケティング・ツールを活用する余地が残っている。そうしたバランスの取れたアプローチであれば，マーケターは「…大体正しくいられ，ツールの正確さを過大評価することはないでしょう。むやみに「信じろ」とは言ってもらいたくないのです」[18]。

　ブランディングや広告，市場調査といった活動については，現行の企業向けツール・セットは，マーケティングによってもたらされる価値を数値化する適切な手段とは言えない。例えば，Googleブランドは2007年，その価値を660億ドルと評価されたが，現在の公開会社の財務報告要件によれば，同社はこれを資産として計上することはできない。実際，Googleのブランド価値は年次報告において，万が一損害を受けた場合に同社の株価に影響を及ぼしかねない危険因子の1つとしてしか触れられていない。逆説的であるが，ブランド価値や知的所有権などの無形資産は，国際競争という環境において以前にも増して重要になる一方で，測定されることはまれで，ほとんど報告されていない[19]。

---

17. Enright, A. (1 October 2006). Real-time analytics boost ROI, accountability. *Marketing News*, 20.
18. Krauss, M. (1 June 2007). Balance attention metrics with intuition. *Marketing News*.
19. Caruso, D. (26 August 2008). The real value of intangibles. *strategy + business*.

■非公式的管理機構

　企業は独特の企業文化を構築し，一定の資質を備えたマネジャーを採用し，昇進させることで，組織を管理する非公式的な方法を利用している。グローバル企業では，この種の「ソフト的な」管理が，しばしば公式的管理よりも重要となる。このことは特に，多くの西洋文化で好まれるデータ主導型の経営スタイルが，現地の関係構築や階層，ソーシャル・ネットワークを重視する社会的価値と衝突するような文化にまたがって活動する企業の場合に当てはまる。

▶企業風土

　強力な企業風土で知られる企業が存在する。Johnson & Johnson, Walmart, ソニーなど多くの企業が，規模や場所や国の文化に関係なく，企業の基準に沿って行動するような，団結力のある，生産性の高い事業単位を構築することを目指して，世界中の社員に一定の価値観や労働倫理を植えつけることに何年も費やしている。中国の巨大コンピュータ会社であるLenovoは，企業風土の課題に真正面から取り組み，真にグローバルで一体的な文化を構築しようと懸命な努力をしている。同社は決して正式な本社を置こうとしない。同社の重役たちは順番に，一定期間世界中のLenovo事務所に駐在し，会長でさえ，米国の文化に対する理解を深め，自身の英語力に磨きをかけるために家族とともに米国に引っ越した。各国に拠点を置く開発チームは，バーチャル・リアリティの技術によって互いに協力することも多い。マーケティング部門はバンガロールに拠点を置く。会社が発行する情報誌を利用して，異文化間の理解や社員同士の団結力を育てている。情報誌の1つには，こういう記述がある。「どのような状況においても善意を持つこと。他者を理解し，理解される心構えを持つこと。文化の違いを尊重すること。」[20]

---

20. A bigger world. (18 September 2008). *The Economist* [special report].

▶ 経営幹部の選択と訓練

　Lenovoは，急成長する企業，中でも特に発展途上国にある企業の多くを難しい立場に置くもう1つの主要課題に非常に上手く対応している。同社は必ず，十分な国際経験を持つ尊敬されるベテラン経営幹部を多く採用するようにしている[21]。

　経営幹部をどう選択し，どう昇進をさせるかは，非公式的管理の手段の1つである。マネジャーは，企業の使命，ビジョン，企業文化の普及，維持のためのパイプ役である。企業はその本質的価値を最も象徴するマネジャーを訓練し，昇進させることで，望ましい企業文化を組織全体に根付かせることに大いに貢献できる。こうしたやり方が，世界中の全事業単位を通じた連携や知識の移転を促進する。

　イタリアの自動車メーカーであるFiatが最近行った変革を見てみよう。経営再建を担当したCEOのSergio Marchionneが最初に着手した主な戦略は，新たな幹部集団を見つけ出し，リーダー的地位に昇進させることであった。同氏はその多くを，広範囲に及ぶFiatの子会社で見つけ出した。彼らはそこで，本社の経営幹部とは違う，自発性や独立性を発揮していた。Marchionneはふさわしい人材を見つけると，今度は数か月をかけて，彼らがより大きな責任を果たす能力があるか，事業についてしっかり説明する能力があるか，そして組織の徹底的な改革に必要な適切な資質を備えているかどうかを評価した。同氏はまた，その一人ひとりと強力な個人的つながりを築いた。その種のつながりを感じることができれば，強く支持される共通の価値観を基本とするような非常に健全な企業文化を築くことができるとMarchionneは話す[22]。

▶ リーダーシップ

　近年 *McKinsey Quarterly* 誌に「今後2～3年は，CMOほど配置替えの

---

21. *Ibid.*
22. Marchionne, S. (December 2008). Fiat's extreme makeover. *Harvard Business Review,* 45-48.

多い上級管理者ポストはないだろう」という記事が載せられた[23]。この調査をはじめとして，世界の CMO が抱える課題について行われた調査において[24]，著者らは近い将来のマーケティング・リーダーシップの輪郭を示す重要課題を見つけ出した。これには次のものが含まれる。

- グローバルな事業展開と地域との密着性の両立
- 情報力のある新しいリードユーザーに接触する効果的な方法の発見
- 急速に変化する技術やメディア環境における効果的な販売方法の修得
- グローバル市場や顧客の知識に基づき企業の方向性を決定し，同時に結果に対して責任を持つ戦略的機能としてのマーケティングの再定義

組織にとって顧客洞察力の重要性が新たに見出された今ほど，マーケティングがその組織の中心的役割を確立する好機はない。しかし，マーケティング・リーダーとして成功するには，マーケティングが広告やブランディング，市場調査といったサービス業務以上のものであることを証明する力量とスキルが必要である。彼らは，組織のチェンジ・エージェントとなり，「ビジネスを通じて改革を推進し，顧客エンゲージメント（愛着心）の伝道師になる」必要がある[25]。

研究者によれば，トップ・マーケターは具体的な行動を取ることで，こうしたより高いリーダーシップの基準を充足できるという。例えば，Forrester Research は，マーケティングの具体的な定義や責任を提案することの重要性，また組織の他のメンバーを教育し，意思疎通を図り，互いに協力することで合意した目標を達成し，同時に強力なマーケティング・チームを作り，積極的に利益責任を追及することの重要性を強調している[26]。経営コンサルティング会社である McKinsey は，事業部組織，企業組織もまた，消費財のマーケターが成功する上で重要な役割を果たすと断言する。同社によ

---

23. Court, D. (August 2007). The evolving role of the CMO. *The McKinsey Quarterly*.
24. For example, see Economist intelligence unit. (September 2008). *Future Tense: The Global CMO*; ISBM. 2010 B-to-B marketing trends 2010 study.
25. Economist intelligence unit. (September 2008). *Future Tense: The Global CMO*.
26. Commander, C. (2006). *The Marketing of Marketing*. Forrester Research report brief for The CMO Group. www.forrester.com/role_based/pdfs/marketing_Of_Marketing_ReportBrief.pdf から検索。

表 15-2　成功している企業のマーケティング組織はセンター・オブ・エクセレンスとして機能する

企業マーケティングの主な役割（回答者の割合）		
	高業績企業	その他の企業
センター・オブ・エクセレンスとして機能し，情報やベスト・プラクティスを各ラインのマーケターに伝達している	50	17
グローバル・ブランドを管理している	0	42
会社のマーケティング業務を行っている	25	33

出典：Court, D. (August 2007). The evolving role of the CMO [Exhibit B]. *McKinsey Quarterly*. より作成。www.mckinseyquarterly.com/The_evolving_role_of_thc_CMO_2031 から検索。

る調査結果から，優れたブランド・ポートフォリオを持つ企業は，部門ごとのマーケティング・リーダーに，マーケティング戦略やその実行に対するより強いコントロールを認める傾向があることが分かっている。これは，グローバルなマーケティング組織に特に当てはまる傾向である。こうした企業では，企業レベルのマーケターが，マーケティング業務を遂行したりグローバルなブランド・キャンペーンを管理するというよりむしろ，各ラインのマーケターへの情報やベスト・プラクティスを広める者としての役割を果たしている[27]（表 15-2）。

雑誌などで広く取り上げられているブランド専門家であり，*Spanning Silos: The New CMO Imperative* の著者でもある David Aaker は，変革に乗り出そうとするマーケターが犯しがちな 2 つの過ちを警告している。1 つは組織の縦割構造の力を過小評価すること，もう 1 つはあまりに早い段階で多くを引き受け過ぎることである。縦割構造は，国単位であろうと，製品単位であろうと，機能単位であろうと，（「組織」のセクションで見た通り）今日のビジネスの現実であり，マーケターは成功するためには，この縦割り構造

---

[27] Crawford, B., Mulder, S., & Gordon, J. (2007, May). How consumer goods companies are coping with complexity [web exclusive]. *McKinsey Quarterly*. www.mckinseyquarterly.com/article_page.aspx?ar=2004&pagenum=8 から検索。

にアクセスし，その中で信頼を得る術を学ばなくてはならない。また，マーケティング・リーダーは，成果について範囲やスピードを大げさに約束しないよう注意が必要である。こうした落とし穴を回避するために，Aaker は次のような警告と綿密な手順を提案している。

- 適切な役割と範囲を見極める
- 信頼と賛同を得る
- チームを利用し縦割構造同士をつなぐ
- 共通の計画プロセスと情報システムを構築する
- 主要ブランドを縦割市場に適合させる
- ポートフォリオ内のブランドの優先順位づけを行う
- 縦割り構造にまたがる，勝つためのマーケティング・プログラムを構築する

この手順に従うことで，CMO は徐々に，しかし確実に組織において目指しているリーダーシップの役割を果たせるようになる。「影響力の究極の源は顧客知識である」と Aaker は指摘する。CMO とそのチームが，広域や地域のチームや製品チームの代わりに，頼れる顧客知識の源となるとき，彼らは重役会議で戦略リーダーとして認められているだろう[28]。

グローバルな管理職専門人材あっせん会社である Spencer Stuart は，今日真のマーケティング・リーダーの地位を獲得することがいかに難しいかを力説している。同社はある調査を行い，大企業の経営幹部レベルの中で，CMO の任期が最も短いことを発見した。会社で過ごす期間は平均 2 年未満であった（表 15-3）。Spencer Stuart は，この傾向の原因の一端が，CMO の認知度が高まったこと，それによって CMO に対する期待やその業績責任が高まったことにあるという。この 10 年間，マーケティング機能の複雑さと巧妙さが飛躍的に高まった。マーケティング担当重役は，かつては新たな広告キャンペーンの立ち上げや，販売促進の年間スケジュールの作成を担当するだけであったが，今では幅広い統合的なマーケティング活動やコミュニケーション活動を監督する。今日の CMO はもはや組織の階層の奥深くに埋

---

28. Aaker, D. (2008). *Spanning silos: The new CMO imperative.* Cambridge, MA: Harvard Business School Press.

表 15-3　産業別 CMO と CEO の任期

(月〈概数〉)

産業	CMO	CEO
航空	22	10
メディア	29	17
小売（その他）	26	33
ライフサイエンス	24	34
電気通信	15	37
外食	23	37
健康／美容	18	38
ホテル	19	40
金融サービス	35	45
自動車	26	46
食品	12	48
飲料	26	48
小売（アパレル）	19	52
小売（デパート）	26	61
小売（住宅リフォーム）	9	65
テクノロジー	30	75
アパレル	10	229
平均	23	54

出典：データは Welch, G. (2004). CMO tenure: Slowing down the revolving door [blue paper]. *Spencer Stuart* より。

もれることはなく，むしろ企業戦略推進の第一線，中心にいる[29]。

　現在，かつてないほど明らかにマーケティング・リーダーに対する期待が大きくなっている。社内外の増大する期待を管理するだけではなく，顧客の忠実な擁護者として，その主要任務をより上手くこなすことが求められる。リーダーシップと経営管理者の育成による組織の変革支援を専門とするカナダ企業 Sundance Consulting の創設者であり社長である Chris Edgelow は，次のように要約する。「マーケターは外界とのパイプ役である。彼らは外界の真実をシステムに持ち込まなくてはならない」。同氏はこうもいっている。「マーケターは，顧客が我々をどう思っているか，我々に何を望んでい

---

29. Welch, G. (2004). CMO tenure: Slowing down the revolving door [blue paper]. *Spencer Smart*.

るか,競合相手は(他の企業を)どうやっつけているかを会社に分かりやすく伝えなくてはならない。彼らはこうした現実を,組織の中に取り込むことができる」[30]。

まとめ

- グローバル企業の標準的な組織管理構造は存在しない。理想的な構造は,その企業がどの程度国際化しているかによって異なる。組織構造を決定するもう1つの要素は,その企業がどの程度国際業務を統合し,連携させているかである。
- グローバルな組織構造の大部分が,機能や製品,地域を単位としている。しかし,進歩的な企業の多くが,グローバルなマトリクス構造を選択している。
- 多くの企業がいくつかの段階(例えば輸出に始まり,海外生産に移行するなど)を経て国際化を行うが,設立から2～3年の間に国際化する企業も存在する。こうした企業はいわゆる「ボーン・グローバル企業」である。
- グローバル企業は,公式的管理システムと非公式的管理システムの両方を構築する必要がある。企業が国際化し,対象となる国,セグメント,流通チャネルの数やコミュニケーションの可能性が増大するにつれ,こうした管理システムの重要性が高まる。

ディスカッションテーマ

1. 企業がまったくの国内企業からグローバル企業に成長するとき,その組織構造をどう適応させるべきかを議論せよ。

---

30. Vence, D. L. (1 April 2007). Take the lead: marketers discuss ways to drive organizational change. *Marketing News*, 13-14.

2. グローバル組織が組織構造としてマトリクス構造を実現することが難しいのはなぜか。そのような組織形態は国内企業に適用できるだろうか。その理由は何か。
3. 企業風土は組織形態の選択にどう影響するか。
4. 本文（P.501）で述べられている「今後2～3年は，CMOほど配置替えの多い上級管理者ポストはないだろう」という考えに賛成するか。

実践的課題

1. Marketing Profilerのサイト（http://marketingprofiler.com）をチェックして，アンケートを完成させ，現在所属するマーケティング組織での経験や特定企業のマーケティング業務についての知識に基づき回答せよ。与えられたプロファイルについて簡単な評価を書き，マーケティング部門が最善の結果を得るために進むべき戦略的方向性について意見を述べよ。
2. 自社製品をより上手く世界に売り出すことができると自身が思う企業を選択し，マーケティングの成果を更に向上させるためにより適切であると思われる組織構造を提案せよ。提案の理由を示せ。その新しい構造がより良い成果を挙げられると思う理由は何か。その組織形態の落とし穴と考えられるものを挙げよ。パワーポイントを使ってまとめよ。

キーワード

管理機構	p.494
機能単位の組織形態	p.487
製品ベースの組織形態	p.485
地域単位の組織形態	p.486
マトリクス組織形態	p.488
ボーン・グローバル企業	p.492

第16章

グローバル市場における倫理観と企業の社会的責任を定義する

> 我々は,透明性,説明責任,組織力という課題に取り組む必要がある。遠まわしな言い方はやめよう。我々は,腐敗という悪の根源に対処しなくてはならない。
>
> The World Bank 社長,
> James Wolfensohn
> Annual Meeting, 1996

学習の目的

本章を読むことで，次のことが期待できる。
- 海外でビジネスを行う場合の倫理観を理解すること。
- 法律と倫理を区別すること。
- 普遍的な倫理規範が存在するかどうかを判断すること。
- 多国籍企業が倫理的市民になれるかどうかを議論すること。
- 多国籍企業の社会的責任を判断すること。
- 企業は倫理に反していられるかどうかを議論すること。

　あなたがABC（Ltd.）のマニラ（フィリピン）にある子会社の責任者として，新しく任命されたとしよう。この会社は視聴覚教材を含む，高校の教育機器を製造，販売している。約5万ユーロ相当の大型貨物が到着し，税関からの引き渡しを待っている。税関当局は，「管理上の遅れ」によって機器の関税通過ができないでいると知らせてきた。1週間後，まだ「遅れ」が継続していると連絡を受ける。担当の税関検査官に機器はいつ引き渡されるかと尋ねると，検査官は，それは分からないが，もし組合の休暇基金に少し寄付すれば，迅速な引き渡しが約束されるだろうと答えた。貨物は安全ではない場所に保管されており，窃盗の可能性もあることが分かっている。また，多くの生徒たちがその教育機器を必要としている。この国では，政府関係者への支払いが，意思決定の「優先順位づけ」のためにしばしば行われている。こうした支払いはここでは違法ではない。しかし，自国の政府は贈収賄を禁止する法律を制定しており，それがこの状況に適用され，あなたの会社は罰金を支払わなくてはならないおそれがある。このようなジレンマに対してはどのような選択肢があるか。あなたはどうすべきか。

　このようなケースは，国際貿易では残念ながらよくあることである。このようなジレンマの解決は，両当事者の倫理文化が異なる場合は，なおさら難しい。本章は，グローバル環境におけるこういったジレンマに対処するのに役立ち，両者が納得できる対応を実現するフレームワークの構築について論

じる。まず，贈収賄や腐敗といった非倫理的な習慣から生じる代償のいくつかを検討しよう。

■ 不正なビジネスを行うことの代償

　賄賂の要求に対して安易な選択をすると，企業や個人は捕まって取り調べを受けたり，世間の不評を買ったり，また有罪となれば，罰金や懲役に処せられるかもしれない。企業や個人が違法な支払いによって罰金を科される例が多くある一方（例1），そのような行為に対する適切な予防手段を備えていないことを理由に罰金を科される例もある（例2）。

例1：英国のコンサルティング会社であるCBRN Teamの社員とウガンダ政府官僚は，贈収賄罪の罪を認めた。このケースは，同英国企業が，ウガンダの大統領警護について助言する契約を請け負う目的で行った支払いに端を発した。英国の重大不正監視局（Serious Fraud Office）は，同CBRN社員に執行猶予をいい渡し，ウガンダ政府官僚には1年間の服役をいい渡した。

（出典：www.badfaithinsurance.org. 検索日：2009年5月10日）

例2：世界最大の保険ブローカー会社であるAon（英国）の子会社は，贈収賄を禁止する十分な規制手段を持たないことを理由に，英国金融サービス機構（Financial Services Authority）から525万ポンド（790万ドル）の罰金を科された。伝えられるところによると，Aonは2005年から2007年にかけて，インドネシア，ベトナム，バーレーン，ミャンマーなどの外国企業に対し，総額約700万ドルに上る「疑わしい支払い」をしたといわれる。

（出典：The global bribery crackdown. growthbusiness.co.uk.
検索日：2011年6月22日）

　これら2つの例は，企業や個人の贈収賄や不正行為を監視するための国レベルの規制当局が存在することを示している。以降で学ぶように，政府の他，国際連合や国際通貨基金（IMF）といった多国籍組織がこうした不正を監視している。しかし，違法行為や非倫理的行為の監視はまず自国で始ま

る。企業は，自らを監視しなければならず，実際に多くの企業がそうしている。世界規模の贈収賄や腐敗は，無視できない行為である。米国商務省によると，1994年から1999年の5年間で，294の国際契約に贈収賄が関与しており，その総額は1450億ドルに達したという。世界の別の地域を見ると，アジア開発銀行（Asian Development Bank）が，アジアでは政府が「腐敗に関する業務」に税収の約50%を費やしていると見積もっている[1]。

Transparency International[2] が行った調査によると，世界の年間賄賂総額は1兆ドルに上るといわれ，表16-1に示す通り，賄賂の支払いは発展途上国でより多く発生している。贈収賄や腐敗は，開発のための資金を流用し，政府の基本的サービスを提供する能力をむしばみ，不平等や不正を増大させ，海外投資や海外援助を妨げることで，貧困層を大きく苦しめている。贈収賄や腐敗は，マネジャーがグローバルな環境で直面する唯一の問題ではない。不誠実や詐欺，労働衛生や労働安全の問題，環境問題，産業スパイも蔓延している。米国では従業員による詐欺が企業に年間6000億ドルの損害を発生させており，これはGDPの約6%に相当する[3]。こうした行為の多くが法律や規制によって監視されているが，その法律や規制は，世界中で一律に実施されているわけではない。このため，グローバルな企業のマネジャーは，次のような質問に対する答えを出さなくてはならない。

- 倫理的習慣が社会によって異なる場合，どのルールに従うべきか。
- 贈収賄や腐敗が蔓延している国では，どのように誠実にビジネスを行うか。
- グローバル・マーケターや事業家を誠意と責任を持った行動に導ける倫理規範はどのように構築できるか。

---

1. Ambassador Schneider (1 October 1999). The global fight against bribery and corruption: United States law and policy. [Speech]. Transparency unveiling corruption. Amsterdam: Deloitte & Touche.
2. Transparancy International は，ドイツを拠点とするNGO団体であり，世界の贈収賄や腐敗の発生や内容を監視している。526ページの本団体の説明を参照。
3. www.josephsoninstitute/org/pdfworkplace-flier_0604.pdf.

表16-1　各国における贈収賄の蔓延

国	過去12か月の間に贈賄があったとする割合（%）*
オーストリア，カナダ，コスタリカ，デンマーク，スペイン，フィンランド，フランス，ドイツ，香港，アイスランド，アイルランド，イスラエル，日本，韓国，オランダ，ノルウェー，ポルトガル，シンガポール，スイス，台湾，英国，ウルグアイ，米国	5未満
アルゼンチン，ブルガリア，ボスニア・ヘルツェゴビナ，コロンビア，クロアチア，コソボ，ルクセンブルク，マケドニア，マレーシア，ニカラグア，パナマ，フィリピン，ポーランド，南アフリカ，タイ，トルコ，ベネズエラ	5-10
エチオピア，ガーナ，グアテマラ，リトアニア，ナイジェリア，ルーマニア，トーゴ，ボリビア，チェコ共和国，ドミニカ共和国，エクアドル，ギリシャ，インドネシア，インド，ケニア，パキスタン，ペルー，ロシア，セネガル，セルビア，ウクライナ	11-30
カメルーン，パラグアイ，カンボジア，メキシコ	31-45

＊質問：「過去12か月の間に，あなたやあなたの家族は何らかの賄賂を支払いましたか？」
出典：Transparency Global Corruption Barometer. (2005) より作成。

倫理と法律

倫理とは，社会が決める行動規範であり，社会の構成員がどのように道徳的行動を取るべきかを規定する。倫理規範は社会によって異なるが，同じ社会に属する個人は，この規範を守ることが期待される。これに対し，法律は，社会の構成員がどう行動すべきかを規定する行動規則であり，警察や裁判所といった統治機関が施行する。法律に違反すると罰則があるが（罰金や懲役刑），倫理規範を無視した場合は刑事手続きのない制裁が伴う（職を失

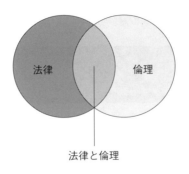

図 16-1　法律と倫理の関係

うなど）。法律と倫理は重なる部分があり（図16-1），非倫理的と認識される行為が，違法となる場合がある（贈収賄など）。また，法律と倫理が重ならないケースもある。非倫理的と認識される行為が違法とされる場合がある一方で，（環境汚染，基準以下の賃金など），違法行為であっても倫理的に許容されると認識される場合もある（会社の装置を個人的な用途に使用するなど）。要するに，法律制度では，「正」と「不正」に関するジレンマすべてをカバーすることはできない（図16-1の左側）。したがって，そのような状況でどうふるまうべきかという問題は，倫理規範の範疇になる（図16-1の右側）。

　「正しさ」が「合法」と同義であるという人もいる。すなわち，ある行為が倫理的かそうでないかは，法律に違反しないかぎり重要ではないという考えである。この場合，行動を支配するのは法律制度だけである。合法であれば倫理的ということである。しかし，グローバルにビジネスを行う場合，どの法律，どの倫理観に従うかが問題となる。取引を行う場所で有効な法律か，それとも自国の法律か。特に自国の倫理規範と受入国の倫理規範が違う場合，いずれの倫理規範に従うべきか（図16-2を参照）。

　文化が衝突する場合はどうか。従うのは自国の規範か受入国の規範か。自国以外でビジネスを行う場合の選択肢には次の3種類の倫理哲学がある（表16-2）。

　倫理相対主義者（ethical relativists）は，グローバルな視点で計画を立て

図 16-2 グローバル環境の企業は，自国と受入国の倫理と法律，両方の影響を受ける

表 16-2 3つの倫理哲学

倫理相対主義	倫理絶対主義	倫理普遍主義
普遍的な倫理規範は存在しない	自身の倫理観を優先	普遍的に認められた有効な倫理規範
行為の倫理性は，その行為がなされる特定の文化の道徳規範との関連でしか判断できない「郷に入りては郷に従え」。	「郷に入りても郷には従わない（自国流を貫け）」。	行為の倫理性は，文化的背景とは無関係である。

ることもあるが，倫理に関しては現地の習わしに従い行動する。彼らは「郷に入りては郷に従え」ということわざに従う。**倫理絶対主義者**（ethical absolutists）（「倫理帝国主義」と呼ぶ人もいる）は，活動する他国に自国の倫理規範を「持ち込む」。一般に，彼らは自分たちの規範のほうが優れているため，受入国もこれを採用すべきであると考える。**倫理普遍主義者**（ethical universalists）は，互いに異なる文化でも十分に普遍的な規範が存在すると考える。これら3つのフレームワークは，異なる国の文化にまたがりビジネスを行う場合に，何が正しく何が間違っているかという疑問に対する簡単な答えはないということを示唆している。この議論は，多国籍企業が事業活動を行う国際社会に関する疑問につながる。善と悪の基準は，文化や場所に関係するのだろうか。価値観は絶対的か，それとも例えば世代や経営構造が新しくなれば，時間とともに変わるものなのか。倫理観が異なる場合は，どの

倫理観が優先されるべきか。社会的責任は，普遍的価値観の存在を前提にすべきか。

「企業は，マネジャーが，単に異なるだけの習慣と間違っている習慣を区別する手伝いをしなくてはならない。相対主義者にとっては，何も神聖なものはなく，間違っていることもない。絶対主義者の場合，自分の価値観と違うことの多くが間違っているとなる。いずれのケースも極端であり，ビジネスにおける意思決定の実態を表していない。答えはこれら2つの間にある。」[4] 一見したところ倫理的と思われる状況でどう行動すべきかというジレンマの典型的な例として，贈り物を挙げることができる。贈り物は，多くの非西洋社会の標準的な伝統である。例えば日本の文化では，ちょっとした贈り物をすることはビジネス上のやりとりにおける本質的な部分であり，相互関係や関係構築の象徴である。しかし，この行為は西洋の企業には賄賂と誤解され，文化的に適切なことではなく不適切な行為と勘違いされることが多い。この種のジレンマは，異なる習慣を評価する上で，それが普遍的規範に反しないことを確認しつつその前後関係を理解することが重要であることを示している。この種のジレンマに対する解決策は，贈り物の物質的価値によって異なる。明らかな賄賂と，受け入れても問題のない贈り物の区別ができなくてはならない。

優良企業市民としての多国籍企業

多国籍企業の倫理的責任，社会的責任は，受入国と自国の両方にとっての関心事である。多国籍企業は規模が大きく経済力もあるため，その倫理的行動や社会的行動は，法律で求められる義務以上であることが期待される。社会的責任とは，企業は株主だけでなくすべての利害関係者を考慮に入れて社会一般のために行動すべきであるという倫理の概念である。多国籍企業には，その利害関係者に対する経済的，倫理的，法的，社会的責任がある。

---

4. Donaldson, T. (September/October 1996). Values in tension: Ethics away from home. *Harvard Business Review*, 47-62. 許可を得て転載。

よって，多国籍企業は，倫理的責任と社会的責任に関する基本的な価値観と目標を，その戦略的経営プロセスに組み入れなくてはならない。

企業の社会的責任（CSR：corporate social responsibility）とは何か。欧州委員会はCSRを，「それによって企業が事業活動における社会的問題や環境問題，利害関係者とのやりとりを自主的に統合する」概念と定義している[5]。また，世界銀行はCSRを，企業による「社員，その家族，地域社会，社会一般と連携して，事業にも地域発展にも好ましい方法でその生活の質を高める持続的経済発展」への貢献と考えている[6]。国際労働機関はCSRを，企業がその事業活動が社会に及ぼす影響を考慮し，社内の手法やプロセスと他の関係者とのやりとりの両面における原則や価値観を確認する方法と考えている[7]。要するに，こうした定義は，CSRが単に商慣習において倫理的であることや法律を守ること以上のものであることを意味している。CSRは，企業は雇用を提供し利益を挙げるという目標を超え，すべての利害関係者の幸福に貢献すべきである（利益の一部は活動する地域と共有すべきである）という考えを前提としている。

世界の企業経営者はどう見ているか。CSRの活動や報告は先進国では広く行われているが，発展途上国や新興国では，それほど広く行われていない。先進国以外におけるCSR活動の採用例は，GRI（Global Reporting Initiative）や国際労働機関といったNGO団体によるものである。GRIは大きなNGO団体で，世界数十か国から多数の専門家が集まる，多様な利害関係者のネットワークである。彼らはGRIのワーキング・グループやガバナンス・ボディに参加し，また，GRIのガイドラインに従って報告を行い，GRIベースの報告書の情報にアクセスするなど，形式的，非形式的両方の報告のフレームワーク構築に貢献している[8]。アムステルダムに拠点を置くこの組

---

5. European Commission (2001). http://eurlex.europa.eu?lexuriserv/site/en/com/2001/com2001_0366en01.pdf から検索．
6. World Bank (2003). *Corporate social responsibility practice: Strengthening implementation of corporate social responsibility in global supply chains*. Washington, D.C.: World Bank.
7. www.ilo.org/public/english/support/lib/resource/subject/csr.htm から検索．
8. www.globalreporting.org/AboutGRI/WhoWeAre/ から検索．

織は，広く利用される持続可能性の報告フレームワークを構築しており，このフレームワークは世界の1500の企業に採用されている。

BRICs諸国のCSR

ブラジル応用経済研究所（Brazilian Institute of Applied Economics）の調査から，調査対象の44万5000社のうち約3分の2が社会プログラムに投資しており，半分がそのようなプログラムへの参加を強化する意思があることが分かっている[9]。ブラジルにおけるCSRプログラムの採用は，この国で活動するNGO団体が増加していること，企業がその正当性や顧客ロイヤルティを高めたいと希望していること，世界的規範の重要性が高まっていることによるものである。ブラジルのGDPの約30%を占め，約120万人を雇用する約950のブラジル企業が，Instituo Ethosという現地組織の会員である。Instituo Ethosは社会的責任を専門とする企業ネットワークである。約150の企業が国際連合のグローバル・コンパクトに署名し，人権，労使関係，環境保護，腐敗撲滅という分野の基本原理を守ることに合意している。

ロシアのCSR

ソビエト社会主義共和国連邦時代，産業はすべて国有であった。ソ連の経済は，住宅や学校教育，健康，社員やその家族のためのレクリエーション施設など，幅広い分野にわたる大規模な産業プラントがベースとなっていた。このため，工業団地が社員に対する社会的責任を担っていた。ソ連の崩壊により，こうした産業の多くが民営化されたが，残りは国有のままであった。そうした状況の中で，工業団地が社員の社会福祉を自動的に引き継ぐことはなかった。この仕事は政府の責任となったが，政府は予算の制約により，レ

---

9. Nascimento, A. (2004). *Corporate social responsibility in Brazil: A comparative analysis of two paper companies*. Cambridge, MA: Massachusetts Institute of Technology.

クリエーション,環境,慈善団体への寄付などを支援することが難しいと判断した。

民間企業はどの程度政府の社会的役割を引き継いだのか。ロシア企業はCSRが自社の持続にとって不可欠であると認識するようになったが,そうした取り組みの大部分は,Norlisk Nickel, Lukoil, Novolipstek Steel, Yukos（政府に取得される前まで）といった大手企業や欧米市場を対象とする企業によるものである。ロシアにおいてCSRの採用を抑制している2大要因は,ロシア企業の透明性の欠如と,CSRについての誤った概念定義がなされていることである。あるオブザーバーによれば,CSRは「ロシアの最高経営者たちには,主に非財務的なリスクを管理し,世間体を良くして,資本を改善するためのツールと考えられている」という[10]。ロシアのシンクタンク Center for Political Technologies によれば,企業の社会的責任という問題は,国家機関の近代化と,企業と国の相互のやりとりを監視する民間機関の設立によってしか解決できないという。

中国のCSR

中国ではCSRは比較的新しい概念であることもあり,政府はCSRを積極的に推進しているというには程遠い。中国の巨大な官僚制度が,CSRプログラムの実現を妨げている[11]。安全性や知的所有権にかかわる問題は,インド製品（6%）より中国製品（81%）のほうが多い[12]。米国の税関国境警備局によって没収される違法な製品に占める割合が最も多い国が中国であり,インドは中国に大差をつけられての2位である。しかし,中国政府は最近,関連する法律や市場規制の改善,また企業による無責任な行動を減らすため

---

10. Dayman, S. (2008). Russia in 2008: Corporate social responsibility in a post-socialist state. www.ecologia.org/isosr/sergey.html から検索。
11. Lattemann, M., Fetscherin, M., Alon, I., Li, S., & Schneider, A. (2009). CSR communication intensity in Chinese and Indian multinational corporations. *Corporate Governance: An International Review 17*(4), 426-442.
12. *Ibid.*

の監視体制の増強に努めている。2007年には上海に，13の外国企業と国内企業によって中国企業社会責任同盟（Chinese Federation for Corporate Social Responsibility）が立ち上げられた。中国ではまだ，CSRという理念や統治組織が形成され始めたばかりである。そうした構想や指針の例として，Chinese Business Council for Sustainable Developmentが発表した「最優良事例集（Compilation of Best Practices）」や「中国企業のためのCSR勧告基準（Recommended CSR Standards for Chinese Corporations）」，商務省が発表したCSR報告書作成のための指針などが挙げられる。

しかし，利益追求の意欲と並行して，社会的配慮や環境への配慮に取り組むことを企業に求めるCSR指針は，多くの中国企業にとっていまだになじみが薄い。2005年に吉林市で起こった化学爆発では6名の死亡を含む死傷者を出したが，その主な原因は，作業員による装置の不適切な取り扱いであった。同じ年，別の惨事が起こった。今度は東風炭鉱の爆発事故であり，100名以上の作業員が死亡した。このケースでは，炭鉱の責任者が中央政府の採鉱作業の安全性に関する緊急時の対応を理解していなかっただけではなく，爆発直後に何名の作業員を退去させていたかを把握できていなかったことが判明している。このように作業の安全性や環境汚染，教育の必要性を知らないことが，何千もの悲劇の根本原因であり，そういった状況が中国の産業では広く存在している[13]。 中国では，大部分の企業が技術的ノウハウを構築する初期段階にあり，生き残りに必死であるため，中国企業がCSRという概念を受け入れるには時期尚早だという人もいる。しかし，BP中国の社長であるGary Dirksは，CSRは単なる「慈善活動」の域を超えた，利益追求におけるより根本的な問題への取り組みであり，後づけのプラスアルファとして考えるのではなく，企業のビジネス・モデルに最初から組み入れる必要があると述べている。しかし，良い兆候もある。中国の政府や経済団体は，CSR報告の中国基準や認定基準，また安全衛生基準を作成している最中である。中国で事業を行う欧米企業は，CSR基準を認識し，推進して

---

13. Zinjung, L. (2005). Lack of corporate social responsibility behind recent China accidents. *World Watch Institute*. http://www.worldwatch.org/node/3859 から検索。

いかなくてはならないだろう。

インドのCSR

精神性とCSRはインドの伝統に深く根づいている。したがって，CSRは新しい現象ではなく，むしろインドの文化や宗教とつながっている。インド企業による社会的義務や慈善活動への取り組みは，暗黙のうちに行われることが多かったが，CSRは次第に活動の中心となり範囲も広くなっている。企業の社会貢献は今や企業活動の一部であり，その中に組み込まれている[14]。

表16-3 企業の社会的責任は報われる

利益を押し上げる	インドの大手セメント・メーカーであるGujarat Ambujaは次のとおり報告している。「環境保護の世界基準に到達しようとする我々の取り組みは，効率と利益性の大幅な改善という結果をもたらした」
コスト削減	Reliance Industriesは，省エネ対策を実施することで，年間11億5000万ルピーを節約している。
収益増大	HLLのシャクティ・プロジェクトは，貧しい地方の女性のために収入を生む機会を作っている。これによって，これまで未開拓であった農村地域へのアクセスが向上した。
ブランド価値の強化	Infosysは，毎年恒例の良心的な一流ブランド（Top Brands with a Conscience）の初年度リストで選ばれた7つの国際企業のうちの1つである。
評判を高める	The Oil and Natural Gasは，同社の地域開発プログラムが「同社に対する信用を生み出していること，配慮のある企業という評判をもたらしていること」を発見した。
士気を高める	Tata Steelは，地域社会を助けることが社員に新しい視点を与え，社員の士気の強化につながると考えている。

---

14. Lattemann, M., Fetscherin, M., Alon, I., Li, S., & Schneider, A. (2009). CSR communication intensity in Chinese and Indian multinational corporations. *Corporate Governance: An International Review, 17*(4), 426-442.

また，インドには家族主義的な慈善という長い伝統がある。Tata など巨大な家族経営の企業は，特に地域社会のための学校や医療など基本的なサービスの提供に積極的である。例えば，Bharath Petroleum, Maruti Suzuki India, Hindustan Unilever などは，村の包括的発展に重点的に取り組んでいる。彼らは医療施設や汚物処理施設の改善に努め，学校や住宅を建設し，村人たちに職業スキルや経営スキルを教えることでその自立を支援している。CSR がインド企業にどのような利益をもたらしているかを示す例を表 16-3 に挙げた[15]。しかしそれにもかかわらず，企業の持続可能性報告書を発行する企業，あるいは自社がどのくらい CSR 活動に投じているかを発表するインド企業はほとんどないと報告されている[16]。

企業は倫理に反していられるか

あらゆる状況で倫理的立場を維持することは難しいかもしれない。あるビジネス誌の匿名読者が記事の中で，グローバル組織の倫理観を支持する次のようなコメントをしている。

> 倫理観は世界中で異なる。ある国ではビジネスを行うのに賄賂が求められるが，別の国では賄賂は違法である。唯一すべきことは，自国の習慣に従い，結果を受け入れることである。

1997～2001 年の比較可能な全企業データが揃った FTSE350 から選ばれた 127 社を対象に行った調査では，企業は 2 つのグループに分類された。
1 つは，5 年以上にわたり倫理規範／行動規範／原則規定を持っている企業，もう 1 つは，そのような規範を持たないとはっきり回答した企業である。調査の結果，次のことが分かった。

---

15. The state of CSR in India 2004, acknowledging progress, prioritizing action. (10 November 2004). National Seminar on Corporate Responsibility, New Delhi.
16. www.karmayog.org/redirect/strred.asp?docId=13270 から検索。

- この研究で使用した4つの企業価値の指標のうち3つ（EVA：経済付加価値，MVA：市場付加価値，PEレシオ：株価収益率）に基づく財務実績について，倫理規範を持つ企業は1997年から2001年の期間，倫理規範を持たないと回答した同じ規模の企業グループと比べ業績が上回った。
- 倫理規範を持つ企業は，1997年から2000年の期間，倫理規範を持たない企業に比べ，はるかに大きなEVAとMVAを生み出した。
- 倫理規範を持つ企業は，持たない企業に比べ4年にわたりPEレシオの変動がかなり小さかった。このことは，倫理規範を持つ企業が，長期的に見てより安全な投資であるということを意味している。別の調査からは，安定したPEレシオであると，平均以下のコストで資本を調達することが可能になることが示唆されており，規範を持つことは安定経営を示す重要な指標であるといえる。
- 他と異なるパターンが認められた指標は，使用総資本利益率である。1997年から1998年にかけては，規範を持つ企業と持たない企業の間に使用総資本利益率の差は認められなかった。しかし，1999年から2001年にかけては，規範を持つ企業では平均利益率が明らかに増大したが（約50%），規範を持たない企業のそれは減少した。

企業倫理の方針（倫理規範など）を持つ企業と持たない企業の長期的な企業付加価値を比較する学術的研究が，米国において行われた。この研究から「方針の有無」と「誠実であるという評判」「長期的な株主価値の成長」との間に相関関係があることが分かった。2006年，企業の業績と倫理観の関係を調査した100近い調査研究を調査したところ，次のことが分かった[17]。
- 企業の社会的成果が企業の財務実績に貢献するかどうかを調べた80の調査において，その53%が正の相関関係を示唆している。24%の調査で関係性が認められず，4%の調査で否定的な関係が示された。残り

---

17. Margolis, J., Walsh, J., & Krehmeyer, D. (2006). *Building the Business Case for Ethics*. Business Roundtable Institute for Corporate Ethics.

19%の調査は結論の一致を見なかった。
- 企業の社会的成果を財務実績の結果の1つとして評価した19の調査のうち68%が正の相関関係を認め，16%は無関係とし，16%が結論の一致を見なかった。

いくつかの調査から，倫理的行動による企業の業績への影響は，短期的には小さいということが分かっている。広告，物流，梱包，旅行，人材採用といった分野のハンガリー企業の51人を対象に行った非公式の調査では，その67%から，合法的かつ倫理的にビジネスを行うハンガリー企業は，そうでない企業に比べ長期的には成功する割合が大きいが，短期的に見ると成功する割合が小さい場合があるということが分かった[18]。

社会的に責任のある企業は環境に優しい企業だろうか。表16-4に，環境に優しい企業のいくつかと，その社会的行為を示した。その大部分がよく知られた企業であり，事業に成功している。この表は，いくつかの産業部門の代表的な企業を列挙している。

英国企業を対象に行った調査において，倫理的アイデンティティが財務実績に及ぼす影響を，企業の倫理的アイデンティティの2つの側面を比較することで検討した。2つの側面とは，企業応用倫理（CAE：corporate applied ethics）と企業公開倫理（CRE：corporate revealed ethics）である。大部分の企業が公開倫理規範を持つため，特に社員に倫理規範について研修を行う企業は企業応用倫理のある企業に分類した。また，企業倫理が市場指標より会計指標により強い影響を及ぼすかどうかについても調べた。企業の財務実績について，会計ベースの指標と市場ベースの指標の両方を使い，5年間（2001〜2005年）の実績を測定した。短期的に見ると，両カテゴリーの企業の財務実績の間に大きな違いは認められなかったが，長期的に見ると，CAEを持つ企業がCREを持つ企業を大きく上回った。また，この調査から，会計指標のほうが市場指標よりも企業倫理の影響をより強く受けるとい

---

18. www.ethicalleadershipgroup.com/blog/2006/04/budapest_hungary_does_ethics_p_1.html から検索。
19. Ugoji, K. (2006). *Does Business Ethics Pay? Ethics and Financial Performance* [MSc thesis]. Cranfield School of Management.

表16-4 社会的責任を意識し，成功している企業

企業	行動
Toyota	ガソリン電気ハイブリッド車の開発
Renault	低燃費車
Volkswagen	クリーンディーゼル
Hewlett Packard	生態学的基準
Toshiba	環境効率の高い製品の開発
Dell	使用済みコンピュータの再利用
Royal Dutch Shell	風力・太陽エネルギーへの投資
Norsk Hydbro	自社の事業活動が及ぼす社会的影響，環境影響の評価
Suncor Energy	カナダ北部の生態学的問題，社会的問題の解決支援
Nokia	有毒物質の段階的廃止をリード
Ericsson	ナイジェリアの村に風力，燃料電池で動く通信システムを導入
Motorola	事業活動による環境影響を公表
Philips Electronics	省エネ家電のイノベーター
Sony	環境問題の配慮とサプライヤーの安全基準，労働基準の監視
Matsushita Electric	最先端の環境に優しい製品の製造
Roche	第三世界で使用する医薬品の研究に投資
Novo Nordisk	糖尿病治療薬を貧困国に大幅な割引価格で販売
GlaxoSmithKline	エイズ治療薬を最初に原価で販売

うことも分かった[19]。実際，倫理規範は社員が従うことを期待される指針を表したものである。しかし，規範それ自体だけでは不十分である。規範には，監視機能と，規範が実施されていることを監視する責任者が必要である。Sarbanes-Oxley Actは，自社株が1934年証券取引所法の下で取引される企業に，自社の倫理規範を公開することを義務づけている。

腐敗および贈収賄との闘い

腐敗および贈収賄の動機づけとなる要因が主に2つある。1つは金銭の獲得，もう1つはガバナンスの弱さである。金銭的動機を排除することは難し

いが，ガバナンス改善のためにできることはたくさんある。腐敗や贈収賄を監視し，予防する手段を持つ組織には主に3種類ある。それは政府，非政府組織，企業である。1990年代までは，こうした問題に対処する非政府機関はほとんどなかった。1990年代以降，Transparency International（TI）などの非政府組織がいくつか設立され，またOECDや国連などの既存団体によって条約が制定された。表16-5は，こうした経緯を年代順に示している。

　大規模な非政府組織の1つがTIである。TIはドイツに拠点を置く世界的ネットワークであり，組織化の途中であるものも含め90以上の各国支部が世界中に存在する。こうした支部は政府や市民社会，企業，メディアから利害関係者を集め，選挙，行政，調達，ビジネスにおける透明化を推進している。また，TIの支部や窓口からなる世界ネットワークは，アドボカシー・キャンペーンによって政府に腐敗防止のための改革を行うよう働きかけている。TIは，腐敗認識指数，贈賄指数，世界腐敗バロメータなど，腐敗や贈収賄の程度を測定する各種調査を発表している。2008年の腐敗認識指数では，専門家の評価と世論調査をもとに180か国の腐敗認識レベルの順位づけを行った。一方，TIの贈賄指数は，腐敗の供給側，すなわち世界の先進工業国の企業が海外で贈賄する可能性を評価する。また，世界腐敗バロメータは，世界数十か国の一般市民の腐敗に対する態度や，腐敗の経験について評価する調査である。

　図16-3は，2008年の腐敗認識指数の順位を示している。腐敗の最も少ない3か国は，デンマーク，ニュージーランド，スウェーデンであり，最も腐敗が多い国は，ソマリア，ミャンマー，イラクである。贈賄指数では，調査

表16-5　腐敗防止組織の年代順リスト

1993	Transparency International の設置
1995	Transparency International 腐敗認識指数の開始
1997	OECD 贈賄防止条約の制定
1999	Transparency International 贈賄指数の開始
2001	Transparency International 世界腐敗バロメータの開始
2003	国連腐敗防止条約の制定

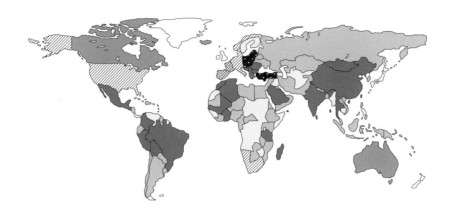

図 16-3 腐敗認識指数を評価された国の地図
出典：データは Transparency International より。www.transparency.org/policy-research/surveys-indices/cp/2010 から検索。

対象の22か国のうち，海外で事業活動をする際に賄賂を渡す可能性が最も少ない企業の本社がある国は，ベルギー，カナダ，オランダ，スイスの順である。一方，ロシア，中国，メキシコ，インドに本社を置く企業が，海外で事業活動をする際に賄賂を渡す可能性が最も高い。注目すべきは，こうした国で事業活動を行う企業は，必ずしも同国の企業というわけではなく，多国籍企業の関連会社というケースがある点だ。

OECD 贈賄防止条約

　OECD 贈賄防止条約は，国際的な商取引における海外の役人への贈賄を刑事犯罪とする，法的に拘束力のある基準を定めており，またこの基準に実効力を持たせる各種の関連施策を講じている。OECD 加盟国30か国に加え，非加盟国8か国（アルゼンチン，ブラジル，ブルガリア，チリ，エスト

ニア，イスラエル，スロバキア共和国，南アフリカ）が，この条約を採択している。この条約は，ビジネス上の便宜を得ることを目的とした役人（選出か任命かに拠らず）への金銭支払いを禁止している。そのような支払いは，本条約の下では刑事犯罪となる。条約の施行は調印国の責任であり，調印国はそのような行為に対処する法律を制定することが期待される。OECD は，本条約を実施する権限はないものの，加盟国による立法措置の効果を監視している。この監視は，英国の重大不正監視局のケースにあるように影響力を持つ。英国の重大不正監視局は，BAE Systems のサウジアラビアとの 430 億ポンドの兵器売買に関する贈収賄疑惑や，その他の不正疑惑についての調査を中断するという決定を下したが，この決定は OECD による調査の対象となった。OECD は，英国は法制度の「組織的な欠点」に対処するために緊急に改革が必要であるという結論を出した。

　この報道により，英国は贈賄を禁止する自国の法律を OECD 贈賄禁止条約に基づく国際的義務と同調させていないことを激しく非難され，早急に新たな法律を制定することを促された。英国の現行法の下では，検察官が企業に対し贈収賄疑惑で訴訟することが難しいということを OECD は指摘した。この批判が，英国の贈収賄法案を制定させる大きな要因となり，国内外を問わず贈賄が刑事犯罪となった。

■ 国連腐敗防止条約

　国連腐敗防止条約は，公共部門と民間部門両方の腐敗を禁止している。ただし，民間部門の禁止は義務ではない。この条約は，予防，不正行為の犯罪化，腐敗防止対策，実施の連携という 4 つの領域をカバーしている。腐敗には，マネー・ロンダリングや横領も含まれる。横領はデリケートな問題である。というのも，収入にそぐわない贅沢な家に住む役人や，とんでもない派手な生活をする役人について疑問を生じさせるものであるからである。この条約は，そのような不釣り合いに対し必ず調査を要求する。また，他国への不正な資産移転は，国際協力によって本国送還が求められる。しかし，国連

の腐敗防止条約には限界がある。この条約は，民間部門の贈収賄や政治的腐敗はカバーしていない。さらに，国連には，条約規則の順守を各国に強制する権限はない。国連は監視機関として機能するだけで，規則の施行は各関連国に委ねられている。

各国政府による腐敗，贈収賄防止法の施行

各国政府は，海外との贈収賄を予防し，また訴訟も行うという義務を遂行することで，それを発生源で確実に食い止める重要な役割を果たす。一部の国の政府は，OECDと国連の条約に従い，腐敗と贈収賄を防止する法律を制定している。以下にその一部を例として示す。

1977年米国海外腐敗行為防止法

米国は，腐敗を防止する法律を最初に制定した国である。**1977年米国海外腐敗行為防止法（FCPA法：Foreign Corrupt Practices Act）** には，主に2つの規定が盛り込まれている。1つは贈収賄禁止規定で，仕事を維持または獲得するために海外の役人に賄賂を渡すことを違法としている。2つ目の規定は，企業に取引を正確かつ適正に反映した帳簿，記録をつけることを義務づけている。企業はまた，取引の適切性や適法性を合理的に証明する管理システムを維持することが求められているのである。

FCPA法は，2000年代初めに注目を集め始めた。その主な要因の1つが，**サーベンス・オクスリー法（Sarbanes-Oxley Act）** の可決である。この法律では，企業の透明性の向上や上層部経営者の説明責任，管理システムの強化，内部告発者の保護に重点が置かれた。Sarbanes-Oxley Actの要件に注目が集まり，その遂行のための方策が追加されたことで，不正な支払いや，そのような支払いが見逃される管理やコンプライアンスの弱さが明らかとなった。また企業は，見つかった違反に対する責任を減らすべく，そのよ

うな行為を自主的に関連当局に開示し，徹底した調査を行うこと，調査結果を政府に報告すること，自社の管理構造の不備を正すことを誓った[20]。

司法省と証券取引委員会によって持ち込まれたFCPA法関連の調査や事例の数は，2003年の9件から2007年には29件に増え，2008年初めの段階で，累計で82社を巻き込む調査が未決のままであった。同様に，FCPA法に基づく企業の贈収賄絡みの訴訟や強制措置の件数も，2004年の5件から2007年には38件に増えた。2008年半ばには，新たに16件の訴訟が進行しており，この数は2007年までのどの年間件数よりも多い[21]。

英国贈収賄法案

英国贈収賄法案は，次のように定める。

- 国内外を問わず賄賂を渡すこと，約束すること，要求すること，受け取りに合意すること，または受け取ることを刑事犯罪とする。
- 贈収賄に対する罰則の上限を，7年の懲役から10年の懲役，無制限の罰金に厳罰化する。
- 企業を代表する個人による贈収賄を過失により防止できなかった企業の罪を問う。企業は，贈収賄を防止する十分なシステムを整備していることを証明できれば，有罪判決を回避できる。
- 下院議員または上院議員の告訴において議員不逮捕特権を排除することで，贈収賄事件に関して議会の議事録に基づく証拠の検討を裁判所に委ねることができる。

新興国もまた，腐敗や贈収賄を防止する法律を可決している。例えばリトアニアを見てみよう。刑法282条は，賄賂の受け取りを，「役人または公務員が，自身または他の誰かのために，あるいは贈賄者に有利になる何らかの行動を取ること，またはやめること，何らかの意思決定をすること，贈賄者

---

20. Rial, E. (17 April 2009). Beyond reproach, why compliance with anti-corruption laws is increasingly critical for multinational businesses. *Deloitte Review*.
21. 2008 Mid-year FCPA update. (July 2008). Gibson, Dunn & Crutcher LLP.

に投票すること，贈賄者に有利な意見を表明すること，またはその約束をすることと引き換えに，賄賂を受け取ること，受け取る約束すること，または要求すること」と定義している。また，刑法はこれ以外の不正に関わる犯罪についても規定している。これには，職権乱用，公務の不履行（義務不履行），（文書の取り扱いに関わる）詐欺（違法行為），越権行為，商業賄賂，不法な報酬の受け取りなどが含まれる。

企業の腐敗防止・倫理施策

企業にとっての選択肢の1つが，倫理規範をまとめることである。**倫理規範**とは，一連の容認可能な行動を規定したガイドラインである。しかし，書面による規範だけでは，それを強制する仕組み（例えば，違反した場合の罰則や，場合によっては規範を守った場合の報酬など）が伴わないかぎり十分ではない。倫理規範には，企業の経営幹部全員の支持が必要である。米国の一流公開企業4000社を対象に行ったDeloitte & Toucheによる調査から，回答企業の83%が行動規範を持っているが，その4分の1がその行動規範を強制していないことが分かった[22]。対象企業の約半分が，倫理の問題が重役会で取り上げられるのは，障害が発生した場合だけであると回答した。

倫理規範を実行するには，オンブズマン，倫理施策を組織全体にわたり調整し，社員の擁護者となる責任者，さらに倫理的ジレンマの報告や対応を担当する役員を任命する必要がある。社員に対して，社内での非倫理的行動についての報告を期待する場合（内部告発），社員は組織によって守られなくてはならない（また，おそらくは報告したことに対し懸賞金を与えられなくてはならない）。

企業のサプライチェーンにおける倫理的行動を促進する試みもなされている。その一例としてロンドンに拠点を置く，非営利組織であるSedexを挙げることができる。Sedexには世界のあらゆる企業が加盟できる。Sedexは

---

22. www.deloitte.com/us/ethicssurveyから検索。

知識管理プロバイダーとして，グローバル・サプライチェーンにおける倫理的かつ責任のある商習慣を測定し，改善することに努めている。同組織は，透明性を実現する安全で使いやすいデータ交換システムの提供を通じて，加盟企業がグローバル・サプライチェーンの倫理的で責任のある行動を効率的に管理するのを支援している。

グローバル企業の市民権

国はグローバル化された世界では互いに依存する関係である。この世界で事業活動を行う企業には，徳のある，基本的人権を守る国際社会を築く機会が与えられている[23]。この作業は，国連やOECD，Transparency InternationalなどのNGO団体が普及に努めているような普遍的行動規範に従うことで遂行できる。企業は，身体の安全，教育，まっとうな労働環境，賃金といった基本的，普遍的人権の原則，それを職場で実行することで推進できる。

Sedexという組織に加えて，実業界のリーダーたちが欧州，日本，米国からコー（スイス）に集まり，「すべての人が納得し，すべての人に尊重される企業行動についての共通の認識」を打ち出した[24]。この会議での協議により，7つの一般行動原則が発表された。

1. 企業の責任：株主を超え，利害関係者に向けて
2. 企業の経済的，社会的影響：改革，正義，国際社会に向けて
3. 企業行動：法律の条文を超え，信頼の精神に向けて
4. ルールの尊重
5. 多国間取引の支援
6. 環境の尊重
7. 違法な活動の回避

---

23. Rendtorff, D. *Toward ethical guidelines for international business corporations: Aspects of global corporate citizenship.* Proceedings of the Fourth ISBEE World Congress, Cape Town, South Africa, 15-18 July 2008. International Society of Business, Economics and Ethics.
24. *Caux Round Table Principles for Business.* (1994). The Hague, Switzerland.

ここで提案された行動様式には，国の境界を越えて適用できる倫理的責任（違法な活動の回避など）と社会的責任（環境の尊重など）両方の原則が盛り込まれている。

　Richard T. De George[25]，Thomas Donaldson[26]，Thomas Dunfee[27] といった数多くの倫理学者が，企業が海外でビジネスを行う際に従うべき倫理観というテーマについて，幅広く執筆している（表16-6にその例を示す）。この3人の倫理学者は全員，自国と受入国の文化，特に倫理観が違う場合に生じる問題に取り組んでいる。ある文化では非倫理的とみなされる商習慣が，別の文化では受け入れられるという場合もある。自国では非倫理的とみなされる行為が他の場所では受け入れられるような状況で，どう行動すべきかというジレンマが生じる。このような状況を，Donaldson と Dunfee は「**モラル・フリー・スペース**（moral free space）」と呼ぶ[28]。このスペースでは正しい答えはなく，このためマネジャーは**本質的倫理観**（core moral values）に反しない範囲で自身の行動指針を立てなくてはならない。一般に，このような本質的価値観は企業の倫理規範に由来する。そのような規範が存在しない場合，あるいは規範が状況にそぐわない場合，マネジャーは自ら判断しなくてはならない。Donaldson は，ジレンマが起こるのは大部分，2つの文化の違いが「**相対的発展の違い**（conflict of relative development）」「**伝統の違い**（conflict of tradition）」という2種類の場合だという。相対的発展の違いでは，経済的発展の段階が異なることでジレンマが起こる。この場合，マネジャーは，自国が同じ発展の段階にあると仮定し，問題となる行動が受け入れられるかどうかを問うとよい。もし受け入れられるのであれば，その行動は倫理的と考えてよい。2つ目は，伝統的な違いによるジレンマであ

---

25. De George, R. T. (1993). *Competing with integrity in international business.* New York: Oxford University Press.
26. Donaldson, T. (1989). *The ethics of international business.* New York: Oxford University Press.
27. Dunfee, T. (2003). Taking responsibility for bribery: The multinational corporation's role in combating bribery. In R. Sullivan [Ed.]. *Business and human rights: Dilemmas and solutions.* Sheffield, UK: Greenleaf Publishing.
28. Donaldson, T. (September/October 1996). Values in tension: Ethics away from home. *Harvard Business Review,* 44-52.

表 16-6　企業の倫理観と倫理原則

Bell Canada Enterprises	Bank of Montreal	General Electric	Nortel
適用法に従う	公正かつ誠実な行動を取る	関連法令に従う	市場において活発かつ公正に競争する
誠実に，正直に，公正に行動する	他人の権利を尊重する	正直かつ公正であり，信頼を得る	他人を威厳と敬意を持って扱う
信頼，敬意，開かれた会話のある環境を育てる	法律の条文と精神に従い行動する	利害の衝突を避ける	有言実行する
安全で安心できる職場を維持し，環境を守る	情報の秘密を守る	機会均等の雰囲気を作る	正直であり，すべての適用法に従う
倫理的な行動が認識され，評価され，全社員の手本となる文化を維持する	利害の衝突を避ける	安全な環境作りに努め，環境を守る	自らの価値の実現に専念する
	常に適切に行動する	リーダーシップを通じて，倫理的行動が認識され，評価され，全社員の手本となる文化を維持する	

出典：Schwartz, M. (2005). Universal moral values for corporate codes of ethics. *Journal of Business Ethics, 59*, 33 より作成。

る。最も一般的な例が贈り物である。アジアや中東の国では，社用の贈り物をする習慣がある。ここで問題となるのは，その意図と程度である。贈り物の意図が文化的基準を満たすことであれば，その贈り物は倫理的と考えてよい。ただし，贈り物の程度が，それが贈られる背景から，贈り物の通常の価値を超えていると判断される場合はこの限りではない。

まとめ

- 多国籍企業が世界に事業を拡大し，海外市場に参入するにつれ，役員や従業員の倫理的行動の重要性が増す。そのような事業拡大に伴う文化の多様性が，より均質な組織に見られる共通した文化的，倫理的価値観を揺るがすことがあるためである。
- 贈収賄や劣悪な労働環境といった非倫理的習慣は，長期的に見て，利益の低下や企業イメージの低下など，企業にマイナスの影響を及ぼしかねない。
- 倫理絶対主義によると，グローバル企業は，活動する場所に関係なく，特に多文化的，多国籍なビジネス環境に関わる問題を中心とした独自の倫理規範を定め，実施する必要がある。しかし，受入国の倫理規範に従うべきという考えもある。
- 国際的なビジネス環境における企業の社会的責任は，国際的な企業の利害関係者の数が増え，多様化する中，より難しくなっている。多国籍企業にとっては，企業の社会的責任を果たさなければならないという期待が大きくなり，そのグローバルな事業活動において社会的に責任のある行動を示さなければならないというプレッシャーが高まっている。
- 贈収賄や腐敗を国際的に監視する動きが，Transparency International，OECD，欧州委員会といった組織の活動により広まっている。こうした組織の活動によって，多くの国で腐敗を防止する国内法の強化が進み，またそうした不正行為を防止するための多国間の協定が整備されている。
- BRICs諸国における企業の社会的責任は，ブラジルやインドではある程度認められるが，中国やロシアではいくぶん弱い。

ディスカッションテーマ

1. 外国でビジネスを行う際，どの国の倫理観に従うべきか。外国の基準に

従うべきか，自国の基準に従うべきか議論せよ。
2. 自身の国や都市の企業の社会的責任の例を3つ挙げよ。
3. 多国籍企業は，海外の取引企業との間で企業の社会的責任を奨励するために何ができるか。
4. 内部告発者は，誰に対する責任がより大きいか。社会に対する責任か，組織に対する責任か，自身に対する責任か。

実践的課題

1. インターネットで，米国の多国籍企業2社の倫理規範を見つけよ。これらの規範を，（やはりインターネットで見つけた）フランスまたは英国の多国籍企業の倫理規範と比較せよ。これらの規範にどのような類似点が見つかったか。違いはあるか。
2. 英国と米国の贈収賄を防止する法律を比較せよ。どちらの国の法律が贈収賄の防止により効果的と考えるか。

キーワード

OECD贈賄防止条約	p.527	相対的発展の違い	p.533
Transparency International	p.512	伝統の違い	p.533
英国贈収賄法案	p.530	本質的倫理観	p.533
企業の社会的責任（CSR）	p.517	モラル・フリー・スペース	p.533
国連腐敗防止条約	p.528	倫理	p.513
サーベンス・オクスリー法		倫理規範	p.531
（Sarbanes-Oxley Act）	p.529	倫理絶対主義者	p.515
1977年米国海外腐敗行為防止法		倫理相対主義者	p.514
（FCPA法）	p.529	倫理普遍主義者	p.515

人名索引

【欧文】

A

Aaker, D. 503
Albaum, G. 201
Ambler, T. 36
Anderson, C. 276, 277
Anderson, J. 293, 435
Ansoff, I. 197
Anthony, S. 173
Askegaard, S. 315

B

Baocheng, L. 100
Bartels, R. 304
Bartlett, C. A. 343
Bharadwaj, V. T. 322
Bilsky, W. 89
Bonaccorsi, A. 211
Bond, M. H. 89, 93
Brown, G. 72, 139
Buitoni, G. 355
Bush, G. W. 79
Buzzell, R. D. 304

C

Castro, F. 112
Cateora, P. R. 322, 343
Cavusgil, T. S. 372
Child, J. 204
Christakis, N. 468
Czinkota, M. R. 132

D

Dalli, D. 211
Darton, W. 79
D'Argens, J. 79
Day, G. S. 435, 440
De George, R. T. 533
Dell, M. 491
De Mooij, M. 88, 442
Dickens, C. 195
Dillon, M. 174
Donaldson, T. 533
Dunfee, T. 533
Dunning, J. 203, 218, 227

E

Edgelow, C. 505
Eno, B 282
Etherington, M. 495

F

Filipescu, D. 203
Flaherty, L. 482, 483
Fowler, J. 468

G

Gaeth, G. J. 359
Gates, B. 43
Ghemawat, P. 312
Ghoshal, S. 343
Ghymn, K. 322
Gonzales, A. 125
Graham, J. L. 322, 343
Green, M. C. 344
Green, R. 83
Guillebrand, J. 16
Gupta, S. 167

H

Haenlein, M. 464
Harlow, J. 282
Hall, E. T. 97
Harvey, M. 364
Hertz, S. 212
Heitmann, M. 326
Henderson, P. W. 336
Hendrix, J. 309
Hermann, A. 326
Hibbert, E. P. 308, 314
Hirsch, Z. 216
Hoffman, J. J. 84
Hofstede, G. 13, 82, 94, 105, 438
Hoppe, M. 84

I

Inglehart, R. 13
Issenberg, S. 394

J

Jackson, J. 73
Jacobs, L. 322
Jiang, C. 360
Jobs, S. 54
Johanson, J. 209, 212, 214
Jumpponen, J. 202

K

Kant, P. 138
Kaplan, A. 464
Katsikeas, C. S. 377
Kearny, A. T. 67
Keegan, W. J. 344
Keown, C. 322
Kihlberg, I. 91
Kotabe, M. 360
Kotler, P. 261, 263, 463
Kwon, I. G. 338

537

L

La Porta, R. 13
Lawrence, J. 353
Lee, C. 83
Lefebvre, R. C. 469
Leong, W. 341
Levitt, T. 3, 26, 274

M

Madsen, T. K. 315
Mahajan, V. 342
Malhotra, N. K. 323
Maranda, Z. 220
Marchionne, S. 501
Mark, N. C. 368
Martin, D. B. 395
Maruyama, M. 401
Mattson, L. 212, 214
Matsumoto, T. 309
Mays, J. 348
McConnell, J. 107
McLuhan, M. 10
Meese, R. A. 368
Melton, E. 262
Montesquieu 79
Mulally, A. 348
Myers, M. B. 364

N

Nelson, E. 491
Noble, S. 484
Nordström, K. 211

O

Oistamo, K. 347

P

Parker, N. 435
Peabody, D. 80
Perlmutter, H. 20
Pine, B. J. 27
Porter, M. 30, 31
Prahalad, C. K. 102

R

Rand, P. 449
Rangaswamy, A. 29
Reibstein, D. J. 435, 440
Reid, S. 211
Reierson, C. 337
Risvik, E. 90
Roach, S. 137
Roberts, J. A. 64
Robertson, C. J. 84
Rodrigues, S. 204
Rogers, E. 105
Rogoff, K. S. 368
Roostal, I. 304
Rosson, P. 211
Rousseau, J. J. 79
Ryans, J. K. Jr. 304

S

Schwartz, S. 82, 88
Shetty, S. 72
Smith, T. 465
Smith, P. B. 89
Sondergaard, M. 84
Steenkamp, J. 87
Straughan, R. D. 64
Strauss, L. 293, 434, 435
Stremersch, S. 299
Suh, T. 339

T

Tan, S. J. 341, 342
Tellis, G. J. 299, 359
Terracciano, A. 80
Theodosiou, M. 377
Thomas, A. 316
Trung, L. V. 403

V

Vernon, R. 207, 208
Venkatramani, A. 444
Vianelli, D. 303, 321, 343

W

Weidersheim-Paul, F. 209
Williamson, A. 231
Wind, J. 29
Wolfensohn, J. 509
Worthley, R. 323

X

Xiucun, W. 36

Y

Yankelovich, D. 274
Yong, L. 100
Yuanqing, Y. 71

Z

Zaltman, G. 463

【和文】

あ行

大前研一 25

ま行

松本孝弘 309

組織・企業索引

【欧文】

A

Adidas ······ 335
Adobe Systems ······ 124
African Intellectual Property Organization ······ 115
African Regional Industrial Property Organization ······ 113
African Regional Intellectual Property Organization（ARIPO） ······ 115
Aftonbladet ······ 476
Ahold ······ 412
AIG ······ 133
Aladdin ······ 476
Algida ······ 335
Allison ······ 331
American Marketing Association（AMA） ······ 169, 189
Amazon（.com） ······ 276, 330, 416
American Express（AMEX） ······ 463, 464
Amway Worldwide ······ 342
Ann & Hammer ······ 275
Apple（Computer） ··· 54, 200
Arbitration and Mediation Center ······ 120, 121
Architectural Skylight Company ······ 28
Ariston ······ 323
Armani ······ 329, 361
Armstrong ······ 251
Arrow ······ 357
Arvind ······ 357
Asian Development Bank ······ 512
Associated Biscuits International Ltd. ······ 250
Association of South East Asian Nations（ASEAN） ······ 152
AU ······ 115
Avesta Good Earth Foods ······ 251
Avesta Technologies Pvt. Ltd. ······ 250
Avesthagen ······ 251
Avon ······ 444

B

BAE Systems ······ 528
Bang & Olufsen ······ 124
Bank of America ······ 59, 60, 324
Bank of Montreal ······ 534
Beiersdorf ······ 301
Bell Canada（Enterprises） ······ 320, 534
Benetton ······ 237, 361, 436
Benetton Sisley ······ 237
Berlin Cameron ······ 454
Best Buy ······ 462
Bharath Petroleum ······ 522
Bharti ······ 415
Biotherm ······ 408
Black Coffee Software, Ltd. ······ 244
BMW ······ 375, 437
Body Shop ······ 279
Booz Allen Hamilton ·· 37, 38
Boston Consulting Group ······ 222
Brazilian Institute of Applied Economics ······ 518
Bretton Woods ······ 366
Bridgestone ······ 253
Britannia Industries Ltd. ······ 249, 250
Britannia New Zealand Foods Private Ltd. ······ 250
British Airways ······ 440
British Petroleum ······ 57, 59
Broadcast Committee of Practice（BCP） ······ 451
BT Group ······ 319
Bulgari ······ 413
Business Environment Risk Intelligence（BERI） ······ 128

C

Cacharel ······ 408
Cannondale ······ 29
Capital Markets Department ······ 154
Carlsberg Breweries ······ 430
Carrefour ······ 330, 412
Caterpillar ······ 34
CBRN Team ······ 511
Center for Political Technologies ······ 519
Cerberus Capital Management ······ 9
Chaco Footwear ······ 364
Chanel ······ 437

539

Channel 4 ····· 72	Deloitte & Touche ····· 531	European Patent
Chemonics ····· 138	De'Longhi ····· 346	Convention (EPC) ····· 114
Chevron Corporation	Deutsche Shell ····· 249	Export Development
····· 248, 249	Deutsche Telekom ····· 320	Canada ····· 133
China Railway Engineering	Diesel ····· 408	Exxon Mobil ····· 59
····· 387	Dior ····· 414	
China Resources Enterprise	Dodge ····· 451	**F**
····· 411	Dolce & Gabbana ····· 330, 404	Facebook ····· 5, 178, 432,
Chinese Business Council	Domino's Pizza ····· 342	462, 464, 471, 472, 479
for Sustainable	Donna Karan ····· 436	Fairtrade Foundation ····· 153
Development ····· 520	Dorel Industries ····· 29	Ferrari (North America)
Chinese Business Puzzle	Dove ····· 329, 437	····· 355, 361, 436
····· 231	Dress Barn ····· 198	Ferrero ····· 306
Chinese Federation for	Dun & Bradstreet ····· 273, 418	Fiat ····· 9
Corporate Social	Dunkin' Donuts ····· 243	Financial Services
Responsibility ····· 520	Dunlop ····· 251	Authority ····· 511
Chrysler ····· 8, 9, 451	Dupont Sportswear ····· 236	Firestone ····· 251
Church & Dwight ····· 275		Flickr ····· 432
Cisco ····· 482	**E**	Flushing Meadows ····· 216
Citibank ····· 279	E61 Nokia ····· 282	Fonterra Co-operative
Coca-Cola ····· 4, 25, 236,	East African Community	Group ····· 250
307, 335, 437	(EAC) ····· 152	Ford ····· 4, 21, 25, 59, 279,
Cohíba ····· 112	eBay ····· 276, 355	348, 371
Coke ····· 335	*Economist* ····· 367	Forrester Research ····· 484,
Colgate (-Palmolive)	Economist Intelligence	497, 502
····· 25, 335, 436, 437	Unit ····· 127, 486, 496	Fortune Global 500 ····· 479
Commander Safeguard ····· 443	EDF (Services) Ltd. ····· 121	France Télécom ····· 59, 319
Committee of Advertising	Edge Creative ····· 454	Fuller's ····· 198
Practice (CAP) ····· 451	Eli Lilly ····· 21	
Continental Casualty ····· 121	Epinions.com ····· 191	**G**
Costa Cruises ····· 295	Escort ····· 21	Garnier ····· 408
	Eskimo ····· 335	Gasprom ····· 249
D	ESOMAR ····· 169, 170	General Cigar ····· 112
Daimler (-Benz) ····· 8, 9	EU (European Union)	General Electric (GE)
Daimler-Chrysler ····· 451	····· 12, 22, 46, 67, 145	····· 53, 59, 222, 440, 534
Dalmia ····· 237	Eucerin ····· 413	General Motors
Danone ····· 249, 250, 251,	Eurasian Patent Office	····· 59, 279, 371
336, 436, 438	(EAPO) ····· 113, 114	Genuine Parts Company
Das Global Media ····· 461	European Advertising	····· 411
Datamonitor ····· 296, 399	Standards Alliance ····· 124	Gibson Guitar ····· 309
Dell (Computer) ····· 23, 31,	European Nano Business	Gillette ····· 24, 25
330, 491	Association ····· 50	Giorgio Armani ····· 408

Givenchy ……………… 361
GlaxoSmithKline ……………… 37
Global Reporting
　Initiative (GRI) ……… 517
Global Web Index ……… 468
GlobalEDGE ……………… 160
Go Airlines ……………… 249
Goldman Sachs ……………… 156
Good Humor ……………… 335
Goodrich ……………… 251
Goodyear Tire and
　Rubber Company
　　……………… 33, 251, 253
Google ………… 191, 276, 377
GranitiFiandre ……………… 361
Groupe Danone ……… 249, 250
Gucci ……………… 436, 437
Gujarat Ambuja ……………… 521
Gulf Cooperation Council
　(GCC) ……………… 153
Guy Laroche ……………… 408

H

H&M ……………… 330, 414, 426
Häagen-Daz ……………… 87
Habanos ……………… 112
Harvard Business Review
　……………… 274, 277
Harvard Business School
　……………… 26
Heineken (USA) …… 25, 205,
　　　　　　　279, 316, 340
Helena Rubinstein ……… 408
Hewlett-Packard (HP)
　……………… 31, 124, 256
Hindustan Lever ……… 444
Hindustan Times ……………… 72
Hindustan Unilever ……… 522
HLL ……………… 521
Holiday Inn ……………… 243

I

IBM ……………… 53, 236, 328,
　　　　　　　433, 440, 483
IKEA ……………… 25, 279
illy coffee ……………… 302
IMF ……………… 366, 511
Inchcape ……………… 411
Inditex (Group) …… 398, 425
Infosys ……………… 521
Inneov ……………… 408
Innosight Ventures ……… 173
INSEAD ……………… 38
Instituo Ethos ……………… 518
Intel ……………… 53, 348, 440
Interbrand ……………… 328
International Business
　Center ……………… 160
International Center for
　Settlement of
　Investment Disputes
　(ICSID) ……………… 120, 121
International Chamber of
　Commerce (ICC) ……… 120
International Fair Trade
　Association (IFTA)
　……………… 153, 154
International Organization
　for Standardization
　(ISO) ……………… 123
Interpublic ……………… 454
iPhone ……………… 381
iPod ……………… 26
iTunes ……………… 276

J

Jeep ……………… 451
Johnson & Johnson ……… 500
Jollibee ……………… 436, 438
Juvena ……………… 413

K

Kentucky Fried Chicken
　(KFC) ……… 4, 74, 423, 436
Kérastase ……………… 408
Kiehl's ……………… 408
Kodak ……………… 24, 25
Kraft ……………… 446

L

La Prairie ……………… 413
La Roche-Posay ……………… 408
LaCoste ……………… 436
Lancôme ……………… 408
Land Rover ……………… 4
Le Club des Créateurs de
　Beauté ……………… 408
Le Monde ……………… 100
Lee ……………… 357
Lego ……………… 307
Lenovo ……… 71, 112, 208,
　　　　　　　349, 500, 501
Leo Burnett Worldwide
　……………… 453
Levi's (Jeans)
　……………… 25, 293, 335, 434
LG Electronics ……………… 170
LINE ……………… 99
LinkedIn ……………… 178, 462,
　　　　　　　464, 467, 472
LLC ……………… 247
London Countertrade
　Roundtable (LCR) ……… 387
London Court of
　International Arbitra-
　tion (LCIA) ……… 120, 121
L'Oreal ……………… 408, 444
Louis Vuitton (LVMH)
　……………… 340, 436
Lucent ……………… 482
Lukoil ……………… 519

M

Mango ··· 426
Marketing Profiler ··· 507
Marketing Trends ··· 169
Marks & Spencer ··· 31
Marlboro ··· 440
Maruti Suzuki India ··· 522
Mary Kay ··· 25
Matrix ··· 408
Mattel ··· 391
Maui Jim ··· 50
Maurices ··· 199
Maybelline ··· 408
McCann Erickson ··· 453
McDonald's ··· 4, 25, 74, 243, 307, 344, 423, 426, 436
McKesson Corporation ··· 411
McKinsey ··· 158, 222, 502
Mercedes (-Benz) ··· 436, 437, 451
MERCOSUR ··· 12, 22, 145, 151
Merloni ··· 323
Metro ··· 345
Michelin (Group) ··· 33, 251, 253, 419
Microsoft ··· 37, 310, 319, 328, 351
mixi ··· 99
Mizani ··· 408
Mont Blanc ··· 198
Morgan Stanley Asia ··· 137
Mother ··· 454
MSN ··· 191
MySpace ··· 346, 432

N

North American Free Trade Agreement (NAFTA) ··· 12, 46, 145
NATO ··· 111
Neil Pryde Sails International ··· 367
Nestlé ··· 25, 281, 436, 438
Netflix ··· 276
NexTag.com ··· 360
Nielsen ··· 405
Nike ··· 133, 244, 279, 307, 335, 437
Nirma ··· 357
Nivea ··· 25, 301, 413
Nokia ··· 37, 124, 282, 347, 437
Norlisk Nickel ··· 519
Nortel ··· 482, 483, 534
Norwegian Consumer Council ··· 477
Novartis and Pfizer ··· 37
Novolipstek Steel ··· 519
NPR ··· 391
Nuvotornics ··· 196

O

OAO Gazprom ··· 248
OECD ··· 526, 532
Oil and Natural Gas ··· 521
Omnicom ··· 453
Organic Partners ··· 154
Overseas Private Insurance Corporation (OPIC) ··· 133
Oxfam International ··· 153

P

Paloma Picasso ··· 408
Parmalat ··· 446
PayPal ··· 377
Pew Research Center ··· 11
Philadelphia ··· 446, 447
Philips ··· 54, 437
Pierre Cardin ··· 436
Ponds ··· 444
Porsche ··· 361
Post-it ··· 365
Procter & Gamble (P&G) ··· 356, 401, 436, 437
Prozac ··· 440
Pureology ··· 408

R

Radio Corporation of America (RCA) ··· 215
Ralph Lauren ··· 408
Rapiscan Systems ··· 138
RCA Corporation ··· 215
Red Cell ··· 454
Redken ··· 408
Reebok ··· 25
Reliance Industries ··· 521
Rhapsody ··· 276
Ritu Kumar Designer Wear ··· 332
Ritz-Carlton Hotel Company ··· 247
Roche Holdings ··· 37
Rolex ··· 436
Royal Bank of Canada (RBC) ··· 284
Royal Dutch Shell ··· 59, 60
Ruff & Tuff ··· 357
RWE DEA (DEA Mineralöl) ··· 249

S

Saatchi & Saatchi ··· 443
Sagem Communications ··· 319
Samsung (Electronics) ··· 110, 124, 447
Sanoflore ··· 408
Schwinn & Cannondale ··· 29
Serious Fraud Office ··· 511
Sevemaya Tayga Neftgaz ··· 249
Shu Uemura ··· 408

Siemens ············ 53, 440	Traidcraft ············ 153	Property Organization
Silhouette ············ 336	Transparency	(WIPO) ········ 113, 120, 121
Sisley ············ 237	International（TI）	World Trade
SkinCeuticals ············ 408	············ 512, 526, 532, 535	Organization（WTO）
Social Marketing Institute	Trent ············ 237	············ 108, 117, 118, 134
············ 463		WPP ············ 453, 454
Softsheen-Carson ············ 408	**U**	Wrangler ············ 357
Sony ············ 54, 437	UNESCO ············ 74	**X**
Spencer Stuart ············ 504	Unilever ············ 87, 353, 357,	Xing ············ 178
SRI International ············ 269	412, 423, 436	**Y**
Standard Bank Group ············ 306	Uniroyal ············ 251	Y&R ············ 453
Starbucks ············ 74, 440, 475	UPS ············ 173	Yahoo! ············ 125, 191
Strategic Business		YouTube ············ 432, 479
Insights（SBI）············ 269	**V**	Yue Sai ············ 408
Sundance Consulting ············ 505	VF Arvind Brands Pvt.	
	Ltd. ············ 236	**Z**
T	VF Corporation ············ 236	Zara ············ 279, 330, 398,
Tagamet ············ 440	Viadeo ············ 178	426
Taillefine ············ 336	Viagra ············ 440	
Taj Hotels Chain ············ 395	Vichy ············ 408	【和文】
Tartane ············ 365	Victor Rolf ············ 408	**あ行**
Tata ············ 237	Vitalinea ············ 336	アジア開発銀行 ············ 512
Tata Steel ············ 521	Vitasnella ············ 336	アフリカ広域知的財産機
TBWA/Chiat/Day ············ 453	Vodafone ············ 57, 59	構 ············ 115
Tektronix ············ 495	Volkswagen ············ 217, 295	アフリカ地域工業所有権機
Tesco ············ 170, 199, 412, 415	Volvo ············ 4	関 ············ 113
Tesco Express ············ 199		アフリカ知的所有権機関
Tesco Extra ············ 199	**W**	············ 115
Tesco Metro ············ 199	Wadia（Group）	アフリカ連合 ············ 115
Thane International ············ 25	············ 249, 250	欧州経済共同体 ············ 149
The Body Shop ············ 408	Walmart ···· 412, 414, 415, 500	欧州広告基準連合 ············ 124
The Economic Times ···· 72	Wax Info Ltd. ············ 244	オックスファム・インター
Thomson ············ 319	Wharton School ············ 14	ナショナル ············ 153
Thomson SA ············ 215	Whirlpool ············ 313	
Tianji ············ 178	Wieden & Kennedy	**か行**
Timberland ············ 26, 244	············ 453, 454	可口可乐 ············ 335
TMC.net ············ 471	Wolff Olins ············ 435	北大西洋条約機構 ············ 111
Tommy Hilfiger ············ 357	World Bank ············ 13, 509	国際商工会議所 ············ 120
Total ············ 59	World Economic Leaders	国際標準化機構 ············ 123
Toyota ············ 188	Community	
Toyota Motor ············ 59	（WELCOM）············ 464	
Toys 'R' Us ············ 330	World Intellectual	

組織・企業索引 543

国際フェアトレード連盟
　………………………153
国連アフリカ経済委員会
　………………………115
小松製作所………………34

さ行

住友（ゴム工業）
　…………251, 252, 253
世界銀行国際金融公社資本
　市場部………………154
世界知的所有権機関
　……………113, 120, 121
世界貿易機関……117, 119, 134
ソニー…………307, 310, 500

た行

中国企業社会責任同盟…520

仲裁・調停センター
　…………………120, 121
東南アジア諸国連合
　…………………151, 152
トヨタ……………279, 333
トレードクラフト………153

な行

南米南部共同市場………151
任天堂……………310, 355

は行

東アフリカ共同体…151, 152
フェアトレード財団………153
ブラジル応用経済研究所
　………………………518
米国国際開発庁…………138
米国マーケティング協会

　………………………169, 189

ま行

メルコスール………151, 152
モスクワの中央特許庁…115

や行

ユーラシア特許庁…113, 114

ら行

ロンドン国際仲裁裁判所
　…………………120, 121

わ行

湾岸協力会議………151, 153

事項索引

【欧文】

A
Access·················103
achievers···········269, 270
Affordability···········103
APG·················220

B
believers···········269, 270
Betamax·············54, 123
Big Brother India········72
Bresler···············336
BRICs···········138, 156, 473
BtoB················483
Build to Order·········28
Buy American·········138

C
CAGE（モデル）····4, 13, 155
CAPI·················192
CATI·················192
cause-related marketing
  （CRM）············463
C_d·················216
CEO·················505
C_f·················216
Chief Marketing Officer
  （CMO）·····482, 496, 504
Cho Coc··············401
CIA Factbook··········13
Coca-Cola Village······475
Communications and
  Technology Industry
  Research···········471
Compilation of Best
  Practices··········520

concept···············96
cookies···············285
corporate applied ethics
  （CAE）············524
corporate revealed ethics
  （CRE）············524
corporate social
  responsibility（CSR）
  ·················517
Cultural Individualists···438
Cultural Sensitives·····439
customer lifetime value
  （CLV）············497
customized···········284

D
differentiated·········281
DSシリーズ···········355

E
EAI·················220
EIU·················127
emerging markets······154
EPRG············4, 20, 40
European Economic Area
  （EEA）············147
European Free Trade
  Area（EFTA）·······147
experiencers··········270
eコマース··········6, 17

F
Fiat 500··············375
Frigo················335
Frisko···············335
Foreign Corrupt Practices
  Act（FCPA）········529

foreign direct investment
  （FDI）······216, 218, 247
Foreign Policy··········67
Fortune··············246

G
GB Glace·············335
General Agreement on
  Tariffs and Trade
  （GATT）········117, 155
Global Consumer······491
Global Effie賞········445
Global Individualists····438
Global Leadership and
  Organizational Behavior
  Effectiveness········91
global marketing
  organization（GMO）
  ·················484
Global Sensitives······439
GLOBE·········82, 91, 105
GPS·················285

H
high-definition（HD）···296
Holanda·············335

I
ICE·················317
iMac·················54
IJV·················247
innovators········269, 270
integrated marketing
  communications（IMC）
  ············433, 456
Intel Core············330
Intelプロセッサ·······330

545

International Earth Day 107
International Product Life Cycle (IPLC) 207

J

Journal of International Marketing 240

K

Kibon 335
Kit Kat 25
Kodak EasyShare 50
Kwality Wall's 335

L

Lancôme e-shop 408
Langnese 335
Lincoln Mercury 285
Live Unbuttoned 434
London Pride 198
Lusso 335

M

M 216
Martini Gold 330
makers 270, 271
Managing Brands in Global Markets 435
market potential index (MPI) 160
McKinsey Quarterly 501
M_d 216
Mediaroom 319
M_f 216
MFI 220
Miko 335
Mini 375
MIS 189

N

National Character Counts Week 79
Nescafe 26
Nivea For Men 316
Nokia Mobile 25
Nokia N 282
North American Free Trade Agreement (NAFTA) 140
NTSC 216
Nutella 306

O

OECD 贈賄防止条約 527
OEM 204
Ola 335
Olá 335
Old Spice 472
OLI 218
One Laptop Per Child (OLPC) 347
Online Social Networking 471

P

P15 220
Patent Cooperation Treaty (PCT) 113
PAl 220
PESTEL 67, 68
Pew Global Attitude Project 11
P_f 216
Phase Alternate Lines 319
Philly 446
Pingüino 335
PlayStation 310
Power Distance (PD) 87
PPP 367, 368
Premium Light 316
proactive motive 201
product life cycle (PLC) 297
Profit Opportunity Recommendation 128
promotion 431
purchasing power parity (PPP) 367

Q

Quality Management System (QMS) 123

R

reactive motive 201
Recommended CSR Standards for Chinese Corporations 520
Remittance 128
Repatriation 128
Research International Observer (RIO) 437, 443
revolving export manager (ROV) 204
ROI for Marketing: Balancing Accountability with Long-Term Needs 499
Rolls-Royce 4
ROMI 285
R ファクター 128

S

Saab 373
Safeguard 443
San Pellegrino 329
Sarbanes-Oxley (Act) 525, 530
Second Life 81
Selecta 335
self-reference criterion (SRC) 183
SEquential Couleur Avec Memoire (SECAM) 319

Siamo quello che beviamo ……302
Sirocco 8800……282
SME……40, 217, 232
SNS……44
Spanning Silos: The New CMO Imperative……503
STP……263, 264
Streets……335
strivers……270
survivors……270, 271
SUV……187
SWOT……182, 256, 482
S字曲線……225, 226

T

TGV……317
The Long Tail……277
The Sushi Economy……394
Tide Clean White……356
Tide Triple Action……356
thinkers……269, 270
Tio Rico……335
TNCs（transnational corporations）……57, 143
Top Brands with a Conscience……521
TopRank……471
TRIPS……116
Twitter……5, 178, 462, 464, 465, 472, 479

U

Uncertainty Avoidance（UA）……87
UNCTAD……143
undifferentialed……280
United Nations Convention on Contracts for the International Sale of Goods……110
UPPSALA……209, 227

V

VALS（モデル）……269, 271
vertical marketing system（VMS）……403, 406, 425, 426
Vicks VapoRub……313

W

Walls……335
Walmart cheer……345
Walmart Stores……57, 59
What We Live For……441
Wii（コンソール）……310, 355
World Development Indicators……14
World Values Survey（WVS）……14

X

Xbox（360）……310, 351

【和文】

あ行

アイコンタクト……95
愛着心……502
アウトソーシング……244
アクセス……103
憧れの度合い……438
アフター・サービス……341, 343
安定供給……103
維持者……272
イスラム法……108
委託生産……232, 238, 244, 258
委託費……379
一元化（アプローチ）……373, 381
一貫請負工事……232
一貫性……331
移転価格……354, 384
インフラ的ミニマリスト……490
ウルグアイ・ラウンド……118
上澄吸収価格……376
上澄吸収価格設定……373
上澄吸収価格戦略……375
運営委託（契約）……232, 238, 247, 258
英国贈収賄法案……530
エシカル……408
欧州経済地域……147
欧州自由貿易地域（ネットワーク）……147-149
オピニオン・リーダー……469
思いやり……93
卸売業者……409
オンライン調査……176

か行

回帰分析……187
外国統制コスト……216
外的要因……235, 399

事項索引　547

回転率 37	企業要因 417	490
開発段階 297	規制数量 139, 370	グローバル・マーケティング 12
外部要因 34-36	期待される効用 315	グローバル・マーケティング・チーム 492
開放的流通戦略 397	機能単位の組織形態 487	グローバル・マーケティング・マネジメント 34
買い戻し 388	求償契約 388	グローバル一貫性 493
買物行動 401	求償貿易 388	グローバル価格先導者 383
快楽主義 89-91	行政的距離 155	グローバル価格追随者 383
価格 291	業績管理 422	グローバル広告戦略 446
価格回避 359	競争圧力 187	経営者 331, 332
価格重視 359	競争戦略 33	経験者（Experiencers） 270
各種非関税障壁 370	共同市場 146, 149	経済指標の総合指数 220
革新者（Innovators） 269, 270	協働的意思決定 493	経済的距離 156
掛け売り 386	巨大ショッピング・センター 411	継続性 493
カテゴリーの性質 438	金銭的価格 358	契約ベース・モデル 238
株式ベース・モデル 238	空間的距離 16	原価加算方式の価格設定 384
上市 37	口コミ 299	原産国 339
下流JV 248	国固有のリスク 126	現地適応化 23
環境要因 306	国別セグメンテーション 267	現地の利益責任 493
カンクン閣僚会議 140	クリシー（フランス） 448	限定サービス卸売業者 410
監視（統制）コスト 215	グリーン・エコノミー 61	懸命者（Strivers） 270
感情（的） 331	クリーン・テクノロジー 63	権力の格差 83, 84, 93, 94
関税 139, 370	グリーン・フィールド 238	高／低現実主義者 272
関税及び貿易に関する一般協定 117, 154	グループ内集団主義 93	交換可能通貨準備 128
関税通貨同盟 140	グレイ・マーケット（灰色市場） 111, 376, 380	高現実主義者 271
関税同盟 146, 149	グローカル・ブランド 438	貢献利益 37, 374, 375
間接販売 403, 405	クローズド・システム 61	広告 431
間接輸出 238	グローバリゼーション 6, 9, 10	公式的管理機構 495
完全所有子会社 232, 238, 257, 258	グローバル／ローカル企業 349	向社会的 90
完全な垂直統合 406	グローバル・イメージ 307	交渉コスト 215
ガントチャート 97	グローバル・キャンペーン 448	交渉による移転価格設定 384
完璧な50粒 302	グローバル・センシティブ 439	工程管理表 97
管理機構 494	グローバル・ビレッジ 10, 280	購買決定の理由 184
機会主義的行動 206	グローバル・ブランド 328	購買行動 180, 401
企業応用倫理 524	グローバル・マーケター	購買力平価 143, 367
企業公開倫理 524		合弁事業 247, 254, 258
企業固有のリスク 126		広報活動 431
企業の社会的責任 517		
企業秘密 117		
企業風土 500		

548 事項索引

小売価格 360	サイバー・スペース 125	社会経済的変数 221
小売業者 409, 411	サイバー法 124	社会的権力 90
効率探策企業 204	債務スワップ 389	社会的集団主義 93
小型スーパーマーケット 412	財務要因 417	社会的理性 271
顧客エンゲージメント 502	最優良事例集 520	ジャンク・メール 124
顧客浸透 37	採用者 272	集団主義 84
顧客中心の組織 490	サービス属性 341	集中化 223, 227
顧客別セグメンテーション 268	サブカルチャー 81	集中化アプローチ 283
顧客ロイヤルティ 37	差別的製品基準 119	集中化戦略 223-227
国際化理論 206	産業組織論 34	集中化マーケティング 283
国際合弁事業 232, 238, 247	三極諸国 141	柔軟性 493
国際事業提携 247, 255	三次の影響 468	自由貿易 153
国際的製品ライフサイクル 207	三大経済地域間 141	自由貿易地域 146, 149
国際的フランチャイズ 243	CSR報告書作成のための指針 520	自由貿易地域協定 148, 149
国際ネットワーク 212	ジェスチャー 95	自由貿易ブロック 140
国際連合条約 110	ジェンダー平等主義 93	儒教のダイナミズム 93
国内生産コスト 216	刺激 90	主要活動 30
国内統制コスト 216	資源探策企業 204	準固定空間 97
国内マーケティング 14	思考者（Thinkers） 269, 270	使用機能 312
国内要因 235	自己革新者 271, 272	使用状況 312
国連腐敗防止条約（の制定） 526, 528	自己高揚 88	使用条件 313
国連貿易開発会議 143	自国中心主義（的） 21, 22, 348, 349	消費者行動 187
個人主義 83, 84, 94	自己参照基準 183	消費性向 5
コスト削減 307	自己主張 93	商標（保護） 111, 113
コスト・ベース法 374	自己主導性 88, 89	使用頻度 313
コーズ・リレーテッド・マーケティング 463	自己超越 88	将来志向 93
固定空間 97	自己適応者 271, 272	上流JV 248
コネクター 469	支出に見合う価値 345	女性らしさ 84
コミットメント 416-418	市場開発 197	新興国 160
コミュニケーション 431	市場可能性指標 160	新興市場 154
コモン・ロー 108	市場シェア 37	人口統計的特性 184
コングロマリット 8	市場浸透 197	シンシナティ 448
さ行	市場浸透価格 376	新製品のコンセプト開発 347
在庫管理（システム） 422	市場浸透価格設定 373	人的販売 431
最小限主義者 490	市場浸透価格戦略 376	人道的志向 93
最適価値 359	市場浸透コスト 224	信奉者（Believers） 269, 270
	市場知識 454	信用状 386
	市場ベースの移転価格設定 384	心理的な距離 16
	市場ベース法 373	推奨者 277
		衰退期 298
		垂直的マーケティング・シ

事項索引　549

ステム······403, 406, 407, 425	センター・オブ・エクセレンス······503	達成······89
スイッチ貿易······389	選択的流通戦略······398	達成者（Achievers）······269, 270, 272
優れた創造的作品······454	専門性······493	多様化アプローチ······281
スタジオ・エグゼクティブ······277	専門的サービス······454	多様化マーケティング······283
スーパー・ブランド······437	戦略的資源探策企業······204	単一市場······143
スパムメール······124	戦略的提携······255	ターン・キー契約······232, 238, 246, 258
スポーツ用多目的車······187	相関分析······187	短期的志向······83-85
スロッティング・アローワンス······379	相互作用······39	男性らしさ······83, 84, 94
税金······370	相互承認······150	ダンピング······378, 380
制限的適応······90	相殺······388	地域経済ブロック······138
清算協定······389	創作者（Makers）······270, 271	地域単位の組織形態······486
生産国······337	相対的発展の違い······533	地域中心主義······22, 140
生残者（Survivors）······270, 271	増分コスト······374	地域内貿易······138, 141, 160
成熟期······297	増分収益······375	地域ブロック······140
政治的リスク（測定）······126, 220, 221	増分費用······375	地域貿易協定······138, 140
精神的······19, 20	贈賄指数の開始······526	地域貿易ブロック······145
成長期······297	贈賄防止条約の制定······526	知覚······315
成長戦略選択······224	属地主義······111	地球中心主義······22, 348
製品······294	組織階層化······219	知的所有権······111
製品開発······197	ソーシャル・マーケティング······463	チャネル構成員······418
製品基準······122	ソーシャル・メディア······462	チャネルの構造······403
製品属性······317	ソーシャル・ネットワーク······470	中間業者······409
製品パーセプション······315	外集団······470	中国企業のためのCSR勧告基準······520
製品ベースの組織形態······485	**た行**	仲裁······119, 120
製品ライフ・サイクル······297	対外関税······146	長期的志向······83-85, 94
政府規制······370	対人コミュニケーション······299	調停······119, 120
世界主義······140	大陸法······108	直接投資······216, 247
世界的個人主義······438	代理店······409	直接販売······403, 404
世界腐敗バロメータの開始······526	ダイレクト・マーケティング······24	直接輸出······238
世界貿易協定······138, 140	多角化······197	直接流通チャネル······403
セグメンテーション······35, 263, 266	多極中心主義······21, 22	著作権······111
設置······341	ターゲティング······263, 278	地理的（距離）······16, 156
先行的動機······201	多国間貿易協定······140	低現実主義者······271
戦術的コーディネーター（調整者）······490	多国籍企業······15, 57, 143	ディスカウント・ストア······411
全世界貿易······160	他社ブランド製品の製造······204	定性調査······174
		定量調査······172
		テール······276
		手形支払書類渡し······386

手形引受書類渡し‥‥‥‥386
適応化‥‥‥‥‥23, 303, 305,
　　　308, 309, 344, 349,
　　　350, 354, 377, 378
適応化（現地化）広告‥‥‥443
適応化アプローチ‥‥284, 373
適応性‥‥‥‥‥‥‥331, 332
手頃感‥‥‥‥‥‥‥‥‥103
デジタル・コミュニケー
　ション‥‥‥‥‥‥‥‥‥6
デトロイト‥‥‥‥‥‥‥448
デルファイ手法‥‥‥‥‥127
伝統主義者‥‥‥‥‥‥‥272
伝統的革新者‥‥‥‥271, 272
伝統的順応者‥‥‥‥271, 272
伝統的流通チャネル
　‥‥‥‥‥‥403, 406, 425
伝統の違い‥‥‥‥‥‥‥533
ドイツの高速列車‥‥‥‥317
動機づけプログラム‥‥‥420
統合（者）‥‥‥‥‥‥39, 272
統合的マーケティング・
　コミュニケーション
　‥‥‥‥‥‥‥‥433, 456
投資収益機会総合指数‥‥128
導入期‥‥‥‥‥‥‥‥‥297
トーリング（取引）‥‥‥389
独自性‥‥‥‥‥‥‥‥‥331
独占的流通戦略‥‥‥‥‥398
独立企業間移転価格設定
　‥‥‥‥‥‥‥‥‥‥‥384
特許‥‥‥‥‥‥‥‥‥‥111
トップ・オブ・マインド
　‥‥‥‥‥‥‥‥‥‥‥431
友達番号‥‥‥‥‥‥‥‥346
取扱説明書‥‥‥‥‥‥‥341
取引コスト‥‥‥‥‥‥‥215
トリプル・ボトムライン‥61
努力者‥‥‥‥‥‥‥‥‥272

な行

内的要因‥‥‥‥‥‥234, 397

内部要因‥‥‥‥‥‥‥34-36
荷為替手形取り立て‥‥‥386
二国間協定‥‥‥‥‥‥‥147
二重拡張‥‥‥‥‥‥‥‥344
二重適応化‥‥‥‥‥‥‥344
日本型VALSモデル‥‥‥271
認知‥‥‥‥‥‥‥‥‥‥331
ネットワーク化‥‥‥‥‥470
ネットワーク理論‥‥‥‥214
能力構築プログラム‥‥‥419
能力志向‥‥‥‥‥‥‥‥93
ノード‥‥‥‥‥‥‥‥‥467

は行

ハイ・コンテクスト（文化）
　‥‥‥‥‥‥‥‥‥97, 360
ハイパーマーケット‥‥‥412
端数価格‥‥‥‥‥‥‥‥360
パーソナル・スペース‥‥98
発展途上国‥‥‥‥‥‥‥155
バリュー・システム‥‥‥31
バリュー・チェーン‥‥23, 29
範囲の管理‥‥‥‥‥‥‥422
ハンドリング・スキル‥‥422
反応の動機‥‥‥‥‥201, 205
販売促進（のコミュニケー
　ション）‥‥‥‥‥‥‥431
販売努力反応関数‥‥‥‥224
販売要因‥‥‥‥‥‥‥‥419
非関税貿易障壁‥‥‥‥‥139
非金銭的価格‥‥‥‥‥‥358
非言語コミュニケーション
　‥‥‥‥‥‥‥‥‥‥‥97
非公式の管理機構‥‥‥‥500
非公式の市場‥‥‥‥‥‥401
非多様化アプローチ‥‥‥280
非多様化マーケティング
　‥‥‥‥‥‥‥‥‥‥‥283
ビッグマック‥‥‥‥‥‥367
ビデオゲーム‥‥‥‥‥‥351
美白革命‥‥‥‥‥‥‥‥316
評価システム‥‥‥‥‥‥315

標準化‥‥‥‥‥23, 303, 305,
　　　344, 351, 354, 377
標準化（スタンダード）
　広告‥‥‥‥‥‥‥‥‥439
標準化アプローチ‥‥280, 373
標準的小売モデル‥‥‥‥345
費用対効果‥‥‥‥‥‥‥453
被抑圧者‥‥‥‥‥‥‥‥272
フェアトレード‥‥‥138, 153
フォーカス・グループ‥‥182
不確実性の回避
　‥‥‥‥‥‥83, 84, 93, 94
不確実性への対処‥‥‥‥83
物々交換‥‥‥‥‥‥387, 388
腐敗認識指数‥‥‥‥‥‥526
部分的な垂直統合‥‥‥‥406
ブラウン・フィールド‥‥238
フランスの新幹線‥‥‥‥317
フランチャイズ
　‥‥‥‥‥‥232, 238, 258
ブランド・アイデンティ
　ティ‥‥‥‥‥‥‥‥‥24
ブランド・エクイティ‥‥37
ブランド価値‥‥‥‥‥‥328
ブランド戦略‥‥‥‥‥‥328
ブランド認知‥‥‥‥‥‥37
ブランド名‥‥‥‥‥‥‥333
プリンシパル‥‥‥‥‥‥409
ブルー・ウォール‥‥‥‥413
フル・コスト‥‥‥‥‥‥374
フル・サービス卸売業者
　‥‥‥‥‥‥‥‥‥‥‥410
プレイリスト‥‥‥‥‥‥277
プレステージ・ブランド
　‥‥‥‥‥‥‥‥‥‥‥437
ブロガー‥‥‥‥‥‥‥‥277
ブログ‥‥‥‥‥‥‥‥‥432
プロモーション活動‥‥‥431
文化‥‥‥‥‥‥‥‥‥‥75
文化的価値観‥‥‥‥‥‥88
文化的距離‥‥‥‥19, 20, 153
文化的個人主義‥‥‥‥‥438

事項索引　551

文化的センシティブ……438
分散化（アプローチ）
　……223, 227, 373, 381
分散化戦略……223-226
平均人口成長率……220
並行輸入……111, 380
米国海外腐敗行為防止法
　………………………529
米国製品優先購入……138
米国ならではの経験……345
ベスト・プラクティス……503
編集者……………………277
変動為替相場……………367
返品………………………341
貿易関連知的所有権協定
　………………………116
貿易収支………………48
貿易ブロック……140, 151
ボーン・グローバル企業
　……………492, 506
保管………………………422
北米自由貿易協定……46, 140
ポジショニング
　…………35, 263, 286
ポジティブな逸脱者……470
保守………………………341
保証………………………341
ポリクロニック………97
本質的倫理観…………533

ま行

マイクロ・クレジット融資
　…………………………133
マインド・シェア………37
マクロ・セグメンテーショ
　ン……………………267
マーケティング…………417
マーケティング・ミックス
　（関連規制）……35, 122, 283
マーケティング情報システ
　ム……………………189
マスター・ブランド……437

マーストリヒト条約……149
マトリクス組織（形態）……488
マルチ・チャネル戦略……407
マルチ・ドメスティック産
　業……………………383
マルチ・ローカル価格設定
　者……………………383
マルチファクター指標……220
見返り購入………………388
見返り貿易………………387
ミクロ・セグメンテーショ
　ン……………………268
ミクロ・マーケティング
　………………………285
メイド・イン……………340
メイド・イン・イタリア
　………………………341
「メイド・イン」効果……337
メイド・イン台湾………338
名目アンカー……………367
メディア・ミックス……448
モノクロニック…………97
モラル・フリー・スペース
　………………………533

や行

優良企業市民……………516
ユーロ圏…………………150
輸出（ベース・モデル）
　……………232, 237, 238, 258
予算編成…………………493
予備部品…………………341

ら行

ライセンシング
　……………232, 238, 258, 331
ライフサイクル理論……214
ラベリング………………422
リスク評価モデル………129
リーダーシップ…………501
流通システム……………399
良識革新者…………271, 272

良識順応者…………271, 272
離陸点……………………299
倫理………………………513
倫理施策…………………531
倫理絶対主義者…………515
倫理相対主義者…………514
倫理帝国主義者…………515
倫理普遍主義者…………515
レコードレーベル・スカウ
　ト……………………277
ロイヤルティ……………331
ローカル・カルチャーの性
　質……………………438
ローカル・ブランド……329
ローカル価格追随者……383
ローカル適応性…………493
六次の隔たり……………467
ロゴ………………………333
ロー・コンテクスト（文化）
　…………………98, 360
ロジスティクス……30, 35, 424
ロッテルダム……………448
ロンドン…………………448

著者紹介

イアン・アーロン博士（Dr. Ilan Alon）

ロリンズ・カレッジ国際ビジネス・マーケティング学部のコーネル夫妻の寄付講座担当教授兼中国センター所長。ハーバード大学の客員研究員兼アジアフェロー。

アーロン博士は多国籍企業と政府系機関に対するマーケティングと国際ビジネスに関するコンサルティングに携わってきた。サービス経済とそのグローバル化の重要な部分を占めるグローバル・フランチャイジングを専門分野とする。

アーロン博士はアメリカ大陸，欧州，アジア，中東など世界中の教壇に立ち，コンサルティング活動を行い，上海交通大学，ベングリオン大学，ワシントン大学，ビルケント大学，ニューサウスウェールズ大学など，世界のトップ・ビジネス・プログラムにおける指導の経験がある。

アーロン博士の近著は次の通り。

Entrepreneurial and Business Elites of China（中国の起業家エリートとビジネス・エリート）（Emerald, 2011 年）

Franchising Globally（グローバルなフランチャイズの構築）（Palgrave, 2009 年）

Service Franchising: A Global Perspective（サービス・フランチャイジング：グローバルな視点）（Springer, 2006 年）

アーロン博士の最近の論文は，*Journal of International Marketing, Management International Review, Journal of Small Business Management, Business Horizons, Journal of Macromarketing* をはじめとした一流の査読論文用の学術誌に発表されている。

電子メール：ialon@rollins.edu

ユージン・D・ジャッフ（Eugene D. Jaffe）

ルピン・アカデミック・センターの経済・経営学教授兼 MBA プログラム長兼，バル・イラン大学の MBA プログラムの名誉教授（両校ともイスラエル）。ペンシルベニア大学ウォートン校学士・博士（経済学）。ニューヨーク大学経営大学院国際ビジネス専攻の経営学修士。米国，デンマーク，メキシコで客員教授を務めた経験がある。

これまでに6冊の著書がある。直近の著書（イスラエル・ネベンザール氏と共著）は，*National Image & Competitive Advantage: The Theory and Practice of Place Branding*, 2nd Ed.（国のイメージと競争優位性：地域ブランディングの理

論と実践［第2版］）(Copenhagen Business School Press, 2006年）で，イタリア語と韓国語にも翻訳されている。

90本の査読論文と会議議事録の実績がある。これらは，*Journal of Marketing Research, Columbia Journal of World Business, Long-Range Planning, European Journal of Marketing, International Marketing Review, Journal of Global Marketing, Management International Review*（ジャッフ博士の論文は同誌の「1993-2007年に発表された最も影響力のある論文」の1本に選ばれている），*International Business Review, Journal of Business Ethics, Business Ethics: A European Review* といった学術誌に発表されている。

Academy of International Business（国際ビジネス学会），European International Business Academy（欧州国際ビジネス学会）(1998年会長），Association for Global Business（グローバルビジネス協会），the Centre for National Competitiveness（一国の競争力センター），Institute of Industrial Policy Studies（産業政策研究所）(韓国），Academy of Market Intelligence（マーケット・インテリジェンス学会），the Society for Business Ethics（ビジネス倫理協会）の会員。

電子メール：eugenej@ruppin.ac.il

ドナータ・ヴィアネッリ (Donata Vianelli)

トリエステ大学教授（イタリア）。国際マーケティングと国際ビジネスを教える。経営学部のコーディネーター長。

また，イタリアで最も信頼され，欧州市場で卓越した地位を占めるビジネス・スクールの一つである MIC スクール・オブ・マネジメントのアカデミック・コーディネーターも務める。

トリエステ大学経営学学士，修士。ベネツィア大学経営学博士。20年間の教員生活を通じ，フランス，中国，オーストリア，スロベニア，米国といった国部の多くの大学やビジネス・スクールと提携してきた。

これまで2冊の著書と国内外の学術誌に発表された50本の査読論文がある。専門はグローバル流通と欧州とアジアを中心とした異文化消費者行動。最近，ヴィアネッリ博士はイタリア製品を中国市場で流通販売するためのイタリア政府（教育・大学・研究省）をスポンサーとする大規模リサーチ・プログラムのコーディネートを行なった。

電子メール：donata.vianelli@econ.units.it

▰ 訳者紹介

笠 原 英 一（かさはら えいいち）

立教大学大学院ビジネスデザイン研究科客員教授，アジア太平洋マーケティング研究所所長。博士（Ph.D. in International Studies），早稲田大学大学院後期博士課程国際関係学専攻（国際経営研究）修了，アリゾナ州立大学サンダーバード国際経営大学院（Thunderbird School of Global Management, Arizona State University）修了，ウォートン・スクール（CDP）修了。

専門は，産業財マーケティング，戦略的マーケティング，消費者行動論，グローバル・マーケティング，ベンチャー・マネジメントなど。著書としては，Kasahara, E. [2015] *Practical Strategic Management.* World Scientific, 笠原［2013］『強い会社が実行している「経営戦略」の教科書』Kadokawa，笠原解説・訳［2009］『産業財マーケティング・マネジメント［理論編］［ケース編］』白桃書房（Hutt & Speh著），笠原［2005］「米国マニュファクチャラーズ・レップの関係性マネジメント」『現代マーケティングの革新と課題』柏木編，東海大学出版会，福田・笠原・寺石［2000］『ベンチャー創造のダイナミクス—経営・評価・育成の視点』文眞堂（中小企業研究奨励賞受賞），笠原［2000］"North American Biotech Companies: Strategy and Management System" 研究・技術計画学会，他多数。

日米の機関投資家にファンド・マネジャーとして勤務。その後1989年に㈱富士総合研究所（現みずほ総合研究所㈱）マーケティング戦略 笠原クラスターにてコンサルティングを実施。現在，大学院にて研究と教育に携わるかたわら，アジア太平洋地域で活動している上場企業をはじめ，ベンチャー，成長中堅企業のクライアントに対して，研究開発，事業開発からマーケティング，販売，財務（IPO, M&A），企業コミュニケーション（CI, IR），エグゼキュティブ・トレーニング等に関する機能横断的な問題解決支援を行うコンサルティングを推進中。

▰ グローバル戦略市場経営
　　グローバル展開とマーケティング・マネジメントの統合

▰ 発行日——2017年9月6日　初 版 発 行　　〈検印省略〉

▰ 訳　者——笠原英一
▰ 発行者——大矢栄一郎
▰ 発行所——株式会社　白桃書房
　　　　　　〒101-0021　東京都千代田区外神田 5-1-15
　　　　　　☎03-3836-4781　📠03-3836-9370　振替00100-4-20192
　　　　　　http://www.hakutou.co.jp/

▰ 印刷・製本——藤原印刷

©Eiichi Kasahara 2017　Printed in Japan
ISBN 978-4-561-66215-0 C3063

本書のコピー，スキャン，デジタル化等の無断複製は著作権法上での例外を除き禁じられています。本書を代行業者等の第三者に依頼してスキャンやデジタル化することは，たとえ個人や家庭内の利用であっても著作権法上認められておりません。

落丁本・乱丁本はおとりかえいたします。

好 評 書

産業財マーケティング・マネジメント【理論編】
組織購買顧客から構成されるビジネス市場に関する戦略的考察
M.D. ハット & T.W. スペイ著　笠原英一解説・訳

組織顧客のニーズの探索と，そのソリューションを提供するための企業活動に関する研究書。マーケットを，市場・顧客との関係性と購買センターの次元で捉えつつ，伝統的なマーケティングの理論体系に適合させプログラムを構築。　　本体価格9000円

産業財マーケティング・マネジメント【ケース編】
組織購買顧客から構成されるビジネス市場に関する戦略的考察
M.D. ハット & T.W. スペイ著　笠原英一解説・訳

産業財市場に特化した〈ケース・スタディ〉12ケースを収録！ケースを分析する手順，戦略を構築する際のポイント等，多くの指針を盛り込んだ訳者解説付き。実務家・研究者・教育関係者に，ビジネススクールの教材に最適！　　本体価格3800円

立地創造
イノベータ行動と商業中心地の興亡
田村正紀著

立地創造とは，商業適地でない場所に店舗や商業集積を計画的に起こし，成功を収めることである。本書は，地理情報データベースを駆使して，大都市圏での流通イノベータの行動とそれによる商業中心地の興亡を実証的に解明。　　本体価格3400円

コトラーのイノベーション・ブランド戦略
ものづくり企業のための要素技術の「見える化」
P. コトラー & W. ファルチ著　杉光一成訳

コトラー博士とファルチ教授が，主として「ものづくり企業」のために，そのイノベーティブな「技術」を「見える化」そして「ブランド化」する実践的な理論と方法論について，豊富な実例を交えながら紹介。　　本体価格4200円

白桃書房

本広告の価格は税抜き価格です。別途消費税がかかります。